税务教育培训系列教材·税务高等教育系列

所　得　税

国家税务总局学习兴税指导委员会　组织编写
全国税务专业学位研究生教育指导委员会

中国税务出版社

图书在版编目（CIP）数据

所得税／国家税务总局学习兴税指导委员会，全国税务专业学位研究生教育指导委员会组织编写． -- 北京：中国税务出版社，2024.9

税务教育培训系列教材

ISBN 978 - 7 - 5678 - 1444 - 8

Ⅰ．①所… Ⅱ．①国… ②全… Ⅲ．①所得税 - 高等学校 - 教材 Ⅳ．①F810.424

中国国家版本馆 CIP 数据核字（2024）第 050295 号

版权所有·侵权必究

书　名：	所得税 SUODESHUI
作　者：	国家税务总局学习兴税指导委员会 全国税务专业学位研究生教育指导委员会　组织编写
责任编辑：	王忠丽
责任校对：	姚浩晴
技术设计：	林立志
出版发行：	中国税务出版社 北京市丰台区广安路 9 号国投财富广场 1 号楼 11 层 邮政编码：100055 网址：https://www.taxation.cn 投稿：https://www.taxation.cn/qt/zztg 发行中心电话：（010）83362083/85/86 传真：（010）83362047/49
经　销：	各地新华书店
印　刷：	北京天宇星印刷厂
规　格：	787 毫米 × 1092 毫米　1/16
印　张：	26.5
字　数：	449000 字
版　次：	2024 年 9 月第 1 版　2024 年 9 月第 1 次印刷
书　号：	ISBN 978 - 7 - 5678 - 1444 - 8
定　价：	78.00 元

如有印装错误　本社负责调换

《所得税》编审人员

主　审　罗天舒

审　核（以姓氏笔画为序）
　　　　　朱长胜　伍　红　李　晶　李旭红　何　杨
　　　　　何　辉　陈　荣　禹　奎

策　划　史　峰　高永清

主　编　王世宇

副主编　刘宝柱　叶霖儿　王海勇　阳　民　陈玉琢
　　　　　朱　健　步杨怀

编　写（以姓氏笔画为序）
　　　　　丁　晶　于　碘　马泽方　王　晓　王　烜
　　　　　毛　江　尹　磊　付　强　伍　岳　任　宇
　　　　　刘　聪　孙　彤　孙思燕　孙晨曦　严　浩
　　　　　李　伟　李　喆　李文思　李冬妍　李英杰
　　　　　李宜航　杨　钰　杨　溯　杨文清　杨昌睿
　　　　　豆海锋　肖亮华　吴　茜　吴　健　吴永丰
　　　　　何　冰　何振华　宋　哲　宋丰俊　张春娟
　　　　　张浩林　陈　珂　陈玉武　邵凌云　卓玉施
　　　　　岳慧明　周　宇　周梅锋　庞　军　饶　逸
　　　　　姜　伟　聂新华　桂　萍　夏　凝　夏琳娜
　　　　　陶九虎　符伟高　康海波　梁心怡　程　平
　　　　　焦晓云　曾　光　魏晓璐

编写说明

为了落实习近平总书记关于加强教材建设的重要指示批示精神，服务中国特色社会主义高等教育发展，将税务高等教育教材建设作为完善财税治理体系和提升治理能力的战略考量，作为税务人才培养的前瞻性、基础性工程，满足高等院校学生学习权威、专业、前沿、符合税收征管实际的税收知识的需要，国家税务总局学习兴税指导委员会、全国税务专业学位研究生教育指导委员会共同组织编写了税务高等教育系列教材。

税务高等教育系列教材以税务专业硕士、博士研究生为主要读者对象，同时面向高等院校经济、财政、金融、贸易等专业学生，是一套理论与实践相结合的学习用书。本系列教材以马克思主义政治经济学为基础，以党的十八大以来习近平总书记关于税收工作的重要论述为指导，总结提炼中国式现代化税务实践的创新举措、经验做法和改革成果，按照"1+N"体系编写。"1"指中国税务学会组织编写的《税收学》，突出基础性和综合性；"N"细化为《货物和劳务税》《所得税》《财产行为税》《国际税收》《社会保险费》《政府非税收入》《纳税服务》《税收征管》8本教材，注重"理论+实务（案例）"内容，突出专业性和实践性。

《所得税》是税务高等教育系列教材之一，旨在为所得税理论研究和人才培养提供一本具有基础性、系统性和权威性的高等教育教材。所得税是以纳税人的所得为征税对象，现已成为世界各国普遍开征的一类税种，其作为税制结构中的主要税种，在筹集财政收入、稳定经济运行、调节收入分配等方面具有重要的职能作用。

本教材共分4个部分17章。第一部分是基础篇，分为2章，主要介绍所得税的概念、特征、分类、职能、效应、课税原则和相关课税理论，所得税的起源和发展、主要国家所得税制比较和我国所得税的发展历程，特别是中国特色社会主义进入新时代后所得税制的显著成效，起统领作用。第二部分是企业所得税篇，分为7章，主要介绍企业所得税的概念和特点、基本要素、应纳税所得额、税收优惠、应纳税额和征收管理等内容。第三部分是个人所得税篇,分为 7 章,以自然人为起点,阐述个人所得税的概念、特点、基本要素,全面介绍我国个人所得税综合所得、经营所得和其他分类所得,以及税收优惠、无住所个人和境外所得、服务管理相关内容。第四部分是展望篇,共有 1 章,围绕高质量推进中国式现代化税务实践新要求,结合智慧税务建设总体规划,对所得税制度和征管现代化进行前瞻性思考。

本教材突出政治性、理论性、专业性和实践性,自成一体,务实创新,具有以下特色。一是政治站位高。坚持以习近平新时代中国特色社会主义思想为指导,围绕高质量推进中国式现代化税务实践有关要求,紧密结合新时代税收改革发展历程,将改革开放以来,特别是进入新时代以来的税收理论和实践创新成果融入教材。二是理念思路宽。紧扣时代改革步伐,力求推陈出新,系统地介绍所得税现行税制体系和征管实践,突出我国所得税税制发展改革、征管服务创新、参与国家治理的重要成果,将中国税收改革接轨国际税改趋势,努力为构建国内一流、国际领先的税务教材新体系作出贡献。三是体系架构新。立足税收治理前沿,设计出一套全新的教材架构体系,将税收改革理念、机制、经验、发展成果进行总结提炼,形成知识体系,同时加入延伸阅读和前瞻思考,增加教材的完整性、可读性和趣味性,形成税收理论与实践、国内与国际、继往与开来的综合教材体系架构。四是内容逻辑强。以两个所得税法为逻辑主线,系统阐释了税种要素的相关规定,不仅有理论分析,而且有丰富生动的实务操作案例,更有对所得税发展趋势的展望。点线面相结合,既能用于科学指导税务工作实践,又有利于读者加深对税法的理解、对税制改革的思考,深化和拓展税收理论研究。

由于水平有限,教材中疏漏之处在所难免,恳请读者批评指正。如有意见或建议,请发送至电子邮箱 jyzxjcc@163.com。

编 者
2024 年 9 月

目 录

第一篇 基 础 篇

第一章 所得税概论 ………………………………………………………… 3
第一节 所得税的概念和特征 ………………………………………… 3
第二节 所得税的职能和效应 ………………………………………… 8
第三节 所得税的课税原则 …………………………………………… 15
第四节 所得税的课税理论 …………………………………………… 19

第二章 所得税历史和发展 ………………………………………………… 28
第一节 所得税的起源和发展 ………………………………………… 28
第二节 世界主要国家所得税制比较 ………………………………… 36
第三节 我国所得税的发展历程 ……………………………………… 42

第二篇 企业所得税篇

第三章 企业所得税概述 …………………………………………………… 55
第一节 企业所得税的概念和特点 …………………………………… 55
第二节 企业所得税的要素 …………………………………………… 57

第四章　应纳税所得额 ····· 67
　　第一节　应纳税所得额的计算方法和确定原则 ····· 67
　　第二节　收入的税务处理 ····· 68
　　第三节　扣除的税务处理 ····· 75
　　第四节　资产的税务处理 ····· 90
　　第五节　税会差异的处理 ····· 99
　　第六节　亏损及亏损弥补 ····· 113

第五章　特定行业和特定业务税务处理 ····· 121
　　第一节　房地产开发经营业务 ····· 121
　　第二节　企业重组和递延纳税事项 ····· 132
　　第三节　企业政策性搬迁 ····· 147
　　第四节　法人合伙人应分得所得的处理 ····· 151
　　第五节　特别纳税调整 ····· 154
　　第六节　企业清算 ····· 164

第六章　税收优惠 ····· 170
　　第一节　税基式优惠 ····· 170
　　第二节　税率式优惠 ····· 195
　　第三节　税额式优惠 ····· 199
　　第四节　特定优惠 ····· 202
　　第五节　优惠事项管理 ····· 207

第七章　应纳税额 ····· 210
　　第一节　实际应纳税额的计算 ····· 210
　　第二节　境外所得税收抵免 ····· 212

第八章　征收管理 ····· 222
　　第一节　征收方式 ····· 222
　　第二节　纳税申报 ····· 223

  第三节 汇总纳税 ······ 235
  第四节 源泉扣缴 ······ 241

第九章 企业所得税服务管理实践 ······ 244
  第一节 优化服务 ······ 244
  第二节 规范管理 ······ 251

第三篇 个人所得税篇

第十章 个人所得税概述 ······ 259
  第一节 个人所得税的概念和特点 ······ 259
  第二节 个人所得税的要素 ······ 263
  第三节 个人所得税的特殊事项 ······ 269

第十一章 综合所得 ······ 273
  第一节 基本规定 ······ 273
  第二节 工资、薪金所得 ······ 285
  第三节 劳务报酬所得、稿酬所得、特许权使用费所得 ······ 297
  第四节 综合所得征收管理 ······ 304

第十二章 经营所得 ······ 319
  第一节 基本规定 ······ 319
  第二节 个体工商户 ······ 322
  第三节 个人独资企业和合伙企业 ······ 328
  第四节 经营所得征收管理 ······ 331

第十三章 其他分类所得 ······ 335
  第一节 利息、股息、红利所得 ······ 335
  第二节 财产租赁所得 ······ 337

第三节　财产转让所得 ………………………………………… 339
　　第四节　偶然所得 ……………………………………………… 353

第十四章　税收优惠 ……………………………………………… 357
　　第一节　法定税收优惠 ………………………………………… 357
　　第二节　专项税收优惠 ………………………………………… 358

第十五章　无住所个人和境外所得 ……………………………… 371
　　第一节　无住所个人 …………………………………………… 371
　　第二节　境外所得 ……………………………………………… 388

第十六章　个人所得税服务管理实践 …………………………… 396
　　第一节　优化服务 ……………………………………………… 396
　　第二节　风险管理 ……………………………………………… 401

第四篇　展　望　篇

第十七章　我国所得税发展前瞻 ………………………………… 407
　　第一节　新时代所得税税制改革发展趋势 …………………… 407
　　第二节　新时代所得税征管现代化发展趋势 ………………… 409

第一篇 基础篇

本篇主要介绍所得税的基础理论及其历史发展概况。

所得税以所得为征税对象。因此，首先要厘清所得与收入、增值额的区别与联系，以及所得的不同分类。所得税具有税收负担的直接性和累进性、计算的复杂性、课征的普遍性等特征，按照不同的标准也有不同的分类。

所得税作为直接税，在筹集财政收入、稳定经济运行、调节收入分配等方面具有重要的职能作用。所得税职能作用的发挥，是国家通过课征所得税对收入、经济、分配产生影响，进而对经济社会产生影响而实现的。

所得税制的设计和课征一般应遵循一定的原则、运用一些税收理论，这些原则包括确定、公平、效率、中性和避免重复征税等。所得税理论是在原则指导下解决若干问题的途径分析，本篇介绍了所得税的最适所得课税理论和所得税效应理论。

从世界范围看，所得税的诞生是由于战争需要，并且具有临时性，20世纪初才逐渐成为各国的固定税种。自20世纪80年代以来，各国所得税经历了颇具特点的改革浪潮，世界主要国家的所得税制要素体现出若干固定特征。

本篇侧重介绍新中国成立后所得税制的建立和发展情况。在介绍社会主义建立与发展时期的所得税发展历程后，结合所得税的改革历程，重点梳理中国特色社会主义进入新时代后所得税制的显著成效。

第一章 所得税概论

【学习目标】本章主要介绍所得税的相关基本理论,包括所得税的概念和特征、职能和效应、课税原则和课税理论。通过本章学习,熟悉所得税的概念、特征和类型,了解所得税的主要功能,理解所得税的收入效应、经济效应和分配效应,掌握所得税各项课税原则的基本内涵,理解最适所得课税理论和所得税效应理论。

第一节 所得税的概念和特征

一、所得税的概念

所得税是以纳税人的所得为征税对象的一种税,现已成为世界各国普遍开征的一类税种。

(一)所得的概念和分类

1. 所得的概念

所得作为所得税的征税对象,指的是纳税人在一定时期(一般为纳税年度)内或者在一项经济行为中,将其取得的应税收入扣除因取得这部分收入而相应发生的必要成本、费用和其他项目后的净值。

2. 所得的分类

所得的分类具有显著的多样性,按照不同的标准可以划分为不同的类型。

(1)按取得所得的主体分类,可以分为企业所得和个人所得,对不同的主体有可能适用不同的所得税征收制度。取得企业所得的主体一般为法人,取得个人所得的主体一般为自然人。

(2) 按取得所得的生产要素分类,可以分为劳动所得、资本所得。劳动所得如个人通过受雇取得的工资、薪金所得,提供独立劳务取得的劳务报酬所得,以及纳税人通过从事各种生产经营活动取得的所得;资本所得如纳税人通过运用资本取得的所得,如利息股息红利所得、财产转让所得、财产租赁所得。

(3) 按所得形式分类,可以分为货币形式的所得和非货币形式的所得。货币形式的所得即纳税人取得的所得体现为货币形式,如员工取得的现金形式的工资、薪金,投资者取得的股权(股票)现金分红等。非货币形式的所得即纳税人取得的所得体现为非货币形式,如员工取得的实物奖励、企业通过以物易物方式取得的所得等。

(二) 所得与收入、增值额的区别和联系

1. 收入的概念

税收意义上的收入,一般是指纳税人通过某种应税行为而形成的经济利益的总流入,是扣除成本费用和其他扣除项目金额之前的总金额。收入不包括投资者投入的资本,也不包括借入的资金。

2. 增值额的概念

税收意义上的增值额,一般是指征收增值税的增值额,即纳税人从销售收入中扣除购进项目金额后增加的价值量,购进项目一般包括购进商品和服务等。从销售收入中扣除购进项目金额,也就是扣除物化劳动的价值量,剩下的是活劳动所创造的价值量,即纳税人在生产经营过程中新创造的价值。

3. 所得与收入、增值额的区别

收入是总金额的概念,是纳税人实施某种应税行为形成的经济利益的总流入,从中不扣除任何项目;增值额是增加值的概念,纳税人虽从销售收入中扣除购进项目的金额,但只扣除物化劳动的价值量,不扣除活劳动所创造的价值量;所得是净值的概念,纳税人从收入总额中扣除成本费用和其他扣除项目的金额,这些扣除项目既包括物化劳动的价值量,也包括部分活劳动所创造的价值量,如工资、薪金,还包括缴纳的税金、发生的损失等。

4. 所得与收入、增值额的联系

收入是增值额和所得的基础。增值额是收入减除计算增值额的扣除项目金额后的余额,所得是收入减除计算所得的扣除项目金额后的余额。计算增值额的扣除项目是纳税人购进的项目,表现为购进的商品和服务等,而计算所得的扣除项目不仅包括纳税人购进的项目,还包括纳税人缴纳的税金、发生的损失或其他支出等非购进项目。即使是购进的项目，计算所得的购进项目一般也比计算增值额的购进项目范围广，如纳税人购进的非独立个人劳务，不属于计算增值额的扣除项目，但属于计算所得的扣除项目。当没有项目可扣除时，增值额或所得则等于收入。

二、所得税的特征

除具有税收的基本特征外，所得税具有税收负担的直接性、税收负担的累进性、计算的复杂性、课征的普遍性四大特征。

（一）所得税负担的直接性

所得税属于直接税。所得税的征税对象是纳税人的所得，是国家直接对纳税人取得的所得课税。一般认为，所得税的纳税义务人就是所得税税负的实际承担者，其负担难以被转嫁。

（二）所得税负担的累进性

所得税负担的累进性是指所得税负担随着所得的增加而上升。所得税负担的累进性作为衡量税收再分配效应的核心指标，对调节收入分配、公平税收负担具有重要的作用。

通过对世界各国所得税制和我国所得税制历史的考察，所得税的累进性既可以通过累进税率实现，也可以通过比例税率与优惠税率相结合的方式实现。个人所得税的累进性大多通过累进税率实现，而企业所得税累进性的实现途径两者兼而有之。所得税中的累进税率是根据所得金额的多少分级规定递增的多档税率，所得金额越大，适用税率越高。

延伸阅读

日本法人税（相当于公司所得税）的税率原则上为23.2%，对于注册资本金小于等于1亿日元的法人，其800万日元以下的所得部分适用15%的税率，这是为减轻中小企业的税收负担而设置的二级税率。

马来西亚公司所得税税率为24%。2020纳税年度起，当中小型居民公司实收资本低于250万林吉特且一个纳税年度业务收入总额不超过5000万林吉特时，对其取得的60万林吉特以内的应税所得适用17%的所得税税率，超过的部分适用24%的所得税税率。仅在2022年度，对公司（不包括中小型企业）

的应纳税所得超过1亿林吉特的部分征收33%的繁荣税（Cukai Makmur），即对不超过1亿林吉特的应税所得征收标准税率24%，超过1亿林吉特的部分征收33%。

资料来源：国家税务总局网站，《中国居民赴某国家（地区）投资税收指南》，http://www.chinatax.gov.cn/chinatax/c102035/gbtzsszn.html。

（三）所得税计算的复杂性

纳税人在计算所得税税基即应纳税所得额时，需要从应税收入中扣除相关的成本、费用、支出等项目，税法对应税收入的内容和可扣除的项目进行了详细而复杂的规定，有明确的确认收入、扣除项目的条件和标准。同时，由于会计制度和税法的目的不同，会计利润核算与应纳税所得额计算存在明显差异，纳税人需要对会计利润进行调整才能计算出应纳税所得额。

（四）所得税课征的普遍性

普遍课征是所得税的主要特征之一。从现代社会来看，一方面，所得税的纳税人是普遍的，无论是法人还是自然人，都属于所得税的纳税人。另一方面，所得税的征税对象也是普遍的，劳动所得、资本所得和经营所得，都属于所得税的征税范围。

三、所得税的分类

（一）按纳税主体分类

根据纳税主体的不同，所得税一般分企业所得税和个人所得税。企业所得税与个人所得税相对应，又被称为公司所得税或法人所得税。

1. 企业所得税

纵观企业所得税历史，依据纳税人确定标准的不同，企业所得税制度可分为法人制和企业制。

法人制是指以民法上独立享有民事权利和承担民事义务的组织为纳税人的一种企业所得税制度。这种企业所得税制度的纳税人包括公司、公共团体及其他具有法人地位的经济实体。企业制是指以独立经济核算单位为纳税人的一种企业所得税制度。这种企业所得税制度的纳税人既包括具有独立法人地位的公司、公共团体及其他具有法人地位的经济实体，也包括不具有独立法人地位的合伙企业、个人独资企业及独立经济核算的分公司等。

2. 个人所得税

依据纳税人申报单位的不同，个人所得税制度可分为个人制和家庭制。

个人制是指以个人为申报单位的一种个人所得税制度。具体又可分为未婚者单独申报纳税和已婚者分别申报纳税。家庭制是指以夫妻或者整个家庭为申报单位的一种个人所得税制度。主要特点是汇总夫妻双方或者整个家庭成员的所得，扣除夫妻或者整个家庭的必要支出后申报纳税。

（二）按税制协调分类

企业所得税的征税对象主要来源于企业实现的利润，而企业的税后利润又是个人股东的所得来源之一。按照一国或地区对企业所得税和个人所得税之间造成的经济性重复征税的处置办法的不同，可以将所得税制划分为古典制、归集抵免制和双率制，我国现行所得税制属于古典制。

1. 古典制

古典制是指对企业实现的利润在计算征收企业所得税时不能在税前扣除支付给股东的股息，同时对股东取得的股息再计算征收个人所得税的一种所得税制度。这种所得税制度对同一源泉的所得既征收企业所得税又征收个人所得税，形成了经济性重复征税。

2. 归集抵免制

归集抵免制是指将对企业利润计算征收的企业所得税的一部分或全部当作个人股东取得股息的源泉扣缴，即将企业缴纳的企业所得税的一部分或者全部在个人股东取得股息的个人所得税中予以抵免的一种所得税制度。这种所得税制度可以有效克服企业所得税和个人所得税的经济性重复征税。

3. 双率制

双率制，也称为分率制，是指对企业分配出去的利润和留存的利润适用不同税率的一种所得税制度。在这种所得税制度下，对分配利润适用较低的税率，对留存利润适用较高的税率。这种所得税制度能在一定程度上避免企业所得税和个人所得税的经济性重复征税。

（三）按课征模式分类

就个人所得税而言，其课征模式有综合课征制、分类课征制和综合与分类相结合课征制三种。我国个人所得税实行综合与分类相结合课征制。

1. 综合课征制

综合课征制是指对纳税人的各项所得进行汇总计算，再统一按照规定的税率计算征收所得税的一种所得税课征模式。这种所得税课征模式体现了量能负担原则，所得多者多征、所得少者少征。但计算过程较为复杂，纳税人需要具备较高的纳税遵从意识、较为完善的财务会计制度，同时对税务部门的征收管理能力也有较高的要求。

2. 分类课征制

分类课征制是指对纳税人的各项所得分别适用相应的税率计算征收所得税的一种所得税课征模式。这种所得税课征方式征收管理较为简单，方便税务部门进行源泉控制（即源泉扣缴），而且可以对不同的所得采取差别化的税率，有利于政府实现特定的政策目标。但这种课征模式无法体现纳税人的真正纳税能力，较难体现公平性。

3. 综合与分类相结合课征制

综合与分类相结合课征制是指对纳税人的全部所得部分采用综合课征制、部分采用分类课征制，或者对部分所得先采用分类课征制，再将此类所得与其他所得汇总课征的一种所得税课征模式。这种所得税课征模式既有利于对不同来源和性质的所得采取不同的税率，便于实现国家特定政策目的，又能较好地体现量能负担原则。目前大部分国家的所得税采取这种课征模式。

第二节　所得税的职能和效应

一、所得税的职能

所得税的职能体现其对社会经济综合产生的各种作用。所得税的主要职能包括筹集财政收入、稳定经济运行和调节收入分配等。

（一）筹集财政收入

税收作为国家依法参与经济主体收入分配的一种形式，其最基本的职能是筹集财政收入，以满足社会公众需要。所得税来源广泛、税基稳定、征收及时，是国家财政收入的重要来源。与其他税种相比，所得税在筹集财政收入职能方面具有以下特性：

1. 来源广泛性

税收是企业和个人享受政府提供公共服务产品的对价，所有的企业和个人均有义务向政府缴纳相应的税收。就我国所得税来说，在纳税主体方面，所得税对国有企业、集体企业、外资企业、私营企业、个人独资企业、合伙企业、个体工商户和自然人等征收，涵盖了广大的经济主体，来源非常广泛。在征税对象方面，企业所得税对企业和其他取得收入的组织取得的生产经营所得和其他所得征收，个人所得税对工资、薪金所得，劳务报酬所得，稿酬所得，特许权使用费所得，经营所得，利息、股息、红利所得，财产租赁所得，财产转让所得，偶然所得，其他所得征收，在一定程度上可保证政府有广泛的收入来源。

2. 税基稳定性

税收是国家为满足社会公共需要，凭借政治权力，依法参与经济分配的一种形式，具有强制性、无偿性和固定性的特征。所得税具有保证国家财政收入稳定增长的重要作用。一方面，所得税来源于国民收入，只要社会再生产持续进行，国民经济正常运转，国民收入源源不断地创造，税收就能持续获得。另一方面，所得税受法律制度保护，按法定标准征收，纳税主体只要取得相关所得均要依法纳税，从而保证税收收入的稳定实现。

3. 征收及时性

所得税的税款征收，通过法律法规明确了纳税义务发生时间、申报时间和缴纳税款的时间，确保税款及时征收。所得税的税款按年、按季、按月，甚至按次征收或预征，确保财政收入均衡及时入库，保障财政收入。

(二) 稳定经济运行

经济稳定是指在经济发展过程中经济运行较平稳，波动幅度较小。从宏观上看，企业所得税作为国家宏观调控的一种重要手段，有利于促进国家产业结构调整和经济平稳较快增长。从微观上看，个人所得税对个人的劳动与闲暇、储蓄与投资、消费等的选择产生影响，有利于保障经济运行平稳。

1. 宏观经济调控

宏观经济调控是指国家从经济运行的全局出发，运用各种宏观经济手段，对国民经济总体结构进行调节和控制。国家可以通过税种设置、税目税率的调整和减免税等影响生产和消费，优化资源配置，实现一定的宏观经济目标。税收是国家管理宏观经济的一个重要杠杆，它通过法律调节利益分配关系，进而影响市场主体行为来实现政府调控目标。所得税相较于其他宏观经济调控手段，具有作用直接、运用灵活、定点调控的优势，在促进经济社会发展中发挥着越来越重要的作用。所得税的宏观调控功能主要通过税负调节来实现。如果经济低迷，国家通过降低所得税的总体税负，相应增加企业和居民个人的收入，以稳定经济运行。除此之外，企业所得税是国家实施税收优惠政策主要的税种之一，是贯彻国家产业政策和社会政策，实施宏观调控的主要政策工具，可促进产业结构调整和经济平稳较快增长。

2. 内在稳定器

内在稳定器是指所得税本身具有的稳定经济运行的机制，它无须政府随时作出判断和采取措施，就能起到自行稳定经济运行的效果。所得税一般实行累进税率，当经济过热、企业和个人收入增加到一定程度时，会因适用较高级次的效率而使得税收自动快速增长，从而减少企业和个人收入、抑制投资与消费需求的膨胀；当经济下滑、企业和个人收入萎缩时，就会适用较低级次税率而减缓企业和个人收入的下降、缓冲投资与消费的下降速度，促使经济适度回升。

（三）调节收入分配

市场经济在收入的初次分配上是按照要素进行分配的，会造成收入分配的差距拉大，导致社会成员间分配不公，从而影响社会协调和稳定。所得税是调节国家与企业、国家与个人再分配关系的主要税种，其税负不易转嫁，因而在调节收入分配中有重要作用。

1. 调节社会收入分配

所得税调节国家与企业之间的收入分配关系，这种分配关系是处理其他分配关系的基础，在调节社会收入分配中起到重要作用。从初次分配来看，企业所得税主要通过要素分配渠道来调节收入分配。通过对企业利润的课税可以改变资本要素和劳动要素的相对价格，降低资本要素收入者的收入，相对增加劳动要素的收入，从而影响初次分配收入。从二次分配来看，企业所得税通过影响资本要素价格和劳动要素价格，进而影响资本所有者收入、商品价格、劳动所有者收入，从而影响社会收入分配。从第三次分配来看，主要是通过企业所得税优惠，鼓励捐赠、资助等慈善公益方式进行分配。可以说第三次分配超越了要素分配和政策性分配，是对初次分配和再分配的有力补充。

2. 调节居民收入分配

随着社会经济的发展，居民收入水平和生活水平不断提高，居民收入差距也会增大。为调节居民收入差距过大，发挥个人所得税调节收入分配功能，对不同人群的收入通过税收进行调节,从而达到缩小收入差距、促进社会公平的目的。在累进税率下,随着个人收入增加,个人所得税的边际税率不断提高,低收入者适用较低的税率征税或者不征税,高收入者适用较高税率,有利于缩小高收入者和低收入者之间的收入差距。同时,还可以通过调整扣除项目、扣除标准、税率累进程度,实施更多的优惠政策减轻中低收入群体的税收负担、增加对高收入人员的调节力度,发挥个人所得税调节居民收入分配的作用。

二、所得税的效应

所得税的效应,是指国家课征所得税对经济社会的影响,主要包括对收入、经济和分配的影响。

（一）所得税的收入效应

税收作为一国财政收入的主要来源,其重要职能是筹集财政收入、调节国民收入分配。所得税作为主要税种,其税收收入的增减直接影响政府财政收入。

2019年,经济合作与发展组织（OECD）成员国的个人所得税和企业所得税,占税收收入总额的比重平均值分别为24%和9.6%,合计占比超过税收收入总额的1/3。丹麦、美国、澳大利亚对个人所得税的依赖程度排在前三位,个人所得税在这三个国家占税收收入总额的比重依次为52.4%、41.5%和41.1%。从我国来看,企业所得税和个人所得税的规模逐年增长,对我国财政收入具有重要影响。从统计数据来看,2020年、2021年、2022年所得税占财政收入比重分别为26.24%、27.66%、28.77%,比重呈逐渐增长的态势,所得税逐渐成为财政收入重要和可靠的来源,见表1-1。

表1-1　　　　　2020—2023年财政与税收收入情况

指标	2020年	2021年	2022年	2023年
财政收入（亿元）	182914	202539	203703	216784
各项税收（亿元）	154312	172731	166614	181129
所得税（亿元）	47994	56034	58613	55873
所得税占财政收入比重（%）	26.24	27.66	28.77	25.77
所得税占税收收入比重（%）	31.1	32.44	35.18	30.85

资料来源：财政部、国家统计局官网。

(二) 所得税的经济效应

所得税具有较强的收入弹性,特别是累进课税机制对经济波动有较强熨平作用,可以有效兼顾经济增长速度与发展质量,调整优化经济产业结构。

1. 对经济增长的影响

所得税主要是根据收入、利润等情况征收,具有较大的税收弹性,可以根据国民经济发展情况进行调整,对国民经济稳定增长具有促进作用。在经济萧条或高涨时,采取与经济风向相逆的所得税政策,实施减税或增税政策,从而使经济走出萧条或平抑经济的过快增长,保持经济良好运行。经济繁荣时期,一般物价总体水平持续性上涨,容易引发通货膨胀。这个时期,企业和个人收入提高,在所得税累进制度下,税收相应增加,一定程度上会抑制社会总需求,减少经济活动过分扩张,抑制通货膨胀。经济萧条时期,生产萎缩,销售不畅,失业增加,企业和个人收入随之减少,税收收入也会相应缩减,在一定程度上会遏制生产衰退。

2. 对产业结构的影响

税收影响纳税人的经济活动能力和行为,政府可以通过税收有目的地对社会经济活动进行引导,合理调整产业结构。有的国家对无污染或少污染、投资金额大、科技含量高、能够为当地提供更多就业机会和带动一方经济发展的公司给予较大的所得税优惠。有国家为了支持中小企业发展,实施多种所得税优惠政策,如对新设备的投资给予加速折旧,提高加速折旧的扣除比例等。再如,国家为促进企业加大研发投入,出台允许企业将试验研究费用按一定比例从应纳税所得额中扣除的政策。我国企业所得税通过降低税率、增加扣除等优惠方式对产业结构也产生了重要影响。如对符合条件的小型微利企业,减按20%的税率并附以减计应纳税所得额方式征收企业所得税,有效减轻小型微利企业的税收负担,促进小型微利企业的发展。对于国家需要重点扶持的高新技术企业,减按15%的税率征收企业所得税,有利于高新技术企业的发展。在增加扣除方面,对开发新技术、新产品、新工艺发生的研究开发费用,计算应纳税所得额时加计扣除,可进一步增强企业创新动能。企业的固定资产由于技术进步等原因,确需加速折旧的,可以缩短折旧年限或者采取加速折旧的方法。除上述减免所得税、加计扣除、加速折旧优惠外,对企业综合利用资源生产符合国家产业政策规定的产品所取得的收入,在计算应纳税所得额时减计收入;对于从事农、林、牧、渔业等项目的所得减免所得税;对创业投资企业从事国家需要重点扶持和鼓励的创业投资按投资额的一定比例抵扣应纳税所得额；对企业购置用于环境保护、节能节水、安全生产等专用设备的投资额按一定比例实行税额抵免；等等。这些优惠措施作为宏观调控的重要政策手段，有效促进了经济高质量发展，对引导社会资本投向、促进技术进步、优化产业结构有着重要的推动和引导作用。

（三）所得税的分配效应

所得税的分配效应，主要表现在发挥调节作用，改善收入和财富分配格局，促进社会和谐稳定方面。个人所得税直接影响居民可支配收入，企业所得税影响要素收入分配。

1. 对促进收入公平的影响

所得税是以纳税人的所得为征税对象，不易转嫁，具有调节收入分配的功能，有利于促进收入公平。个人所得税在税基、税率和征税方式三个方面对收入公平分配产生影响。各国在计算应税所得时，有标准扣除法和分项扣除法两种扣除方法。选择与个人生活基本支出有关的费用项目进行扣除，有助于缩小贫富差距。在税率上，许多国家采用累进税率，高收入者税率高，低收入者税率低或免征，累进程度越高，个人所得税的收入再分配功能就越强。在征收方式上，综合所得税制将个人所有收入汇总，统一按累进税率课征，可以较好地对不同纳税人的综合收入进行调节。我国在2018年个人所得税改革中，将居民个人的工资薪金、劳务报酬、稿酬和特许权使用费4项劳动性所得，纳入综合所得征税范围，实行超额累进税率并按年计税，促进了相同收入劳动者的横向公平。提高基本减除费用标准，照顾了大多数中低收入群体；维持综合所得最高边际税率45%不变，扩大综合所得20%以下各档次税率级距和生产经营所得税率级距，进一步降低中低收入劳动者的税负，促进纵向公平。这一系列改革举措，有利于改变个人收入分配结构，缩小高收入者和低收入者之间的收入差距，从而促进收入公平、助力社会共同富裕。

2. 对第三次分配的影响

第三次分配是通过捐赠等慈善公益方式对社会资源和社会财富进行的自愿分配，是对初次分配和再分配的有益补充。在有些国家，纳税人向不同性质的慈善组织进行捐赠，所享受的税前扣除优惠比例存在差异：向公共慈善组织捐赠可扣除的比例高一些，向私人基金会和其他特定的免税组织捐赠可扣除的比例低一些。有些国家以纳税人当年度应纳税所得额的一定比例，或者其全年收入总额的一定比例确定符合条件捐赠的扣除限额。还有的国家对符合条件的捐赠支出实行税收抵免。在我国,《中华人民共和国企业所得税法》（以下简称《企业所得税法》）规定，企业发生的公益性捐赠支出，在年度利润总额12%以内的部分，准予在计算应纳税所得额时扣除；超过年度利润总额12%的部分，准予结转以后3年内在计算应纳税所得额时扣除。《中华人民共和国个人所得税法》（以下简称《个人所得税法》）规定，个人将其所得对教育、扶贫、济困等公益慈善事业进行捐赠，捐赠额未超过纳税人申报的应纳税所得额30%的部分，可以从其应纳税所得额中扣除；国务院规定对公益慈善事业捐赠实行全额税前扣除的，从其规定。这些鼓励企业和个人实施公益慈善捐赠的所得税规定，有利于增强第三次分配在收入分配中的调节力度。

延伸阅读

党的二十大报告指出，中国共产党的中心任务就是团结带领全国各族人民全面建成社会主义现代化强国、实现第二个百年奋斗目标，以中国式现代化全面推进中华民族伟大复兴。强调中国式现代化是全体人民共同富裕的现代化，共同富裕是中国特色社会主义的本质要求，也是一个长期的历史过程。中国共产党坚持把实现人民对美好生活的向往作为现代化建设的出发点和落脚点，着力维护和促进社会公平正义，着力促进全体人民共同富裕，坚决防止两极分化。明确分配制度是促进共同富裕的基础性制度，要坚持按劳分配为主体、多种分配方式并存，构建初次分配、再分配、第三次分配协调配套的制度体系。努力提高居民收入在国民收入分配中的比重，提高劳动报酬在初次分配中的比重。坚持多劳多得，鼓励勤劳致富，促进机会公平，增加低收入者收入，扩大中等收入群体。完善按要素分配政策制度，探索多种渠道增加中低收入群众要素收入，多渠道增加城乡居民财产性收入。加大税收、社会保障、转移支付等的调节力度。完善个人所得税制度，规范收入分配秩序，规范财富积累机制，保护合法收入，调节过高收入，取缔非法收入。引导、支持有意愿有能力的企业、社会组织和个人积极参与公益慈善事业。

资料来源：《高举中国特色社会主义伟大旗帜　为全面建设社会主义现代化国家而团结奋斗——在中国共产党第二十次全国代表大会上的报告》。

第三节 所得税的课税原则

一、确定原则

税收确定原则是指税收制度的各项规定必须具有最大限度的明确性，而不能含混不清、模棱两可。税收具有确定性，生产者才能从长安排自己的生产经营活动，消费者才能从长安排自己的消费活动，经济才能持续发展，社会才能不断进步。纵观历史，税收之所以能够产生与存在，与这种确定性是分不开的。具体地说，所得税的确定原则包括以下两方面内容。

（一）税制要素确定

现代国家的税收法定原则为税制要素的确定提供了保障。税收之所以具有确定性，是由税收的依据决定的。企业所得税法、个人所得税法为所得税税制要素的确定提供了法律依据，包括确定了企业所得税和个人所得税的征税对象和纳税人、税基和税率、纳税时间与地点等。在所得税的征收管理中，任何单位与个人都不能随意改变企业所得税制和个人所得税制的各项要素。

（二）税收程序明确

无论是企业所得税还是个人所得税的征收都要严格按照税收征管相关法律法规执行。《中华人民共和国税收征收管理法》（以下简称《税收征管法》）适用于由税务机关负责征收的各种税收的征收管理，属于税收程序法，它是以规定税收实体法中所确定的权利义务的履行程序为主要内容的法律规范，是税法的有机组成部分。《税收征管法》是为了加强税收征收管理，规范税收征收和缴纳行为，保障国家税收收入，保护纳税人的合法权益，促进经济和社会发展而制定的法律。《税收征管法》不仅是纳税人全面履行纳税义务必须遵守的法律准则，也是税务机关履行征税职责的法律依据。

二、公平原则

税收公平原则是各国税收制度制定时所必须遵循的一项重要的税收原则。市场经济条件下，税收公平原则是指国家征税要使纳税人承受的税收负担与其经济状况相适应，并使纳税人之间的负担水平保持平衡。所得税的公平原则包括以下两方面内容。

（一）受益原则

受益原则也称为横向公平原则，是指对支付能力相同的人课征相同的税收。在所得税中，受益原则指对相同收入水平的纳税人课征等量的所得税。这就意味着在课征所得税时，应以征税对象自身的标准为依据，而不以纳税人的地位、等级、国籍等差异实行差别化待遇，即所得税实行普遍征税且对不同性质的纳税人在税收上予以同等待遇。以企业所得税为例，2008年我国统一了内外资企业所得税制度，有利于培育符合市场竞争规则的公平税收环境。

（二）量能负担原则

量能负担原则也称为纵向公平原则，是指对支付能力不同的人课征不同的税收。在所得税中，量能负担原则指对不同收入水平的纳税人课征不同的所得税，纳税能力强的多纳税，纳税能力弱的少纳税，无纳税能力的不纳税。即根据负担能力的大小来确定税收负担水平。负担能力的大小有各种测量指标，在所得税中主要是所得。所得多的，说明负担能力强，应承担较重的税收负担；所得少的，说明负担能力弱，应承担较轻的税收负担或者不征税。以个人所得税为例，对综合所得和经营所得设置超额累进税率，收入少的少纳税，收入多的多纳税。

三、效率原则

税收效率原则是指政府征税应尽量减轻对资源配置和经济运行的影响，这就要求政府在税制建设、税收政策的运用和税收管理的全过程中，都应讲求效率，遵循效率原则。具体地说，所得税的效率原则包括以下两方面内容。

（一）行政效率原则

行政效率原则要求在所得税的征收和缴纳过程中耗费成本最小。这里的成本是指税收征纳过程中发生的各类费用，包括税务机关的征收成本、纳税人的遵从成本。目前，信息化时代催生的线上办税业务极大地节省了征纳双方的税收成本。税务机关通过线上办税系统搜集信息，再通过大数据分析，使得税收征收管理更具有针对性，纳税服务更人性化。对于所得税纳税申报，纳税人一般情况下只需要在线上确认即可完成，极大地节省了纳税人的时间成本，也提高了纳税人的税法遵从度。

（二）经济效率原则

经济效率原则是指征税应尽量有利于经济效率的提高，或者至少对经济效率不产生负面影响。税收经济效率是从税收与经济关系角度，将税收置于经济运行过程之中，考察税收对社会资源和经济运行的影响状况。税收经济效率的基本要求是保护税本，政府征税应尽量避免税收对经济产生不利影响，发挥税收对经济的促进作用。政府征税也应慎重选择税源。通常认为，国民生产是税本，国民收入是税源，原则上税收只能参与国民收入的分配，而不能伤及国民生产。

税收经济效率的更高层次则是通过税收政策来提高资源配置的效率。由于市场经济在运行中存在市场失灵，因此政府有必要发挥作用，而税收政策就是政府发挥作用的有效手段。以企业所得税为例，对高新技术企业、集成电路和软件等行业企业的税收优惠政策，就是政府在提高资源配置效率方面发挥税收作用的具体体现。

四、中性原则

税收中性原则是指国家征税以不干预市场经济运行，平等对待一切纳税人为原则。税收中性的目的是要避免税收对市场机制的干扰和扭曲，而让市场在不扭曲或不受干扰的条件下运行。但从税收理论和现实角度来看，即使是在完全自由竞争的市场经济条件下，税收也不可能做到完全中性。因此，税收应当尽可能地减少对市场机制的影响，进而实现一种相对的税收中性。所得税的中性原则主要体现在以下三个方面。

（一）所得中性

所得中性是指，在确定应纳税所得额时对纳税人的各类所得应同等对待。企业所得税的纳税人在汇总计算应纳税所得额时，对各类所得均应按照统一的规则计算，适用相同的税率计税；对居民个人综合所得中的各项所得，个人所得税纳税人在年度汇算清缴时应同等对待，适用同样的超额累进税率计税。当然，部分所得适用优惠政策，并不会改变所得税的所得中性原则。

（二）纳税人中性

纳税人中性是指，应平等对待所有纳税人，不因为纳税人的规模、性质、行业不同而区别对待。以个人所得税的自然人纳税人为例，对于不同地区、从事不同行业的纳税人均能够同等对待，按照同样的税收制度计算征收个人所得税。同样，部分纳税人适用优惠政策，也不会改变所得税的纳税人中性原则。

（三）地域中性

地域中性是指，应同等对待不同地区的纳税人。在个人所得税中，地域中性表现在有关基本费用扣除的标准上，只要是居民个人，在综合所得个人所得税汇算清缴时，均按照每年 6 万元的基本费用扣除标准进行扣除，而不因地域不同、经济发展水平差异规定不同的扣除标准。同样，部分纳税人适用特定地区鼓励类产业等优惠政策，也不会改变所得税的地域中性原则。

五、避免重复征税原则

重复征税是指对同一征税对象在同一时期被相同或类似的税种课征了两次或者两次以上的所得税。重复征税既可以发生在同一国家（地区）之内，也可以发生在不同国家（地区）之间。避免重复征税原则就是要求对同一征税对象在同一时期避免被相同或类似的税种课征两次或者两次以上的所得税。所得税的避免重复征税原则主要包括以下两个方面。

（一）避免法律性重复征税

法律性重复征税又称"管辖权性"重复征税，是指两个或两个以上具有税收管辖权的主体对同一纳税人的同一征税对象征税。法律性重复征税形成的原因是不同主体行使不同的税收管辖权，即征税权力的不同，而税收管辖权的不同，则是源于法律依据的不同。不管各类征税主体是同一国家（地区）的还是不同国家（地区）的，只要是在行使不同种类的税收管辖权，就会发生税收管辖权的重叠冲突，出现法律性重复征税。因此，避免法律性重复征税就要求必须从税收管辖权上入手。

目前国际上避免法律性重复征税的方式有低税法、扣除法、免税法、抵免法以及签订税收协定。我国在企业所得税法中采用税收抵免法来避免对企业境外所得的国际重复征税，并与其他国家（地区）签订避免双重征税协定，以此来避免法律性重复征税。

（二）避免经济性重复征税

经济性重复征税是指同一征税主体或不同征税主体对不同纳税人属于同一税源的不同征税对象所进行的重复征税。经济性重复征税是由于对纳税人的同一经济税源征税所引起的，同一经济税源的不同纳税人，可能是在同一国家（地区），也可能是在两个或两个以上国家（地区），因此经济性重复征税亦有可能形成国际重复征税。

我国企业所得税法充分考虑重复征税对经济运行的影响,对法人企业征收企业所得税,对非法人企业(个人独资企业和合伙企业)不征收企业所得税。通过对纳税人的区分,使企业所得税与个人所得税从纳税主体上划分开来,一次性地解决了对非法人企业的重复征税问题。

延伸阅读

美国制定了S公司条款。按照该条款的规定,S公司的股东必须符合以下条件:股东不超过100个,股东中不得有非居民外国人,股票种类应是单一的,公司的股票100%由公司股东持有。如果符合S公司的规定,则该公司的利润或者损失按比例分配给股东,作为股东的经营所得或者损失申报个人所得税。意大利规定,在特定条件下,股东不超过10名自然人的有限责任公司和股东(或合伙人)不超过20名自然人的有限责任合伙公司,可以选择作为税收透明实体。税收透明实体的所得将直接分配给股东(或合伙人)缴纳个人所得税。这一规定的好处是避免了双重征税,有利于鼓励个人投资、促进中小企业的发展。

第四节 所得税的课税理论

一、所得税理论发展

所得税理论最初是在西方形成和发展的。19世纪末,所得税概念、税收公平等理论基础已经成形。20世纪以来,随着所得税在全世界的普遍开征,所得税理论研究的深度和广度不断扩大,至20世纪80年代中期所得税理论已经被西方学者视为成熟的学说。

我国学者对所得税理论的全面研究始于20世纪80年代初期。对于当时的中国而言,所得税还属于新生事物,研究方法差别很大,有的侧重于介绍西方理论,有的重视联系本国国情、运用马克思主义进行所得税理论研究。至20世纪90年代中期,国内学者对所得税的基础理论研究基本成形,此后部分学者转向所得税的计量经济研究。

按照现代税收理论，一般来说，所得税具有普遍、公平、连续、可靠等特性。而征收企业所得税的重要理由，更是基于其公平性。在当代经济社会中，企业经营非常普遍，且在法律上与个人或股东个人不同，因此，在企业利润未分配之前，仍为企业的所得，不能作为个人或股东个人之所得，当然也就不能对其征收个人所得税。如果企业所得可不征税，则当企业盈利时，就可能将盈利保留不作分配，以逃避个人所得税，出现税收负担的不公平。

（一）企业所得税相关理论

基于企业所得税与个人所得税的关系，企业所得税可分为两大类——以实质法人说为理论基础的独立课税论和以拟制法人说为理论基础的合并课税论。

实质法人说认为，法人是一个单独的权利义务主体，可以拥有财产，相应地也可以成为诉讼对象。因此，法人的所得与股东所分配的盈余，应分别纳税，且两税之间不应有任何联系，而是分别独立存在。所以，在企业的税后利润分配给各股东时，要再缴纳个人所得税，故而有重复课税的现象发生，并导致企业部门与非企业部门、分配股利与保留利润、债与募股三方面的扭曲效果。重复课税除因扭曲效果而降低资金市场效率外，尚有累退现象，即所得愈高者，重复课税程度反而愈低；而企业就可借利润的保留方式以为其股东逃避累进税负，造成不公平现象。为防止公司借利润的保留方式为其高所得股东逃避个人所得税累进现象，在采取两税重复课征制度的国家，税法都要对公司的保留利润加以限制。

拟制法人说认为法人是法律所虚拟的，法人与股东间有密不可分的关系，因此企业与股东之所得应合二为一。在合并课税论中，依照合并程度及合并段的不同可分为多种两税合并课税的企业所得税制。

（二）个人所得税相关理论

20世纪以来，个人所得税制改革以及方案设计的两大里程碑理论包括公平课税理论和最优所得税理论。

公平课税理论起源于西蒙斯在20世纪30年代的研究，他认为在个人所得税制的设计中，实现公平以及最小化经济干预是政府的双重目标，而实现这个目标的根本在于选择合理的税基。因此西蒙斯在总结前人经验的基础上，提出了综合所得和综合税基的概念。

最优所得税理论的思想最初来源于1897年埃奇沃斯的研究成果。他克服了公平课税理论在制度上的设计烦琐以及过于强调所谓的公平性从而导致运行时诸多不便的问题，首次提出了"可以实现社会福利最大化的最优税制设计理念"，1945 年，维克利在埃奇沃斯的研究基础上，增加了个人提供劳动能力不同的前提基础，用数学形式分析税收在劳动激励上具有负效应，但由于当时数学方法的限制，无法推算出方程解。之后，学者米尔利斯在维克利的研究基础上，将闲暇纳入整体函数中，得出政府取得一定税收收入但反激励效应最小的最优解，从而提出"倒 U 型"的最优所得税率，既可以实现帕累托改进的状态，同时也可以促进收入的公平。最优所得税理论同时考虑到公平性与效率性两个目标，为后来的个人所得税制度设计提供了重要的指导意义。

由上述所得税相关理论可见，公平与效率一直以来都是专家学者关注的重点问题，而在所得税研究领域，最适课税理论和所得税效应理论通过不同路径机理，均对税收效率原则与税收公平原则的内涵进行综合和深化。最适课税理论研究的是如何构建出兼顾效率和公平的税收制度，提供让税收扭曲效应或福利损失最小化的途径，从而直接影响税收公平。所得税效应理论研究的是征收所得税对纳税人产生的影响，通过税收超额负担这一中间变量，间接反映税收效率高低。两者在所得税众多理论假说中最具代表性与学术研究价值。

二、最适所得课税理论

最适课税理论的基本方法是运用个人效用和社会福利的概念，在赋予效率原则和公平原则不同权重的基础上，将公平与效率统一于社会福利标准之中。一般来说，效率越高，个人效用和社会福利水平也就越高，然而社会福利不是个人效用的简单加总，还取决于效用的平等分配程度，越平等社会福利越高。可见最适课税理论实质上就是研究如何从公平和效率意义上使得社会福利最大化。

最适课税理论主要包括三个方面：最适商品课税理论、最适所得课税理论和最适税收征管理论。最适商品课税理论立足于效率，而最适所得课税理论的研究是从公平切入的。最适所得课税理论的核心问题是如何确定所得税的最适税率、如何设计累进程度，以使社会达到收入公平分配的目标。

（一）横向公平角度

在最适所得课税理论中，埃奇沃斯模型就是从横向公平角度讨论应当如何设计税率①。该模型有如下假设条件：

（1）在政府取得必要税收收入的前提下，尽可能使个人的效用之和达到最大。如果 u_i 表示第 i 个人的效用，W 表示社会福利，n 表示社会中的人数，税收制度应当使得社会福利最大化，也是个人效用的最大化，即 $W_{max} = u_1 + u_2 + \cdots + u_n$。

（2）个人效用的大小仅取决于个人的收入水平，人们的效用函数完全相同，这些效用函数表现出收入的边际效用递减，即随着收入的增加，个人的效用也会增加，但是效用增加的速度是递减的。

（3）可获得的收入总额是固定的。

在以上三个假设条件下，为实现社会的最大福利，每个人的收入边际效用必须相同，只有当每个人收入水平相同时，收入的边际效用才能相同。这就要求税制应当使税后所得分配尽可能平等，因此应当先向高收入者征收所得税，因为高收入者失去的边际效用比低收入者小。

因此，基于横向公平的要求，埃奇沃斯模型认为，应当实行高度累进税率，从最高所得一端开始削减收入，直至达到所得完全平等，也就是高收入者的边际税率为100%，通过征收所得税把高收入群体的收入转移至低收入群体，就可以实现可支配的净收入相等，而这样的情况下就是最优的税制。但由于模型所依据的假定条件太多，这种研究观点过于强调税收收入的均等而忽视税收对劳动积极性的影响。现实中不可能只考虑横向公平，还需要考虑纵向公平。

（二）纵向公平角度

埃奇沃斯模型中假定整个社会的收入总额是固定的，根据这种假设，即使是没收性的税率对经济行为也没有任何影响，但这是不现实的。现代研究很大程度上否定了埃奇沃斯模型的结论。

就个人而言，个人的效用不仅取决于收入，还取决于闲暇，所得税的存在会扭曲个人的决策，没收性的税率会导致个人选择闲暇而非工作，从而社会的收入总额会有所下降。最适所得课税理论的现代研究将纵向公平纳入研究体系，形成了最适线性所得税理论和最适非线性所得税理论。

1. 最适线性所得税理论

英国经济学家斯特恩考虑个人会在所得与闲暇之间进行选择，提出了一个

---

① 哈维·S. 罗森，特德·盖亚. 财政学 [M]. 8版. 北京：中国人民大学出版社，2009.

具有固定边际税率和固定截距的最适线性所得税模型,也称斯特恩模型。该模型只考虑比例税率不考虑累进税率。

斯特恩模型假定,个人所缴纳的所得税可以用公式表示:$T = -G + tY$,其中 T 表示税收收入,G 表示政府补助,t 表示税率,Y 表示个人的全部所得,假设 $G = 3000$ 元,$t = 0.25$。如果某纳税人的个人所得为 20000 元,那么其应纳税额为 2000 元;如果个人所得是 6000 元,那么其应纳税额为 -1500 元,即可从政府取得 1500 元的补贴。

斯特恩的研究发现,闲暇与收入之间有较小的替代关系。假设收入与闲暇之间的替代弹性为 0.6,政府所需要的税收收入约等于个人收入的 20%,税率设置为 19% 时,可以使得社会福利最大化。上述研究得出的最适所得税率 19% 远远低于埃奇沃斯模型中的 100%,这就表明即使闲暇与收入之间的替代关系很小,对最适边际税率的影响也是很大的。斯特恩还发现,在其他条件不变的情况下,若劳动供给弹性越大,对劳动所得课税所产生的超额负担就越大,这种情况下,税率就应当越低。斯特恩的研究最终验证了"人们对减少分配不平等的关注越大,所得税率就越高"的假设。

2. 最适非线性所得税理论

对个人所得税实行比例税率和累进税率结合的税率模式。累进税率下,不同收入水平分别适用不同的税率,也称非线性所得税。最适非线性所得税的关键问题是研究如何确定所得税的累进程度,也就是研究如何设定不同收入水平下的边际税率。

米尔利斯模型研究了所得存在差异情况下的最适累进性问题,米尔利斯最初是想证明对收入高者应当多征税,但是其研究模型得到的最终结果是:边际税率应当在 0 到 1 之间,最低收入段的边际税率为 0,最高收入段的边际税率也为 0。这个结论与最初的设想恰恰相反,这是因为在现实中税务机关不能得到完全的信息,一个高收入者隐藏收入的能力会很强,因此政府可能征不到高收入段的所得税。

也就是说,从社会公平和效率的整体角度来看,非线性所得税的最适边际税率结构应当使得高收入段的边际税率为 0,低收入段的边际税率接近于 0,而中等收入段的边际税率可以适当提高,即边际税率曲线应当呈"倒 U 型"。该模型的结论表明,最适所得税率也许不是累进的,让高收入者承担高税负可能反而会使得低收入者的社会福利水平下降。该模型的研究结论打破了学术界原本对累进税率的认知,表明累进税率并不一定是缩小收入不平等的有效工具,这也促使人们重新审视利用累进所得税制来实现再分配的观念。

延伸阅读

由于在不对称信息与激励性经济理论方面的突出贡献,以及将信息经济学的基本观点与最适课税理论结合起来,英国剑桥大学教授米尔利斯和美国哥伦比亚大学教授维克利共同获得了1996年的诺贝尔经济学奖。表明了西方经济学界对最适课税理论的肯定。

在现实中,政府对每个人是否有纳税能力并不清楚,当纳税能力不可观察时,只能根据收入征税。但如果对高收入者征重税,有纳税能力的人就会假装能力很低。可见,由于信息不完全,政府的最适课税行为就会受到很大制约。米尔利斯探讨了政府在信息不完全的情况下,如何设计出一种激励性相容的最适税收体制。

维克利强调累进所得税制对个人的激励作用,指出税收制度设计将面临两方面的问题:一是政府不能确切地知道每个人的真实能力所造成的信息不对称;二是税收制度又会反过来直接影响个人工作的努力程度。因此,必须考虑到私人信息的影响和激励相容问题,以便在彼此冲突的公平与效率目标之间找到一个最佳的平衡。

资料来源:王玮,《税收学原理》,清华大学出版社2020年出版。

最适所得课税理论让我们重新审视所得税的公平功能,其改善收入不平等的能力或许并不完美。最适所得税必须在较高的边际税率所产生的公平收益及其所导致的效率损失之间进行权衡,"公平意味着递增的边际所得税税率"这一传统观念值得商榷,累进所得税制的合理性也有待考察。因此,最适所得课税理论虽具有一定理论意义,但其结论是建立在非常严苛的假设条件之上的,本身的适用范围有限,需辩证看待。

三、所得税效应理论

政府征税不可避免地会给经济运行带来影响,产生税收负担和税收超额负担,税收超额负担是指征税活动对市场正常资源配置造成的损失。由于不同产品之间、不同生产要素之间、劳动与闲暇之间、当前消费与未来消费之间存在相对价格,而大部分税收都是选择性的,征税往往会使市场中的各种相对价格发生改变,从而干扰由市场决定的消费决策和生产决策,进而使得市场机制正常配置资源的效率受到影响。

税收超额负担可以用所得税效应理论来说明。所得税效应理论就是指征收所得税对纳税人产生的影响,具体分为所得税收入效应和替代效应。所得税收入效应是指,征收所得税会减少纳税人可自由支配的所得、改变纳税人的相对所得状况,进而对纳税人的消费、投资等经济行为产生影响。所得税替代效应是指,由于征收所得税改变了一种经济行为相对于另一种经济行为的机会成本,从而对纳税人的行为产生影响。收入效应和替代效应对纳税人行为的影响方向是相反的,所产生的总影响取决于所得税实际税负的大小和纳税人的个体偏好。

值得注意的是,产生税收超额负担的根本原因在于产生了替代效应,因为替代效应所产生的效用损失无法用其他收益弥补。而只产生收入效应不产生替代效应的税收,从理论上来讲只有总额税,即一次总付税,我国目前的所得税制度并不属于这种情况。税收的经济效率原则在承认税收会引起效率损失的前提下,要求税收超额负担最小化。也就是说在制定所得税制度的时候,如不考虑税收公平,需要选择税收超额负担最小的制度以达到税收效率的最大化。

(一)所得税对生产者行为的影响

生产者行为指的是为实现利润最大化,生产者在运用各种可支配的生产要素方面所作出的决策。所得税对生产者行为的影响主要体现在收入效应上,表现为征收所得税使生产者可支配的生产要素减少,从而降低生产者的生产能力,其生产水平和利润率也随之下降。

(二)所得税对消费者行为的影响

消费者行为指的是为获得最大的效用满足程度,消费者在使用归自己支配的收入方面所作出的决策。税收对消费者行为的影响可以从对消费总量和消费结构的影响两方面考虑。所得税对消费总量的影响主要通过个人所得税来实现,具体体现为消费者行为的收入效应,消费者的实际可支配收入下降,购买力降低,由此降低消费水平。假设某一消费者的可支配收入是固定的,并且全部用于购买某种商品,如果政府对消费者的所得征税,但商品的实际价格没有发生变化,那么消费者购买该商品的数量将会等比例下降,消费者的效用水平也会低于税前水平。

（三）所得税对劳动供给的影响

所得税对劳动供给的影响通过个人所得税来实现。按照福利经济学原理，个人的福利总水平包括取得的收入和享受的闲暇两部分，将劳动与闲暇作为两个可供劳动者选择的"商品"。如果劳动者把时间用于劳动，那么将会增加收入同时减少闲暇；如果劳动者把时间用于闲暇，那么将会减少收入。政府对个人的劳动所得征税，会产生收入效应和替代效应。收入效应是指对劳动所得课税，劳动者的实际可支配收入下降，劳动者为了维持以往的收入和消费水平，倾向于更加勤奋地工作。替代效应是指对劳动所得征税，降低了劳动者的实际工资水平，同时提高了劳动相对于闲暇的"价格"，或者说劳动者将以更高的代价才能获得与未征税时相同的劳动收入，此时劳动者更倾向于选择"价格"较低的闲暇，减少劳动投入。

个人所得税对劳动力供给产生的总影响取决于多方面因素。一方面，取决于个人现实的收入水平，一般来说收入水平越高、收入的边际效用越小，个人所得税产生的收入效应越小、替代效应越大，更倾向于选择闲暇、减少劳动。另一方面，取决于个人所得税税率的累进程度，累进程度越高，劳动的边际收益越低，劳动者更倾向于选择闲暇来替代劳动，税收对劳动投入的替代效应就越明显。当然，个人的偏好、传统观念等因素也会影响个人对劳动投入的增减选择。

（四）所得税对个人储蓄的影响

储蓄是个人将一部分经济资源转移到未来某个时期进行消费或投资的活动，它是未来的消费或投资。储蓄水平的高低代表着资本形成的潜在力量，是促进经济增长的基础条件。

所得税对个人储蓄的影响在收入效应上表现为，如果只对其他现实收入征税，不对储蓄利息收入征税，由于征税减少了纳税人的可支配收入，假设个人的边际消费倾向和边际储蓄倾向固定不变，纳税人会等比例地减少消费与储蓄。如果对储蓄利息收入也征收个人所得税，假设个人在未来期间只有储蓄利息收入无其他经济来源，那么纳税人预期未来的收入会下降，为了保证未来的生活水平，纳税人将减少现时的消费或投资、增加储蓄。所得税对个人储蓄影响在替代效应上的表现为，对储蓄利息征税，减少纳税人的实际利息收入，降低储蓄对纳税人的吸引力，从而使得纳税人更倾向于用现实消费或投资代替储蓄。所得税对个人储蓄的总效应取决于收入效应和替代效应的相对大小，个人所得税的税负水平和边际税率,以及个人对储蓄和消费的偏好程度。

(五) 所得税对私人投资的影响

为了兼顾当前和未来的社会福利,纳税人必须在消费、储蓄和投资之间做出适当的安排。私人投资实际上是企业或个人放弃当前的消费或储蓄,将储蓄转化为资本,以便未来获得更多收益的行为。预期的投资收益率高,投资意愿必然上升。投资决策受多方因素的影响,但最终取决于每一新增投资的边际报酬率。只要投资边际收益减去投资边际成本大于储蓄利率,那么就会有企业或个人追加投资。政府在运用所得税调节私人投资活动时,既可以采用直接减免税的方式,也可以采用投资额抵扣所得额的方式,还可以采用其他方式。

所得税对私人投资的收入效应是指政府征税导致纳税人税后投资收益率下降,减少了纳税人的可支配收益,使得纳税人为了维持以往的收益水平而增加投资。所得税对私人投资的替代效应是指由于征税导致税后收益率下降,从而降低了投资对纳税人的吸引力,纳税人更倾向于选择消费或者储蓄。所得税对私人投资的总效应取决于收入效应和替代效应的相对大小,所得税的税负水平和边际税率,以及企业或个人对储蓄、消费和投资的偏好程度。

 本章思考题

1. 结合直接税和间接税的区别,谈谈为什么所得税的税负很难被转嫁。
2. 结合所得税的主要功能,谈谈你对税收在国家治理中基础性、支柱性和保障性作用的理解和认识。
3. 结合所得税的收入和分配效应,谈谈你对所得税助推实现共同富裕目标的认识。
4. 所得税的课税原则具体有哪些?
5. 结合最适所得课税理论,谈谈如何改革和完善我国个人所得税制,以兼顾公平和效率。

第二章 所得税历史和发展

【学习目标】本章主要介绍所得税的起源和发展、世界主要国家所得税制的现状和基本特征、我国所得税的发展历程。通过本章学习，了解我国社会主义建立与发展时期所得税的发展历程，特别是中国特色社会主义新时代所得税制的改革历程和显著成效，理解我国所得税制度的演进规律与逻辑脉络。

第一节 所得税的起源和发展

一、所得税的起源

所得税最早于1798年起源于英国。由于英法战争时期军费猛增，为了增加财政收入，英国首相威廉·皮特提出新设临时税种"三级税"[①]，但因税法不健全，漏税甚多，遂于1799年废除。随后议会通过1799年法案设立所得税制，所得税税率为应税收入的10%，适用于所有大不列颠（不包括北爱尔兰）的企业和个人，按月征收[②]。由于英国首相的换届，所得税在1802年被短暂取消。1803年，根据战争军费所需，英国首相阿丁顿制定了所得税新法案——《来源于财产、职业、贸易和公职所得的捐献》，该法案为英国后来的所得税征收确立了模式。此法案将所得税分为五项：对土地和建筑物所征的税、农业所得税、公共养老金收入税、工薪及退休金收入税、自由职业者和除以上四项之外其他人员所缴的税。同时税款课征方式也发生变化，如股份公司在给股东发放股利时，直接扣除所得税。随后在很长一段时间内，英国所得税定位为临时性

[①] "三级税"是英国1798年实行的一种类似所得税性质的税。纳税人分为三种：第一种是仆役的主人及马车、马匹的所有者；第二种是拥有钟表等贵重物品的所有者；第三种是房屋、土地等财产的所有者。三者都以纳税人上年度所支付的消费税额作为计税依据，并以纳税人负担消费税额多少分成若干等级，按差别税率课征。（参见：王美涵. 税收大辞典 [M]. 沈阳：辽宁人民出版社，1991.）

[②] 祝凤梧. 英国所得税的演变 [J]. 财会月刊（综合），2005（8）：54-55.

税种，直到 1913 年议会通过《临时税收征收法》才成为固定税种。

欧洲大陆的国家中，德国是较早开征个人所得税的国家。普鲁士（当时是德国的一个公国）由于在对法战争中失败，为筹措对法战争的赔款，于 1808 年开征了所得税，后由于地主和资产阶级的反对而停征，直到 1891 年才又恢复征收。

同样，美国联邦所得税的起源也与战争相关。由于 1861 年南北战争的军费需要，经国会同意战时开征所得税。当时美国联邦所得税规定对年所得在 800 美元以上的征收 3% 的个人所得税；1862 年修改为年所得在 1000 美元以上的税率为 5%。尽管当时所得税税率较低，但对筹集战争费用起了重要作用。随着战争的结束，由于资产阶级的反对，所得税被以"违宪"的名义在 1872 年废止。随后美国于 1913 年公布宪法修正案，确定了国会有权对任何来源的所得课征税收。接着国会通过个人所得税法，从而确定了所得税在美国的地位。

纵观上述较早设立所得税的国家，一是所得税起源于较早完成工业革命以及初步构建资本主义体制的国家，因为已经具备设置所得税制的基本税制要素。二是由于某些特殊原因导致国家财政困难，而所得税制具有较强财政收入筹措功能，所以各国纷纷将所得税纳入税制体系。三是所得税的发展充满曲折。由于所得税属于直接税，是针对"所得"征收，其二次分配的特征更加明显，因此其开征的过程中不断被民众质疑与反对，也成为西方国家政治博弈的焦点。

二、20 世纪 80 年代以来所得税的改革

（一）20 世纪 80 年代以来所得税改革的历程

1. 企业所得税的改革

企业所得税改革是众多国家税收改革方案的重中之重，其重大改革节点主要体现在以下两个方面：

（1）20 世纪 80 年代开始的所得税减税改革[①]

从 20 世纪 80 年代开始的全球化浪潮中，世界性税制改革浪潮随之而来，其中企业所得税改革率先启动。

---

① 企业所得税改革国际趋势研究课题组. 企业所得税改革国际趋势研究 [J]. 税收经济研究, 2018 (3): 1-9.

一是税率不断降低。1986—1995 年，各国纷纷降低税率并简化税率档次，OECD 成员国除奥地利外都不同程度降低了税率，平均税率从 1986 年的 41.6% 下降到 1995 年的 32.5%。在发达国家的影响下，发展中国家和经济转型国家也大幅度降低所得税税率，整体上从 50% 降低到 30% 左右。20 世纪 90 年代末期，西方发达国家经济增长出现了周期性下滑，1997 年美国实施减税方案，其他西方国家又进一步下调了企业所得税税率。21 世纪初企业所得税税率下降速度较快。2000—2006 年，OECD 成员国（当时为 30 个成员国）企业所得税平均税率呈下降趋势的有 25 个，企业所得税平均税率从 33.6% 降到 28.4%。

二是拓宽税基。为弥补税率降低后的收入损失，确保税收的财政收入功能，各国试图通过扩大税基来增加税收。一种方式是扩大征税范围，另一种方式是减少优惠措施。从各国改革措施来看，多采取后者，主要表现为限制利息扣除。例如，瑞典、丹麦、法国、葡萄牙和西班牙通过设置扣除上限限制企业债务融资利息扣除。另外一些拓宽税基的方法有对存货的税务处理做出更加严格的规定、限制折旧率提高、减少或取消投资抵免等。如英国于 1984 年取消了固定装置和设备投资的税收支出，再比如美国 1986 年取消了"固定资产加速折旧"和"新设备投资抵免"等鼓励投资的优惠规定。

三是税收优惠更加规范。一方面，清理了税法中过多的税收优惠，保持税收经济中性；另一方面，把确实需要保留的税收优惠通过法律的形式限定在具有效益外溢性的技术进步和科技创新上。日本、美国、法国、英国、澳大利亚等国都采取了允许研发费用特殊扣除抵免的方式给予纳税人优惠。

（2）2008 年金融危机爆发后全球所得税改革[①]

2008 年金融危机爆发后，各国为了应对危机，实行积极的财税政策，特别是一揽子减税计划在各国普遍实施，也因此推动了所得税改革。

一是税率改革。2008 年国际金融危机爆发之后，OECD 成员国（当时为 35 个成员国）有 20 个国家降低了税率，经过一系列下调措施，大多数国家和地区的税率水平为 20%～30%。另外，对中小企业适用较低税率是全世界较为普遍的改革方式，同时中小企业的认定标准也在不断放宽。比如，法国自 2017 年

---

① 张健，等. 企业所得税改革的国际趋势研究与借鉴 [J]. 国际税收，2018 (5)：69-72.

起，年收入在 3.81 万~7.5 万欧元的中小型企业适用 28% 的中档税率①。

二是拓宽税基的改革。企业所得税税率下调，不可避免带来收入下降，为了减轻财政压力，有关国家通过扩大预提所得税征税范围、压缩费用扣除、限制亏损抵税额等拓宽税基的措施来应对。比如，澳大利亚规定自 2017 年 7 月 1 日起，外国居民购买澳大利亚不动产和相关权益时，预提税的起征标准从 200 万澳元降为 75 万澳元②。再比如，荷兰规定从 2018 年起，税前利润弥补以前年度亏损的年限从 9 年缩短至 6 年③。

三是企业所得税优惠政策调整。企业所得税优惠政策是提高国际竞争力的重要手段，各国政府侧重于鼓励创新、创业，实现精准扶持。比如，英国政府拟定了与商界的新"全盘交易"条款，承诺以新的产业战略支持商界提振生产率，通过税收制度支持创新，包括从 2016 年至 2020 年每年额外拨出 20 亿英镑用于支持研发。另外，相对发达国家而言，部分发展中国家整体的基础设施建设水平较低，因此鼓励投资的税收优惠政策较为突出，主要方式包括税收减免和加速折旧。比如，越南对从事鼓励项目的投资业务或对不发达地区投资给予 10% 的税率减免。

2. 个人所得税的改革

个人所得税自诞生之日起，各国政府持续对其改革，以实现各项政策目标，这些目标包括：增加税收收入、刺激经济增长和增强税制的再分配功能。改革措施包括提高或降低税率、拓宽或缩小税基等。英国于 1799 年以筹集军事开支为契机征收个人所得税，随后个人所得税逐渐被各国普遍实行并发挥着筹集国家财政收入、调节收入分配等作用，其发展过程重大节点主要是以下两个阶段：

（1） 20 世纪 80 年代的全球范围个人所得税制改革

OECD 成员国在 20 世纪 80 年代已经开始了个人所得税制度改革的探索，几乎所有的成员国都进行了个人所得税的改革。

一是个人所得税税率档次减少以及最高边际税率降低。20 世纪 80—90 年代，多数 OECD 成员国选择对个人所得税的税率档次进行调整，1981 年在

---

① 参见：国家税务总局国际税务司，国外税改动态，2017 年。
② 参见：上海财经大学公共政策与治理研究院，《推迟对进口小额商品征收货物劳务税、调整外国居民资本利得税和通过"大银行税"法案——澳大利亚》，世界税收动态（月刊），2017 年。
③ 参见：安永中国海外投资业务部微信公众号，《荷兰税收政策变动概况》，2017 年。

OECD成员国中无单一税率的个人所得税，大多数国家的税率表都有10～20档甚至以上，如日本19档、西班牙30档、美国16档、加拿大13档等；到2000年成员国个人所得税税率的平均档次降至5档；2000—2008年，除少数国家外大部分国家的税率档次继续降低，匈牙利和波兰由3档降至2档、法国由6档降至4档、捷克和斯洛伐克则实施了单一税率，而加拿大、美国、日本和冰岛增加了税率档次，其他国家的税率档次都基本保持不变；2008年OECD成员国个人所得税税率的平均档次降到了3.8档。另外，20世纪80年代各国的边际税率普遍较高。比如，在1981年日本边际税率达93%，在OECD成员国中最高。后来边际税率逐年下降，截至2000年OECD成员国个人所得税的平均最高边际税率为44%，34个OECD成员国中个人所得税最高边际税率保持不变的只有一个国家，提高的有七个国家，其余国家均不同程度降低了个人所得税最高边际税率。

二是个人所得税税制模式形成了综合所得税制、分类所得税制和分类综合所得税制并存状态。20世纪80年代以前OECD大多数成员国个人所得税为综合征收制，但是随着个人所得税改革，有些国家对特定类型收入采用特殊的税收处理方式。比如，1992年挪威施行了分类综合所得税制，征收个人所得税的税率是28%。

三是各国加大信息征管的投入，利用信息技术加强对自然人的税收征管。OECD成员国普遍对自然人实行"税务号码"的制度。不同国家对税务号码的称呼不同，例如，美国为身份证、纳税和社会保障三个号码统一的税号；澳大利亚为所有澳大利亚公民以及在澳工作的自然人所必须申请的税收档案号；德国是详细记录自然人和经济人基本信息等的"税卡"。

(2) 2008年全球金融危机之后以减税为核心的个人所得税改革①

2008年全球金融危机之后，大多数国家实施了以减税为核心的个人所得税改革，继续降低个人所得税税负。多数国家选择降低税率和缩小税基相结合的改革模式，目的在于维护社会公平，保障中低收入者和有抚养孩子家庭的利益，同时，针对老年人、残疾人和自营职业者（self-employed）等都采取了有针对性的减税措施。

一是个人所得税税率稳中有降。税率改革中不仅包括最高边际税率的调

---

① 付伯颖. 国际视角下个人所得税改革趋势评析[J]. 地方财政研究，2021 (5): 91-98.

整，还包括对非最高边际税率的调整。纵观全球，个人所得税税率总体仍呈下降趋势，但也有少数国家提高了个人所得税税率，税率下调的国家多于上调的国家。比如，2020年希腊、荷兰和瑞典降低了最高边际税率，而智利、土耳其和立陶宛将个人所得税的税率微微上调。

二是个人所得税税基缩小。税基调整包括扩大税基和缩小税基。其中：扩大税基意味着降低豁免扣除和严格扣除标准，在一定程度上可弥补由于边际税率降低带来的收入损失；缩小税基，包括提高基本豁免额和提高对某些特殊纳税群体（有孩子的纳税人、老年人和残疾人等）的扣除标准，会直接降低中低收入阶层的纳税人及特殊群体纳税人的税负，具有较强的针对性。与20世纪80年代全球个人所得税改革的"低税率、宽税基"式的模式不同，此阶段的个人所得税改革，体现了各国更加注重中低收入及某些特殊群体的改革取向。比如，立陶宛从2020年起根据残疾人的具体情况，将残疾人的每月基本税收豁免额提高到600~645欧元。再比如，在爱尔兰，如果有配偶（或伴侣）在家中需要照顾，可享受家庭护理税收抵免，该项抵免从2018年的1200欧元和2019年的1500欧元增加到2020年的1600欧元。

三是对资本所得课税的改革受到局限。世界各国在对资本所得课税的改革过程中，兼顾效率原则与公平原则，也因此使得税制设计比较复杂。为了达到鼓励储蓄和增加收入的目的，对家庭资本课税改革的幅度并不是很大。主要改革措施包括降低税率和提高对租金所得课税，同时，对金融所得实行税收减免，以支持小额储户储蓄。比如，阿根廷从2020年起取消了对某些金融性所得，包括定期存款、政府证券和公司债券利息的课税。

(二) 20世纪80年代以来所得税改革的特征

1. 所得税功能定位的选择

强调所得税的财政收入筹集功能还是宏观调控功能，归根结底是税收的效率和公平的取向问题。提高扣除标准、实施更多的税收优惠有利于更好地发挥税收的调控作用，是符合公平原则的，但对于所得税收入有负面影响。而减少税收优惠则有利于增加税收收入，符合效率原则，但不利于发挥税收的调控作用。

因此，在保持所得税适当规模的基础上，有针对性地实施或突出财政功能或强调调控功能的所得税政策，才能既保障财政收入来源稳定，也可以适度利用所得税政策调控经济与财富分配。

2. 所得税税制改革的模式

所得税制通常比较复杂，税前扣除和税收优惠众多，征管成本和遵从成本较高。世界各国政府也一直在讨论税制简化的可行性与必要性。

复杂的税制会增加纳税人遵从成本、增加税收违法的风险。同时，越复杂的税制也会使税务机关有更大的自由裁量权。但是，所得税多样化优惠政策能够起到政策调节作用，严谨的申报与检查程序可以保障纳税公平性。由此，所得税制要简化还是要复杂取决于一个国家的经济发展水平与国家治理能力。在经济发达国家，可以保持一个适当的较为复杂的税制，而在经济水平低的国家和地区，则应该尽可能简化税制，才能确保税收制度顺利运行并发挥作用。

3. 所得税税率变动的特征

降低或提高税率是各国政府常用的税制改革措施。一方面，所得税是政府收入的重要甚至主要来源，世界各国为了满足日益增长的支出要求，一般选择提高税率来增加税收收入。比如，为了应对2008年全球金融危机导致的财政赤字，英国于2009年提高了高收入人群的税率；而墨西哥在2013年税制改革中对高收入阶层采取加税措施。另一方面，减税也是各国政府刺激经济发展的重要政策工具。税收竞争尤其是企业所得税的竞争越来越激烈，许多国家选择降低企业所得税税率来提高国际竞争力。此外，某些政府也通过下调个人所得税税率来争夺高素质劳动力，比如挪威、新西兰等多个国家降低了个人所得税最高边际税率。

4. 个人所得税与企业所得税的协调

世界上大多数国家都是个人所得税与企业所得税并存的格局，而两者关系焦点是"双重课税"的协调。如股息重复征税不仅会给企业的经营方式、利润分配、融资方式带来扭曲，还会加重企业税负，对国际资本流动产生负面影响。

世界上不少国家采用归集抵免法、股息免税法和股息减计法等方式来减轻或消除股息的双重征税，在课税范围等方面形成了对两税综合考虑的趋势。

(三) 20世纪80年代以来所得税改革的趋向

1. 随着经济发展所得税的重要性愈加明显

税收理论中的一个共识是经济发展水平决定国家税制结构。20世纪初，西方工业化国家确立所得税课征制度，此后随着经济发展与收入水平提高，所得税在整个税制结构中占了主导地位，个人所得税在所得税中的比重也稳定上升。从全球发展历史来看，随着经济发展和社会进步，法人和自然人创造的社会财富越多，与此对应的所得税在整个国家税收收入中所占的份额也就越大。

2. 所得税的公平与效率更好兼顾

20世纪80年代以前，世界各国个人所得税制的发展变化方向以最高边际税率的不断提高和累进级次的逐渐增多为主要特点。究其原因，是当时各国政府强调纵向公平优先原则，期望通过所得税制调节社会成员收入差距。另外，在凯恩斯主义国家干预理论指导下，各国政府将所得税作为宏观经济的自动稳定器，并基于所得税收入弹性大的特点，通过相机抉择政策来调节经济周期。

20世纪80年代末期开始，世界各国纷纷对税收制度进行调整，总体趋势是降低税率、简并级次、拓宽税基、简并优惠。其原因在于20世纪80年代西方各国经济发展萎靡，储蓄与投资率较低，而所得税制中高边际税率、复杂计算过程与复杂优惠政策会抑制储蓄、投资与劳动的积极性，对市场产生非中性影响，降低了市场配置效率。另外，较高边际税率激发纳税人逃税欲望，从而损害社会公平。综上所述，选择建立少优惠、宽税基、较低边际税率但具有一定累进性的所得税制度，可以实现效率与公平的均衡，同时保证财政收入稳定。

3. 全球化背景下所得税的国际性不断强化

经济全球化主要表现为跨国公司立足于全球范围内来从事生产经济活动，在全球范围内实施最优资源配置和生产要素组合。国际经济交往的日益扩大导致跨国所得的日益增多，如何加强对跨国所得的征收成为维护国家权益的重要方面。

一是税收协定范本协调国家间的所得税重复征税问题。世界上大多数国家实行两种税收管辖权，资本输入国同时也是所得来源国，凭借地域管辖权对跨国所得课税。而资本输出国，则凭借居民管辖权对跨国所得课税。资本输入国和资本输出国的双重征收必然导致纳税人承受国际重复征税的后果。国际组织着眼于促进国际经济交往的发展，通过制定国际税收协定来协调国家间的所得税征收矛盾，解决国际重复征税的问题。

二是签署防止税基侵蚀和利润转移的多边公约。各国经济发展水平的差异性决定了所得税在其税收体系中地位的差异性。所得税税负的国际差异被跨国纳税人所利用，通过税源的转移来减轻其跨国所得税负，造成税基侵蚀和利润转移，造成国际税收环境的不公平。因此，各国政府积极合作与应对，比如签署《实施税收协定相关措施以防止税基侵蚀和利润转移（BEPS）的多边公约》防止跨国公司滥用税收协定，把应税所得归并为非税所得，把高税率调整为低税率，从而规避税收义务。通过签署多边合作协议与共同行动等方式，保护国家税基安全，也为跨境纳税人提供税收确定性，增进跨国投资者的信心。

三是为应对经济数字化税收挑战，各国或通过采取单边措施维护本国税收利益，或积极推进国际税收规则改革，或两者兼施。目前形成的解决方案主要有单边、双边和多边三种。单边方案是在国际规则缺位的情况下，一国单方面采取的措施，如法国征收的数字服务税、印度征收的衡平税等；双边方案是两国通过协商处理两国间数字经济税收问题的方案，如《联合国关于发达国家与发展中国家间避免双重征税的协定范本（2021年版）》第十二条中"自动化数字服务"条款即是一个双边方案样板；多边方案是各国协商一致形成具有广泛国际共识的数字经济国际税收规则。2021年10月，136个包容性框架成员辖区达成全面共识，形成《关于应对经济数字化税收挑战"双支柱"方案的声明》。"支柱一"针对现行国际税收规则体系中的联结度规则和利润分配规则进行改革，将跨国企业集团剩余利润在全球进行重新分配，主要解决超大型跨国企业集团部分剩余利润在哪里缴税的问题。"支柱二"通过实施全球最低税，确保跨国企业集团在各个辖区承担不低于一定比例的税负，以抑制跨国企业集团逃避税行为，为各国税收竞争划定底线，主要解决大型跨国企业集团在各辖区应缴多少税的问题。"支柱一"与"支柱二"共同构成应对经济数字化国际税收挑战多边方案，协同发挥作用。比如，某跨国企业将本应归属于市场国和企业母国的利润囤积在低税辖区，"支柱一"的作用是将其中一部分分配给市场国，而"支柱二"的作用则是解决剩余部分利润税负仍然偏低的问题。

第二节　世界主要国家所得税制比较

一、世界主要国家所得税的基本情况比较

（一）世界主要国家的所得税制的类型比较

世界范围内只有极少数的国家或地区不征收所得税，比如阿联酋、百慕大、巴哈马、圣基茨、内维斯和开曼群岛等。这些国家（地区）既不对企业征

收所得税，但也不对个人收入征税。

世界主要国家一般都会设计个人所得税制和企业所得税制，只是其计税依据等基本要素会有所区别。

1. 世界主要国家企业所得税制比较

依据对公司分配利润以后的股东所得是否需要征税，可以大致将企业所得税制划分为三大类型①。一是古典制。古典制是以会计实体理论和近代公司法为基础的。执行古典制的主要国家包括美国、荷兰、卢森堡、希腊、丹麦、瑞士、瑞典等。二是归集抵免制。归集抵免制根据"法人虚构说"理论，采用税收抵免的方式，缓解或者消除对企业分配股息的双重征税。此法在许多国家采用，如英国、荷兰、比利时等国，但是该方法计算复杂，无形中增加纳税成本。三是双率制（分率制）。双率制（分率制）是对分配利润和保留利润分别规定不同的企业所得税征税税率的制度。例如，日本税法对企业未作股息分配的普通所得征收基本税率，而对作为股息分配的普通所得征收相对较低税率。再比如按照德国税法规定，对德国公司的保留利润和德国常设机构征收公司所得税，而对公司的分配利润则按照较低所得税税率征收。

2. 世界主要国家个人所得税制比较

世界各国的个人所得税制主要可以分为三种类型，即综合所得税制、分类所得税制和分类综合所得税制。首先，综合所得税制是将归属于同一个纳税人在一定时期内的各种所得都综合起来作为一项所得总体进行课征的制度，比如欧洲的英国、法国、丹麦、意大利等国家实施此类型个人所得税制度。其次，分类所得税制是将同一纳税人的所得按照来源和性质进行分类的制度。最后，分类综合所得税制是将个人的一部分所得按性质分类征税，对其他部分所得则综合起来计算一并征税的制度。对于个人所得税制转型国家来说，这种制度选择更加易于操作与落实。

（二）世界主要国家所得税收入占税收总额的比例的比较

企业所得税、个人所得税因为税源稳定②，成为各国税制结构中的主体税种。根据1985年到2020年OECD成员国所得税收入占税收总额的比例分析，受自身经济发展阶段和特点影响，不同国家税制结构调整出现不同趋势，不同

---

① 蒋经法. 我国企业所得税改革及其会计问题研究［D］. 南昌：江西财经大学，2003.
② 以公司所得税为例，2019年OECD大多数成员国公司所得税收入占GDP的比重为2%～5%，并且波动幅度很小。

国家的所得税收入占税收总额的比例呈现出两个方面趋势。一是部分国家所得税收入占收入总额比例稳步上升。比如，美国所得税收入占税收总额的比例逐步上升并维持在 91% 左右；澳大利亚等国所得税收入占税收总额比例维持在 72% 左右；韩国、丹麦和德国等国家所得税收入占税收总额比例逐步上升并维持在 35%～58%。二是部分国家所得税收入占收入总额比例有所下降。比如，北欧国家芬兰，所得税收入占收入总额比例从 1985 年的 33.5% 下降到 2020 年的 25.9%；西班牙所得税收入占收入总额比例从 1985 年到 2020 年下降 10 个百分点；波兰下降幅度比较大，所得税收入占收入总额比例从 1995 年的 42% 下降到 2020 年的 26%。

另外，选取亚洲、非洲与拉丁美洲十个非 OECD 成员国，分析其 1990 年到 2020 年所得税收入占税收总额的比例，随着上述国家的经济发展水平不断提高，所得税收入占税收总额的比例稳步上升并维持在较稳定的状态，体现了所得税收入具有稳定性的特质。马来西亚、巴西、新加坡和南非所得税收入占税收总额的比例维持在 53%～67%；秘鲁、阿根廷、印度尼西亚、吉尔吉斯斯坦和突尼斯所得税收入占税收总额的比例维持在 21%～46%。OECD 数据显示，中国 2020 年所得税收入占税收总额的比例为 37.93%。部分国家如阿根廷、南非和印度尼西亚在 2008 年全球金融危机之后，由于经济发展速度下降，或者福利制度支出压力等原因，也出现了所得税收入占收入总额比例下降的趋势。

（三）世界主要国家所得税制的环境比较

受到各国不同时期经济体制、企业组织形式和法律体系等因素影响，所得税制度在社会经济生活中的地位也不相同，最具有代表性的制度环境可以分为英美法系模式和欧洲大陆模式。

1. 英美法系模式

英美法系，又称普通法系，其特点是为每一个具体案例寻找答案，而不是为未来的发展制定一般的规则。因此，在此立法环境下的所得税法律体系以促进企业经济发展以及方便企业经济核算为目的，并表现出独立的税收立法精神，充分体现出财务会计独立性。

2. 欧洲大陆模式

从所得税法产生与形成的法律环境来看，欧洲属于罗马法系，也称大陆法系。大陆法系的国家普遍认同政府在国民经济发展中扮演的十分重要的角色。比如德国的理论界认为应该把自由市场力量与国家干预有效地结合起来以实现预期的社会目标。这些国家通过国家宏观调控政策手段,如税收、转移支付、社会保障等,确保社会经济按照规则运行,并实现社会充分就业和财富分配的公平。因此在这种经济体制环境中,所得税法与政府的社会政策目标相协调。

二、世界主要国家所得税制的基本特征

(一) 所得税管辖权

1. 税收管辖权分类

税收管辖权是一国在征税方面的主权。所得税管辖权主要有两大类:一是地域管辖权,即一国政府有权对本国境内的一切所得征税,其中既包括本国居民所得,也包括外国居民所得。比如,法国、荷兰、巴西、委内瑞拉等国家行使单一地域管辖权。二是居民管辖权,即一国政府有权对本国居民的一切所得征税,其中既包括本国居民的国内所得,也包括其国外所得。世界上大多数国家为了维护本国权益,一般同时行使上述两种管辖权。同时行使居民管辖权和地域管辖权的国家包括中国、新加坡、日本、德国、意大利、英国等。此外,美国比较特殊,其同时行使地域管辖权、居民管辖权和公民管辖权。公民管辖权是指以本国公民取得的所得为管辖对象的一种税收管辖权。基本内容是,凡本国公民取得来源于本国或来源于国外的所得,都必须承担本国的纳税义务,而不论该公民是否居住在本国境内。公民管辖权与居民管辖权既相联系,又相区别。其区别主要体现在纳税人的范围不同。一般情况下,一国境内的公民也就是居民,两者的范围基本相同,但在出现外来投资者的情况下,如他国公民到本国从事劳务活动,达到一定标准即可成为本国居民,从而使居民的范围大于公民的范围。[①]

2. 税收管辖权的协调

为了协调税收管辖权矛盾,促进资本的国际流动,国际社会对各国所得税管辖权分别按照来源地原则或居住地原则进行协调。按地域管辖权协调各国税收管辖权,有助于实现税收的资本输入中性,有利于储蓄的国际有效配置。按居民管辖权协调各国税收管辖权,则有助于实现税收的资本输出中性,有利于投资的国际有效配置。

---

① 何盛明. 财经大辞典 [M]. 北京:中国财政经济出版社,1990.

> **延伸阅读**

数字经济的管辖权问题[①]

樊勇 邵琪

实现所得税实体管辖权的关键在于所得来源地的判定。数字化商业模式改变了企业的价值创造模式和过程,企业无须设立固定的场所便可跨区域获得收入,用户数据成为除生产、劳动、资本以外的新的价值创造因素。数字经济具有虚拟性、流动性的特点,传统的以物理存在为依据的常设机构的认定方法以及根植于物理经济的利润归属方法,让市场国难以从数字经济下的贸易中获取利润,也没有反映出数据创造价值的实质。对此,可以增加虚拟常设机构的认定,将用户、用户数据、用户缔结合同数量等因素作为判断是否在所得市场国构成常设机构的标准,以维护市场国在数字经济中的税收利益。

实现所得税执行管辖权的关键在于解决利润归属和税收征管问题。数字经济中,企业可以利用互联网技术实现对常设机构的功能转移、在不设立有形存在的情况下获取利润,无法得到有效的功能事实分析结果。此外,功能独立实体法仅体现劳动、资本这两种生产要素的作用,忽视了用户、市场对于价值创造的贡献。对此,在进行功能事实分析时应该加入对用户数据功能的分析,以及对于相关所有权、风险归属的判定。然后,将企业由于用户数据功能产生的利润按照贡献分配给不同的税收管辖区。或者将部分分配法作为常设机构利润归属的方法,添加用户数据为新的分配因素,对用户参与程度不同的企业,赋予该分配因素不同的权重,从而划分归属特定税收管辖区的利润。

数字经济下所得税的征管困境主要体现在收入定性与税收征收两个方面。经济数字化使得企业的资产形态发生改变,逐步向技术资产、数字资产转变,商品与服务、有形与无形之间的界限逐渐模糊,加大了相关的收入定性困难。数字经济的虚拟化、隐匿性也给予企业便利的避税条件。有观点认为,可以通过对数字经营企业所得开征单独的税种来解决收入定性难的问题,维护市场国的税收利益。笔者认为,开征新税种难以达成统一意见,并且容易造成税负不公的问题,因此并不建议。建议借助现有的数字金融工具,通过对提供数字交易的非居民企业征收预提税的方式来实现对数字经济下所得税的征管。

增值税和所得税在税收管辖方面存在联系。目前,所得税的管辖规则重构

[①] 樊勇,邵琪. 挑战和应对:数字经济下的税收管辖问题[N]. 中国税务报,2021-05-12.

方向是维护市场国的利益。这是因为，数字经济中市场、用户等需求要素对价值创造的贡献增加，用户、数据成为企业的生产要素，市场国理应具有划分数字经济这一块"蛋糕"的权力。此外，随着主要作为交易中市场国的发展中国家的崛起，它们在国际规则的制定中掌握了更多的话语权，也在逐步推动税收管辖规则的重构。解决好增值税的管辖问题也能达到维护市场国利益的目的。对跨国（境）贸易的增值税管辖，目前各国一般采用目的地原则，即市场国具有征税权，因此使增值税管辖权得以有效实现会使市场国的税收增加。

（二）征税对象

各国企业所得税都是以利润即应纳税所得额为计税依据，其中利润包括生产经营利润和资本利得。应纳税所得额确定的基本点和关键点在于如何扣除赚取利润的成本，特别是对折旧和损失的处理方式等。因此，各国企业所得税在确定税基上的差异主要表现在资产的折旧方法及损失处理的不同上。比如，在应税所得与会计利润的关系处理方面，美国、英国等会计准则通常是由会计师协会等民间组织制定，会计利润和应税所得差异较大；但是在德国等国家，因为会计制度以官方的法规为主体，应税所得和会计利润相当接近。

各国个人所得税的税基比较宽，除税法中明确规定的免税项目外，其余来源于各种渠道的收入均应计入个人所得，缴纳个人所得税。各国主要差异在于非应税收入、免税所得的标准与免税收入的范围等方面。比如，美国的免税收入包括州或地方政府的公债利息、赠礼、遗产等。再比如，英国个人所得税的非应税收入包括个人储蓄账户和国家储蓄证书等。

（三）纳税义务人

1. 企业所得税大多以法人为纳税人

大多数国家的企业所得税对法人所得课税，对非法人的合伙企业和独资企业所得不征企业所得税，只征个人所得税。对法人征收企业所得税，解决了法人和个人财产隔离问题，但造成了法人企业和非法人企业之间税负上的不平衡，导致不平等竞争。

2. 个人所得税大多以自然人个人为纳税人

大多数国家的个人所得税对自然人个人所得课税，非法人的个人独资企业和合伙企业不属于个人所得税纳税人。个人独资企业的收入归属于独资企业经营者个人，因此由其就个人独资企业的收入承担个人所得税纳税义务；合伙企业的收入由每个合伙人就其分得的收入份额承担所得税纳税义务，其中自然人合伙人承担个人所得税纳税义务。

（四）税率

1. 企业所得税税率

企业所得税税率是企业应纳所得税额与计税基数之间的数量关系或者比率，也是衡量一个国家企业所得税负高低的重要指标，是企业所得税制要素的核心。

各国企业所得税的税率结构分为两类。第一类是比例税率，如法国、澳大利亚、波兰、新西兰、新加坡；第二类是累进税率，实行累进税率的国家虽然在级距、税率档次的设计上不相一致，但绝大多数国家采用超额累进税率，如瑞士、美国。

2. 个人所得税税率

根据按个人负担能力课税的原则，世界各国的个人所得税率结构主要形式为累进税率。一是普遍采用综合收入下的超额累进税率。只有少数国家，比如玻利维亚采用单一的比例税率。二是绝大多数国家（地区）按年所得制定个人所得税税率表。三是只有少数发展中国家采用了按个人所得类型实行不同税率的方法。例如，利比亚对个人所得按类型实行不同的累进税率。四是对资本利得的税务处理各国间差异较大。国际上通行的三种处理方式包括单独征收资本利得税、作为普通所得征税、对资本利得不征税。许多国家的做法是将资本利得从综合收入中划出来，规定较低的比例税率，比如美国。五是累进税率的级次各国差距较大。大多数国家根据量能课税与简化税制要求，减少了累进税率级次。也有国家为了进一步强化个人所得税二次分配的作用而增加累进税率级次。六是有的发达国家采用了累进税率"级距消失"结构，随着个人所得的增长，逐步收回"级距利益"，目的是使高收入者随着收入的增加不再享受低税率级次的待遇，全部所得最终按最高边际税率纳税，累进税率转化为单一的比例税率。

第三节　我国所得税的发展历程

一、社会主义建立与发展时期的所得税

所得税最早引入中国可追溯至民国时期，革命战争年代，党领导的革命根

据地曾有类似所得税的税种开征，为新中国成立后所得税制度的建立积累了丰富经验。新中国成立后，我国逐步开征了一系列具有所得税性质的税种，并配合社会主义建设的需要加以改革调整，在筹集收入等方面发挥了积极作用。改革开放后，随着个人所得税和企业所得税的正式立法，具有现代意义的所得税制度正式建立，并在我国社会主义市场经济的发展进程中不断改革完善，逐步形成了适应社会主义市场经济体制，具有中国特色的所得税制。

（一）国民经济恢复与社会主义改造时期的所得税

新中国成立后，在中国共产党的坚强领导下，我国迅速实现了全国税政和税制的统一，初步建立了一套比较完整规范的新税制。1950年1月30日，政务院颁布《全国税政实施要则》，统一全国税政，建立了一套包括货物税、工商业税、盐税、关税、薪给报酬所得税、利息所得税、印花税、遗产税、交易税、屠宰税、房产税、地产税、特种消费行为税和使用牌照税等14个税种的新税制。其中，具有所得税性质的税种为工商业税（所得税部分）、薪给报酬所得税、利息所得税。

1. 工商业税（所得税部分）

《工商业税暂行条例》规定，工商业税的纳税人为在中国境内以营利为目的的工商事业，征税对象为纳税人的营业收入和所得额。其中，所得税部分以工商业的所得额为计税依据，其中公营企业所得额提取利润，不缴纳所得税。在税率设置上，所得税按照5%~30%的14级全额累进税率征收，其中对于部分行业，如机器制造业、矿冶业、电业、车船制造业、化工制造业、电工制造业、农具制造业、文教卫生用品制造业、出版业、出口商业、出口货物制造业、运输业、印刷器材制造业、建筑器材制造业、普通必需品制造业、卫生业、畜牧业等，给予一定的所得税优惠，可以视情况减征所得税10%~40%。

2. 利息所得税

1950年12月政务院颁布的《利息所得税暂行条例》规定，利息所得税纳税人为利息所得者，征税对象为存款利息、证券利息等利息所得，并根据利息所得额按照5%的比例税率征收。在税收优惠方面，对于教育、文化公益等机关或团体的事业基金存款利息用于本事业者，银钱业的放款及其总分机构或者同业往来款项的利息所得，投资于企业的股息所得以及工人、农民个人相互借贷的利息所得等所得，可以免征利息所得税。

3. 薪给报酬所得税

薪给报酬所得税是指对个人的薪金、工资、津贴等收入征收的一种所得税，是新中国成立后个人所得税的雏形。但由于当时我国社会经济发展还处于起步阶段，个人薪金、工资收入水平低，薪金、工资以外的劳务报酬等收入也不多，暂不开征。此后的一些年份，虽也曾多次讨论开征个人所得税事宜，但并未真正施行。

（二）计划经济时期的所得税

社会主义建设探索时期，为适应计划经济体制下的国民经济发展，税收的职能和作用被严重弱化。经由1958年、1976年两次以"简化税制"为主要目的的税制改革，工商税制由原来的11个税种简并为7个税种，税制结构极端简化，其中所得税也历经改革调整，利息所得税甚至停征。

1. 工商所得税独立

1958年，按照"简化税制"的有关工作要求，原工商业税中的营业税和商品流通税、货物税和印花税被合并为"工商统一税"，因而工商业税（所得税部分）成为了一个独立的税种，即工商所得税。工商所得税的有关规定依旧沿用原有制度，并未单独制定新的法规。此外，由于"三大改造"完成后，公私合营企业缴纳工商所得税改为上缴利润，因而工商所得税纳税人主要为集体企业和少量个体工商户。1963年4月，为合理负担所得税税负，我国颁发了《关于调整工商所得税负担和改进征税办法的试行规定》，对不同类型的集体企业适用税率进行了适当调整。

2. 利息所得税停征

1959年，随着利息所得税征税对象的不断减少，为了配合银行降低存款利率，国务院批复财政部，自1959年起，停止征收利息所得税。

（三）有计划的商品经济时期的所得税

经济体制转轨时期，为配合改革开放初期的政策主张，税收工作逐步回归正轨，税制改革也迅速展开。通过建立涉外税收制度，推行国营企业"利改税"、全面调整工商税制等举措，我国初步建立起了一套内外有别、城乡不同，以货劳税和所得税为主体、以财产税和其他税为补充的复合税制体系，具有现代意义的所得税制度得以快速建立。

1. 建立涉外所得税制度

1980年9月10日，第五届全国人民代表大会第三次会议通过《中华人民共和国中外合资经营企业所得税法》和《中华人民共和国个人所得税法》，即日施行。1981年12月13日，第五届全国人民代表大会第四次会议通过《中华人民共和国外国企业所得税法》，自1982年1月1日起施行。三部税收法律的出台标志着我国涉外所得税制度的建立。

按照规定，中外合资企业所得税的纳税人为设在中国境内的中外合资企业，征税对象为生产经营所得和其他所得，税率为30%，另按应纳所得税税额附征10%的地方所得税，并对合营企业的外国合营者从企业分得的利润汇出中国境外的情形按照汇出额征收10%的所得税。

个人所得税的纳税人为在中国居住满1年，从中国境内、境外取得所得的个人和不在中国境内居住或者在中国境内居住不满1年，从中国境内取得所得的个人；征税对象为纳税人的所得，包括工资、薪金所得，劳务报酬所得，特许权使用费所得，利息、股息、红利所得，财产租赁所得和财政部确定征税的其他所得共6项。其中，工资、薪金所得基本减除费用为800元，适用5%~45%的7级超额累进税率，其他5项所得适用于20%比例税率。

外国企业所得税的纳税人为在中国境内取得生产、经营所得和其他所得的外国企业，计税依据同中外合营企业所得税规定类似，实行20%~40%的5级超额累进税率，并附征10%的地方所得税。

以上三种所得税的基本规定与当前我国实行的所得税制度颇为类似，也均就特定减免税优惠和亏损弥补等做了具体规定，是一套比较完整规范、具有普遍适用性的所得税制度体系。

2. 开征国营企业所得税

按照改革开放的总体部署安排，自1983年起，我国开始推行国营企业"利改税"，将国营企业向国家上缴利润改为缴纳所得税。1983年4月29日，财政部颁布《关于对国营企业征收所得税的暂行规定》，宣布自1983年6月1日起，国营企业开始普遍推行"利改税"改革。按照规定，国营企业所得税区分企业大小类型不同分别适用不同的税率，大中型企业适用55%的比例税率，饮食服务业、宾馆、饭店等适用15%的比例税率，小型企业适用7%~55%的8级超额累进税率，纳税人确有困难的，可以申请减征、免征所得税。

3. 开征个人收入调节税和个体工商户所得税

为调节收入差距，体现社会公平，1986年9月国务院发布了《中华人民共和国个人收入调节税暂行条例》，向具有中国国籍、户籍，并在中国境内居住，取得达到规定纳税标准收入的公民征收个人收入调节税。个人收入调节税征税对象是纳税人的应税收入,包括工资、薪金收入,承包、转包收入,劳务报酬收入,财产租赁收入,专利权转让、专利实施许可和非专利技术的提供、转让取得的收入,投稿、翻译取得的收入,利息、股息、红利收入,以及财政部确定征税的其他收入。其中,工资、薪金收入,承包、转包收入,劳务报酬收入,财产租赁收入为综合收入项目,按月合并征收,采用20%～60%五级超倍累进税率;剩余项目按次计税,适用20%比例税率。有符合规定的特殊情况,可申请减征、免征个人收入调节税。

为了适应改革开放后城乡个体工商户的迅速发展,1986年1月7日,国务院发布《中华人民共和国城乡个体工商户所得税暂行条例》,自1986年度开始施行。个体工商户所得税的纳税人为从事工业、商业、服务业、建筑安装业、交通运输业以及其他行业,经工商行政管理部门批准开业的城乡个体工商户;在税率设置上,明确了7%～60%的10级超额累进税率,并对于应纳税所得额超过5万元的,按照超过部分的应纳税额加征10%～40%的所得税。同时,对符合规定的特殊情况,可申请减征、免征个体工商户所得税。

(四) 社会主义市场经济建立和完善时期的所得税

这一时期,为适应社会主义市场经济发展需要,按照党的十四届三中全会通过的《中共中央关于建立社会主义市场经济体制若干问题的决定》中提出的"统一税法、公平税负、简化税制、合理分权"财税体制改革的基本原则,我国统一了内资企业所得税和个人所得税制,建立了适应社会主义市场经济体制的税制体系,为市场经济的持续、健康、快速发展提供了有力支撑。按照党的十六届三中全会通过的《中共中央关于完善社会主义市场经济体制若干问题的决定》中提出的"简税制、宽税基、低税率、严征管"的改革原则,通过统一内外资企业所得税制度、修订个人所得税法等一系列税收改革措施,所得税制改革着眼于更好服务社会主义市场经济体制发展,为社会主义现代化建设作出了重要贡献。

1. 统一内外资企业所得税制度

1993年12月13日,国务院发布《中华人民共和国企业所得税暂行条例》,将国营企业所得税、国营企业调节税、集体企业所得税和私营企业所得税合并,统一了内资企业所得税制度。条例规定,企业所得税的纳税人为中国境内的国有企业、集体企业、私营企业、联营企业、股份制企业和其他组织,征税对象为来源于中国境内、境外的生产、经营所得和其他所得。纳税人每个年度的收入总额减去准予扣除项目金额以后的余额，为应纳税所得额。其中，一般企业适用33%的税率，微利企业暂时适用27%或18%的税率，金融、保险业暂时适用55%的税率（1997年后降为33%）。符合国家有关规定的某些企业和经营单位可以享受一定的免税或者减税待遇。纳税人发生年度亏损的，可以用下一纳税年度的所得弥补，下一纳税年度的所得不足弥补的，可以逐年延续弥补，但是最长不得超过5年。

2007年3月16日，第十届全国人民代表大会第五次会议通过《中华人民共和国企业所得税法》，自2008年1月1日起施行，原《中华人民共和国外商投资企业和外国企业所得税法》和《中华人民共和国企业所得税暂行条例》同时废止。新的企业所得税法实现了内外资企业企业所得税待遇的统一，对企业所得税的征税对象、征税范围、计税依据、税率、税收优惠、特别纳税调整、税收征管等内容进行了明确规定。新的企业所得税法实施后，居民企业来源于境内外的所得与非居民企业来源于境内的所得及发生在境外但与其在境内所设机构、场所有实际联系的所得均按25%税率缴纳企业所得税，结束了企业所得税内外有别的历史，对营造公平竞争的市场环境、激发市场主体活力具有重大的促进作用。随后，财政部、国家税务总局根据社会主义市场经济的发展情况与企业经营实际，先后出台了有关征收方式、收入确认、资产处置、税前扣除、所得计算、税收优惠、亏损弥补、企业重组等一系列重要文件，进一步丰富了企业所得税政策体系，完善了具体的政策规定，规范了企业所得税的征收管理。

2. 改革完善个人所得税制度

1993年10月31日，《个人所得税法》进行了第一次修正。此次修正对原有的个人所得税制度进行了全面改革，将原来按照纳税人类型分别设立的个人所得税、个人收入调节税和个体工商户所得税合并为一个统一的个人所得税，并从纳税人、征税项目、免税项目、税率、费用扣除等方面加以完善，标志着统一完整的个人所得税体系的形成。1999年8月30日，《个人所得税法》进行了第二次修正，删除了对"储蓄存款利息所得"免征个人所得税的规定，并于1999年11月1日起，正式对储蓄存款利息所得征收个人所得税。

2005年、2007年、2008年、2011年，我国先后四次对《个人所得税法》及其实施条例进行修正，对我国个人所得税制度进行持续修正与完善。2005年

10月，第十届全国人大常委会第十八次会议通过修正《个人所得税法》的决定，将工资、薪金所得的减除费用从800元提高至1600元，并在实施条例中增加了基本养老保险费、基本医疗保险费、失业保险费和住房公积金的专项扣除相关规定。2007年6月，第十届全国人大常委会第二十八次会议再次修正《个人所得税法》，增加了有关储蓄存款利息所得的征税办法由国务院规定的内容，并于2008年10月决定暂免对储蓄存款利息所得征收个人所得税。2007年12月，第十届全国人大常委会第三十一次会议决定，将工资、薪金所得的减除费用再次提高到2000元。2011年6月，第十一届全国人大常委会第二十一次会议进一步将工资、薪金所得的减除费用提高至3500元。此外，我国还于这一时期调整了全年一次性奖金计税方法、规范了减除费用标准，将个人所得税税率级次级距加以调整，第一级税率降低到3%，9级税率缩减为7级，并增加了高收入者自行申报的有关规定。经过一系列的改革，我国个人所得税减除费用标准稳步提高、税率结构持续优化、征管问题陆续明确，个人所得税制度逐步完善，收入分配的调节功能得到强化，个人所得税的职能作用不断增强。

二、中国特色社会主义进入新时代的所得税

党的十八大以来，中国特色社会主义进入新时代。以习近平同志为核心的党中央高度重视税收工作，习近平总书记多次就税收改革发展作出一系列重要指示批示，为税收现代化事业指明了前进方向、提供了根本遵循。税务部门深入学习贯彻落实习近平总书记关于税收工作的重要论述，以建设和完善现代财税制度为目标，所得税制改革全面提速，职能作用逐步拓展，在传统的组织收入、稳定经济、调节分配三项职能基础上，保障民生、优化结构等职能得以发挥，所得税工作取得了有目共睹的显著成效。

（一）坚持依法治税，制度体系更加完善

党的十八大以来，税务部门坚持党的领导，落实税收法定，我国所得税制度在税收法治化层面取得显著进展，所得税制度体系更加完善，组织财政收入、稳定经济运行职能充分发挥。一是法律制度不断健全。企业所得税层面，企业所得税法分别于2017年、2018年进行了两次修订，增加了对企业公益捐赠支出超过年度利润总额12%部分的扣除方式，修改了"非居民企业纳税地点选择"的有关条款，体现了所得税对捐赠扣除优惠政策的扩大和延伸以及税务部门深化"放管服"改革、激发市场主体活力的务实举措。个人所得税层面，2019 年完成了新中国税收史上覆盖面最广、力度最大的一次个人所得税改革。此次个人所得税改革建立了综合与分类相结合的个人所得税制，相较于分类税制，综合与分类相结合的税制更能体现纳税人的实际纳税能力和总负担水平，改革后的个人所得税更加充分地体现了税收量能负担原则，在兼顾效率的同时更加凸显公平。二是征管制度不断优化。按照党中央、国务院关于深化税收征管改革的有关部署，党的十八大以来，税务部门在推动税收征管体制三次大的变革中实现税收征管效能不断提升，建立起更适配于税收治理体系与治理能力现代化的征管体系。企业所得税管理制度不断优化完善，新成立税收分析、大数据和风险管理等部门，税务监管更加精准；"非接触式"办税成为常态，纳税人办税更加便捷；各类涉税事项逐步"全国通办"，征管流程更加统一；涉税违法犯罪多部门联合打击机制逐步常态化，多方共治的征管格局更加协同。个人所得税征管举措不断创新发展，建立综合所得按年汇算清缴制度，实现了个人所得税由代扣代缴为主向代扣代缴和自行申报相结合的征管模式的变革；个人所得税 App 的推出，实现了手机端在线申报和缴纳个人所得税，自然人办税更加便利。2020 年 3 月 1 日至 2020 年 6 月 30 日，首次个人所得税综合所得年度汇算清缴工作顺利实施，实现了个人所得税税制和征管模式的根本性变革，标志着税收治理体系和治理能力现代化迈出了坚实一步。

（二）坚持人民至上，收入分配更加公平

党的十八大以来，个人所得税改革迈出实质性步伐，从逐步建立综合与分类相结合的个人所得税制改革，到在个人所得税法修订中完善专项附加扣除项目，税收调节作用进一步发挥，收入分配更加公平，彰显了人民至上的价值理念，为扎实推动共同富裕贡献了税务力量。一方面聚焦民生领域，加大减税力度，多措并举增加居民可支配收入，提高人民群众获得感。提高减除费用扣除标准，综合考虑居民基本生活消费支出变化，将综合所得减除费用由每月 3500 元提升至每月 5000 元，降低工薪阶层税收负担；拓宽中低档税率级距，将 3%、10%、20% 税率级距拓宽，缩小 25% 税率级距，减税力度向中低收入群体倾斜；新设专项附加扣除项目，聚焦住房、教育、养老、医疗、生育等重点民生支出领域，通过各项配套文件的出台与实施，差别化的专项附加扣除制度正式建立，显著增加了居民可支配收入，促进了社会公平。另一方面重视税收调节，强调公平原则，不断强化税收征管。不断完善个人所得税制度，增设"反避税"条款，对个人实施不符合独立交易原则，不具有合理商业目的，或股东将企业设立在税负明显偏低的国家（地区）从而获取不当税收利益等避税行为，税务机关可进行纳税调整。增加"查验完税凭证"机制，明确登记机构在办理不动产、股权变更登记时需查验个人所得税的完税证明，通过部门协作规范资本性所得管理。充分运用税收大数据等技术手段，联合公安、司法、银行多部门协作，加大重点行业、领域稽查力度，严厉打击偷逃骗税等各类涉税违法犯罪行为，以税收风险为导向精准实施税务监管，持续营造公平纳税的法治环境。

（三）保障社会民生，减税费和优服务更加深入

税务部门深入落实减税降费政策，加大小型微利企业和个体工商户优惠力度，助力实体经济发展，同时深入推进"放管服"改革，进一步优化纳税服务、提高办税效率，切实为纳税人提供更多便利。所得税保障社会民生的职能充分彰显。

在减税降费方面，一是扩大优惠范围，加大优惠力度。小型微利企业所得税减免优惠享受条件由 2007 年的年应纳税所得额不超过 30 万元逐渐提升至 50 万元、100 万元、300 万元，企业适用的所得范围不断扩大，实际税负逐步降低；个体工商户所得税减免优惠享受范围也逐步扩大，将个体工商户更多的应纳税所得额纳入政策优惠范围，同时加大税收优惠力度，帮助企业和个体工商户纾困解难。二是通过资产加速折旧缓解企业资金压力。例如，为支持中小微企业设备更新和技术升级，出台中小微企业购置设备器具按一定比例一次性扣除政策。多措并举有效提振市场信心，激发市场主体活力，进而改善经营状况、充分吸纳就业。

在优化服务方面，一是改进申报方式，精简申报资料。多次修订企业所得税申报表，优化申报表表单结构，大力精简纳税人报送资料，减轻纳税人办税负担。开通电子税务局网上办税系统与多种企业财务软件对接接口，支持纳税人自行将本单位财务报表转化为符合税务机关格式要求的财务报表，并将财务数据、开票数据等自动导入税务申报系统，实现即时申报、一键申报，进一步压缩办税时间。二是创新管理理念，革新办税方式。推广多元办税渠道，办税服务从线下服务为主向线上线下服务并重转变，不断提升业务办理水平，提高纳税人办税效率。依托电子税务局、个人所得税 App 等系统的推出，"非接触式"办税逐步常态化，在提升纳税人的满意度和获得感的同时，也极大地提高了税务部门工作效率。三是优化服务举措，营造良好营商环境。伴随着 12366

热线端和网络端的智能咨询服务不断升级、"税务云化战略"的持续推进，利用云计算、大数据、人工智能等技术，打通税务宣传、咨询、辅导、办理、分析全链条流程，所得税服务从受理咨询式服务为主向按需主动供给式服务为主转变，逐步实现所得税政策精准推送提醒、税收优惠免申即享、汇算清缴智能审核，税收营商环境持续优化，纳税人满意度不断提高。

（四）优化产业结构，推动高质量发展更加有力

进入新时代，围绕助力国家治理现代化，助推经济高质量发展的现实需要，税务部门立足新发展阶段、贯彻新发展理念、构建新发展格局、推进高质量发展，一项项利企惠民、服务经济社会发展的所得税优惠政策不断落地，所得税优化结构的职能作用有效发挥，在支持区域协调发展、创新发展、绿色发展等领域取得了扎实成效。一是聚焦重点区域，推动协调发展。近年来，所得税在通过税负调节技术、资金、人员流动方面作用日益突出，从早期的西部大开发地区税收优惠政策，逐步拓展到更多重点区域。例如，通过海南自由贸易港企业所得税优惠及高端紧缺人才个人所得税政策，吸引人才、企业在海南自由贸易港落地生根。二是聚焦科技创新，增强发展动能。研发费用加计扣除比例不断提升，2023年将所有符合条件行业企业加计扣除比例由75%提高到100%，并作为一项制度性安排长期实施；在高新技术企业减按15%税率征收企业所得税的基础上，将其亏损弥补的最长结转年限由5年延长至10年；出台加速折旧优惠，缓解企业资金压力，固定资产加速折旧政策不断完善，优惠范围扩大至所有行业，引导企业加大设备、器具投资力度，允许符合条件的设备、器具一次性扣除。此外，针对软件产业、集成电路产业等重点领域新兴产业，也出台了一系列的企业所得税减免政策，以促进相关领域的快速发展。三是支持环保产业，鼓励绿色发展。2019年起，对符合条件的从事污染防治的第三方企业减按15%的税率征收企业所得税。

（五）强化税收分析，服务党政决策更加精准

税收分析在助力财税体制改革、助推统一大市场建设、开展共同富裕相关研究等方面能够发挥重大作用。税务部门充分发挥税收大数据优势，打造税收分析品牌，积极主动问需党委政府，回应上级部门重点关切，切实发挥税收以税资政作用。一是健全机制形成工作合力。把税收分析工作作为"一把手"工程，成立跨部门分析团队，统筹协调各部门分析工作，形成横向协同、上下联动的工作格局，部分区域还创造性地建立了跨区域协作新模式。二是持续强化

基础数据支撑。准确的基础数据和科学的指标体系是开展分析的重要保障，通过深入分析指标、开发建设数据分析平台，实现高水平多数据源集结、共享。三是聚焦地方特色产业、支柱产业，为地方经济社会发展提供有针对性建议。所得税是直观反映经济运行的"晴雨表"，企业所得税数据可以直观反映各类企业生产经营情况，个人所得税数据可以直观反映老百姓的收入变化情况。所得税部门用好相关基础数据、做好税收分析工作，使得税收工作的精准性更强，各级党政部门决策发力也更精准。

本章思考题

1. 世界各国所得税制调整面临着公平和效率原则的协调，我国所得税制改革如何协调公平和效率原则？
2. 我国当前所得税制度如何协调股息、红利等个人所得税与企业所得税重复课税问题？
3. 试比较并分析主要国家所得税制类型。
4. 世界主要国家所得税制要素的主要特征包括哪些？
5. 结合新中国所得税的发展历程，谈谈不同历史阶段下所得税都具体发挥了哪些作用。

第二篇 | 企业所得税篇

企业所得税从收入规模来看，是我国的第二大税种，对筹集财政收入具有重要作用。从服务经济和社会发展看，企业所得税配合国家经济社会发展战略实施相应的税收政策，对市场经营主体的健康有序发展发挥积极的引导和扶持作用。从服务经济运行分析来看，企业所得税与企业利润紧密关联，为分析微观和宏观经济运行情况提供重要的信息来源。

企业所得税法按照"简税制、宽税基、低税率、严征管"的税制改革基本原则，从整个税制框架进行了科学的设计和安排。党的十八大以来，企业所得税在加快推进新时代税收治理现代化方面发挥了重要的作用。围绕落实"放管服"改革、促进国家科技创新、助力脱贫攻坚和乡村振兴、支持区域协同发展、扶持中小微企业发展等方面出台了一系列重要举措。2013—2020年，全国享受高新技术企业所得税优惠的企业户数增长了82.8%；持续落实支持西部大开发、海南自由贸易港等税收优惠；积极建立绿色税收体系；连续多次降低小型微利企业所得税享受门槛，积极服务经济社会高质量发展，助力国家治理体系和治理能力现代化。同时，全面取消企业所得税行政审批事项，通过简政放权，有利于减少企业纳税成本，进一步激发企业活力。

本篇包括第三章至第九章，系统介绍我国企业所得税的相关知识。第三章"企业所得税概述"主要介绍企业所得税的概念和特点，概述企业所得税的五个基本要素，包括纳税人、征税对象、税率、纳税地点和纳税期限。第四章"应纳税所得额"从企业所得税税基角度，介绍收入、扣除、资产的税务处理、税会差异的处理、亏损及亏损弥补等内容，是本篇的重点。第五章"特定行业和特定业务税务处理"归纳了特定行业事项企业所得税的专门处理办法，包括房地产开发经营、企业重组、企业清算等，是本篇的难点。第六章"税收优惠"阐述了企业所得税各类优惠政策的具体内容及适用条件，并介绍了"自行判别、申报享受、相关资料留存备查"的优惠事项管理方式。第七章"应纳税额"用案例的方式，讲解了居民企业、非居民企业实际应纳税额的计算方法，以及境外所得税收抵免的相关规定。第八章"征收管理"详细解读了企业所得税征收方式、纳税申报、汇总纳税、源泉扣缴等征收管理制度。第九章"企业所得税服务管理实践"介绍了我国企业所得税服务和管理工作，尤其是党的十八大以来，税务部门在企业所得税服务管理中的创新实践。

第三章　企业所得税概述

【学习目标】本章主要介绍企业所得税的概念和特点，概述企业所得税的要素，包括纳税人、征税对象、税率、纳税地点和纳税期限。通过本章学习，了解企业所得税的概念和特点，对企业所得税的要素形成总体认识，掌握企业所得税要素的基本规定。

第一节　企业所得税的概念和特点

一、企业所得税的概念

企业所得税是对企业取得的应税所得征收的一种税。根据企业所得税法，企业和其他取得收入的组织，统称为"企业"。

二、企业的范围和分类

（一）企业的范围

企业既包括根据《中华人民共和国公司法》《中华人民共和国全民所有制工业企业法》《中华人民共和国农民专业合作社法》《中华人民共和国乡镇企业法》等法律、法规成立的从事生产经营的市场主体，也包括根据《事业单位登记管理暂行条例》《社会团体登记管理条例》《民办非企业单位登记管理暂行条例》《基金会管理办法》等成立的取得收入的其他组织。

（二）企业的分类

只要属于企业所得税纳税义务人，均应按照规定履行纳税义务。但在企业所得税政策适用和税收征管中，某些政策只针对特定类型的企业，宏观经济分析也需要对企业进行分类分析。因此，有必要根据企业所得税管理需要，进行分类。

根据企业性质，可分为国有企业、集体企业、股份合作企业、联营企业、有限责任公司、股份有限公司、私营企业、港澳台投资企业、外商投资企业、其他。

根据企业从事行业，可分为第一产业、第二产业和第三产业。其中：第一产业包括农、林、牧、渔业（不含农、林、牧、渔专业及辅助性活动）；第二产业包括采矿业，制造业，电力、热力、燃气及水的生产和供应业，建筑业；第三产业包括批发和零售业，交通运输、仓储和邮政业，住宿和餐饮业，金融业，房地产业，租赁和商务服务业，居民服务、修理和其他服务业，文化、体育和娱乐业，其他行业。

根据企业所得税优惠享受主体，可分为小型微利企业、高新技术企业、非营利组织、软件和集成电路企业、科技型中小企业，等等。

三、企业所得税的特点

（一）全面实施法人税制

2008年以前，我国内资企业、外商投资企业与外国企业均不是以法人企业为前提确定企业所得税纳税人，非法人企业有可能成为企业所得税纳税人。2008年开始实施的企业所得税法，将原来的内外资企业所得税进行了统一，全面实施法人税制，即有法人资格的市场经营主体，才有独立的企业所得税纳税义务，非法人分支机构应将生产经营成果汇总到总机构进行计算缴税。另外，个人独资企业、合伙企业等承担无限责任的企业，不是企业所得税纳税义务人。这种做法具有明显的法人所得税性质。以法人作为界定纳税人的标准，还可以涵盖现有市场经营主体中有法人资格的经营实体。这种规定，与国际通行做法基本一致。

由于各国社会、经济、法律与公司制度结构不同，企业所得税在各国的称谓也有所不同，如法人所得税、公司所得税、法人税等，但其实质都是对独立法人的所得征税。

（二）以全部所得为征税对象

企业所得税的征税对象是企业取得的全部所得，既包括企业从事生产经营取得的所得，也包括没有实质性参与生产经营所取得的所得，如机械制造企业取得的股权转让所得。

（三）分月（季）度预缴、年度汇算清缴

企业所得税按照年度进行计算。国家为保证税款均衡入库，在企业实际缴税时，采用分月或者分季预缴、年度汇算清缴的缴纳方法。在月（季）度预缴时，企业按照当期的实际利润额计算缴税。在汇算清缴时，企业应计算全年度应纳所得税额，根据月度或季度预缴企业所得税的数额，确定该纳税年度应补或者应退税额，并结清全年企业所得税税款。

第二节　企业所得税的要素

企业所得税的要素主要包括纳税人、征税对象、税率、纳税地点和纳税期限。

一、纳税人

在中华人民共和国境内，企业和其他取得收入的组织为企业所得税的纳税人。按照国际通行做法，企业所得税的纳税人分为居民企业和非居民企业，并分别规定其纳税义务，即居民企业就其境内外全部所得纳税；非居民企业就其来源于中国境内所得部分纳税。

依照中国法律、行政法规成立的个人独资企业和合伙企业，其中，个人独资企业是以投资人的个人财产对外承担无限责任，合伙企业是以合伙人或者普通合伙人的全部财产对外承担无限责任，均不具有法人性质，因此不是企业所得税的纳税人，不必缴纳企业所得税，按照其他税收规定执行。

依照外国法律法规在境外成立的个人独资企业和合伙企业，如果在中国境内取得收入，依照居民企业的判断标准，有可能成为我国的居民企业纳税人或者非居民企业纳税人。这主要是考虑依照外国法律法规在境外成立的个人独资企业和合伙企业，其境外投资人没有在境内缴纳个人所得税，不存在重复征税的问题，为保护国家税收权益，对这些企业也征收企业所得税。

（一）居民企业

居民企业，是指依法在中国境内成立，或者依照外国（地区）法律成立但实际管理机构在中国境内的企业。居民企业采用登记注册地和实际管理机构所在地相结合的办法进行判定。居民企业包括：

1. 依法在中国境内成立的企业，包括依照中国法律、行政法规在中国境内成立的企业、事业单位、社会团体以及其他取得收入的组织，也包括中外合资企业、中外合作企业、外商独资企业等。

2. 依照外国（地区）法律成立但实际管理机构在中国境内的企业，包括依照外国（地区）法律成立的企业和其他取得收入的组织（以下简称为非境内注册居民企业）。

企业的实际管理机构，是指对企业的生产经营、人员、账务、财产等实施实质性全面管理和控制的机构。从国际上看，对实际管理机构的认定标准，税收法律法规中一般只作原则性规定，具体标准大都根据实际案例进行判断。

例如，中国境内的企业或企业集团作为主要控股投资者，在境外依据外国（地区）法律注册成立的企业，称为境外注册中资控股企业。如果境外注册中资控股企业同时符合以下四个条件，可以判定其为实际管理机构在中国境内的居民企业，其企业所得税按照居民企业管理。

（1）企业负责实施日常生产经营管理运作的高层管理人员及其高层管理部门履行职责的场所主要位于中国境内；

（2）企业的财务决策（如借款、放款、融资、财务风险管理等）和人事决策（如任命、解聘和薪酬等）由位于中国境内的机构或人员决定，或需要得到位于中国境内的机构或人员批准；

（3）企业的主要财产、会计账簿、公司印章、董事会和股东会议纪要档案等位于或存放于中国境内；

（4）企业1/2（含1/2）以上有投票权的董事或高层管理人员经常居住于中国境内。

【例3-1】A公司于2021年8月依据《中华人民共和国公司法》在北京成立，2022年从中国境内取得2000万元所得，在中国境外取得承包建筑工程作业所得1000万元，请分析A公司2022年的企业所得税纳税义务。

【解析】A公司是按照我国法律成立在中国境内的企业，所以是我国的居民企业，2022年需就其从境内、境外取得的全部所得即3000万元，向我国税务机关缴纳企业所得税。

【例3-2】我国的A公司对B国投资，依据B国的法律在B国成立了B公司，B公司继续对外投资，在C国依照C国的法律成立了C公司。税务机关在税收管理中发现，B公司的生产经营、人员、账务、财产等均由A公司全面管理和控制，B公司在B国除持有C公司股权外，在B国没有其他实质性机构和业务开展，2023年，C公司向B公司进行利润分红。

由于我国与C国签订了税收协定，且税率较低，B公司为享受较低的税收协定税率，依照我国非境内注册居民企业的判定标准，向A公司主管税务机关提出申请，要将B公司认定为中国的居民企业。A公司主管税务机关依照境外注册中资控股企业的判定标准，判定其为实际管理机构在中国境内的居民企业，其企业所得税按照居民企业管理，并向B公司出具中国的《税收居民证明》。

请分析B公司2023年的涉税事项。

【解析】C公司向B公司利润分红时，由于B公司是我国的居民企业，因此，B公司收到的利润分红可以享受我国与C国的税收协定待遇，并向我国履行纳税义务，而不需向B国缴纳企业所得税。

（二）非居民企业

非居民企业，是指依照外国（地区）法律成立且实际管理机构不在中国境内，但在中国境内设立机构、场所，或者在中国境内未设立机构、场所，但有来源于中国境内所得的企业。

根据企业所得税法规定，机构、场所，是指在中国境内从事生产经营活动的机构、场所，包括：

（1）管理机构、营业机构、办事机构；

（2）工厂、农场、开采自然资源的场所；

（3）提供劳务的场所；

（4）从事建筑、安装、装配、修理、勘探等工程作业场所；

（5）从事其他生产经营活动的机构、场所。

非居民企业委托代理人在中国境内从事生产经营活动，包括委托单位或个人经常代签合同，或者储存、交付货物等，该营业代理人被视为非居民企业在中国境内设有机构、场所。

【例3-3】某咨询公司D是美国一家老牌企业，2022年8月在上海成立了办事处，并开展咨询业务。D公司进驻国内市场，业务模式不一，有的由D公司直接进行，也有通过上海办事处进行的。请分析D公司和D公司上海办事处的非居民企业主体。

【解析】由于D公司是美国的老牌企业，因此可以判断D公司是依照美国法律在美国境内成立的企业。如果由D公司直接在中国境内从事咨询业务取得所得，D公司就构成我国的非居民企业。如果能认定为上述所得与上海办事处有实际联系，那么D公司上海办事处是我国的非居民企业。

> **延伸阅读**
>
> **国际上部分国家关于企业所得税纳税人的判定标准**
>
> 在企业居民身份的确认上，各国采用的主要标准有五类：登记注册地标准、实际管理控制地标准、主要经营地所在标准、主要机构或总机构所在地标准、控股权标准。美国、英国、德国、法国、日本、韩国、俄罗斯、印度等国家，总体上与我国一致，基本上都采取"登记注册地标准"和"实际管理控制地标准"相结合的方式。
>
> 资料来源：国家税务总局国际税务司国别投资税收指南课题组，国别（地区）投资税收指南，http://www.chinatax.gov.cn/chinatax/c102035/gbtzsszn.html。

二、征税对象

企业所得税的征税对象是纳税人以货币形式和非货币形式从各种来源取得的应税所得，包括销售货物所得、提供劳务所得、转让财产所得、股息红利等权益性投资所得、利息所得、租金所得、特许权使用费所得、接受捐赠所得和其他所得。

（一）居民企业征税范围

按照我国税收管辖权标准，居民企业应当就其来源于中国境内、境外的全部所得缴纳企业所得税。

【例3-4】E集团创建于2008年，经过十多年发展，已成为一家创新驱动的全球家庭消费产业集团，在国内拥有医药、文旅、酒店、地产等公司，并在全球收购多家酒店、酒庄，参股奢侈品企业。2022年，该公司在香港联合交易所主板上市。E集团通过跨境资金安排，对境外子公司提供资金支持。请分析2022年E公司的征税范围。

【解析】由于E公司是我国的居民企业，应当就其来源于中国境内、境外的全部所得缴纳企业所得税，其2022年的所得包括来源于中国境内的销售货物、房屋出租等，还包括来源于境外的股息分红和利息收入，均应当纳入其企业所得税征税范围。

（二）非居民企业征税范围

1. 非居民企业在中国境内设立机构、场所的，就该机构、场所取得的来源于中国境内的所得，以及发生在中国境外但与其所设机构、场所有实际联系的所得缴纳企业所得税。

实际联系，是指非居民企业与其在中国境内设立的机构、场所拥有据以取得所得的股权、债权，以及拥有、管理、控制据以取得所得的财产。例如，非居民企业出租位于中国境内的房屋、建筑物等不动产，如果非居民企业委派人员在中国境内或者委托中国境内其他单位或个人对上述不动产进行日常管理的，应视为其在中国境内设立机构、场所，该租金收入就认定为与机构、场所有实际联系。

2. 非居民企业在中国境内未设立机构、场所的，或者虽设立机构、场所但取得的所得与其所设机构、场所没有实际联系的，就来源于中国境内的所得缴纳企业所得税。

【例3-5】2022年，美国某咨询公司D上海办事处的员工甲受办事处指派向国内企业提供咨询服务取得了咨询费收入100万元，同时上海办事处的员工乙受办事处指派为越南某公司提供技术服务，取得技术服务费50万元。请分析2022年D公司上海办事处企业所得税征税范围。

【解析】D公司上海办事处作为我国的非居民企业，甲提供咨询取得的咨询费收入100万元属于D公司上海办事处取得的来源于境内的所得，乙提供技术服务取得的技术服务收入50万元发生在境外但与D公司上海办事处相关，因此D公司上海办事处应就150万元向我国计算缴纳企业所得税。

（三）所得类型和所得来源地判定

来源于中国境内、境外的所得，按照以下原则确定：

1. 销售货物所得，按照交易活动发生地确定；

2. 提供劳务所得，按照劳务发生地确定；

3. 转让财产所得，不动产转让所得按照不动产所在地确定，动产转让所得按照转让动产的企业或者机构、场所所在地确定，权益性投资资产转让所得按照被投资企业所在地确定；

4. 股息、红利等权益性投资所得，按照分配所得的企业所在地确定；

5. 利息所得、租金所得、特许权使用费所得，按照负担、支付所得的企业或者机构、场所所在地确定，或者按照负担、支付所得的个人的住所地确定；

6. 其他所得，由国务院财政、税务主管部门确定。

【例 3-6】 F 公司是我国的非居民企业，未在我国设立机构、场所，2022 年 F 公司与我国国内某公司签订合同，约定提供某特许权使用费，国内公司支付特许权使用费 1000 万元。请分析 F 公司 2022 年在我国的企业所得税纳税义务。

【解析】 由于 F 公司特许权使用费的使用者为我国国内公司，其取得的特许权使用费 1000 万元由我国企业支付，按照所得来源地的判断标准，认定该 1000 万元属于来自中国境内的所得，F 公司需就 1000 万元向我国负有纳税义务。

三、税率

我国企业所得税采用比例税率。主要是基于以下考虑：一是弹性较好，税收收入与经济的变化保持同步，经济不断发展，相应的税收收入也增加。二是公平税负，对于不同的纳税人都实行比例税率，企业纳税的多少与盈利直接挂钩，体现量能负担。三是计算简单，便于操作，符合税收效率原则。

（一）基本税率

企业所得税的法定税率为 25%。

（二）低税率

1. 非居民企业在中国境内未设立机构、场所的，或者虽设立机构、场所但取得的所得与其所设机构、场所没有实际联系的，其来源于中国境内的所得，适用税率为 20%。

2. 国家需要重点扶持的高新技术企业，减按 15% 的税率征收企业所得税。

3. 符合条件的小型微利企业，减按 20% 的税率征收企业所得税。

4. 其他优惠税率详见本书第六章"税收优惠"。

通过以上对纳税人、征税对象、税率的介绍，将居民企业和非居民企业的基本要素进行分类归纳，详见表 3-1。

表 3-1　　　　　　　　　　居民企业和非居民企业分类

分类	成立依据	企业注册登记地或者实际管理机构地	适用类型	所得与所设的机构、场所是否有实际联系	应税所得来源	适用税率
居民企业	中国法律、行政法规	在中国境内	企业、事业单位、社会团体以及其他取得收入的组织	有实际联系	境内所得 境外所得	25%
	外国（地区）法律	（但）实际管理机构在中国境内	企业和其他取得收入的组织			
非居民企业	外国（地区）法律	（且）实际管理机构不在中国境内 在中国境内设立机构、场所	从事生产经营活动的机构、场所，包括：①管理机构、营业机构、办事机构；②工厂、农场、开采自然资源的场所；③提供劳务的场所；④从事建筑、安装、装配、修理、勘探等工程作业的场所；⑤其他从事生产经营活动的机构、场所。（营业代理人视同）	有实际联系	境内所得 境外所得	25%
				无实际联系	境内所得	20%（减按10%）
					境外所得	不负有纳税义务
		在中国境内未设立机构、场所			境内所得	20%（减按10%）
					境外所得	不负有纳税义务

延伸阅读

我国企业所得税法实行25%法定税率的立法考量

2008年以前实施的《中华人民共和国企业所得税暂行条例》和《中华人民共和国外商投资企业和外国企业所得税法》规定的企业所得税税率均为33%。同时，对设在经济特区的外商投资企业，在经济特区设立机构、场所从事生产、经营的外国企业和设在经济技术开发区的生产性外商投资企业等，减按15%的税率征收；对设在沿海经济开放区和经济特区、经济技术开发区所在城市的老市区的生产性外商投资企业减按24%的税率征收；对内资企业年度应纳税所得额在3万元至10万元和3万元以下的，分别实行27%、18%的税率。税率档次多，使不同类型企业名义税率和实际税负差距较大，不利于企业的公平竞争，也容易带来税收漏洞，增加税收征管成本。因此，结合我国财政承受能力、企业负担水平，考虑世界上其他国家和地区特别是我国周边地区的实际税率水平等因素，2008年的《中华人民共和国企业所得税法》将企业所得税税率确定为25%。同时，对国家重点扶持的高新技术企业确定适用15%优惠税率，对符合国家规定条件的小型微利企业确定适用20%优惠税率。

从立法当时所处的国际背景看,世界各国在所得税改革中,普遍采取了适当降低税率的做法。根据有关资料,当时全世界159个实行企业所得税的国家(地区)平均税率为28.6%,我国周边18个国家(地区)的平均税率为26.7%。因此,2008年的企业所得税法确定实行25%的税率,在国际上属于适中偏低的水平,有利于我国改革开放的国策,保持我国税制的竞争力,进一步促进和吸引外商投资。

资料来源:依据《中华人民共和国企业所得税法释义》整理。

四、纳税地点

(一) 居民企业纳税地点

一般来说,居民企业以企业登记注册地为纳税地点,但登记注册地在境外的,以实际管理机构所在地为纳税地点。对特殊企业,如建筑企业总机构直接管理的跨地区设立的项目部,会在项目所在地预缴部分企业所得税税款。

企业注册登记地,是指企业依照国家有关规定登记注册的住所地,也就是企业在注册登记时,在登记机关所填写的企业的住所地,而不是指企业登记机关的所在地。

(二) 非居民企业纳税地点

1. 非居民企业在中国境内设立机构、场所的,应当就其所设机构、场所取得的来源于中国境内的所得,以及发生在中国境外但与其所设机构、场所有实际联系的所得,以机构、场所所在地为纳税地点。

2. 非居民企业在中国境内设立两个或者两个以上机构、场所,符合国务院税务主管部门规定条件的,可以选择由其主要机构、场所汇总缴纳企业所得税。

主要机构场所是指在企业生产、经营、人力、财务、财产等方面对非居民企业在中国境内设立的其他机构、场所的活动进行监督管理的机构、场所,包括对其他机构、场所的生产经营活动分配任务,进行监督检查,对外代表该非居民企业参加法律诉讼等。同时,必须设有完整的账簿、凭证,能够准确反映各机构、场所的收入、成本、费用和盈亏情况。

3. 非居民企业在中国境内未设立机构、场所的,或虽设立机构、场所但取得的所得与其所设机构、场所没有实际联系的所得,以扣缴义务人所在地为纳税地点。

4. 扣缴义务人应当扣缴未依法扣缴或者无法履行扣缴义务的，取得所得的非居民企业应当向所得发生地主管税务机关申报缴纳未扣缴税款。非居民企业取得的同一项所得在境内存在多个所得发生地，涉及多个主管税务机关的，非居民企业自行申报缴纳未扣缴税款时，可以选择一地为纳税地点，办理申报缴税事宜。

所得发生地主管税务机关按以下原则确定：不动产转让所得，为不动产所在地税务机关；权益性投资资产转让所得，为被投资企业的所得税主管税务机关；股息、红利等权益性投资所得，为分配所得企业的所得税主管税务机关；利息所得、租金所得、特许权使用费所得，为负担、支付所得的单位或个人的所得税主管税务机关。

五、纳税期限

纳税期限是纳税人缴纳税款的期限，包括税款计算期和税款缴纳期。

（一）税款计算期

企业所得税按纳税年度计算，纳税年度自公历1月1日起至12月31日止。企业在一个纳税年度中间开业，或者终止经营活动，使该纳税年度的实际经营期不足十二个月的，应当以其实际经营期为一个纳税年度。企业依法清算时，应当以清算期间作为一个纳税年度。

（二）税款缴纳期

年度税款缴纳期是年度终了后五个月内。企业在年度中间终止经营活动的，税款缴纳期应当自实际经营终止之日起六十日内。企业清算的所得税，应当在办理注销登记之前，结清应缴纳的企业所得税。

分月或者分季预缴的企业所得税，在月份或者季度终了之日起十五日内，预缴税款。

（三）非居民企业的纳税期限

在中国境内设立机构、场所的非居民企业所得税预缴实行按季申报。对实行源泉扣缴的非居民企业所得税，扣缴义务人每次代扣的税款，应当自代扣之日起七日内缴入国库。依照外国（地区）法律成立且实际管理机构不在中国境内，但在中国境内设立机构、场所的非居民企业，其年度纳税期限与居民企业相同。

 **本章思考题**

1. 结合国际税制改革,谈谈我国企业所得税税率发展趋势。
2. 从税收管辖原则角度,分析居民企业对境内外的所得负有纳税义务、非居民企业仅对来源于境内所得负有纳税义务。

第四章 应纳税所得额

【学习目标】本章主要介绍收入总额、各项扣除、资产的税务处理、税会差异和亏损弥补等计算和影响应纳税所得额的各项因素。通过本章学习,理解收入的确认方法和确认金额、税前扣除项目的扣除条件和标准、资产计税基础的确定及资产折旧、摊销和处置的处理、税会差异处理原则以及常见税会差异的调整、亏损弥补的一般性和特殊性规定,掌握运用企业所得税法的基本原理和规定对各种不同类型的收入、扣除进行判断以及进行税会差异调整。

第一节 应纳税所得额的计算方法和确定原则

一、应纳税所得额的计算方法

应纳税所得额是计算企业所得税的计税依据,应纳税所得额的计算方法包括直接法和间接法。

在直接法下,应纳税所得额为企业每一个纳税年度的收入总额,减除不征税收入、免税收入、各项扣除,以及允许弥补的以前年度亏损后的余额。

在间接法下,企业按照会计制度核算出利润总额,再依照企业所得税法的规定,对部分项目进行纳税调增或者调减,以此为基础计算应纳税所得额。

目前,企业所得税纳税申报表采用间接法计算应纳税所得额的思路进行设计,即以财税差异的调整为主线来进行应纳税所得额的计算。

二、应纳税所得额的确定原则

企业应纳税所得额的计算,以权责发生制为原则,属于当期的收入和费用,不论款项是否收付,均作为当期的收入和费用;不属于当期的收入和费用,即使款项已经在当期收付,均不作为当期的收入和费用。

权责发生制是应用较为广泛的企业会计计算方法,在税务处理过程中,权责发生制也便于计算应纳税所得额。以收入为例,经济活动导致企业实际获取或拥有对某一利益的控制权时,就表明企业已产生收入,相应地,也产生了与该收入相关的纳税义务。

由于经济活动的复杂性,在特定情况下,可以采用收付实现制的原则。因此,在具体政策中,可以根据实际情况对不采用权责发生制的情形作进一步详细规定,以保证应纳税所得额的计算更加科学合理。如企业收取的与资产相关的政府补助,尽管会计核算按照权责发生制原则,在资产后续的使用期间内确认收入,但根据企业所得税法及相关规定,在实际收到政府补助时就要确认收入,采用收付实现制的原则。

第二节 收入的税务处理

一、收入的概念

企业所得税上常见的收入概念有收入总额、不征税收入、免税收入、视同销售收入等。要准确计算应纳税所得额,首先就要界定收入总额的概念,还要界定不征税收入和免税收入的范围。视同销售收入作为企业所得税法特有的概念,在实际经营中经常会出现,因此有必要对视同销售收入作介绍。

(一)收入总额

收入总额是指企业以货币形式和非货币形式从各种来源取得的收入。企业取得收入的货币形式,包括现金、存款、应收账款、应收票据、准备持有至到期的债券投资以及债务的豁免等。企业取得收入的非货币形式,包括固定资产、生物资产、无形资产、股权投资、存货、不准备持有至到期的债券投资、劳务以及有关权益等。企业以非货币形式取得的收入,应当按照公允价值确定收入额,即按照市场价格确定的价值确定收入额。

(二)不征税收入

不征税收入是指从企业所得税原理上讲,不列入征税范围的收入。规定不征税收入,其主要目的是将非营利活动带来的经济利益流入从收入总额中排除。不征税收入不属于税收优惠的范畴,这些收入不属于营利性活动带来的经济利益,是专门从事特定目的的收入。例如,有些事业单位和社会团体依靠财政拨款收入来开展非营利活动,这些收入不应列为企业所得税的征税范围。

(三) 免税收入

免税收入是指按照企业所得税法中优惠政策规定免予征收企业所得税的收入。其内容详见本书第六章"税收优惠"。

(四) 视同销售收入

视同销售收入是指一项行为按照会计规定通常不确认收入,但在税收上应当视同为应税行为,并确认收入。在实际经营过程中,有些行为可能是出于生产经营的需要,但是有些行为是企业意图逃避纳税义务。为了保证国家的税收收入,有必要对特定的行为在税收上按照视同销售处理。

二、收入总额的确认

在企业所得税上确认收入时,企业应当按照实质重于形式的原则,即按照交易或者事项的经济实质确认收入,而不应当仅仅按照它们的法律形式作为确认企业所得税收入的依据。

收入总额包括销售货物收入,提供劳务收入,转让财产收入,股息、红利等权益性投资收益,利息收入,租金收入,特许权使用费收入,接受捐赠收入和其他收入,不同类型的收入在确认条件和确认金额上不尽相同。

(一) 销售货物收入

销售货物收入,是指企业销售商品、产品、原材料、包装物、低值易耗品以及其他存货取得的收入。

1. 销售货物收入的确认条件

企业所得税法中对销售货物收入的确认应当同时符合下列条件:一是商品销售合同已经签订,企业已将商品所有权相关的主要风险和报酬转移给购货方;二是企业对已售出的商品既没有保留通常与所有权相联系的继续管理权,也没有实施有效控制;三是相关的收入和成本能够合理地计量。

2. 销售货物收入金额的计量

销售货物的收入金额以应收取的全部经济利益为基础,再综合考虑商业折扣、现金折扣、销售退回、销售折让等特殊情形进行确定。特定商业行为的具体确认方法见表4-1。

表 4-1　　　　　　　　　　特定商业行为的收入确认方法

类型	含义	销售收入确认方法
商业折扣	为促进商品销售而在商品标价上给予的价格扣除	商品销售涉及商业折扣的，应当按照扣除商业折扣后的金额确定销售商品收入金额
现金折扣	债权人为鼓励债务人在规定的期限内付款而向债务人提供的债务扣除	销售商品涉及现金折扣的，应当按扣除现金折扣前的金额确定销售商品收入金额，现金折扣在实际发生时作为财务费用扣除
销售退回	企业售出的商品由于质量、品种不符合要求等原因发生的退货	企业已经确认销售收入的售出商品发生销售折让和销售退回，应当在发生当期冲减当期销售商品收入
销售折让	企业因售出商品的质量不合格等原因而在售价上给予的减让	

（二）提供劳务收入

提供劳务收入，是指企业从事建筑安装、修理修配、交通运输、仓储租赁、金融保险、邮电通信、咨询经纪、文化体育、科学研究、技术服务、教育培训、餐饮住宿、中介代理、卫生保健、社区服务、旅游、娱乐、加工以及其他劳务服务活动取得的收入。

1. 提供劳务收入的确认

企业同时满足下列条件时，应确认提供劳务收入的实现：一是收入的金额能够合理地计量；二是交易的完工进度能够可靠地确定；三是交易中已发生和将发生的成本能够可靠地核算。其中，企业受托加工制造大型机械设备、船舶、飞机等，以及从事建筑、安装、装配工程业务或者提供劳务等，持续时间超过12个月的，按照纳税年度内完工进度或者完成的工作量确认收入的实现。

企业可以采取下列三种方法之一确定提供劳务交易的完工进度：一是已完工作的测量；二是已经提供的劳务占应提供劳务总量的比例；三是已经发生的成本占估计总成本的比例。

在实际经营活动中，部分特定劳务在具体判断收入确认条件时有自身的特点，具体见表 4-2。

表 4-2　　　　　　　　　　特定劳务的收入确认条件

项目	收入确认条件
安装费	应根据安装完工进度确认收入。安装工作是商品销售附带条件的，安装费在确认商品销售实现时确认收入

续表

项目	收入确认条件
宣传媒介的收费	应在相关的广告或商业行为出现于公众面前时确认收入。广告的制作费，应根据制作广告的完工进度确认收入
软件费	为特定客户开发软件的收费，应根据开发的完工进度确认收入
服务费	包含在商品售价内可区分的服务费，在提供服务的期间分期确认收入
艺术表演、招待宴会和其他特殊活动的收费	在相关活动发生时确认收入。收费涉及几项活动的，预收的款项应合理分配给每项活动，分别确认收入
会员费	申请入会或加入会员，只允许取得会籍，所有其他服务或商品都要另行收费的，在取得该会员费时确认收入。申请入会或加入会员后，会员在会员期内不再付费就可得到各种服务或商品，或者以低于非会员的价格销售商品或提供服务的，该会员费应在整个受益期内分期确认收入
劳务费	长期为客户提供重复的劳务收取的劳务费，在相关劳务活动发生时确认收入

2. 提供劳务收入金额的计量

企业应按照从接受劳务方已收或应收的合同或协议价款确定劳务收入总额，根据纳税期末提供劳务收入总额乘以完工进度扣除以前纳税年度累计已确认提供劳务收入后的金额，确认为当期劳务收入。

（三）转让财产收入

转让财产收入，是指企业转让固定资产、生物资产、无形资产、股权、债权等财产取得的收入。

1. 转让财产收入的确认条件

企业转让固定资产、生物资产、无形资产等财产在企业所得税上没有单独明确收入确认条件，一般以资产所有权的转移为判断标准，但对转让特定的财产有单独的规定。例如，企业转让股权收入，应于转让协议生效且完成股权变更手续时，确认收入的实现。再如，企业转让国债收入，应在转让国债合同、协议生效的日期，或者国债移交时确认转让收入的实现。

2. 转让财产收入的确认金额

企业应当按照从财产受让方已收或应收的合同或协议价款确定转让财产收入金额。

（四）股息、红利等权益性投资收益

股息、红利等权益性投资收益，是指企业因权益性投资从被投资方取得的收入。

企业权益性投资取得股息、红利等收入，应以被投资企业股东会或股东大会作出利润分配或转股决定的日期，确定收入的实现。被投资企业将股权（票）溢价所形成的资本公积转为股本的，不作为投资方企业的股息、红利收入，投资方企业也不得增加该项长期投资的计税基础。企业清算、减资等业务也会产生股息、红利等权益性投资收益。

（五）利息收入

利息收入，是指企业将资金提供他人使用但不构成权益性投资，或者因他人占用本企业资金取得的收入，包括存款利息、贷款利息、债券利息、欠款利息等收入。

利息收入，按照合同约定的债务人应付利息的日期确认收入的实现。

（六）租金收入

租金收入，是指企业提供固定资产、包装物或者其他有形资产的使用权取得的收入。租金收入是转让有形资产的使用权收入，不含转让无形资产的使用权，转让无形资产使用权称为特许权使用费收入。

企业提供固定资产、包装物或者其他有形资产的使用权取得的租金收入，应按交易合同或协议规定的承租人应付租金的日期确认收入的实现。其中，如果交易合同或协议中规定租赁期限跨年度，且租金提前一次性支付的，根据收入与费用配比原则，出租人可对上述已确认的收入，在租赁期内，分期均匀计入相关年度收入。

（七）特许权使用费收入

特许权使用费收入，是指企业提供专利权、非专利技术、商标权、著作权以及其他特许权的使用权取得的收入。特许权使用费收入是转让无形资产的使用权取得的收入，而不是转让所有权收入，转让无形资产的所有权称为财产转让收入。

特许权使用费收入，按照合同约定的特许权使用人应付特许权使用费的日期确认收入的实现。不同的特许权在确认收入时点也存在区别，属于提供设备和其他有形资产的特许权费，在交付资产或转移资产所有权时确认收入；属于提供初始及后续服务的特许权费，在提供服务时确认收入。

（八）接受捐赠收入

接受捐赠收入，是指企业接受的来自其他企业、组织或者个人无偿给予的货币性资产、非货币性资产。

企业接受捐赠收入金额，原则上按照捐赠资产的公允价值确定。

（九）其他收入

其他收入，是指企业取得的应包含在收入总额中，但在上述收入以外的其他收入。包括企业资产溢余收入、逾期未退包装物押金收入、确实无法偿付的应付款项、已作坏账损失处理后又收回的应收款项、债务重组收入、补贴收入、违约金收入、汇兑收益等。

企业其他收入金额，按照实际收入额或相关资产的公允价值确定。

三、不征税收入的确认

不征税收入包括三类：财政拨款，依法收取并纳入财政管理的行政事业性收费、政府性基金，国务院规定的其他不征税收入。

（一）财政拨款

财政拨款，是指各级人民政府对纳入预算管理的事业单位、社会团体等组织拨付的财政资金。

财政拨款需要具备的条件：一是主体为各级政府，即负有公共管理职责的各级国家行政机关；二是拨款对象为纳入预算管理的事业单位、社会团体等组织，关键在于"纳入预算管理"；三是拨款为被列入预算支出的财政资金。

（二）依法收取并纳入财政管理的行政事业性收费、政府性基金

行政事业性收费，是指依照法律法规等有关规定，按照国务院规定程序批准，在实施社会公共管理，以及在向公民、法人或者其他组织提供特定公共服务过程中，向特定对象收取并纳入财政管理的费用。政府性基金，是指企业根据法律、行政法规等有关规定，代政府收取的具有专项用途的财政资金。

企业收取的各种基金、收费，应计入企业当年收入总额。对企业依照法律、法规及国务院有关规定收取并上缴财政的政府性基金和行政事业性收费，准予作为不征税收入，于上缴财政的当年在计算应纳税所得额时从收入总额中减除。未上缴财政的部分，不得从收入总额中减除。

（三）国务院规定的其他不征税收入

国务院规定的其他不征税收入，是指企业取得的，由国务院财政、税务主管部门规定专项用途并经国务院批准的财政性资金。

企业取得的各类财政性资金，均应计入企业当年收入总额（国家投资和资金使用后要求归还本金的财政性资金除外）。但如果企业从县级以上各级人民

政府财政部门及其他部门取得的应计入收入总额的财政性资金符合以下三个条件，可以作为不征税收入，在计算应纳税所得额时从收入总额中减除：一是企业能够提供规定资金专项用途的资金拨付文件；二是财政部门或其他拨付资金的政府部门对该资金有专门的资金管理办法或具体管理要求；三是企业对该资金以及以该资金发生的支出单独进行核算。

【例4-1】2022年我国A区政府为鼓励辖区企业加大研发投入，制定了全区的研发投入奖励办法，区财政局为B公司发放了100万元的研发补贴，该笔补贴专用于B公司在人工智能领域的研发，财政局出具了拨付文件，B公司将这笔财政补贴支出进行单独核算，请分析该笔财政补贴是否属于不征税收入？

【解析】该笔补贴是从县级以上人民政府财政部门取得，有专门的拨付文件和资金管理使用办法，如果B公司将这笔财政补贴支出进行单独核算的，可以作为不征税收入。

四、视同销售收入的确认

企业发生非货币性资产交换，以及将货物、财产、劳务用于捐赠、偿债、赞助、集资、广告、样品、职工福利或者利润分配等用途的，应当视同销售货物、转让财产或者提供劳务。准确理解资产视同销售收入的范围，需要重点把握资产在不同纳税主体之间发生了所有权的转移这一原则。如果资产所有权属在形式和实质上均不发生改变，则不视同销售确认收入。如，企业将资产用于生产、制造、加工另一产品，改变资产形状、结构或性能，将资产在总机构及其分支机构之间转移等。

在确认视同销售收入金额时，有两种方式：以公允价值确定和以历史成本确定。

1. 以公允价值确定视同销售收入金额

企业发生规定的视同销售情形的，在确定视同销售收入金额时，一般应当以被移送资产的公允价值确定。如，企业将市场售价为10万元的自产电子产品作为福利发放给员工，会计上不计入收入，而是计入到成本或者费用中，但在税收上应当按照10万元的公允价值确定视同销售收入。

2. 以历史成本确定视同销售收入金额

企业向公益性社会团体实施的股权捐赠并不是以公允价值确定收入。企业向中国境内的公益性社会团体实施的股权捐赠，应按规定视同转让股权，股权转让收入额以企业所捐赠股权取得时的历史成本确定。公益性社会团体接受股权捐赠后，应按照捐赠企业提供的股权历史成本开具捐赠票据。

第三节　扣除的税务处理

企业实际发生的与取得收入有关的、合理的支出，包括成本、费用、税金、损失和其他支出，准予在计算应纳税所得额时扣除。企业所发生的支出种类很多，形式各异，与企业取得的收入的关系也呈多样化。根据企业所得税法中收入与支出的关联、配比等原则要求，并非所有的企业支出，都可以在税前扣除，否则将严重侵蚀企业所得税的税基，损害国家税收利益。对于不同类型的支出项目，扣除的金额和时间有所不同。

一、扣除的分类

税前准予扣除的项目一般是指纳税人取得的与应税收入有关的成本、费用、税金、损失和其他支出。

（一）成本

成本，是指企业在生产经营活动中发生的销售成本、销货成本、业务支出以及其他耗费。如，酿酒企业税前扣除成本主要包括直接材料、直接人工和制造费用。直接材料包括生产酒类产品过程中直接消耗的各种粮食、谷类、薯类、葡萄等果类以及麦芽等原材料，稻壳、谷糠、高粱壳、麦麸等辅助材料，以及备品材料、外购酒精等。直接人工包括直接参加酿酒生产的工人工资等。制造费用包括酿酒企业生产车间、部门为生产酒类产品而发生的各项间接费用，包括办公费、差旅费、修理费、机物料消耗、车间照明费、低值易耗品摊销、劳动保护费、保险费、折旧费、租赁费、水电气（汽）费、环保费、化验费、修理期间的停工损失以及生产管理人员的工资等。

（二）费用

费用，是指企业在生产经营活动中发生的销售费用、管理费用和财务费用等期间费用。如，酿酒企业的销售费用主要包括在销售酒类产品过程中发生的保险费、包装费、展览费和广告费、商品维修费、预计产品质量保证损失、运输费、装卸费等以及为销售酒类产品而专设的销售机构（含销售网点）的职工薪酬、业务费、折旧费、固定资产修理费用等。大型酒类企业为了防止市场上出现假冒伪劣商品而为高端产品支付的打假费用，也作为企业的销售费用核算。管理费用主要包括行政管理部门职工工资及福利费、物料消耗、低值易耗品摊销、办公费和差旅费等）、工会经费、董事会费（包括董事会成员津贴、会议费和差旅费等）、聘请中介机构费、咨询费（含顾问费）、诉讼费、业务招待费、排污费以及企业生产车间（部门）和行政管理部门等发生的固定资产修理费用等。财务费用通常包括利息支出、汇兑损益等。

（三）税金

税金，是指企业发生的除企业所得税和允许抵扣的增值税以外的各项税金及其附加。如，酿酒企业生产白酒缴纳的消费税、自用房屋缴纳的房产税、购销合同缴纳的印花税等税金。

（四）损失

损失，是指企业在生产经营活动中发生的固定资产和存货的盘亏、毁损、报废损失，转让财产损失，呆账损失，坏账损失，自然灾害等不可抗力因素造成的损失以及其他损失。企业发生的允许税前扣除的损失，限于企业在生产经营活动过程中所发生的损失，即企业在生产产品、提供劳务、销售商品等过程中的支出和耗费。在非生产经营活动过程中所发生的损失，不得作为企业的生产经营损失予以认定。

（五）其他支出

除成本、费用、税金、损失外，还会出现无法涵盖的其他支出，如符合税收规定也允许税前扣除。

二、税前扣除原则

按照企业所得税法规定，企业确定税前扣除项目及其金额时，应遵循以下基本原则。

（一）真实性

真实性，是指支出已经实际发生。除少数特别规定外（如部分金融行业准备金、房地产开发企业预提费用等），其他支出均要求真实发生。真实性是税前扣除的首要条件，对任何不是实际发生的支出，没有继续判断其是否符合其他扣除原则的必要。

（二）相关性

相关性，是指支出要与取得的收入直接相关。企业实际发生的支出能直接带来经济利益流入或者可预期经济利益流入。有些支出能给企业带来现实、实际的经济利益流入。如生产性企业为生产产品而购买的原材料，服务性企业为收取服务费用而雇用员工为客户提供服务。有些支出能够给企业带来可预期的经济利益流入，如企业的广告费支出。

（三）合理性

合理性，是指支出是正常和必要的，计算和分配的方法应该符合一般的经营常规。税前扣除的支出在真实、合法的基础上必须符合合理性的要求。如果支出的发生既与经营活动有关，又与非经营活动有关，就必须进行合理分配。合理性具体判断，主要是看发生支出的计算和分配方法是否符合一般经营常规和会计惯例。

三、税前扣除项目的具体规定

（一）据实扣除项目

1. 工资、薪金

工资、薪金，是指企业每一纳税年度支付给在本企业任职或者受雇的员工的所有现金形式或者非现金形式的劳动报酬，包括基本工资、奖金、津贴、补贴、年终加薪、加班工资，以及与员工任职或者受雇有关的其他支出。工资、薪金可以重点从以下四个方面进行理解：

（1）必须是实际发生的工资、薪金支出。作为企业税前扣除项目的工资、薪金支出，应该是企业已经实际支付给职工的那部分工资、薪金支出，尚未支付的所谓应付工资、薪金支出，不能在其未支付的这个纳税年度内扣除，只有等到实际发生后，才准予税前扣除。但企业已预提的汇缴年度工资、薪金，只要在本年度汇算清缴结束前向员工实际支付，准予在汇缴年度扣除。

（2）工资、薪金的发放对象是在本企业任职或者受雇的员工。任职或者雇佣关系，是一种连续性的服务关系。连续性服务不排除临时工的使用，按照企业所得税法规定，企业因雇用季节工、临时工、实习生、返聘离退休人员所实际发生的费用，应区分为工资、薪金支出，并按规定在企业所得税前扣除。

企业接受外部劳务派遣用工所实际发生的费用，应分两种情况按规定在税前扣除：按照协议（合同）约定直接支付给劳务派遣公司的费用，应作为劳务费支出；直接支付给员工个人的费用，应作为工资、薪金支出和职工福利费支出。其中属于工资、薪金支出的费用，准予计入企业工资、薪金总额的基数，作为计算其他各项相关费用扣除的依据。

（3）工资、薪金的标准应限于合理的范围和幅度。企业制定了较为规范的员工工资、薪金制度；企业所制定的工资、薪金制度符合行业及地区水平；企业在一定时期所发放的工资、薪金是相对固定的，工资、薪金的调整是有序进行的；企业对实际发放的工资、薪金，已依法履行了代扣代缴个人所得税义务；有关工资、薪金的安排，不以减少或逃避税款为目的。

（4）工资、薪金的表现形式包括现金和非现金形式。虽然目前占主导地位的工资、薪金发放形式仍是现金，但也存在以非现金形式发放的工资、薪金，如股权激励。对于这些非现金形式的工资、薪金，也允许按规定予以税前扣除。

2. "五险一金"

"五险一金"，通常指企业为员工缴纳的基本养老保险费、基本医疗保险费、失业保险费、工伤保险费、生育保险费、住房公积金。为了保障劳动者的基本生活需要，国家要求劳动者个人在缴纳一定社会保险费、住房公积金的基础上，企业也应相应地为其员工缴纳社会保险费和住房公积金。企业的这部分费用支出的对象是本企业的员工，目的是保证员工更好地为企业服务，为企业创造更多的利润，是企业取得收入的正常与必要的支出。所以在计算应纳税所得额时，准予扣除。

3. 借款费用

企业因筹借生产经营所需资金而发生的费用，与企业的生产经营活动直接相关，是企业取得收入所发生的必要与正常的支出，应允许税前扣除。企业在生产经营活动中发生的合理的不需要资本化的借款费用，在发生当期准予扣除。企业为购置、建造固定资产、无形资产和经过 12 个月以上的建造才能达到预定可销售状态的存货发生借款的，在有关资产购置、建造期间发生的合理的借款费用，应当作为资本性支出计入有关资产的成本，详见本书第四章第四节"资产的税务处理"。非金融企业向金融企业借款的利息支出通常可以据实扣除。

部分借款费用税前扣除有限额标准，详见本书第四章第三节"扣除的税务处理"中"限额扣除项目"相关内容。

> **延伸阅读**

国外关于利息税前扣除的规定

美国：企业与贸易或经营活动相关的利息支出一般可以于发生当年进行税前扣除。2017 年税改限定，企业利息费用的扣除额限于商业利息收入加上 30% 的"调整后应纳税所得额"（"调整后应纳税所得额"英文简称 ATI）。同时有一些例外情况，例如小企业如果满足总收入测试，即可不受利息费用扣除额的限制。2018 年，如果小企业在过去三年的年平均收入不超过 2500 万美元则视为通过测试；2019 年和 2020 年，测试门槛为 2600 万美元。此外，不允许抵扣的利息扣除额通常可无限期向未来结转。

法国：利息支出需同时符合资本弱化规则和法国实施的关于净利息费用扣除限制的规定，才可在税前扣除。自 2019 年 1 月 1 日起，利息支出扣除的金额一般上限为 300 万欧元或者应纳税所得额的 30%（两者取较高者）。当企业股东权益与资产比率大于或等于集团合并层面股东权益与资产比率时，利息支出超过 300 万欧元或应纳税所得额 30% 的部分中 75% 的金额准予在税前扣除。企业与集团上述比率之差不超过 2% 的，应视为两者比例相同。对于无法税前扣除的剩余 25% 利息支出，可以无限期向以后年度结转。如企业当年净财务费用支出超过 300 万欧元，仅支出金额 75% 的部分允许在税前扣除。当企业集团合并纳税时，利息支出的扣除限制适用于集团整体层面，而不是集团内单体。若企业对商业借款及利息有详细的记录，相关商业债务豁免支出准予在税前扣除。金融债务豁免不予税前扣除。

俄罗斯：利息扣除需遵循独立交易原则，通过资本弱化测试。依据《税法典》，自 2015 年 1 月 1 日起，为转让定价目的而确认为受控交易的债务的利息费用限制税前扣除。如果债务与权益比率超过 3∶1，资本弱化规则限制利息的可扣除性。依法认定为受控交易而产生的债权债务，如果该债权债务的实际利率高于限额范围内的下限，则债权人应按该债权实际利率计算的利息确认为收入；如果该债权债务的实际利率低于限额范围的上限，则债务人可按该债务的实际利率计算的利息确认为税前列支的费用。如果关联交易的实际利率未符合上述规定，则需要按照受控交易规则进行特别纳税调整，债权的利息收入和债务的利息费用为实际利息收入或利息支出的一定比例。债权债务的受控交易利率限值范围（利率区间）如下：以卢布计价的债权债务利率限值范围，自 2015 年 1 月 1 日至 12 月 31 日，为俄罗斯联邦中央银行基准利率的 0% 至 180%；自 2016 年起，为俄罗斯联邦中央银行基准利率的 75% 至 125%；以欧元计价的债权债务利率限值范围，为欧元计价的欧洲银行同业拆借利率（EU-RIBOR）上调 4 个百分点至上调 7 个百分点；以人民币计价的债权债务利率限值范围，为上海银行同业拆借利率（SHIBOR）上调 4 个百分点至上调 7 个百分点；以英镑计价的债权债务利率限值范围，为英镑计价的伦敦银行同业拆借利率（LIBOR）上调 4 个百分点至上调 7 个百分点；以瑞士法郎或日本日元债权债务利率限值范围，分别为瑞士法郎或日本日元计价的伦敦银行同业拆放利率（LIBOR）上调 2 个百分点至上调 5 个百分点；以上述列明货币之外的其他货币计价的债权债务利率限值范围，为美元计价的伦敦银行同业拆放利率（LIBOR）上调 4 个百分点至上调 7 个百分点。它们适用于某些类型的团队内贷款以及相互依赖各方担保的外部贷款。

资料来源：根据《中国居民赴某国家（地区）投资税收指南》整理。

4. 汇兑损失

企业在货币交易中，以及纳税年度终了时将人民币以外的货币性资产、负债按照期末即期人民币汇率中间价折算为人民币时产生的汇兑损失，除已经计入有关资产成本以及与向所有者进行利润分配相关的部分外，准予扣除。企业发生的汇兑损失，如果已经计入资产成本，那么这部分损失将通过资产的折旧或者摊销等方式予以税前扣除。如果企业将相关资产向所有者进行利润分配，按照法人所得税制原则，该部分资产已不属于企业的资产，其产生的所谓的汇兑损失，不应当作为企业支出在税前扣除。

5. 资产损失

资产损失，是指企业在生产经营活动中实际发生的、与取得应税收入有关的资产损失，包括现金损失，存款损失，坏账损失，贷款损失，股权投资损失，固定资产和存货的盘亏、毁损、报废、被盗损失，自然灾害等不可抗力因素造成的损失以及其他损失。企业发生的损失，减除责任人赔偿和保险赔款后的余额，依照国务院财政、税务主管部门的规定扣除。企业已经作为损失处理的资产，在以后纳税年度又全部收回或者部分收回时，应当计入当期收入。

（1）企业实际资产损失，应当在其实际发生且会计上已作损失处理的年度申报扣除；法定资产损失，应当在该项资产已符合法定资产损失确认条件，且会计上已作损失处理的年度申报扣除。

（2）企业以前年度发生的资产损失未能在当年税前扣除的，可以按照规定，向税务机关说明并进行专项申报扣除。其中，属于实际资产损失的，准予追补至该项损失发生年度扣除，其追补确认期限一般不得超过五年；属于法定资产损失，应在申报年度扣除。

6. 企业能够据实扣除的其他支出

企业能够据实扣除的其他支出包括开（筹）办费、咨询费、差旅费等。

（二）限额扣除项目

1. 职工福利费

企业发生的职工福利费支出，不超过工资、薪金总额14%的部分，准予扣除。企业发生的职工福利费，应该单独设置账册，进行准确核算。没有单独设置账册准确核算的，税务机关应责令企业在规定的期限内进行改正。逾期仍未改正的，税务机关可对企业发生的职工福利费进行合理的核定。

2. 职工教育经费

企业发生的职工教育经费支出，不超过工资、薪金总额2.5%的部分，准予扣除；超过部分，准予在以后纳税年度结转扣除。自2018年1月1日起，职工教育经费的扣除比例提高至8%。企业职工参加社会上的学历教育以及个人为取得学位而参加的在职教育，所需费用应由个人承担，不能作为职工教育培训经费税前扣除。

对部分企业还有特殊的规定。例如，集成电路设计企业和符合条件软件企业的职工培训费用，应单独进行核算并按实际发生额在计算应纳税所得额时全额扣除。

3. 工会经费

企业拨缴的工会经费，不超过工资、薪金总额2%的部分，凭工会组织开具的《工会经费收入专用收据》，在企业所得税税前扣除。在委托税务机关代收工会经费的地区，企业拨缴的工会经费，也可凭合法、有效的工会经费代收凭据依法在税前扣除。

4. 补充保险费

企业根据国家有关政策规定，为在本企业任职或者受雇的全体员工支付的补充养老保险费、补充医疗保险费，分别在不超过职工工资总额5%标准内的部分，在计算应纳税所得额时准予扣除；超过的部分，不予扣除。

5. 业务招待费

业务招待费支出是企业开展业务的一项必要支出。在许多情况下，无法将商业招待与个人消费区分开。因此，有必要对业务招待费税前列支增加一定的限定范围。企业发生的与生产经营活动有关的业务招待费支出，以按照发生额的60%扣除为原则，但最高不得超过当年销售（营业）收入的5‰。企业在计算业务招待费扣除限额时，其销售（营业）收入额应包括企业所得税法规定的视同销售（营业）收入额。

对从事股权投资业务的企业（包括集团公司总部、创业投资企业等），其从被投资企业所分配的股息、红利以及股权转让收入，可以按规定的比例计算业务招待费扣除限额。

延伸阅读

国外关于业务招待费的规定

美国：2017年税改前，业务招待费只有在满足一定条件的情况下才能扣除。因业务活动而发生的餐费只能按实际发生额的50%扣除。2017年税改规定招待费不可税前扣除。企业发生的国际和国内差旅费的扣除也受一定条件的限制。

日本：针对资本金在1亿日元以下的法人，可以选择采用限额或者餐饮招待费的1/2作为费用进行列支，采用限额列支方式的企业，其年度交际费支出中低于800万日元的部分可全额计入费用，超出800万日元部分不能计入费用；针对资本金在1亿日元以上的法人，餐饮招待费的1/2可计入费用，超出餐饮招待费1/2的部分不能计入费用。此外，对于每人5000日元以下的餐饮费不属于招待费，可全额计入费用。此项规定对于上述两种法人均适用。

德国：商务用餐费用只能扣除发生额的70%。此外，只有商务用餐费用单独列支，并且有详细的文件表明参与人姓名、用餐规格和日期、用餐地点和目的，才允许扣除。对不是给员工或代理商的个人礼品如果不超过35欧元/人/年，是可以扣除的。上述费用必须与其他业务费用分开核算。

俄罗斯：招待费用不包括与娱乐、预防或治疗疾病有关的费用，不得超过当年工资、薪金成本的4%。

资料来源：依据《中国居民赴美国投资税收指南》《中国居民赴日本投资税收指南》等整理。

6. 广告费和业务宣传费

企业发生的符合条件的广告费和业务宣传费支出，一般不超过当年销售（营业）收入15%的部分，准予扣除；超过部分，准予在以后纳税年度结转扣除。企业在计算广告费和业务宣传费扣除限额时，其销售（营业）收入额应包括企业所得税法规定的视同销售（营业）收入额。

对于部分特殊的企业，因为广告费的支出金额较大，因此相应提高了准予在税前扣除的比例。比如，对化妆品制造或销售、医药制造和饮料制造（不含酒类制造）企业发生的广告费和业务宣传费支出，不超过当年销售（营业）收入30%的部分，准予扣除；超过部分，准予在以后纳税年度结转扣除。需要注意的是，烟草企业的烟草广告费和业务宣传费支出，一律不得在计算应纳税所得额时扣除。

自2011年起，企业在筹建期间，发生的广告费和业务宣传费，可按实际发生额计入企业筹办费，并按有关规定在税前扣除。

7. 捐赠支出

为调动企业参与社会公共事业发展的积极性，促进公益性事业发展，综合考虑国际通行做法，解决以前内外资企业税收待遇不平的问题，在兼顾国家财政承受能力和纳税人负担水平的前提下，企业通过公益性社会组织或者县级（含县级）以上人民政府及其组成部门，用于慈善活动、公益事业的捐赠支出，在年度利润总额12%以内的部分，准予在计算应纳税所得额时扣除；超过年度利润总额12%的部分，准予结转以后三年内在计算应纳税所得额时扣除。公益性捐赠与赞助支出有所不同，公益性捐赠具有无偿性，所捐助范围也是公益性质，而赞助支出具有明显的商业目的，所捐助范围一般也不具有公益性质。

> **延伸阅读**
>
> **国外关于公益捐赠的税前扣除规定**
>
> 美国：企业允许扣除的公益捐赠金额最高不能超过减去某些扣除项目之前

的应纳税所得额的10%。《救助法案》规定，企业向符合条件的慈善机构进行的现金捐赠的扣除比例提高为应纳税所得额的25%。公益捐赠超过扣除限额的部分可以向以后5个纳税年度结转扣除，但每年的可扣除数额仍受前述比例的限制。

日本：捐赠是指法人对外赠送或无偿供给的金钱、其他资产或经济利益等，具体包括捐款、捐物、赠款、赠物、供钱、供物等。法人税法将捐赠根据社会公益性不同规定不同的列入费用方法。对国家、地方公共团体的捐赠全额计入费用，如对公立学校、公立图书馆的捐赠等；对指定的捐赠全额计入费用，如对国宝修复、召开奥林匹克运动会的捐赠等；其他捐赠，为区分受赠对象限额捐赠，如对经认定的特定非营利性活动法人的捐赠，捐赠计入费用的最高限额＝（期末资本金额×0.375% + 当年所得金额×6.25%）×0.5。

资料来源：依据《中国居民赴美国投资税收指南》《中国居民赴日本投资税收指南》整理。

8. 借款费用

（1）非金融企业向非金融企业借款的利息支出，不超过按照金融企业同期同类贷款利率计算的数额的部分，可以在税前扣除。鉴于目前我国对金融企业利率要求的具体情况，企业在按照合同要求首次支付利息并进行税前扣除时，应提供"金融企业的同期同类贷款利率情况说明"，以证明其利息支出的合理性。

（2）企业向股东或其他与企业有关联关系的自然人借款的利息支出，应根据《企业所得税法》和《财政部 国家税务总局关于企业关联方利息支出税前扣除标准有关税收政策问题的通知》（财税〔2008〕121号）规定的条件，计算企业所得税扣除额。

（3）企业向内部职工或其他人员（不包括股东或其他与企业有关联关系的自然人）借款的利息支出，其借款情况同时符合以下两个条件：①企业与个人之间的借贷是真实、合法、有效的，并且不具有非法集资目的或其他违反法律、法规的行为；②企业与个人之间签订了借款合同。其利息支出在不超过按照金融企业同期同类贷款利率计算的数额的部分，根据《企业所得税法》及其实施条例规定，准予扣除。

9. 佣金和手续费

一般企业按具有合法经营资格中介服务机构或个人所签订服务协议或合同确认的收入金额的5%计算限额，保险企业等特殊行业企业扣除另有规定。

(三) 不得税前扣除项目

1. 向投资者支付的股息、红利等权益性投资收益款项

向投资者支付的权益性投资收益款项主要体现为股息、红利等权益性投资所得，由于股息、红利是对被投资者税后利润的分配，本质上不是企业取得经营收入的正常的费用支出，因此，不允许在税前扣除。各国的所得税法对向投资者支付的权益性投资收益款项均不允许在税前扣除，我国也遵循国际惯例。

2. 企业所得税税款

企业所得税税款本质上是企业利润分配的支出，是国家参与企业经营成果分配的一种形式，而非为取得经营收入实际发生的费用支出，不能作为企业的成本、费用在税前扣除。同时企业所得税税款如果作为企业扣除项目，会出现计算企业所得税税款时循环倒算的问题。

3. 税收滞纳金、加收利息

纳税人未按照法律、行政法规规定或者税务机关依照法律、行政法规的规定确定的缴纳期限缴纳税款，扣缴义务人未按照上述规定解缴税款的，都属于税款的滞纳。征收税收滞纳金主要目的是督促纳税人按期缴纳税款，减少欠税，保证税款及时入库。所以，不允许税收滞纳金在税前扣除。同理，税务机关对企业作出特别纳税调整，补征税款加收的利息，不得在计算应纳税所得额时扣除。

4. 罚金、罚款和被没收财物的损失

合法性是纳税人经营活动中发生的费用支出可以税前扣除的基本原则。罚金、罚款和被没收财物的损失，本质上都是违反了国家法律、法规或行政性规定所造成的损失，不属于正常的经营性支出。因此，罚金、罚款和被没收财物的损失不允许在税前扣除。同时，行政相对人交纳的行政和解金，也不得在所得税税前扣除。

5. 未经核定的准备金支出

财务会计制度规定，基于资产的真实性和谨慎性原则考虑，为防止企业虚增资产或者虚增利润，保证企业因市场变化、科学技术进步，或者企业经营管理不善等原因导致资产实际价值的变动能够真实地得以反映，要求企业合理地

预计各项资产可能发生的损失，提取准备金，但由于这类损失尚未实际发生，计提的准备金通常不允许税前扣除。

> **延伸阅读**
>
> ### 企业所得税法不允许未经核定的准备金支出扣除的考虑
>
> 企业所得税法一般不允许企业提取的各种形式的准备金扣除，主要基于以下考虑：一是遵循真实发生的据实扣除原则，企业只有实际发生的损失，才允许在税前扣除。而企业各项资产减值准备的提取，是由会计人员根据会计制度和自身职业判断进行的，不同的企业提取的比例不同，允许企业准备金扣除可能成为企业会计人员据以操纵的工具，而税务人员从企业外部很难判断企业会计人员据以提取准备的依据是否充分合理。二是由于市场复杂多变，各行业因市场风险不同，企业所得税法难以对各种准备金规定一个合理的提取比例，如果规定统一比例，会导致税负不公。三是企业提取的各种准备金实际上是为了减少市场经营风险，但这种风险应由企业承担，不应转嫁给国家。
>
> 但是，由于人身保险、财产保险、风险投资和其他具有特殊风险的金融工具风险大，各国所得税都允许提取一定比例准备金在税前扣除，所以，企业所得税法规定，未经核定的准备金支出，不得税前扣除，而经国务院财政、税务主管部门核定的准备金，则准予税前扣除。例如，保险公司按规定提取的未到期责任准备和保险赔款准备金，准予税前扣除；政策性银行、商业银行、财务公司、城乡信用社和金融租赁公司等金融企业，提取的贷款损失准备金及涉农贷款和中小企业贷款损失准备金，分别按照规定进行税前扣除。
>
> 资料来源：《中华人民共和国企业所得税法释义》。

6. 其他不得税前扣除的支出

不符合规定的捐赠支出、赞助支出、与取得收入无关的其他支出，企业之间支付的管理费、企业内营业机构之间支付的租金和特许权使用费，以及非银行企业内营业机构之间支付的利息，不得扣除。此外，不征税收入用于支出所形成的费用或者财产，不得扣除或者计算对应的折旧、摊销扣除。

四、税前扣除凭证

企业发生支出，应取得税前扣除凭证，税前扣除凭证就是企业在计算企业所得税应纳税所得额时，证明与取得收入有关的、合理的、实际发生的，并据以税前扣除的各类凭证。

（一）税前扣除凭证管理原则

税前扣除凭证在管理中遵循真实性、合法性、关联性原则。真实性是指税前扣除凭证反映的经济业务真实，且支出已经实际发生；合法性是指税前扣除凭证的形式、来源符合国家法律、法规等相关规定；关联性是指税前扣除凭证与其反映的支出相关联且有证明力。

真实性是基础，若企业的经济业务及支出不具备真实性，自然就不涉及税前扣除的问题。合法性和关联性是核心，只有当税前扣除凭证的形式、来源符合法律、法规等相关规定，并与支出相关联且有证明力时，才能作为企业支出在税前扣除的证明资料。

（二）税前扣除凭证的分类

企业经营活动的多样性决定了税前扣除凭证的多样性，税前扣除凭证按照来源分为内部凭证和外部凭证。

内部凭证是指企业自制用于成本、费用、损失和其他支出核算的会计原始凭证。内部凭证的填制和使用应当符合国家会计法律、法规等相关规定。如工资表。

外部凭证是指企业发生经营活动和其他事项时，从其他单位、个人取得的用于证明其支出发生的凭证，包括但不限于发票（包括纸质发票和电子发票）、财政票据、完税凭证、收款凭证、分割单等。

（三）税前扣除凭证管理要求

企业应在支出发生时取得符合规定的税前扣除凭证，但是考虑到在某些情形下企业可能需要补开、换开符合规定的税前扣除凭证。因此，企业所得税法规定了企业应在当年度企业所得税法规定的汇算清缴期结束前取得符合规定的税前扣除凭证。

1. 增值税应税项目

企业在境内发生的支出项目属于增值税应税项目（以下简称应税项目）的，一般情况下按以下规定处理：

（1）对方为已办理税务登记的增值税纳税人。企业支出以对方开具的发票作为税前扣除凭证。也就是说，凡对方能够开具增值税发票的，必须以发票作为扣除凭证。

(2) 对方为依法无须办理税务登记的单位或者从事小额零星经营业务的个人,其支出以税务机关代开的发票或者收款凭证及内部凭证作为税前扣除凭证,收款凭证应载明收款单位名称、个人姓名及身份证号、支出项目、收款金额等相关信息。

2. 非增值税应税项目

企业在境内发生的不属于增值税应税项目的支出,如企业按照规定缴纳的政府性基金、行政事业性收费、税金、土地出让金、社会保险费、工会经费、住房公积金、公益事业捐赠支出、向法院支付的诉讼费用等,一般情况下按以下规定处理:

(1) 对方为单位。企业以对方开具的发票以外的其他外部凭证,如财政票据、完税凭证、收款凭证等作为税前扣除凭证。

(2) 对方为个人。企业以内部凭证作为税前扣除凭证。

企业在境内发生的支出项目虽不属于增值税应税项目,但按税务总局规定可以开具发票的,可以发票作为税前扣除凭证。

企业从境外购进货物或者劳务发生的支出,以对方开具的发票或者具有发票性质的收款凭证、相关税费缴纳凭证作为税前扣除凭证。

(四) 未取得合规税前扣除凭证的补救措施

1. 不合规发票及不合规其他外部凭证不得作为税前扣除凭证

企业取得私自印制、伪造、变造、作废、开票方非法取得、虚开、填写不规范等不符合规定的发票(以下简称不合规发票),以及取得不符合国家法律、法规等相关规定的其他外部凭证(以下简称不合规其他外部凭证),不得作为税前扣除凭证。

2. 未取得合规税前扣除凭证的补救措施

企业在规定期限内取得符合规定的发票、其他外部凭证的,相应支出可以税前扣除。应当取得而未取得发票、其他外部凭证或者取得不合规发票、不合规其他外部凭证的,可以按照以下规定处理:

(1) 能够补开、换开符合规定的发票、其他外部凭证的,相应支出可以税前扣除。

(2) 因对方注销、撤销、依法被吊销营业执照、被税务机关认定为非正常户等特殊原因无法补开、换开符合规定的发票、其他外部凭证的,凭以下相关资料证实支出真实性后,相应支出可以税前扣除:①无法补开、换开发票、其他外部凭证原因的证明资料（包括工商注销、机构撤销、列入非正常经营户、破产公告等证明资料）；②相关业务活动的合同或者协议；③采用非现金方式支付的付款凭证；④货物运输的证明资料；⑤货物入库、出库内部凭证；⑥企业会计核算记录以及其他资料。其中前三项为必备资料。

未能补开、换开符合规定的发票、其他外部凭证并且未能凭相关资料证实支出真实性的，相应支出不得在发生年度税前扣除。

3. 未取得合规税前扣除凭证的补救时限

汇算清缴期结束后，税务机关发现企业应当取得而未取得发票、其他外部凭证或者取得不合规发票、不合规其他外部凭证并且告知企业的，企业应当自被告知之日起60日内补开、换开符合规定的发票、其他外部凭证。其中，因对方特殊原因无法补开、换开发票、其他外部凭证的，企业应当按照规定，自被告知之日起60日内提供可以证实其支出真实性的相关资料。

企业在规定的期限未能补开、换开符合规定的发票、其他外部凭证，并且未能提供相关资料证实其支出真实性的，相应支出不得在发生年度税前扣除。

（五）其他规定

1. 共同接受应税劳务税前扣除凭证处理

企业与其他企业（包括关联企业）、个人在境内共同接受应纳增值税劳务（以下简称应税劳务）发生的支出，采取分摊方式的，应当按照独立交易原则进行分摊，企业以发票和分割单作为税前扣除凭证，共同接受应税劳务的其他企业以企业开具的分割单作为税前扣除凭证。

企业与其他企业、个人在境内共同接受非应税劳务发生的支出，采取分摊方式的，企业以发票外的其他外部凭证和分割单作为税前扣除凭证，共同接受非应税劳务的其他企业以企业开具的分割单作为税前扣除凭证。

2. 租赁相关费用税前扣除凭证处理

企业租用（包括企业作为单一承租方租用）办公、生产用房等资产发生的水、电、燃气、冷气、暖气、通讯线路、有线电视、网络等费用，出租方作为应税项目开具发票的，企业以发票作为税前扣除凭证；出租方采取分摊方式的，企业以出租方开具的其他外部凭证作为税前扣除凭证。

3. 以前年度支出的税务处理

由于一些原因（如购销合同、工程项目纠纷等），企业以前年度应当取得而未取得发票、其他外部凭证，且相应支出在该年度没有税前扣除的，在以后年度取得符合规定的发票、其他外部凭证或者能按照规定提供可以证实其支出真实性的相关资料,相应支出可以追补至该支出发生年度税前扣除,但追补年限不得超过五年。其中,因对方注销、撤销、依法被吊销营业执照、被税务机关认定为非正常户等特殊原因无法补开、换开符合规定的发票、其他外部凭证的,企业在以后年度凭相关资料证实支出真实性后,相应支出也可以追补至该支出发生年度扣除,追补扣除年限不得超过5年。

第四节 资产的税务处理

资产是指企业过去的交易或事项形成的、由企业拥有或控制、预期会给企业带来经济利益的资源。一项资源要确认为资产,需要符合资产的定义,并同时满足以下两个条件:与该资源有关的经济利益很可能流入企业;该资源的成本或者价值能够可靠计量。资产的税务处理包括取得、持有、处置等环节。

一、资产计税基础的基本规定

资产的计税基础,是指企业收回资产账面价值过程中,计算应纳税所得额时按照税法规定可以自应税经济利益中抵扣的金额。企业的各项资产,包括固定资产、生物资产、无形资产、长期待摊费用、投资资产、存货等,以历史成本(取得该项资产时实际发生的支出)为计税基础。企业持有各项资产期间资产增值或者减值,通常不得调整该资产的计税基础。

二、固定资产的税务处理

固定资产,是指企业为生产产品、提供劳务、出租或者经营管理而持有的、使用时间超过12个月的非货币性资产,包括房屋、建筑物、机器、机械、运输工具以及其他与生产经营活动有关的设备、器具、工具等。

(一)固定资产初始计税基础

根据固定资产的来源不同,在初始确认固定资产计税基础时有差异,具体见表4-3。

表4-3　　　　　　　　　不同来源的固定资产计税基础初始确认

取得方式	计税基础确认
外购	以购买价款和支付的相关税费以及直接归属于使该资产达到预定用途发生的其他支出为计税基础
自行建造	以竣工结算前发生的支出为计税基础
融资租入	以租赁合同约定的付款总额和承租人在签订租赁合同过程中发生的相关费用为计税基础，租赁合同未约定付款总额的，以该资产的公允价值和承租人在签订租赁合同过程中发生的相关费用为计税基础
盘盈	以同类固定资产的重置完全价值为计税基础
通过捐赠、投资、非货币性资产交换、债务重组等方式取得的固定资产	以该资产的公允价值和支付的相关税费为计税基础
改建	除已足额提取折旧的固定资产的改建支出及租入固定资产的改建支出外，以改建过程中发生的改建支出增加计税基础

企业对房屋、建筑物固定资产在未足额提取折旧前进行改扩建的，在确认改扩建的计税基础时需要区分不同的情形分别处理：

（1）属于推倒重置的，该资产原值减除提取折旧后的净值，应并入重置后的固定资产计税成本，并在该固定资产投入使用后的次月起，按照企业所得税法规定的折旧年限，一并计提折旧。

（2）属于提升功能、增加面积的，该固定资产的改扩建支出，并入该固定资产计税基础，并从改扩建完工投入使用后的次月起，重新按企业所得税法规定的该固定资产折旧年限计提折旧，如改扩建后的固定资产尚可使用年限低于税法规定的最低年限，可以按尚可使用的年限计提折旧。

【例4-2】A公司2022年4月对一处旧厂房以推倒重置方式进行改建，该旧厂房原计税基础为2000万元，已经计提折旧1700万元，8月完成改建，发生改建支出4700万元。甲公司改建后厂房的计税基础是多少？

【解析】企业对厂房的改建属于推倒重置，新厂房的计税基础等于原来旧厂房的净值加上改建发生的支出。因此新厂房计税基础：2000 - 1700 + 4700 = 5000（万元）。

（二）固定资产折旧

1. 折旧范围

在计算应纳税所得额时，企业按照规定计算的固定资产折旧，准予扣除。由于固定资产的种类繁多,很难穷尽具体哪些资产的折旧允许扣除,因此企业所得税上采取反列举的方式,明确了 7 类固定资产不得计算折旧扣除,主要包括:

(1) 房屋、建筑物以外未投入使用的固定资产;

(2) 以经营租赁方式租入的固定资产;

(3) 以融资租赁方式租出的固定资产;

(4) 已足额提取折旧仍继续使用的固定资产;

(5) 与经营活动无关的固定资产;

(6) 单独估价作为固定资产入账的土地;

(7) 其他不得计算折旧扣除的固定资产。

2. 折旧方法

(1) 一般折旧方法

固定资产按照直线法计算的折旧,准予扣除。直线法包括平均年限法和工作量法。企业应当自固定资产投入使用月份的次月起计算折旧;停止使用的固定资产,应当自停止使用月份的次月起停止计算折旧。

(2) 加速折旧方法

加速折旧是指与企业所得税法规定的一般折旧方法相比,能够更快地摊销折旧金额的一种方法。具体包括一次性扣除、缩短折旧年限、双倍余额递减法和年数总和法等。

3. 折旧年限

固定资产计算折旧的最低年限见表 4-4。

表 4-4　　　　　　　　不同类型固定资产最低折旧年限

固定资产类型	最低折旧年限
房屋、建筑物	20 年
飞机、火车、轮船、机器、机械和其他生产设备	10 年
与生产经营活动有关的器具、工具、家具等	5 年
飞机、火车、轮船以外的运输工具	4 年
电子设备	3 年

4. 净残值

企业应当根据固定资产的性质和使用情况,合理确定固定资产的预计净残值。固定资产的预计净残值一经确定,不得变更。

(三) 固定资产处置

固定资产的处置，包括固定资产的出售、转让、报废或毁损、对外投资、非货币性资产交换、债务重组等。企业转让资产，该项资产的净值，准予在计算应纳税所得额时扣除。企业处置固定资产，税收上需要确认相应的所得或损失。

【例 4-3】 A 公司 2022 年 4 月处置甲、乙两项固定资产。甲固定资产购进时计税基础为 100 万元，已经折旧 60 万元，账上计提资产减值准备 20 万元，出售价格 10 万元。乙固定资产购进时计税基础为 50 万元，已经折旧 45 万元，该项固定资产已经无法使用，正常报废。请分析以上两项固定资产处置时在税收上确认的损益分别是多少。

【解析】 甲固定资产处置时的计税基础：100 - 60 = 40（万元）（税收不考虑固定资产减值准备），出售价格 10 万元，因此应确认 30 万元的处置损失。

乙固定资产处置时的计税基础：50 - 45 = 5（万元），由于报废后无价值，因此应确认 5 万元的处置损失。

三、生产性生物资产的税务处理

生产性生物资产，是指企业为生产农产品、提供劳务或者出租等而持有的生物资产，包括经济林、薪炭林、产畜和役畜等。

(一) 生产性生物资产初始计税基础

1. 外购的生产性生物资产

外购的生产性生物资产，以购买价款和支付的相关税费为计税基础。

2. 通过捐赠、投资、非货币性资产交换、债务重组等方式取得的生产性生物资产

通过捐赠、投资、非货币性资产交换、债务重组等方式取得的生产性生物资产，以该资产的公允价值和支付的相关税费为计税基础。

(二) 生产性生物资产折旧

1. 折旧方法

生产性生物资产按照直线法计算的折旧，准予扣除。企业应当自生产性生物资产投入使用月份的次月起计算折旧，停止使用的生产性生物资产，应当自停止使用月份的次月起停止计算折旧。

2. 折旧年限

生产性生物资产计算折旧的最低年限如下：①林木类生产性生物资产，为 10 年；②畜类生产性生物资产，为 3 年。

四、无形资产的税务处理

（一）无形资产初始计税基础

1. 外购的无形资产

外购的无形资产，以购买价款和支付的相关税费以及直接归属于使该资产达到预定用途发生的其他支出为计税基础。

2. 自行开发的无形资产

自行开发的无形资产，以开发过程中该资产符合资本化条件后至达到预定用途前发生的支出为计税基础。

3. 通过捐赠、投资、非货币性资产交换、债务重组等方式取得的无形资产

通过捐赠、投资、非货币性资产交换、债务重组等方式取得的无形资产，以该资产的公允价值和支付的相关税费为计税基础。

（二）无形资产摊销

1. 摊销范围

在计算应纳税所得额时，企业按照规定计算的无形资产摊销费用，准予扣除。与固定资产类似，企业所得税上也采取反列举的方式，规定了以下四类无形资产的摊销不得在税前扣除：①自行开发的支出已在计算应纳税所得额时扣除的无形资产；②自创商誉；③与经营活动无关的无形资产；④其他不得计算摊销费用扣除的无形资产。

2. 摊销方法

（1）一般摊销方法

无形资产按照直线法计算的摊销费用，准予扣除。

（2）加速摊销方法

加速摊销是指与企业所得税法规定的一般摊销方法相比，能够更快地摊销金额的一种方法。具体包括一次性税前扣除、缩短摊销年限等方法。

3. 摊销年限

无形资产的摊销年限不得低于 10 年。作为投资或者受让的无形资产，有关法律规定或者合同约定了使用年限的，可以按照规定或者约定的使用年限分

期摊销。

（三）无形资产处置

企业处置无形资产，该项资产的净值，准予在计算应纳税所得额时扣除。外购商誉的支出，在企业整体转让或清算时，准予扣除。

企业外购的软件，凡符合固定资产或无形资产确认条件的，可按固定资产或无形资产进行核算，其折旧或摊销年限可以适当缩短，最短可为2年（含）。

【例4-4】A公司2015年1月自行开发完成一项专利技术，入账价值500万元，A公司按照10年进行摊销，2022年7月转让这项技术，取得收入300万元。请分析该项无形资产处置时的计税基础。

【解析】A公司按照10年摊销，已经摊销7.5年，处置时的计税基础：500 - 500/10 × 7.5 = 125（万元）。根据企业所得税法规定，技术转让所得低于500万元的部分，可以享受免税政策。因此A公司技术转让所得175万元（300 - 125）可以享受企业所得税免税优惠。

五、长期待摊费用的税务处理

长期待摊费用，是指企业已经支出、摊销期限在1年以上（不含1年）的各项费用。长期待摊费用不属于资产，但比照资产进行税务处理。企业所得税法规定可以税前扣除的长期待摊费用包括：已足额提取折旧的固定资产的改建支出、租入固定资产的改建支出、固定资产的大修理支出和其他应当作为长期待摊费用的支出。

（一）已足额提取折旧的固定资产的改建支出

固定资产的改建支出，是指改变房屋或者建筑物结构、延长使用年限等发生的支出。

已足额提取折旧的固定资产的改建支出，按照固定资产预计尚可使用年限分期摊销；改建的固定资产延长使用年限的，除已足额提取折旧的固定资产的改建支出和租入固定资产的改建支出外，应当适当延长折旧年限。

（二）租入固定资产的改建支出

租入固定资产的改建支出，按照合同约定的剩余租赁期限分期摊销。

（三）固定资产的大修理支出

固定资产的大修理支出，按照固定资产尚可使用年限分期摊销。固定资产的大修理支出，是指同时符合下列条件的支出：

1. 修理支出达到取得固定资产时的计税基础 50% 以上；

2. 修理后固定资产的使用年限延长 2 年以上。

（四）其他长期待摊费用的支出

其他长期待摊费用支出，自支出发生月份的次月起，分期摊销，摊销年限不得低于 3 年。

开（筹）办费未明确列作长期待摊费用，企业可以在开始经营之日的当年一次性扣除，也可以按照企业所得税法有关长期待摊费用的处理规定处理，但一经选定，不得改变。

【例 4-5】A 公司 2022 年 3 月开始筹建，4 月正式经营，筹办过程中发生支出 40 万元，其中筹办期间发生业务招待费 10 万元。请分析 A 公司的开（筹）办费如何进行税务处理。

【解析】根据企业所得税法规定，筹办期间发生的业务招待费，按照 60% 计入企业筹办费。因此 A 公司可以扣除的筹办费为 36 万元。A 公司可以选择将这笔 36 万元的筹办费一次性在 2022 年度扣除；也可以选择按照其他长期待摊费用的规定，按照不低于 3 年进行摊销。A 公司按照 3 年进行摊销，平均到月度上，那么，2022 年摊销 9 万元，2023 年摊销 12 万元，2024 年摊销 12 万元，2025 年摊销 3 万元。

六、投资资产的税务处理

投资资产，是指企业对外进行权益性投资和债权性投资而形成的资产。

（一）权益性投资

权益性投资，是指企业接受的不需要偿还本金和支付利息，投资人对企业净资产拥有所有权的投资。

1. 计税基础

投资资产按以下方法确定投资成本：

（1）通过支付现金方式取得的投资资产，以购买价款为成本。

（2）通过支付现金以外的方式取得的投资资产，以该资产的公允价值和支付的相关税费为成本。

2. 持有收益

股息、红利等权益性投资收益，按照被投资方股东会或股东大会做出利润分配（或转股）决定的日期确认收入的实现。

企业如果存在将留存收益和资本溢价转增股本等特殊情形，应当按照以下规定处理：

（1）留存收益转增资本（或股本）

留存收益（包括未分配利润和盈余公积）转增资本时，通常将其分解为两个交易行为：一是被投资企业向投资者进行利润分配，二是投资者向被投资企业增资。根据现行企业所得税法的规定，被投资企业向投资者分配利润，除不符合免税收入条件外，一般属于免税收入。

（2）资本溢价转增资本

被投资企业将股权（票）溢价所形成的资本公积转为股本的，不作为投资方企业的股息、红利收入，投资方企业也不得增加该项长期投资的计税基础。

3. 处置损益

企业在转让或者处置权益性投资资产时，准予扣除权益性投资资产的成本，然后计算出投资的损益。例如，在计算股权转让所得时，按照转让股权的收入扣除为取得该股权所发生的成本来确定。需注意的是，计算股权转让所得时，不得扣除被投资企业未分配利润等股东留存收益中按该项股权所可能分配的金额。

（二）债权性投资

债权性投资是指为取得债权所作的投资。如购买国债、公司债、企业间借款等。

1. 计税基础

投资资产按以下方法确定投资成本：

（1）通过支付现金方式取得的投资资产，以购买价款为成本。

（2）通过支付现金以外的方式取得的投资资产，以该资产的公允价值和支付的相关税费为成本。

2. 持有收益

企业持有债权性投资期间，取得的利息收入按照合同约定的债务人应付利息的日期确认收入的实现。

3. 处置损益

企业在转让或者处置债权性投资资产时，准予扣除债权性投资资产的成本，然后计算出投资的损益。例如，企业转让或到期兑付国债取得的价款，减除其购买国债成本，并扣除其持有期间的国债利息收入以及交易过程中相关税费后的余额,为企业转让国债收益(损失)。

七、存货的税务处理

存货是指企业持有以备出售的产成品或商品、处在生产过程中的在产品、在生产过程或提供劳务过程中耗用的材料和物料等。

(一)存货初始计税基础

1. 通过支付现金方式取得的存货

通过支付现金方式取得的存货,以购买价款和支付的相关税费为成本。

2. 通过支付现金以外的方式取得的存货

通过支付现金以外的方式取得的存货,以该存货的公允价值和支付的相关税费为成本。

3. 生产性生物资产收获的农产品

生产性生物资产收获的农产品,以产出或者采收过程中发生的材料费、人工费和分摊的间接费用等必要支出为成本。

(二)存货成本的计算方法

企业领用或者销售存货,按照规定计算的存货成本,凡相关产品、存货已经销售或处置的,可以在计算应纳税所得额时扣除。企业各项存货的使用或者销售,其实际成本的计算方法,可以在先进先出法、加权平均法、个别计价法方法中选用一种。计价方法一经选用,不得随意变更。

(三)存货的处置

企业处置存货,既包括正常的出售库存商品,也包括将存货对外投资、分配、捐赠等行为。将存货对外投资、分配、捐赠的,会计上一般不作为销售处理,但税收上应当视同销售,确认相应的收入和成本。

【例4-6】A公司2021年将自产的一批桌椅捐赠给公益性组织用于目标脱贫地区扶贫事业,桌椅的成本为50万元,市场价值100万元。企业税收上如何处理?(假设不考虑增值税)

【解析】A公司将自产的商品对外捐赠,尽管会计上未确认收入,但税收上也要视同销售,A公司需要确认100万元的视同销售收入,同时确认50万元的视同销售成本。如果A公司捐赠给具有税前扣除资格的公益性组织用于目标脱贫地区扶贫支出,那么A公司发生的捐赠支出可以全额在税前扣除。

第五节 税会差异的处理

税会差异主要是指会计核算会计要素时,确认条件、时间、计量属性、金额与企业所得税法规定的纳税义务发生时间、确认条件、计量属性、金额等之间的差异。由于企业会计制度和税收制度的立法角度和原则等不同,两者客观上必然存在差异。尽管税会差异不可避免,但为了正确地体现税收制度与会计制度的目标,降低征纳双方遵从税法的成本,降低财务核算成本,适时对会计制度与税收制度进行协调,尽可能保持法律制度上的趋同,并对具体差异通过申报表准确进行纳税调整,不仅具有必要性而且具有迫切性。正确处理税会差异是企业所得税征管的一项重要内容。

一、税会差异产生的原因

(一) 目的不同

《企业会计准则——基本准则》将会计目标明确规定为"财务会计报告的目标是向财务会计报告使用者提供与企业财务状况、经营成果和现金流量等有关的会计信息,反映企业管理层受托责任履行情况,有助于财务会计报告使用者作出经济决策。"表明会计法规将会计信息的决策有用性置于重要地位,其核心目的是让投资者或潜在投资者了解与他们作出经济决策相关的会计信息。税收制度的目的是有效组织财政收入,为各类企业创造公平的市场竞争环境,规范征管行为,并对经济社会进行调节等。如企业对外捐赠产品,由于没有经济利益的流入,会计上不确认收入,而税收上为了保障税基不被侵蚀,规定需要视同销售,并确认收入。

(二) 遵循的原则不同

《企业会计准则——基本准则》将企业会计核算应遵循的原则表述为会计信息质量要求,包括可靠性、相关性、可理解性、可比性、实质重于形式、重要性、谨慎性和及时性等。税收制度的很多基本原则与会计核算的基本原则不谋而合,比如相关性、实质重于形式等,但基于税收法定、公平、量能负担、反避税和便利征管等原则,税收制度与会计制度在某些基本原则的运用中有所差异。如会计上的谨慎性要求会计人员对不确定因素作出判断时,保持必要的谨慎，一是不高估资产或收益，二是对于可能发生的损失和费用，应当加以合理估计。税法上要求损失和费用在实际发生时申报扣除。再如会计相关性要求会计信息应当与财务会计报告使用者的经济决策需要相关，有助于财务会计报告使用者对企业过去、现在或者未来的情况作出评价或者预测，强调的是满足会计核算目的。税法中的相关性要求企业的支出应与取得收入直接相关，而不征税收入用于支出所形成的费用或资产，不得扣除或计算折旧、摊销扣除，强调的是满足征税目的。

（三）基本假设不同

会计核算的基本假设包括会计主体、持续经营、会计分期和货币计量。会计主体可以是一个独立的法律主体，也可以是一个独立核算的经济实体，还可以是不进行独立核算的内部单位、班组。而税法中的纳税主体是依法负有纳税义务的单位或个人，如企业所得税纳税人是指在中华人民共和国境内的企业和其他取得收入的组织。就集团公司而言，母子公司分别是会计主体，集团整体也是会计主体，但税法一般将母子公司各自确定为独立的纳税人，而不是将集团整体作为纳税人。

二、税会差异的处理方法

（一）基本原则

在计算应纳税所得额时，企业财务、会计处理办法与税收法律、行政法规的规定不一致的，应当依照税收法律、行政法规的规定计算。《中华人民共和国企业所得税年度纳税申报表（A类）》填表说明进一步明确，纳税人在计算企业所得税应纳税所得额及应纳税额时，会计处理与税收规定不一致的，应当按照税收规定计算。税收规定不明确的，在没有明确规定之前，暂按国家统一会计制度计算。可以看出，税会差异的处理要符合以下两个基本原则：一是在进行会计核算时，企业应遵循会计制度的相关要求，进行会计要素的确认、计量和记录，不得违反会计制度；二是在履行纳税义务时，必须按照税法的要求进行，如会计账务处理与税收制度规定不一致，应按照税法的规定，进行相应的调整，税收规定不明确的，在没有明确规定之前，暂不进行调整。

（二）具体方法

税会差异分为暂时性差异和永久性差异。不同性质的差异具体处理方法不尽相同。

暂时性差异是指资产与负债的账面价值与其计税基础之间的差额。按照暂时性差异对未来期间应税金额的影响，又分为应纳税暂时性差异和可抵扣暂时性差异。存在应纳税暂时性差异和可抵扣暂时性差异的，应当按照《企业会计准则第 18 号——所得税》的规定，采用资产负债表债务法，分别确认递延所得税负债或递延所得税资产。

永久性差异是指某一会计期间，由于会计制度和税法在计算收益、费用和损失时的口径不同，所产生的税前会计利润与应纳税所得额之间的差异。这种差异在本期发生，不会在以后期间转回。

不论是永久性差异，还是暂时性差异，在汇算清缴时，纳税人都应通过《纳税调整项目明细表》及相关附表对差异项目和调整金额准确填报，并对跨年调整事项建立相应的台账，详细记录具体差异及纳税调整情况。

三、主要税会差异分析

（一）收入类税会差异

会计上的收入，是指企业在日常活动中形成的、会导致所有者权益增加的、与所有者投入资本无关的经济利益的总流入，包括销售商品收入、提供劳务收入、让渡资产使用权收入和其他收入。会计上对收入确认的基本条件，包括控制权的转移、经济利益流入的可能性和收入计量的可靠性，通常还要充分考虑收入将来要承担的潜在义务和货币时间价值。企业将商品的控制权转移给客户，该转移可能在某一时段内（即履行履约义务的过程中）发生，也可能在某一时点（即履约义务完成时）发生。对于在某一时段内履行的履约义务，企业应当选取恰当的方法来确定履约进度；对于在某一时点履行的履约义务，企业应当综合分析控制权转移的迹象，判断其转移时点。

税收上的收入，是指企业以货币形式和非货币形式从各种来源取得的收入。比如，对于销售货物收入，只要商品所有权发生了变化，税收上就应该确认为收入，会计上的控制权转移不完全适用于所得税确认收入的原则。同时税法上要求收入和成本要合理，出于反避税的目的，税务机关如果认为收入和成本不合理，有权采取合理的方法进行调整。

企业实际经营中，在确认销售商品收入、取得政府补助收入时会计和税收处理的差异较为常见，因此作重点介绍，其余收入的税会差异作简要介绍。

1. 销售商品收入

《企业会计准则第14号——收入》（财会〔2017〕22号）执行后，销售商品收入的确认与计量上，税法与会计规定存在较大差异。会计上关注的是是否履行了履约义务、商品控制权是否转移、经济利益是否能够流入。税法关注的是所有权是否转移和收入成本能否可靠计量。

（1）收入确认条件差异

企业会计准则在确认收入时，遵循实质重于形式的原则，需要会计从业人员的职业判断，而税法上更注重完成交易的法律要件，只要发生应税行为，不论企业是否做销售处理，一般都要按税法规定确认收入。

例如，对于售后回购交易的处理上，会计和税收就存在明显的差异。企业会计准则对采用售后回购方式销售商品的，区分两种情况分别处理。一是对企业因存在与客户的远期安排而负有回购义务或企业享有回购权利的，表明客户在销售时点并未取得相关商品控制权，应当作为租赁交易或融资交易进行相应的会计处理。二是对企业负有应客户要求回购商品义务的，应当在合同开始日评估客户是否具有行使该要求权的重大经济动因，客户具有行使该要求权重大经济动因的，应当将售后回购作为租赁交易或融资交易进行相应的会计处理；否则，应当将其作为附有销售退回条款的销售交易进行会计处理。企业在比较回购价格和原销售价格时，还应当考虑货币的时间价值。

税收上一般把售后回购业务视为销售、购入两项经济业务，只有在有证据表明不符合收入确认条件时（如以销售商品方式进行融资），才与会计上的融资交易处理一致，同时没有作为租赁处理的相关规定，也不考虑货币的时间价值。

【例4-7】2021年12月31日，A公司向B公司销售一台设备，销售价格100万元（不含税价）；同时双方合同约定两年后，即2023年12月31日，A公司将以60万元（不含税价）的价格回购该设备。双方在销售与回购时开具增值税专用发票，实际支付款项按照专票的价税合计金额支付。请分析A公司的该项销售行为在会计和企业所得税上分别如何处理。

【解析】根据合同约定，A公司负有在两年内回购该设备的义务，因此，B公司并未取得该设备的控制权，实质上是一项设备租赁交易。该交易的实质是A公司让渡了两年的设备使用权，取得了40万元（100-60）的租金收入。A公司应当将该交易作为租赁交易进行会计处理。

会计处理：

2021年12月31日销售设备时，不确认收入。

借：银行存款　　　　　　　　　　　　　　　　　1130000
　　贷：合同负债　　　　　　　　　　　　　　　　1000000
　　　　应交税费——应交增值税（销项税额）　　　130000

2022年至2023年，分别按照直线法确认租金收入。

借：合同负债　　　　　　　　　　　　　　　　　200000
　　贷：其他业务收入　　　　　　　　　　　　　　200000

税务处理：在进行企业所得税处理时，虽然会计上没有确认商品销售收入，但是已经满足了税法上关于收入确认标准，因此在2021年12月应该确认应税收入100万元，同时确认销售货物的成本。两年后，回购设备时，要按照购进固定资产进行税务处理。

（2）收入确认时间差异

企业会计准则规定，企业应当在客户取得相关商品控制权时，按照因向客户转让商品而预期有权收取的对价金额（即不包含预期因销售退回将退还的金额）确认收入，按照预期因销售退回将退还的金额确认负债；同时，按照预期将退回商品转让时的账面价值，扣除收回该商品预计发生的成本（包括退回商品的价值减损）后的余额，确认一项资产，按照所转让商品转让时的账面价值，扣除上述资产成本的净额结转成本。企业所得税法规定，企业已经确认销售收入的售出商品发生销售折让和销售退回，应当在发生当期冲减当期销售商品收入。

【例4-8】 A公司是一家健身器材销售公司。2021年10月1日，A公司向B公司销售5000件健身器材，单位销售价格为50元，单位成本为40元，开出的增值税专用发票上注明的销售价格为25万元，增值税额为3.25万元。健身器材已经发出，但款项尚未收到。根据协议约定，B公司应于2021年12月1日之前支付货款，在2022年3月31日之前有权退还健身器材。发出健身器材时，A公司根据过去的经验，估计该批健身器材的退货率约为10%。A公司为增值税一般纳税人，健身器材发出时纳税义务已经发生，实际发生退回时取得税务机关开具的红字增值税专用发票。假定健身器材发出时控制权转移给B公司。请分析A公司在销售健身器材和发生退回时会计和税收上分别如何处理。

【解析】 该交易是附有销售退回的交易，预计发生的退货金额在当期不得确认为收入，而应当确认为一项负债，将退回商品转让时的账面价值确认为一项资产。

会计处理：

2021年10月1日发出健身器材。

借：应收账款	282500
贷：主营业务收入	225000
预计负债——应付退货款	25000
应交税费——应交增值税（销项税额）	32500
借：主营业务成本	180000
应收退货成本	20000
贷：库存商品	200000

2022年3月31日发生销售退回，实际退货量为400件，退货款项已经支付。

借：库存商品	16000
应交税费——应交增值税（销项税额）	2600
预计负债—应付退货款	25000
贷：应收退货成本	16000
主营业务收入	5000
银行存款	22600
借：主营业务成本	4000
贷：应收退货成本	4000

税务处理：在进行企业所得税处理时，2021年10月1日应全额确认销售收入25万元（5000件×50元/件），同时结转成本20万元（5000件×40元/件）；2022年3月31日发生销售退回时，冲减2022年度主营业务收入2万元（400件×50元/件），同时冲减主营业务成本1.6万元（400件×40元/件）。

(3) 收入计量差异

销售商品收入的金额，税会也存在差异，比如非货币性资产交换，如果不具有商业实质，会计上以账面价值为基础进行计量，对换出资产不确认损益，而企业所得税法要求按公允价值计算资产转让所得。再比如企业之间的关联交易，会计上只要求企业在财务报表中进行披露，而税法要求按照独立交易原则和公允价值对交易双方分别确定应税收入和计税成本。该差异属于永久性差异，企业应在差异发生年度进行纳税调整。

2. 政府补助收入

政府补助主要指企业从政府无偿取得货币性资产或非货币性资产，但不包括政府作为企业所有者投入的资本。具有无偿性和直接取得资产的特征。

会计处理上，政府补助分为与资产相关的政府补助和与收益相关的政府补助。税收处理上，政府补助区分是否符合不征税收入条件进行处理，两者在初始确认和后续计量上都会存在税会差异。具体见表4-5。

表4-5　　　　　　　　　　政府补助税会差异

补助类型	会计处理	税收处理
与资产相关的政府补助	不能直接确认为当期损益，应确认为递延收益，自相关资产可供使用时起，在该资产使用寿命内平均分配，即在资产计提折旧或摊销同时将当期应分配的递延收益转入营业外收入或者其他收益	1. 如果符合不征税收入条件：企业已计入当期营业外收入的，应在当年度汇算清缴时进行纳税调减处理；企业初始计入递延收益的，在后续年度分期转入营业外收入或者其他收益时，逐年进行纳税调减；专项用途财政性资金作不征税收入处理超过5年（60个月）仍有余额的，应当在取得该资金第六年对余额进行纳税调增处理。
2. 如果不符合不征税条件：企业已将政府补助计入递延收益的，税收上应在当年度汇算清缴时进行纳税调增处理；会计上在后续年度分期转入营业外收入或者其他收益时，逐年进行纳税调减处理
与收益相关的政府补助	用于补偿以后期间的相关费用或损失的，取得时确认为递延收益，在确认相关费用的期间计入营业外收入或者其他收益；用于补偿企业已经发生的相关费用或损失的，取得时直接计入营业外收入或其他收益	

【例4-9】甲公司2022年1月向政府有关部门提交了210万元的补助申请，作为对其购置环保设备的补贴。2022年3月，甲公司收到补贴款210万元。2022年4月，甲公司购入不需安装环保设备，实际成本为480万元，使用寿命10年，采用直线法计提折旧，该设备用于污染物排放测试。请分析该笔政府补助会计和税务上分别如何处理。（不考虑相关税费，甲公司会计上按照总额法核算政府补助。）

【解析】该笔政府补助与资产相关的政府补助，会计上不能直接确认为当期损益，应确认为递延收益，自相关资产可供使用时起，在该资产使用寿命内平均分配，即在资产计提折旧或摊销同时将当期应分配的递延收益转入其他收益。税收上要根据该笔补助是否符合不征税收入条件分别处理。

会计处理：

2022年3月15日实际收到财政拨款，确认递延收益。

借：银行存款　　　　　　　　　　　　　　　　　　　2100000
　　贷：递延收益　　　　　　　　　　　　　　　　　　2100000

2022 年 4 月 20 日购入设备：

借：固定资产　　　　　　　　　　　　　　　　　　　4800000
　　贷：银行存款　　　　　　　　　　　　　　　　　　4800000

自 2022 年 5 月起每个资产负债表日（月末）计提折旧，同时分摊递延收益。

计提设备折旧：

借：制造费用　　　　　　　　　　　　　　　　　　　40000
　　贷：累计折旧　　　　　　　　　　　　　　　　　　40000

分摊递延收益（月末）：

借：递延收益　　　　　　　　　　　　　　　　　　　17500
　　贷：其他收益　　　　　　　　　　　　　　　　　　17500

税务处理：如果该笔政府补助符合不征税收入条件，在收到 210 万元补助时，税务上也不确认收益，不存在税会差异。在每个年度会计上分摊计入其他收益时，税收上要进行纳税调减，如，在 2022 年，会计上确认的其他收益为 140000 元（17500×8），当年度汇缴时，需要纳税调减 140000 元。

如果该笔政府补助不符合不征税收入条件，在收到 210 万元补助时，税收上要一次性将 210 万元计入收入总额中，需要进行纳税调增。同时会计上后续期间计入到其他收益中的金额需要进行纳税调减。

3. 其他收入

其他收入的类型有很多，部分收入在确认时点、确认金额等方面存在税会差异，比如提供劳务收入、取得股息、红利等权益性投资、租金收入等，具体差异见表 4-6。

表 4-6　　　　　　　　　　　其他收入税会差异

收入类型	会计处理	税务处理
提供劳务收入	企业提供的一年以上的建造等服务，如果不符合在某一段时段的履约义务的条件，则只能按某一时点履行的履约义务进行确认，企业应当在客户取得相关商品控制权时点确认收入，也就是不按照完工进度确认	税收上，对于部分工程业务或者提供劳务如果持续时间超过 12 个月，需要按照完工进度进行收入确认，与会计上存在差异

续表

收入类型	会计处理	税务处理
股息、红利等权益性投资收益	1. 采取成本法计量的长期股权投资，取得股息时，计入投资收益。 2. 采取权益法计量的长期股权投资，取得股息一般冲减长期股权投资成本	税收上，股息、红利一般应作为应税收入，如果符合免税条件，可以作为免税收入，存在税会差异
租金收入	经营租赁，出租人应当在租赁期内各个期间按照直线法确认为当期损益	税收上，一般按照约定应付租金的日期确认收入的实现，其中租赁期限跨年且租金提前一次性支付，可以选择一次性确认收入或者按照配比原则分期确认。存在税会差异
	融资租赁，出租人应当在租赁期内按照固定的周期性利率计算并确认租赁期内各个期间的利息收入，对取得的未纳入租赁投资净额计量的可变租赁付款额应当在实际发生时计入当期损益	
固定资产盘盈	会计规定，固定资产盘盈属于以前年度会计差错，应追溯调整差错年度的损益，不计入当期损益	税收上，固定资产盘盈应当计入当期收入总额。年度汇缴时应就此差异进行纳税调增处理
存货盘盈	会计规定，存货盘盈应在报经批准后冲减管理费用	税收上，存货盘盈计入当期收入总额，两者处理的差异不构成对应纳税所得额的影响
已作坏账损失处理后又收回的应收款项	会计上采用备抵法时，对收回已核销的应收款项应冲减相应的减值准备，不计入收入	税收上，规定已作坏账损失处理后又收回的应收款项计入当期收入总额。因此需要进行纳税调增
债务重组收入	会计准则规定， 1. 债务人以资产清偿债务方式进行债务重组的，所清偿债务账面价值与转让资产账面价值之间的差额计入当期损益； 2. 将债务转为权益工具方式进行债务重组的，所清偿债务账面价值与权益工具确认金额之间的差额，应当计入当期损益； 3. 以多项资产清偿债务或者组合方式进行债务重组的，所清偿债务的账面价值与转让资产的账面价值以及权益工具和重组债务的确认金额之和的差额，应当计入当期损益	税收上，如果符合特殊性税务处理规定的，税法允许债务重组确认的应纳税所得额在5个纳税年度内，均匀计入各年度的应纳税所得额。而会计上要求对债务重组收入一次性全部计入当期重组利得，上述差异属于时间性差异，第一年进行纳税调减，后续递延纳税年度进行纳税调增

（二）扣除类税会差异

理论上讲，企业为取得经营收入实际发生的全部必要正常的支出都应该允许扣除，以确定净所得，但对于不同种类的支出而言，确认或配比的时间会有所不同。税收上，通常已经实际发生的支出才能在税前扣除，同时，为保证财政收入的实现，对部分成本和费用进行了限额管理或限制性规定。这样，在计征企业所得税时，必须对企业已计入会计利润的费用支出，按照税法规定进行调整。对企业依据财务会计制度规定,并实际在财务会计处理上已确认的支出,凡没有超过《企业所得税法》和有关税收法规规定的税前扣除范围和标准的,可按企业实际会计处理确认的支出,在企业所得税税前扣除,计算其应纳税所得额。

在扣除项目上,工资、薪金的税会差异最为常见,因此作重点介绍,其他扣除作简要介绍。

1. 工资、薪金

允许在税前扣除的工资、薪金,是属于会计上已经预提且在年度汇算清缴结束前已经实际支付的金额。因遵循权责发生制原则会计上确认了应付职工薪酬,但在年度汇算清缴结束前仍未发放的,应进行纳税调增。股权激励作为工资、薪金的一种特殊形式,会计上按照《企业会计准则第11号——股份支付》进行处理,而税收上一般遵循实际发生原则,对于尚未行权或者尚未实际支付的股权激励不得扣除。具体见表4-7。

表4-7 股权激励税会差异分析

股权激励方式			会计处理	税务处理
以权益结算的股份支付	授予后立即可行权		应当在授予日按照权益工具的公允价值计入相关成本或费用	股权激励计划实行后立即可以行权的,根据实际行权时该股票的公允价格与激励对象实际行权支付价格的差额和数量,计算确定作为当年上市公司工资、薪金支出,依照税法规定进行税前扣除
	授予后有等待期	等待期内	换取职工服务的以权益结算的股份支付,在等待期内的每个资产负债表日,应当以对可行权权益工具数量的最佳估计为基础,按照权益工具授予日的公允价值,将当期取得的服务计入相关成本或费用和资本公积	等待期内确认的成本或费用不得在税前扣除,需要进行纳税调增
		行权日	在行权日,企业根据实际行权的权益工具数量,计算确定应转入实收资本或股本的金额,将其转入实收资本或股本	根据该股票实际行权时的公允价格与当年激励对象实际行权支付价格的差额及数量,计算确定工资、薪金支出,依照税法规定进行税前扣除,此时应进行纳税调减

股权激励方式		会计处理	税务处理
以现金结算的股份支付	授予后立即可行权	在授予日以企业承担负债的公允价值计入相关成本或费用，相应增加负债	股权激励计划实行后立即可以行权的，根据实际行权时该股票的公允价格与激励对象实际行权支付价格的差额和数量，计算确定作为当年上市公司工资、薪金支出，依照税法规定进行税前扣除
	授予后有等待期	等待期内	在等待期内的每个资产负债表日，应当以对可行权情况的最佳估计为基础，按照企业承担负债的公允价值金额，将当期取得的服务计入成本或费用和相应的负债	等待期内确认的成本或费用不得在税前扣除，需要进行纳税调增
		企业应当在相关负债结算前的每个资产负债表日以及结算日，对负债的公允价值重新计量，其变动计入当期损益	对于在结算前计入的公允价值变动，税收上不确认损益，在实际结算时按照支付的金额在税前扣除

【例4-10】A公司为一家上市公司。2021年1月1日，公司向其管理人员100人每人授予1万股股票期权。这些职员从2021年1月1日起在该公司连续服务3年，即可以10元/股购买1万股公司股票，从而获益。该期权在授予日的公允价值为9元，假定3年内企业预计没有人员离职，到2023实际也未有人员离职。2023年12月31日，员工全部行权，当日的收盘价为18元。请根据A公司的上述业务分析会计和税收上分别如何处理。

【解析】该项股权激励是以权益结算的股权激励，并且有3年的等待期，会计上，授予日不做账务处理，等待期内，应当以授予日的公允价值9元为基础，考虑人员的离职情况，在3个年度内分别确认管理费用。税收上，等待期内会计上确认的管理费用不得在税前扣除，需要进行纳税调增，在实际行权时，该股票的公允价格与当年激励对象实际行权支付价格的差额及数量，计算确定工资、薪金支出，依照税法规定进行税前扣除，此时应进行纳税调减。

会计处理：

授予日2021年1月1日不做财务处理。

2021年12月31日：

借：管理费用——职工薪酬　　　　　　　　　　　　　　3000000

　　　　贷：资本公积——其他资本公积　　　　　　　　　　　　3000000

2022年12月31日：

　　借：管理费用——职工薪酬　　　　　　　　　　　　　　3000000

　　　　贷：资本公积——其他资本公积　　　　　　　　　　　　3000000

2023年12月31日：

　　借：管理费用——职工薪酬　　　　　　　　　　　　　　3000000

　　　　贷：资本公积——其他资本公积　　　　　　　　　　　　3000000

管理人员在2023年12月31日全部行权。

　　借：银行存款　　　　　　　　　　　　　　　　　　　10000000

　　　　资本公积——其他资本公积　　　　　　　　　　　　9000000

　　　　贷：股本　　　　　　　　　　　　　　　　　　　　1000000

　　　　　　资本公积——股本溢价　　　　　　　　　　　　18000000

税务处理：2021—2023年，三年等待期内，由于费用尚未实际发生，会计上每年计入的300万元管理费用不得在税前扣除，需要进行纳税调增。在2023年12月31日实际行权时，向员工发放的工资可以税前扣除，税前扣除金额＝100×(18-10)=800（万元），此时应当进行纳税调减。

2. 其他扣除

会计规定企业发生的广告费和业务宣传费、职工福利费、职工教育经费、工会经费等费用据实在销售费用中列支。企业所得税法对前述费用分别规定了不得扣除或限额扣除处理方式（详见本书第四章第三节"扣除的税务处理"）。

年度汇缴时应对不得扣除项目发生额和超限额列支的部分进行纳税调整。其中不得扣除项目形成永久性差异，限额结转扣除项目形成时间性差异。

（三）资产处理的税会差异

企业会计准则将资产定义为：企业过去的交易或者事项形成的、由其拥有或者控制的、预期会给企业带来经济利益的资源。企业所得税法中资产的基本概念，主要借鉴会计有关资产的概念，原则上与会计概念相同。实际业务中，固定资产、无形资产、存货、长期股权投资等资产在初始确认、后续计量、资产的处置等环节均会产生税会差异。这里重点介绍最常见的两种资产：固定资产和长期股权投资。

1. 固定资产

固定资产在购入、使用、处置等环节都可能存在税会差异，具体见表4-8。

表 4-8 固定资产主要税会差异

环节		会计处理	税务处理
购入环节	跨年度分期付款方式外购	1. 会计上按照贴现值确定固定资产入账价值，并计提折旧。 2. 会计上对尚未支付的价款按照实际利率法进行摊销，并计入财务费用	1. 税收上固定资产计税基础通常大于会计入账价值，需要对折旧进行纳税调减。 2. 税收上不考虑融资利息支出，因此将财务费用中进行纳税调增
	融资租入	1. 会计上将签订租赁合同过程中发生的相关费用，确认为当期费用。 2. 会计上对"租赁负债"按照实际利率法进行摊销，并将利息支出计入财务费用。 3. 会计上对"使用权资产"分期折旧	1. 税收上规定将相关费用计入资产的计税基础，因此将此部分费用进行纳税调增。 2. 税收上不考虑利息支出，因此将计入财务费用中的利息支出进行纳税调增。 3. 税收上不存在"使用权资产"的折旧，因此将会计计提的折旧进行纳税调增。税收上按照允许税前扣除的折旧金额进行纳税调减
	不具有商业实质的非货币性资产交换	会计上以换出资产的账面价值为基础确定换入资产价值	税收上以公允价值确定换入资产价值
使用环节		1. 会计上按照会计准则的规定进行折旧。 2. 会计上对存在减值的资产计提"资产减值准备"	1. 税收上按照税法规定进行折旧，如果跟会计的规定存在差异，需进行纳税调整。 2. 税收上不调整资产的计税基础，需对减值准备进行纳税调增
处置环节		如果因为折旧、减值造成差异的，在处置环节需要进行纳税调整	

【例 4-11】A 酒厂 2020 年 1 月 1 日从 C 公司购入发酵罐作为固定资产使用，该设备已收到且安装完毕。购货合同约定，发酵罐的总价款为 200 万元，分三年支付，于 2020 年末、2021 年末、2022 年末分别支付 100 万元、60 万元、40 万元。假定 A 酒厂 3 年期银行借款年利率为 6%。请分析 A 酒厂在初始确认和后续期间，会计和税收上分别如何处理。

【解析】该案例是跨年度分期付款方式购买固定资产，需要考虑支付价款中存在的融资成分，会计和税收处理上存在差异。

会计处理：

根据复利现值系数计算付款的现值，以确定固定资产入账价值。

现值 = $100 \times 0.943 + 60 \times 0.889 + 40 \times 0.839 = 181.2$（万元）

```
借：固定资产                                    1812000
    未确认融资费用                              188000
  贷：长期应付款                                           2000000
```

A酒厂固定资产发酵罐的入账价值为181.2万元，而按税法规定的计税基础为200万元。固定资产入账价值小于计税基础，其差额为"未确认融资费用"。

2020年底确认摊销的未融资费用＝期初摊余价值×实际利率＝181.2×6%＝10.87（万元）

```
借：财务费用                                    108700
  贷：未确认融资费用                                        108700
```

税务处理：2020年度企业所得税汇缴时，应将计入财务费用的10.87万元纳税调增。同时将按固定资产入账价值和计税基础计提的折旧差额调减应纳税所得额。2021年、2022年所得税处理原理上同2020年。

2. 长期股权投资

长期股权投资在初始确认、后续计量、处置等环节也会产生税会差异。例如，在初始确认环节，对长期股权投资区分同一控制下取得、非同一控制下取得、其他方式取得等情形，不同的情形，会计确认金额有差异，税收上通常按照实际支付的成本计量。具体见表4-9。

表4-9　　　　　　　　　长期股权投资主要税会差异

环节		会计处理	税收处理
初始确认	同一控制下合并取得	按照被合并方所有者权益在最终控制方合并财务报表中的账面价值的份额作为长期股权投资的初始投资成本	税收上按照购买方实际支付的对价确认初始成本。初始成本存在税会差异
	非同一控制下合并取得	会计上一般按照支付对价的公允价值确定初始成本	税收上按照购买方实际支付的对价确认初始成本。一般不存在税会差异
	其他方式取得	会计上一般按照支付对价的公允价值确定初始成本	税收上按照购买方实际支付的对价确认初始成本。一般不存在税会差异
后续计量	成本法	宣告分配的股息确认"投资收益"	如果符合税法免税规定，投资收益可以享受免税，税收上进行纳税调减
	权益法	初始投资成本小于投资时应享有被投资单位可辨认净资产公允价值份额的部分，计入"营业外收入"	税收上以历史成本计量，对于会计上确认的"营业外收入"需要进行纳税调减

续表

环节		会计处理	税收处理
后续计量	权益法	资产负债表日按照享有或应分担的被投资单位实现的净损益的份额确认为投资收益	税收上对于尚未分配的股息不确认所得，需要进行纳税调整
		宣告分配利润需要冲减长期股权投资成本	税收上不得冲减长期股权投资成本
处置		会计上，按照处置收入与账面净值的差异确认投资收益	税收上按照处置收入减除历史成本确认转让损益，与会计的差异需要调整

第六节 亏损及亏损弥补

一、亏损的概念

亏损是指企业依照《企业所得税法》及其实施条例的规定将每一纳税年度的收入总额减除不征税收入、免税收入和各项扣除后小于零的数额。大于或等于零在企业所得税中都不叫亏损。

企业所得税法上的亏损与财务会计上的净亏损不是同一概念。企业所得税法所指的亏损，不是企业财务报表中反映的亏损额，而是企业财务报表中的亏损额经按税法规定调整后的金额。会计上的净亏损是企业利润总额减除所得税费用后的余额，是一个税后的概念。而企业所得税上的亏损，是一个未扣除所得税费用的税前的概念。

需要说明的是，企业自开始生产经营的年度，为开始计算企业损益的年度。企业从事生产经营之前进行筹办活动期间发生筹办费用支出，不计算为当期的亏损。对开（筹）办费，企业可以在开始经营之日的当年一次性扣除，也可以按照企业所得税法有关长期待摊费用的处理规定处理，但一经选定，不得改变。

二、亏损弥补

（一）亏损弥补年限

基于会计主体持续经营假设，企业所得税法规定企业发生的年度亏损予以结转弥补。由于纳税人除法律规定应当终止外，其生产、经营活动是在经营期限内的一个循环过程，它的收入、成本、费用以及利润也按该经营期来确定，这样才能全面、真实地反映纳税人全部经营期内的最终经营成果和财务状况。同时，为了及时向财务报告使用者提供有关企业财务状况、经营成果和现金流量的信息，会计上将持续经营的生产经营活动划分成连续、相等的期间，据以结算盈亏，按期编报财务报告，即会计分期假设。与此相对应，为了保障税收收入的及时入库，企业所得税法也规定，纳税人须以一个公历年度作为纳税年度，因此，企业应纳税所得额的计算也被划分为一年一段。

1. 一般企业亏损向后结转5年弥补

企业纳税年度发生的亏损，准予向以后年度结转，用以后年度的所得弥补，但结转年限最长不得超过5年。另有规定的除外。

2. 高新技术企业和科技型中小企业亏损结转10年弥补

自2018年1月1日起，当年具备高新技术企业或科技型中小企业资格（以下统称资格）的企业，其具备资格年度之前5个年度发生的尚未弥补完的亏损，准予结转以后年度弥补，最长结转年限由5年延长至10年。

当年具备高新技术企业或科技型中小企业资格的企业，其具备资格年度之前5个年度发生的尚未弥补完的亏损，是指当年具备资格的企业，其前5个年度无论是否具备资格，所发生的尚未弥补完的亏损。

高新技术企业按照其取得的高新技术企业证书注明的有效期所属年度，确定其具备资格年度。例如，甲高新技术企业，证书注明发证时间为2022年9月16日，有效期3年。根据规定，2022年、2023年、2024年、2025年为具备资格年度。科技型中小企业按照其取得的科技型中小企业入库登记编号注明的年度，确定其具备资格的年度。再如，乙科技型中小企业，2022年5月取得入库登记编号，编号注明的年度为2022年。根据规定，2022年为具备资格年度。

3. 线宽小于130纳米（含）的集成电路生产企业亏损结转10年弥补

自2020年1月1日起，国家鼓励的线宽小于130纳米（含）的集成电路生产企业，属于国家鼓励的集成电路生产企业清单年度之前5个纳税年度发生的尚未弥补完的亏损，准予向以后年度结转，总结转年限最长不得超过10年。

4. 受疫情影响困难行业企业2020年度亏损向后结转8年弥补

受疫情影响较大的困难行业企业2020年度发生的亏损，最长结转年限由5年延长至8年。

困难行业企业，包括交通运输、餐饮、住宿、旅游（指旅行社及相关服务、游览景区管理两类）四大类，具体判断标准按照现行《国民经济行业分类》执行。困难行业企业2020年度主营业务收入须占收入总额（剔除不征税收入和投资收益）的50%以上。

5. 电影行业企业2020年度亏损向后结转8年弥补

对电影行业企业2020年度发生的亏损，最长结转年限由5年延长至8年。电影行业企业限于电影制作、发行和放映等企业，不包括通过互联网、电信网、广播电视网等信息网络传播电影的企业。

6. 非实际亏损额可无限期向后结转弥补

企业在同一纳税年度的境内外所得加总为正数的，其境外分支机构发生的亏损，由于特定结转弥补的限制而发生的未予弥补的部分（称为非实际亏损额），今后在该分支机构的结转弥补期限不受5年期限制。即：

（1）如果企业当期境内外所得盈利额与亏损额加总后和为零或正数，则其当年度境外分支机构的非实际亏损额可无限期向后结转弥补；

（2）如果企业当期境内外所得盈利额与亏损额加总后和为负数，则以境外分支机构的亏损额超过企业盈利额部分的实际亏损额，按规定的期限进行亏损弥补，未超过企业盈利额部分的非实际亏损额仍可无限期向后结转弥补。

7. 企业重组亏损结转弥补年限的确定

企业发生符合特殊性税务处理规定的合并或分立重组事项的，其尚未弥补完的亏损，按照如下规定进行税务处理：

（1）合并企业承继被合并企业尚未弥补完的亏损的结转年限，按照被合并企业的亏损结转年限确定；

（2）分立企业承继被分立企业尚未弥补完的亏损的结转年限，按照被分立企业的亏损结转年限确定；

（3）合并企业或分立企业具备高新技术企业或者科技型中小企业资格的，其承继被合并企业或被分立企业尚未弥补完的亏损的结转年限，按照合并企业或分立企业的亏损结转年限确定。

（二）亏损弥补规则

1. 先到期亏损先弥补、同时到期亏损先发生的先弥补

纳税人弥补以前年度亏损时，应按照"先到期亏损先弥补、同时到期亏损先发生的先弥补"的原则处理。

【例4-12】甲公司是受疫情影响较大的困难行业企业，2020年发生亏损10万元（结转弥补年限为8年），2021年发生亏损10万元（结转弥补年限为5年），假设2020年、2021年的亏损额截至2025年均还未弥补。如果2026年该

企业盈利10万元,那么,应先弥补2020年的亏损,还是先弥补2021年发生的亏损呢?

【解析】根据"先到期亏损先弥补"原则,由于2021年发生的亏损先到期,所以应先弥补2021年的亏损。2020年发生的亏损10万元,应继续结转至以后年度弥补。

【例4-13】接【例4-12】,假设甲公司2023年亏损10万元(亏损结转弥补年限为5年),且截至2027年还未弥补,2020年剩余的未弥补亏损截至2027年也还未弥补。该企业2028年盈利10万元。应先弥补2020年发生的亏损,还是先弥补2023年发生的亏损呢?

【解析】由于2020年发生的亏损弥补年限是8年,即2028年到期。而2023年发生的亏损弥补年限是5年,也是2028年到期。根据"同时到期亏损先发生的先弥补"原则,应先弥补2020年发生的亏损10万元。2023年发生的亏损10万元,由于已超过亏损结转弥补年限,不能再结转弥补。

2. 企业之间的盈亏一般不得互抵

由于我国现行企业所得税属于法人所得税制,除另有规定外,境内企业之间、境内与境外企业之间的盈亏不得互抵。这里的"另有规定"是指企业合并、分立适用特殊性税务处理亏损的承续弥补。

3. 分支机构之间盈亏的弥补规则

(1) 同一国家(地区)内分支机构之间的盈亏可以互抵

由于现行企业所得税采用法人所得税制,企业在汇总缴纳企业所得税时,境内各分支机构之间的盈亏允许互抵,境外同一国家(地区)分支机构之间的盈亏也允许互抵,境内与境外分支机构之间的盈亏除另有规定外一般不得互抵。

(2) 境外营业机构的亏损不得抵减境内营业机构的盈利

在汇总计算境外应纳税所得额时,企业在境外同一国家(地区)设立不具有独立纳税地位的分支机构,按照规定计算的亏损,不得抵减其境内的应纳税所得额,但可以用同一国家(地区)其他项目或以后年度的所得按规定弥补。

(3) 境外营业机构的盈利可以抵减境内亏损

境外营业机构的亏损不得抵减境内营业机构的盈利。但企业境外营业机构的盈利可以用于弥补境内营业机构的亏损。

若企业境内所得为亏损,境外所得为盈利,且企业已使用同期境外盈利全部或部分弥补了境内亏损,则境内已用境外盈利弥补的亏损不得再用以后年度境内盈利重复弥补。如果企业境内为亏损,境外盈利分别来自多个国家,则弥补境内亏损时,企业可以自行选择弥补境内亏损的境外所得来源国家(地区)顺序。

纳税人可以选择用境外所得抵减境内亏损,也可以选择不用境外所得抵减境内亏损。

4. 法人合伙人不得用合伙企业亏损抵减其盈利

合伙企业的合伙人是法人和其他组织的,合伙人在计算缴纳企业所得税时,不得用合伙企业的亏损抵减其盈利。

【例 4-14】A 企业为高新技术企业,2021 年 9 月取得高新技术企业证书,2021—2024 年具备高新技术企业资格。2016 年亏损 300 万元,2017 年亏损 200 万元,2018 年亏损 100 万元,2019 年所得为 0,2020 年所得 200 万元,2021 年所得 50 万元,2022 年所得 100 万元。具体见表 4-10。请分别填报 A 企业 2021 年度与 2022 年度的《企业所得税弥补亏损明细表》(A106000)。

表 4-10　　　　　　　　　A 企业各年所得情况　　　　　　　　　单位:万元

年份	年所得	弥补亏损企业类型	可弥补亏损年度
2016	-300	一般企业	2017 年度至 2026 年度
2017	-200		2018 年度至 2027 年度
2018	-100		2019 年度至 2028 年度
2019	0		
2020	200		
2021	50	符合条件的高新技术企业	
2022	100		

【解析】《企业所得税弥补亏损明细表》(A106000)第 1 列与第 2 列,从第 11 行到第 1 行依次填报,第 11 行第 2 列"当年境内所得额"填报企业当年度纳税申报表主表"纳税调整后所得－所得减免"的金额。其他列次建议从第 1 行到第 12 行依次填报。具体填报见表 4-11、表 4-12。

表 4－11

A 企业 2021 年度弥补亏损情况

A106000　　　　　　　　　　　　企业所得税弥补亏损明细表（2021 年）　　　　　　　　　　　　单位：元

行次	项目	年度	当年境内所得额	分立转出的亏损额	合并、分立转入的亏损额			弥补亏损企业类型	当年亏损额	当年待弥补的亏损额	用本年度所得额弥补的以前年度亏损额		当年可结转以后年度弥补的亏损额
					可弥补年限 5 年	可弥补年限 8 年	可弥补年限 10 年				使用境内所得弥补	使用境外所得弥补	
			1	2	3	4	5	6	7	8	9	10	11	12
1	前十年度												
2	前九年度												
3	前八年度												
4	前七年度												
5	前六年度												
6	前五年度	2016	－3000000	0	0	0	0	100	－3000000	－1000000	500000	0	500000
7	前四年度	2017	－2000000	0	0	0	0	100	－2000000	－2000000	0	0	2000000
8	前三年度	2018	－1000000	0	0	0	0	100	－1000000	－1000000	0	0	1000000
9	前二年度	2019	0	0	0	0	0	100	0	0	0	0	0
10	前一年度	2020	2000000	0	0	0	0	100	0	0	0	0	0
11	本年度	2021	500000	0	0	0	0	200	0	0	500000	0	0
12	可结转以后年度弥补的亏损额合计												3500000

表 4-12

A 企业 2022 年度弥补亏损情况

A106000 企业所得税弥补亏损明细表（2022年）

单位：元

行次	项目	年度	当年境内所得额	分立转出的亏损额	合并、分立转入的亏损额			弥补亏损企业类型	当年亏损额	当年待弥补的亏损额	用本年度所得额弥补以前年度亏损额		当年可结转以后年度弥补的亏损额
					可弥补年限5年	可弥补年限8年	可弥补年限10年				使用境内所得弥补	使用境外所得弥补	
		1	2	3	4	5	6	7	8	9	10	11	12
1	前十年度												
2	前九年度												
3	前八年度												
4	前七年度												
5	前六年度	2016	-3000000	0	0	0	0	100	-3000000	-500000	500000	0	0
6	前五年度	2017	-2000000	0	0	0	0	100	-2000000	-2000000	500000	0	1500000
7	前四年度	2018	-1000000	0	0	0	0	100	-1000000	-1000000	0	0	1000000
8	前三年度	2019	0	0	0	0	0	100	0	0		0	0
9	前二年度	2020	2000000	0	0	0	0	100	0	0		0	0
10	前一年度	2021	500000	0	0	0	0	200	0	0		0	0
11	本年度	2022	1000000	0	0	0	0	200	0	0	1000000	0	0
12	可结转以后年度弥补的亏损额合计												2500000

本章思考题

1. 请阐述会计利润与应纳税所得额之间的关系。
2. 请阐述影响企业所得税税基的主要因素有哪些。
3. 请思考，税会差异是否会影响企业的生产经营决策，实际工作中如何正确高效地处理税会差异。

第五章　特定行业和特定业务税务处理

【学习目标】本章主要介绍特定行业和特定业务的企业所得税处理。通过本章学习，掌握房地产开发经营业务、企业重组、法人合伙人、特别纳税调整、企业清算所得的企业所得税处理，了解政策性搬迁的企业所得税规定。

第一节　房地产开发经营业务

房地产又称为不动产，是指土地、建筑物及固着在土地、建筑物上不可分离的部分及其附带的各种权益。从总体上来说，房地产开发经营周期相对较长，在开发前期，企业经营投入多；到预售阶段，企业通过预售方式开始获得资金流入。在《国民经济行业分类（GB/T 4754—2017）》中，房地产开发经营行业（国标代码7010）包括房地产开发企业进行的房屋、基础设施建设等开发，以及转让房地产开发项目或者销售房屋等活动。企业房地产开发经营业务包括土地的开发，建造、销售住宅、商业用房以及其他建筑物、附着物、配套设施等开发产品。

一、开发产品销售收入

房地产开发产品销售收入，包括销售完工产品收入和销售未完工产品收入。

由于房地产开发产品与标准化的工业产品相比，具有开发经营业务多样、开发周期长、跨期开发、滚动开发、投入资金大等特点，这些特点决定开发产品不会像一般工业产品那样以成品（现房）销售为主，而是主要采用销售未完工产品方式，即通常所称的预售方式。房地产开发产品的销售无论是签订《房地产预售合同》还是《房地产销售合同》都属于正式合同，有明确的标的物和约定的价格，不可随意撤销。《房地产预售合同》签订以后，虽然开发产品尚未完工，但已经在法律形式上完成了销售合约，可以判定企业当期已经实际取得了价款或收取价款权利，因此企业所得税将企业销售未完工产品收入也确认为当期实际销售收入。

由于销售完工产品和未完工产品企业所得税计算规则不同，因此，有必要对开发产品完工条件进行明确。当开发产品符合以下条件之一，即可确认为完工产品：开发产品竣工证明材料已报房地产管理部门备案；开发产品已开始投入使用；开发产品已取得了初始产权资料。开发产品，无论工程质量是否通过验收合格，或是否办理完工（竣工）备案手续以及会计决算手续，当企业开始办理开发产品交付手续或已开始实际投入使用时，视为已经完工。

（一）销售收入的范围

开发产品销售收入的范围为销售开发产品过程中取得的全部价款，包括现金、现金等价物及其他经济利益。企业代有关部门、单位和企业收取的各种基金、费用和附加等，凡纳入开发产品价内或由企业开具发票的，也应确认为销售收入。但如果企业未将该笔款项纳入开发产品价内，并由其他收取部门、单位开具发票的，可作为代收代缴款项进行管理，不确认为企业收入。

（二）销售收入的确认

房地产销售方式主要包括一次性付款、分期付款和银行提供按揭贷款销售等形式。企业所得税法分别规定了确认收入实现的时间标准：①采取一次性全额收款方式销售开发产品的，为实际收讫价款或取得索取价款凭据（权利）之日；②采取分期收款方式销售开发产品的，为销售合同或协议约定的价款和付款日确认收入的实现，但付款方提前付款的则为实际付款日；③采取银行按揭方式销售开发产品的，其首付款为实际收到日，余款为银行按揭贷款办理转账之日。

委托其他单位代为销售开发产品，按以下原则确认收入的实现：采取支付手续费、视同买断、超基价分成和包销方式的，按销售合同或协议中约定的价款于收到受托方已销开发产品清单之日确认收入，但买断价或基价高于约定价款的，按买断价或基价执行。

【例5-1】2022年10月，房地产开发企业甲公司与销售代理企业乙公司签订委托销售协议，协议明确：乙公司负责销售甲公司开发的房屋，甲公司按22000元/平方米收取销售款，实际销售价格由乙公司确定。实际销售时，由甲公司与购买方签订销售合同，由甲公司开票给购买方。2022年12月甲公司收到乙公司《已销房屋清单》见表5-1。

表 5-1　　　　　　　　　　已销房屋清单

房屋名称	实际单价（元/平方米）	建筑面积（平方米）	销售协议价款（元）	甲公司应得价款（元）
A	25000	130	3250000	2860000
B	24500	160	3920000	3520000
C	21000	110	2310000	2420000

根据上述资料计算，房地产开发企业甲公司 2022 年 12 月应确认的企业所得税应税收入。

【解析】 甲公司与乙公司签订的销售合同，采取的是委托销售中视同买断方式，因此甲公司在确认销售收入时：A、B 房屋实际销售价格高于买断价 22000 元/平方米，按照实际销售价格确认收入；C 房屋实际销售价格低于买断价 22000 元/平方米，按照买断价确认收入。

甲公司应确认收入 = 3250000 + 3920000 + 2420000 = 9590000（元）

二、预计毛利额的税务处理

企业销售未完工开发产品，由于成本不能准确地确认和计量，因此，企业所得税采用预计毛利率的方式确认未完工产品的所得额。待产品完工后，再按照成本确认所得并调整当期应纳税所得额。

（一）预计毛利率的确定

开发项目位于省、自治区、直辖市和计划单列市人民政府所在地城市城区和郊区的，不低于15%；开发项目位于地及地级市城区及郊区的，不低于10%；开发项目位于其他地区的，不低于5%；属于经济适用房、限价房和危改房的，不低于3%。各个地区的计税毛利率，由各省（自治区、直辖市）税务局按不低于上述规定的下限进行确定。

计税毛利率的规定不是一成不变的，根据经济社会发展状况和管理需求，计税毛利率在不同时期会有所调整。

（二）实际毛利额的处理

开发产品完工后，企业在完工年度企业所得税汇算清缴前选择确定计税成本核算的终止日，及时结算其计税成本并计算此前未完工产品销售收入的实际毛利额，将其实际毛利额与其对应的预计毛利额之间的差额，计入当年度企业本项目与其他项目合并计算的应纳税所得额。

【例 5-2】房地产企业甲公司 2019 年 4 月通过拍卖取得一块土地,用于开发商品房,增值税按简易计税方法计税(征收率 5%)。2022 年取得销售未完工开发产品收入 12600 万元,当地规定的计税毛利率为 15%。2023 年 6 月该项目办理竣工手续,竣工证明材料已报房地产管理部门备案,经计算实际毛利额为 2000 万元。

(1) 应计入 2022 年度应纳税所得额的预计毛利额为多少?

(2) 2023 年度该项目实际毛利额与预计毛利额之间的差额如何计入本年度应纳税所得额?

【解析】(1) 应计入 2022 年度应纳税所得额的预计毛利额:12600÷(1+5%)×15%=1800(万元),由于当年的会计核算不确认销售未完工产品的会计利润,该预计毛利额通过纳税调增的方式计入 2022 年度应纳税所得额。

(2) 2023 年度该项目实际毛利额与预计毛利额之间的差额:2000-1800=200(万元)。实际毛利额 2000 万元已经通过会计核算计入 2023 年度的利润总额。由于 2022 年度(销售未完工产品年度)预计毛利额 1800 万元已经纳税调增,所以 2023 年度应纳税调减 1800 万元。通过上述纳税调整,2023 年度该项目实际毛利额与预计毛利额之间的差额 200 万元计入 2023 年度的应纳税所得额。

延伸阅读

房地产开发产品收入在企业所得税、增值税、会计方面的差异

开发产品	企业所得税	增值税	会计
销售未完工产品	采用预计毛利的方式计入当期应纳税所得额	按照预征率预缴增值税	根据会计准则时点履约或者时段履约的规定进行收入的判断确认,在客户取得相关商品或服务控制权时点时,确认营业收入
销售完工产品	将其实际毛利额与其对应的预计毛利额的差额,计入当年度应纳税所得额	按规定计缴当期应纳税额,抵减已预缴增值税税款后进行纳税申报	

三、计税成本的税务处理

计税成本是指企业在开发、建造开发产品(包括固定资产)过程中所发生的按照税收规定进行核算与计量的应归入某项成本对象的各项费用。企业在进行成本、费用的核算与扣除时，必须按规定区分期间费用与开发产品成本、开发产品会计成本与计税成本、已销开发产品计税成本与未销开发产品计税成本的界限。

（一）计税成本的范围

1. 土地征用费及拆迁补偿费，指为取得土地开发使用权（或开发权）而发生的各项费用。主要包括土地买价或出让金、大市政配套费、契税、耕地占用税、土地使用费、土地闲置费、土地变更用途和超面积补交的地价及相关税费、拆迁补偿支出、安置及动迁支出、回迁房建造支出、农作物补偿费、危房补偿费等。

2. 前期工程费，指项目开发前期发生的水文地质勘察、测绘、规划、设计、可行性研究、筹建、场地通平等前期费用。

3. 建筑安装工程费，指开发项目开发过程中发生的各项建筑安装费用。主要包括开发项目建筑工程费和开发项目安装工程费等。

4. 基础设施建设费，指开发项目在开发过程中所发生的各项基础设施支出，主要包括开发项目内道路、供水、供电、供气、排污、排洪、通讯、照明等社区管网工程费和环境卫生、园林绿化等园林环境工程费。

5. 公共配套设施费，指开发项目内发生的、独立的、非营利性的，且产权属于全体业主的，或无偿赠与地方政府、政府公用事业单位的公共配套设施支出。

6. 开发间接费，指企业为直接组织和管理开发项目所发生的，且不能将其归属于特定成本对象的成本费用性支出。主要包括管理人员工资、职工福利费、折旧费、修理费、办公费、水电费、劳动保护费、工程管理费、周转房摊销以及项目营销设施建造费等。

（二）成本对象的确定

成本对象是指为归集和分配开发产品开发、建造过程中的各项耗费而确定的费用承担项目。开发产品成本对象的确定直接关系到开发产品成本核算的合理性和准确性，是应纳税所得额计算确定的基础，因此，政策规定房地产开发企业确定已完工开发产品的成本对象应遵循以下原则：

1. 可否销售原则

开发产品能够对外经营销售的，应作为独立的计税成本对象进行成本核算；不能对外经营销售的，可先作为过渡性成本对象进行归集，然后再将其相关成本摊入能够对外经营销售的成本对象。

2. 功能区分原则

开发项目某组成部分相对独立,且具有不同使用功能时,可以作为独立的成本对象进行核算。

3. 定价差异原则

开发产品因其产品类型或功能不同等而导致其预期售价存在较大差异的,应分别作为成本对象进行核算。

4. 成本差异原则

开发产品因建筑上存在明显差异可能导致其建造成本出现较大差异的,要分别作为成本对象进行核算。

5. 权益区分原则

开发项目属于受托代建的或多方合作开发的,应结合上述原则分别划分成本对象进行核算。

企业单独建造的停车场所,应作为成本对象单独核算。利用地下基础设施形成的停车场所,作为公共配套设施进行处理。

企业应出具专项报告,说明开发项目基本情况、开发计划,以及成本对象确定原则、依据,在开发产品完工当年企业所得税年度纳税申报时,报送主管税务机关。

(三)计税成本的核算

对当期实际发生的各项支出,按其性质、经济用途及发生的地点、时间区进行整理、归类,并将其区分为应计入成本对象的成本和应在当期税前扣除的期间费用,同时还应按规定对在有关预提费用和待摊费用进行计量与确认。对应计入成本对象中的各项实际支出、预提费用、待摊费用等合理地划分为直接成本、间接成本和共同成本,并按规定将其合理地归集、分配至已完工成本对象、在建成本对象和未建成本对象。

1. 划分已完工成本对象的成本费用

按销售状态划分已完工成本对象的成本费用。对前期已完工成本对象应负担的成本费用按已销开发产品、未销开发产品和固定资产进行分配,其中应由已销开发产品负担的部分,在当期纳税申报时进行扣除,未销开发产品应负担的成本费用待其实际销售时再予扣除。

按开发目的划分已完工成本对象的成本费用。对本期已完工成本对象分类为开发产品和固定资产并对其计税成本进行结算。其中属于开发产品的,应按可售面积计算其单位工程成本，据此再计算已销开发产品计税成本和未销开发产品计税成本。对本期已销开发产品的计税成本，准予在当期扣除，未销开发产品计税成本待其实际销售时再予扣除。

对本期未完工和尚未建造的成本对象应当负担的成本费用，应按分别建立明细台账，待开发产品完工后再予结算。

2. 分配共同成本和间接成本

企业开发、建造的开发产品应按制造成本法进行计量与核算。其中，应计入开发产品成本中的费用属于直接成本和能够分清成本对象的间接成本，直接计入成本对象，共同成本和不能分清负担对象的间接成本，应按受益的原则和配比的原则分配至各成本对象。具体分配方法由企业在占地面积法、建筑面积法、直接成本法和预算造价法中选择其一，但土地成本一般按占地面积法进行分配；单独作为过渡性成本对象核算的公共配套设施开发成本，按建筑面积法进行分配；借款费用按直接成本法或按预算造价法进行分配。

（1）土地成本

土地成本一般按占地面积法进行分配。占地面积法，指按已动工开发成本对象占地面积占开发用地总面积的比例进行分配。

一次性开发的，按某一成本对象占地面积占总用地面积的比例进行分配；分期开发的，首先按本期全部成本对象占地面积占总用地面积的比例进行分配，然后再用占地面积法在本期成本对象中分配。如果确需结合其他方法进行分配土地成本的，应商税务机关同意。土地开发同时连结房地产开发的，核算本期成本对象时不能完整归集土地整体成本，其土地开发成本经商税务机关同意后，可先按土地整体预算成本进行分配，待土地整体开发完毕再行调整。

（2）公共配套设施开发成本

单独作为过渡性成本对象核算的公共配套设施开发成本，应按建筑面积法进行分配。建筑面积法，指按已动工开发成本对象建筑面积占开发用地总建筑面积的比例进行分配。

一次性开发的，按某一成本对象建筑面积占总建筑面积的比例进行分配；分期开发的，首先按本期成本对象建筑面积占总建筑面积的比例进行分配，然后再用建筑面积法在本期成本对象中分配。

3. 归集借款费用

借款费用属于不同成本对象共同负担的，按直接成本法或按预算造价法进行分配。

4. 配套设施的税务处理

配套设施包括企业在开发区内建造的会所、物业管理场所、电站、热力站、水厂、文体场馆、幼儿园等。属于非营利性且产权属于全体业主的，或无偿赠与地方政府、公用事业单位的，可将其视为公共配套设施，按公共配套设施费的有关规定进行处理；属于营利性的，或产权归企业所有的，或未明确产权归属的，或无偿赠与地方政府、公用事业单位以外其他单位的，除企业自用应按建造固定资产进行处理外，其他一律按建造开发产品进行处理。

企业在开发区内建造的邮电通讯、学校、医疗设施应单独核算成本，其中，由企业与国家有关业务管理部门、单位合资建设，完工后有偿移交的，国家有关业务管理部门、单位给予的经济补偿可直接抵扣该项目的建造成本，抵扣后的差额应调整当期应纳税所得额。

5. 预提（应付）费用的税务处理

除以下几项预提（应付）费用外，计税成本均应为实际发生的成本：出包工程未最终办理结算而未取得全额发票的，在证明资料充分的前提下，其发票不足金额可以预提，但最高不得超过合同总金额的10%；公共配套设施尚未建造或尚未完工，且属于企业明确承诺建造且不可撤销或按照法律法规规定必须配套建造的，可按预算造价合理预提建造费用；应向政府上交但尚未上交的报批报建费用，以及按规定应由企业承担的物业管理基金、公建维修基金或其他专项基金，可以按规定预提。

6. 已销开发产品计税成本

已销开发产品的计税成本，按当期已实现销售的可售面积和可售面积单位工程成本确认。可售面积单位工程成本和已销开发产品的计税成本按下列公式计算确定：

可售面积单位工程成本＝成本对象总成本÷成本对象总可售面积

已销开发产品的计税成本＝已实现销售的可售面积×可售面积单位工程成本

四、其他扣除项目的税务处理

企业发生的期间费用、已销开发产品计税成本、税金及附加、损失及其他支出，准予在计算应纳税所得额时扣除。

(一) 期间费用

1. 维修费用

企业对尚未出售的已完工开发产品和按照有关法律、法规或合同规定对已售开发产品（包括共用部位、共用设施设备）进行日常维护、保养、修理等实际发生的维修费用，准予在当期据实扣除。企业将已计入销售收入的共用部位、共用设施设备维修基金按规定移交给有关部门、单位的，应于移交时扣除。

2. 保证金

企业采取银行按揭方式销售开发产品的，凡约定企业为购买方的按揭贷款提供担保的，其销售开发产品时向银行提供的保证金（担保金）不得从销售收入中减除，也不得作为费用在当期税前扣除，但实际发生损失时可据实扣除。

3. 委托境外机构销售开发产品的费用

企业委托境外机构销售开发产品的，其支付境外机构的销售费用（含佣金或手续费）不超过委托销售收入10%的部分，准予据实扣除。

4. 折旧费用

企业开发产品转为自用的，其实际使用时间累计未超过12个月又销售的，不得在税前扣除折旧费用。

5. 利息

企业为建造开发产品借入资金而发生的符合税收规定的借款费用，可按企业会计准则的规定进行归集和分配，其中属于财务费用性质的借款费用，可直接在税前扣除。

企业集团或其成员企业统一向金融机构借款分摊集团内部其他成员企业使用的，借入方凡能出具从金融机构取得借款的证明文件，可以在使用借款的企业间合理地分摊利息费用，使用借款的企业分摊的合理利息准予在税前扣除。

(二) 税金及附加

1. 当期扣除

企业发生的税金及附加（包括城市维护建设税、教育费附加、地方教育附加、土地增值税等），准予当期按规定扣除。当期，指税金及附加所在的核算期间，包括预缴申报期间和汇缴申报期间。

2. 土地增值税清算追溯调整

由于土地增值税分为预征和清算，时间跨期较长，土地增值税税前扣除年度分布的差异对房地产开发经营项目的年度所得确认往往造成较大差异,因此现行政策对土地增值税清算导致多缴企业所得税做出特别规定,以减轻相关影响。

企业按规定对开发项目进行土地增值税清算后,当年企业所得税汇算清缴出现亏损,如果有其他后续开发项目的,该亏损应按照税法规定向以后年度结转,用以后年度所得弥补;如果没有后续开发项目的,可以按照该项目开发各年度实现的项目销售收入占整个项目销售收入总额的比例,计算出该项目由于土地增值税原因导致的项目开发各年度多缴企业所得税税款,并分别申请退、补税,但累计退税额,不得超过其在该项目开发各年度累计实际缴纳的企业所得税,超过部分作为项目清算年度产生的亏损,向以后年度结转。

$$各年度应分摊的土地增值税 = 土地增值税总额 \times \left(项目年度销售收入 \div 整个项目销售收入总额 \right)$$

鉴于土地增值税中,建造普通标准住宅出售,增值额未超过扣除项目金额20%的,免税。因此,上述所称销售收入包括视同销售房地产的收入,但不包括企业销售的增值额未超过扣除项目金额20%的普通标准住宅的销售收入。

【例5-3】某房地产开发企业2020年7月开始开发某房地产项目,2022年11月项目全部竣工并销售完毕,12月进行土地增值税清算,整个项目共缴纳土地增值税1100万元,其中2020年至2022年预缴土地增值税分别为240万元、300万元、60万元;2022年清算后补缴土地增值税500万元。2020年至2022年实现的项目销售收入分别为12000万元、15000万元、3000万元,缴纳的企业所得税分别为45万元、310万元、0。该企业2022年度汇算清缴出现亏损,应纳税所得额为-400万元。企业没有后续开发项目。

该房地产开发企业在2022年度企业所得税汇算清缴时,拟申请退税的金额是多少?

【解析】拟申请退税金额计算见表5-2。

表5-2　　　　　　　　　　应退企业所得税计算　　　　　　　　　　单位:万元

项目	2020年	2021年	2022年
预缴土地增值税	240	300	60
清算补缴土地增值税			500
分摊土地增值税	440①	550④	110⑦

续表

项目	2020 年	2021 年	2022 年
应纳税所得额调整	-200②	-270⑤	450⑧
调整后应纳税所得额			50⑨
应补（退）税额	-50③	-67.5⑥	12.5
已缴纳所得税	45	310	0
实际应补（退）税额	-45	-67.5	12.5
累计应补（退）税额			-100⑩

注：
① 2020 年度应分摊土地增值税 = 1100×(12000÷30000) = 440（万元）
② 2020 年度应纳税所得额调整 = 240 - 440 = -200（万元）
③ 2020 年度应补（退）税额 = -200×25% = -50（万元）
④ 2021 年度应分摊土地增值税 = 1100×(15000÷30000) = 550（万元）
⑤ 2021 年度应纳税所得额调整 = 300 - 550 - 20 = -270（万元）。其中 20 万元为 2020 年度不足退税金额换算的亏损额。2020 年应退 50 万元，但当年实际缴纳 45 万元，其税款差额 5 万元除以 25% 税率视为亏损 20 万元，可向以后年度结转弥补。
⑥ 2020 年度应补（退）税额 = -270×25% = -67.5（万元）
⑦ 2022 年度应分摊土地增值税 = 1100×(3000÷30000) = 110（万元）
⑧ 2022 年度应纳税所得额调整 = 60 + 500 - 110 = 450（万元）
⑨ 2022 年度调整后应纳税所得额 = 450 - 400 = 50（万元）
⑩ 2022 年度应补（退）税额 = -45 - 67.5 + 12.5 = -100（万元）

综上，该房地产开发企业在 2022 年度企业所得税汇算清缴时，拟申请退税的金额为 100 万元。

（三）损失及其他支出

企业因国家无偿收回土地使用权而形成的损失，可作为资产损失在税前扣除。

五、特殊事项的税务处理

（一）以非货币交易方式取得的土地使用权成本确定

当非货币交易方式取得的土地使用权同时满足"具有商业实质、换入资产或者换出资产的公允价值能够可靠地计量"时，企业会计准则要求换入资产计税基础采用公允价值模式计量，税法与会计处理总体是一致的。企业、单位以换取开发产品为目的，将土地使用权投资企业的，按下列规定进行处理：

1. 换取的开发产品如为该项土地开发、建造的，接受投资的企业在接受土地使用权时暂不确认其成本，待首次分出开发产品时，再按应分出开发产品（包括首次分出的和以后应分出的）的市场公允价值和土地使用权转移过程中应支付的相关税费计算确认该项土地使用权的成本。如涉及补价，土地使用权的取得成本还应加上应支付的补价款或减除应收到的补价款。

2. 换取的开发产品如为其他土地开发、建造的，接受投资的企业在投资交易发生时，按应付出开发产品市场公允价值和土地使用权转移过程中应支付的相关税费计算确认该项土地使用权的成本。如涉及补价，土地使用权的取得成本还应加上应支付的补价款或减除应收到的补价款。

企业、单位以股权的形式，将土地使用权投资企业的，接受投资的企业应在投资交易发生时，按该项土地使用权的市场公允价值和土地使用权转移过程中应支付的相关税费计算确认该项土地使用权的取得成本。如涉及补价，土地使用权的取得成本还应加上应支付的补价款或减除应收到的补价款。

（二）与其他企业、单位和个人联合开发房地产项目

1. 企业以本企业为主体，未成立独立法人公司，联合其他企业、单位、个人合作或合资开发房地产项目，凡开发合同或协议中约定向投资各方分配开发产品的，企业在首次分配开发产品时，如该项目已经结算计税成本，其应分配给投资方开发产品的计税成本与其投资额之间的差额计入当期应纳税所得额；如未结算计税成本，则将投资方的投资额视同销售收入进行相关的税务处理。凡开发合同或协议中约定分配项目利润的，企业应将该项目形成的营业利润额并入当期应纳税所得额统一申报缴纳企业所得税，不得在税前分配该项目的利润，也不能因接受投资方投资额而在成本中摊销或在税前扣除相关的利息支出。投资方取得该项目的营业利润按视同股息、红利进行相关的税务处理。

2. 企业以换取开发产品为目的，将土地使用权投资其他企业房地产开发项目的，在首次取得开发产品时，将其分解为转让土地使用权和购入开发产品两项经济业务进行所得税处理，并按应从该项目取得的开发产品（包括首次取得的和以后应取得的）的市场公允价值计算确认土地使用权转让所得或损失。

第二节 企业重组和递延纳税事项

企业兼并重组是调整优化产业结构、转变经济发展方式的重要途径，是培育发展大企业大集团，提高产业集中度，提升产业竞争力的重要手段。为促进企业兼并重组，财政部、国家税务总局联合发布了有关文件，对符合条件的企

业重组的所得税处理给予了递延纳税的特殊待遇。此后又修订、完善了若干条款，形成了完整的企业重组所得税管理制度体系。

一、企业重组

（一）企业重组的基本概念

企业重组，是指企业在日常经营活动以外发生的法律结构或经济结构重大改变的交易，包括企业法律形式改变、债务重组、股权收购、资产收购、合并、分立等。

1. 当事各方

企业重组涉及多方主体，按照重组类型，当事各方具体情况如下：

（1）债务重组中当事各方，指债务人、债权人。

（2）股权收购中当事各方，指收购方、转让方及被收购企业。

（3）资产收购中当事各方，指收购方、转让方。

（4）合并中当事各方，指合并企业、被合并企业及被合并企业股东。

（5）分立中当事各方，指分立企业、被分立企业及被分立企业股东。

上述重组交易中，股权收购中转让方、合并中被合并企业股东和分立中被分立企业股东，可以是自然人。当事各方中的自然人应按个人所得税的相关规定进行税务处理。

2. 股权支付与非股权支付

企业重组中，当事方支付对价的形式包括股权支付、非股权支付或两者的组合。股权支付，是指企业重组中购买、换取资产的一方支付的对价中，以本企业或其控股企业的股权、股份作为支付的形式。非股权支付，是指以本企业的现金、银行存款、应收款项、本企业或其控股企业股权和股份以外的有价证券、存货、固定资产、其他资产以及承担债务等作为支付的形式。

3. 重组日的确定

企业重组符合特殊性税务处理条件并选择适用特殊性税务处理的，当事各方应在该重组业务完成当年企业所得税年度申报时填报此项业务。重组业务完成当年，是指重组日所属的企业所得税纳税年度。重组日的确定按以下规定处理：

（1）债务重组，以债务重组合同（协议）或法院裁定书生效日为重组日。

（2）股权收购，以转让合同（协议）生效且完成股权变更手续日为重组日。关联企业之间发生股权收购,转让合同(协议)生效后 12 个月内尚未完成股权变更手续的,应以转让合同(协议)生效日为重组日。

(3) 资产收购,以转让合同(协议)生效且当事各方已进行会计处理的日期为重组日。

(4) 合并,以合并合同(协议)生效、当事各方已进行会计处理且完成工商新设登记或变更登记日为重组日。按规定不需要办理工商新设或变更登记的合并,以合并合同(协议)生效且当事各方已进行会计处理的日期为重组日。

(5) 分立,以分立合同(协议)生效、当事各方已进行会计处理且完成工商新设登记或变更登记日为重组日。

4. 一般性税务处理与特殊性税务处理

企业重组的所得税处理按照不同条件分为一般性税务处理和特殊性税务处理。

一般性税务处理,需在交易发生时就按税法规定确认有关资产的转让所得或损失,相关资产应当按照交易价格重新确定计税基础。特殊性税务处理,在交易发生时,交易各方对其交易中的股权支付部分暂不确认有关资产的转让所得或损失,相关资产的计税基础按照原有计税基础确认,交易产生的有关资产转让所得递延至以后年度缴纳企业所得税;对于非股权支付部分,仍需在交易当期确认相关资产转让所得或损失,并调整相应资产的计税基础。

$$\begin{pmatrix} 非股权支付对应的 \\ 资产转让所得或损失 \end{pmatrix} = \begin{pmatrix} 被转让资产的公允价值 - \\ 被转让资产的计税基础 \end{pmatrix} \times \begin{pmatrix} 非股权支付金额 \div \\ 被转让资产的公允价值 \end{pmatrix}$$

特殊性税务处理并非免税优惠,而是一项递延纳税政策,且该递延在股权收购、资产收购、合并、分立等业务中体现为不定期递延,具体纳税义务发生时间由企业的重组模式决定。由于企业重组涉税金额通常较大,且在当事方以股权支付的情况下,取得对价的一方因未实际取得现金,实质上不具有课税能力,特殊性税务处理可以有效降低企业重组当期的所得税税负,推进重组业务的实施。

(二) 特殊性税务处理的适用情形

企业重组同时符合下列条件的,适用特殊性税务处理规定:

(1) 具有合理的商业目的,且不以减少、免除或者推迟缴纳税款为主要目的。合理商业目的需说明重组交易的方式、重组交易的实质结果、重组各方涉及的税务状况变化、重组各方涉及的财务状况变化、非居民企业参与重组活动的情况等。

（2）被收购、合并或分立部分的资产或股权比例符合规定的比例。

（3）企业重组后的连续 12 个月内不改变重组资产原来的实质性经营活动。

（4）重组交易对价中涉及股权支付金额符合规定比例。

（5）企业重组中取得股权支付的原主要股东，在重组后连续 12 个月内，不得转让所取得的股权。这里的原主要股东，是指原持有转让企业或被收购企业 20% 以上股权的股东。

对于同一项重组业务，当事各方应采取一致税务处理原则，即统一适用一般性税务处理或特殊性税务处理。

（三）不同类型企业重组的税务处理

1. 法律形式改变

企业法律形式改变，是指企业注册名称、住所以及企业组织形式等的简单改变。企业组织形式变更包括企业由有限责任公司、股份有限公司等法人组织转变为个人独资企业、合伙企业等非法人组织，有限责任公司转变为股份有限公司或股份有限公司转变为有限责任公司等。

企业由法人转变为个人独资企业、合伙企业等非法人组织，或将登记注册地转移至中华人民共和国境外（包括港澳台地区），应视同企业进行清算、分配，股东重新投资成立新企业。企业的全部资产以及股东投资的计税基础均应以公允价值为基础确定。

企业发生其他法律形式简单改变的，如有限责任公司变更为股份有限公司，企业由 A 省市迁移至 B 省市等，可直接变更税务登记，除另有规定外，有关企业所得税纳税事项（包括亏损结转、税收优惠等权益和义务）由变更后企业承继，但因住所发生变化而不符合税收优惠条件的除外。

2. 债务重组

债务重组，是指在债务人发生财务困难的情况下，债权人按照其与债务人达成的书面协议或者法院裁定书，就其债务人的债务作出让步的事项。企业所得税法上，债务重组主要有以非货币资产清偿债务和债转股两种方式。

（1）以非货币资产清偿债务

以非货币资产清偿债务，一般性税务处理情况下，债务人应分解为以公允价值转让非货币性资产和以非货币性资产的公允价值清偿债务两项业务，分别确认转让资产所得和债务重组所得，一并计入重组完成当年的应纳税所得额。

企业债务重组确认的应纳税所得额占该企业当年应纳税所得额50%以上，可以适用特殊性税务处理，即可以在5个纳税年度的期间内，均匀计入各年度的应纳税所得额。

【例5-4】 2022年6月18日，甲公司向乙公司销售一批商品，应收乙公司款项的入账金额为95万元。2022年10月18日，由于乙公司财务困难，双方签订债务重组合同，乙公司以一项作为无形资产核算的非专利技术偿还该欠款。该无形资产的账面原值为100万元，累计摊销额为8万元，已计提减值准备2万元，无形资产的公允价值为93万元。10月22日，双方办理完成该无形资产转让手续。请分析，在不同的税务处理下，该项交易的应纳税所得额分别如何确认。（不考虑其他相关税费）

【解析】 一般性税务处理下，债务人乙公司以无形资产抵偿债务，根据企业所得税法规定，应分解为转让无形资产和按无形资产公允价值清偿债务两项业务。无形资产的公允价值93万元减去无形资产的计税基础92万元为无形资产转让所得1万元，债务的计税基础95万元减去无形资产的公允价值93万元为债务重组所得2万元，故此项债务重组涉及的两项业务合计产生应纳税所得额3万元。

如果符合特殊性税务处理条件，乙公司债务重组确认的应纳税所得额2万元，可以在5个纳税年度的期间内，均匀计入各年度的应纳税所得额。

（2）债转股

企业发生债权转股权的，应当分解为债务清偿和股权投资两项业务。一般性税务处理下，债务人应当按照债务转为资本的公允价值低于债务计税基础的差额，确认债务重组所得，一次性计入重组完成当年应纳税所得额。

特殊性税务处理下，对债务清偿和股权投资两项业务暂不确认有关债务清偿所得或损失，股权投资的计税基础以原债权的计税基础确定。企业的其他相关所得税事项保持不变。

【例5-5】 B公司2021年1月1日向A公司销售一批货物，应收账款1080万元，2022年1月1日，A公司发生财务困难无法支付货款。双方达成书面协议，B公司以债权1080万元转为对A公司的投资，A公司向B公司增发股票300万股，面值1元，市场价3.2元/股。请分析，在不同的税务处理下，债务人A公司和债权人B公司的所得税事项分别如何确认。

【解析】一般性税务处理下，债务人 A 公司应确认债务重组所得 = 1080 – 3.2×300 = 120（万元）；债权人 B 公司确认债务重组损失 = 1080 – 3.2×300 = 120（万元），B 公司取得 A 公司股权的计税基础为 960 万元。

如果适用特殊性税务处理条件，债务人 A 公司暂不确认债务重组所得；债权人 B 公司亦暂不确认债务重组损失，B 公司持有 A 公司股权的计税基础以原债权的计税基础确定，即 1080 万元。

3. 股权收购

股权收购，是指一家企业购买另一家企业的股权，以实现对被收购企业控制的交易。收购企业支付对价的形式包括股权支付、非股权支付或两者的组合。股权收购是企业重组中最为常见的业务模式。

股权收购业务在适用一般性税务处理下，股权转让方应确认股权转让所得或损失。收购方取得股权的计税基础以公允价值为基础确定。被收购企业的相关所得税事项原则上保持不变。

如果股权收购方购买的股权不低于被收购企业全部股权的 50%，且收购方在该股权收购发生时的股权支付金额不低于其交易支付总额的 85%，符合条件的可以适用特殊性税务处理。

在适用特殊性税务处理时，当事各方的税务处理如下：

（1）转让方从收购方取得对价中的股权支付部分对应的股权转让暂不确认所得或损失，非股权支付部分对应的股权转让需计算确认当期所得或损失；同时，转让方从收购方取得的股权的计税基础，以被收购股权的原有计税基础确定。

（2）收购方以股权为支付对价的，暂不确认所支付股权的转让所得或损失；同时，取得被收购企业股权的计税基础，以被收购股权的原有计税基础确定。如果支付对价除股权外还包含其他资产的，其他资产在交易当期确认相应的资产转让所得或损失，并调整收购股权的计税基础。

（3）被收购企业的原有各项资产和负债的计税基础和其他相关所得税事项保持不变。

【例 5–6】A 公司成立于 2014 年 7 月，注册资本 1000 万元，主营软件研发业务。股东 B 公司持有 A 公司 60% 股权，计税基础 600 万元。

C 公司成立于 2017 年 4 月，主要从事游戏开发业务。2022 年 5 月 20 日，为战略发展需要，C 公司与 B 公司签订股权收购协议（约定当日生效），以 A

公司 2022 年 4 月 30 日净资产账面价值 1300 万元和公允价值 2000 万元为基准，C 公司以增发本公司股份 400 万股（每股面值 1 元，每股公允价值 3 元）的形式收购 B 公司持有的 A 公司 60% 股权。2022 年 6 月 30 日完成股权变更登记。B 公司取得 C 公司增发的股份后，对 C 公司不构成重大影响。假设该笔股权收购业务符合特殊性税务处理条件，当事各方一致选择适用特殊性税务处理。请分析，重组当事各方的所得税事项分别如何确认。

【解析】在适用特殊性税务处理下，B 公司转让 A 公司 60% 股权暂不确认股权转让所得 600 万元，同时其取得 C 公司增发股份的计税基础，按照其原持有的 A 公司股权的计税基础确定，即 600 万元。

C 公司取得 A 公司 60% 股权的计税基础，按照被收购股权的原有计税基础 600 万元确定。

被收购企业 A 公司原有各项资产和负债的计税基础和其他相关所得税事项保持不变。

4. 资产收购

资产收购，是指一家企业购买另一家企业实质经营性资产的交易。实质经营性资产，是指企业用于从事生产经营活动、与产生经营收入直接相关的资产，包括经营所用各类资产、企业拥有的商业信息和技术、经营活动产生的应收款项、投资资产等。受让企业（即收购方）支付对价的形式包括股权支付、非股权支付或两者的组合。

资产收购业务在适用一般性税务处理下，转让方应按被转让资产的公允价值计算确认资产转让所得或损失；收购方取得资产的计税基础以公允价值为基础确定。

当受让企业收购的资产不低于转让企业全部资产的 50%，且受让企业在该资产收购发生时的股权支付金额不低于其交易支付总额的 85%，可以适用特殊性税务处理。此时，转让方取得受让方股权的计税基础，以被转让资产的原有计税基础确定；受让方取得转让方资产的计税基础，以被转让资产的原有计税基础确定。

在资产收购业务中，可能会涉及税收优惠的衔接。例如，对资产收购涉及公共基础设施项目和环境保护、节能节水项目所得优惠在税收优惠期内的，收购方可以在剩余优惠期内继续享受相关资产的项目优惠；减免税期限届满后转让的，收购方不得就该项目重复享受减免税优惠。

【例5-7】2022年，A公司收购B公司一套核心研发设备，账面价值600万元（同计税基础），公允价值1000万元。A公司以自身的股份（定向增发）公允价900万元以及100万元现金作为支付对价，B公司取得A公司10%的股权。假设该笔资产收购业务符合特殊性税务处理条件，当事各方一致选择适用特殊性税务处理（不考虑增值税等相关税费）。请分析，重组当事各方的所得税事项分别如何确认。

【解析】在适用特殊性税务处理下，B公司取得非股权支付对应的资产转让所得＝（被转让资产的公允价值－被转让资产的计税基础）×（非股权支付金额÷被转让资产的公允价值）＝（1000－600）×（100÷1000）＝40（万元）。

B公司取得A公司10%股权的计税基础＝被转让资产的原有计税基础×股权支付比例＝600×（900÷1000）＝540（万元）

A公司取得B公司设备的计税基础＝被转让资产原有计税基础×股权支付比例＋非股权支付＝600×（900÷1000）＋100＝640（万元）

5. 合并

合并，是指一家或多家企业（以下称为被合并企业）将其全部资产和负债转让给另一家现存或新设企业（以下称为合并企业），被合并企业股东换取合并企业的股权或非股权支付，实现两个或两个以上企业的依法合并。税法上，企业合并包括吸收合并（例如，A企业吸收合并B企业，B企业注销，A企业存续）与新设合并（例如，A、B企业合并设立C企业，A、B企业均注销）。

企业合并适用一般性税务处理下，合并企业应按公允价值确定接受被合并企业各项资产和负债的计税基础。被合并企业及其股东都应按清算进行所得税处理。被合并企业的亏损不得在合并企业结转弥补。

对于企业合并，如果被合并企业股东在该企业合并业务发生时取得的股权支付金额不低于其交易支付总额的85%，以及同一控制下且不需要支付对价的企业合并，符合条件的可以适用特殊性税务处理。此处的同一控制，是指参与合并的企业在合并前后均受同一方或相同的多方最终控制，且该控制并非暂时性的。能够对参与合并的企业在合并前后均实施最终控制权的相同多方，是指根据合同或协议的约定，对参与合并企业的财务和经营政策拥有决定控制权的投资者群体。在企业合并前，参与合并各方受最终控制方的控制在12个月以上，企业合并后所形成的主体在最终控制方的控制时间也应达到连续12

个月。

在适用特殊性税务处理下,合并企业接受被合并企业各项资产和负债的计税基础,以被合并企业的原有计税基础确定。被合并企业虽然注销,但是不需要进行企业所得税清算,其合并前的相关所得税事项由合并企业承继。在企业所得税法规定的剩余结转弥补年限内,每年可由合并企业弥补的被合并企业亏损的限额=被合并企业净资产公允价值×截至合并业务发生当年年末国家发行的最长期限的国债利率。被合并企业股东也不需要按清算进行所得税处理,其取得合并企业股权的计税基础,以其原持有的被合并企业股权的计税基础确定。

【例5-8】A公司2021年12月31日资产负债表显示,该公司资产4000万元,负债2200万元,所有者权益1800万元,A公司净资产公允价值2000万元。2022年3月1日,B公司吸收合并A公司,B公司向A公司股东C公司定向增发本公司股票作为对价。合并前A公司尚有弥补期限内的亏损200万元。假设该合并业务符合特殊性税务处理条件,当事各方一致选择适用特殊性税务处理。请分析,重组当事各方的所得税事项分别如何确认。(假定2022年年末国家发行的最长期限的国债利率为7%)

【解析】在适用特殊性税务处理下,B公司接受A公司资产和负债的计税基础以原有计税基础确定,C公司取得B公司股权的计税基础,以其原持有A公司股权的计税基础确定。对被合并企业A公司尚未弥补完的亏损,在剩余弥补期限内每年可由合并企业B公司弥补的限额=2000×7%=140(万元)。

6. 分立

分立,是指一家企业(以下称为被分立企业)将部分或全部资产分离转让给现存或新设的企业(以下称为分立企业),被分立企业股东换取分立企业的股权或非股权支付,实现企业的依法分立。按照企业分立后被分立企业是否存在,企业分立可以采取存续分立(例如,A企业分立为A企业和B企业,A企业继续存在)和新设分立(例如,A企业分立为B企业和C企业,A企业注销)两种类型。

企业分立适用一般性税务处理下,被分立企业对分立出去的资产应按公允价值计算确认资产转让所得或损失。分立企业应按公允价值确认接受资产的计税基础。被分立企业继续存在时,其股东取得的对价应视同被分立企业分配进行处理。被分立企业不再继续存在时,被分立企业及其股东都应按清算进行所得税处理。企业分立相关企业的亏损不得相互结转弥补。

对于企业分立,如果被分立企业所有股东按原持股比例取得分立企业的股权,分立企业和被分立企业均不改变原来的实质经营活动,且被分立企业股东在该企业分立业务发生时取得的股权支付金额不低于其交易支付总额的85%,符合条件的可以适用特殊性税务处理。即分立企业接受被分立企业各项资产和负债的计税基础,以被分立企业的原有计税基础确定。被分立企业已分立出去资产相应的所得税事项由分立企业承继。被分立企业未超过法定弥补期限的亏损额可按分立资产占全部资产的比例进行分配,由分立企业继续弥补。被分立企业的股东取得分立企业的股权(以下简称"新股"),如需部分或全部放弃原持有的被分立企业的股权(以下简称"旧股"),"新股"的计税基础应以放弃"旧股"的计税基础确定。如不需放弃"旧股",则其取得"新股"的计税基础可从以下两种方法中选择确定:一种方法是直接将"新股"的计税基础确定为零;另一种方法是以被分立企业分立出去的净资产占被分立企业全部净资产的比例先调减原持有的"旧股"的计税基础,再将调减的计税基础平均分配到"新股"上。

【例5-9】A公司股东甲、乙公司分别投资1000万元,各占A公司股份的50%。2021年度A公司亏损200万元尚未弥补。2022年1月A公司决定存续分立为A公司和B公司。

分立时A公司资产负债情况见表5-3(假设账面价值同计税基础,下同)。

表5-3　　　　　　　　　A公司资产负债情况　　　　　　　　单位:万元

资产			负债和所有者权益	
种类	账面价值	公允价值	种类	账面价值
存货	500	600	流动负债	200
固定资产	1000	1200	长期负债	800
无形资产	1500	1800	实收资本	2000
资产总计	3000	3600	合计	3000

A公司分立成立B公司的资产与负债情况见表5-4。

表5-4　　　　　　　　　　B公司资产负债情况　　　　　　　　　　单位：万元

资产			负债和所有者权益	
种类	账面价值	公允价值	种类	账面价值
存货	100	120	流动负债	100
固定资产	500	600	长期负债	0
无形资产	800	960	实收资本	1300
资产总计	1400	1680	合计	1400

A存续公司保留的资产与负债情况见表5-5。

表5-5　　　　　　　　　　A存续公司资产负债情况　　　　　　　　　单位：万元

资产			负债和所有者权益	
种类	账面价值	公允价值	种类	账面价值
存货	400	480	流动负债	100
固定资产	500	600	长期负债	800
无形资产	700	840	实收资本	700
资产总计	1600	1920	合计	1600

假设该企业分立业务符合特殊性税务处理条件，当事各方一致选择适用特殊性税务处理。请分析，重组当事各方的所得税事项分别如何确认。

【解析】在适用特殊性税务处理下，A公司对分立出去的资产不确认资产转让所得，A公司分立后保留的资产和负债的计税基础不变。B公司取得分立资产的计税基础按其在A公司的原有计税基础确定。

A公司2021年度未弥补的亏损由分立后的A公司和B公司按资产比例进行分配。其中，A公司分得的2021年未弥补的亏损=200×1920÷3600=106.67（万元），B公司分得的2021年未弥补的亏损=200×1680÷3600=93.33（万元），继续按规定在剩余弥补期限内弥补。甲、乙公司在此次企业分立中取得的B公司的股权不视同被分立企业分配进行处理，其持有B公司股权的计税基础可以其放弃的A公司股权原有计税基础确定，即1300万元。

7. 跨境股权和资产收购

企业发生涉及中国境内与境外之间（包括港澳台地区）的股权和资产收购交易，除需符合特殊性税务处理相关条件外，还需要满足以下条件，才可以适用特殊性税务处理：

（1）非居民企业向其100%直接控股的另一非居民企业转让其拥有的居民企业股权，没有因此造成以后该项股权转让所得预提税负担变化，且转让方非居民企业向主管税务机关书面承诺在3年（含3年）内不转让其拥有受让方非居民企业的股权；

（2）非居民企业向与其具有100%直接控股关系的居民企业转让其拥有的另一居民企业股权；

（3）居民企业以其拥有的资产或股权向其100%直接控股的非居民企业进行投资；

（4）财政部、国家税务总局核准的其他情形。

其中，居民企业以其拥有的资产或股权向其100%直接控股关系的非居民企业进行投资，如选择适用特殊性税务处理，其资产或股权转让收益可以在10个纳税年度内均匀计入各年度应纳税所得额。

【例5-10】A公司（居民企业）100%持有境内B公司（初始投资成本1000万元，公允价1500万元）与香港C公司的股权。2022年3月，A公司将其持有的B公司100%股权向香港C公司增资入股。请分析，在符合特殊性税务处理条件下，A公司如何确认股权转让所得。

【解析】如果符合特殊性税务处理条件，A公司选择适用特殊性税务处理时，其股权转让所得500万元，可在10个纳税年度内均匀计入各年度应纳税所得额。

二、其他递延纳税事项

除上述债务重组、股权收购、资产收购、合并、分立在适用特殊性税务处理时可以递延纳税之外，为进一步支持企业兼并重组，对于企业重组过程中未取得现金对价的非货币性资产对外投资、划转等业务，财政部、国家税务总局也出台了相关递延纳税政策。

（一）股权、资产划转

对100%直接控制的居民企业之间，以及受同一或相同多家居民企业100%直接控制的居民企业之间按账面净值划转股权或资产，符合条件的可以适用特殊性税务处理。需注意，必须是100%直接控制的居民企业之间的划转行为才能适用特殊性税务处理，间接控股达到100%的集团企业间进行股权、资产划转，由于不属于直接控制，不能适用该项政策。受相同多家居民企业100%直接控制的居民企业，需要满足股东相同，且股东持股比例相同。例如，甲公司持有 A 公司 60% 的股权，乙公司持有 A 公司 40% 的股权，同时甲公司持有 B 公司 60% 的股权，乙公司持有 B 公司 40% 的股权。则 A 公司和 B 公司属于受相同的甲、乙公司 100% 直接控制。

1. 适用特殊性税务处理的条件

（1）具有合理商业目的、不以减少、免除或者推迟缴纳税款为主要目的；

（2）股权或资产划转后连续 12 个月内不改变被划转股权或资产原来实质性经营活动；

（3）划出方企业和划入方企业均未在会计上确认损益。

2. 股权、资产划转的情形与税务处理

（1）100% 直接控制的母子公司之间，母公司向子公司按账面净值划转其持有的股权或资产，母公司获得子公司 100% 的股权支付。

在适用特殊性税务处理下，母公司按增加长期股权投资处理，子公司按接受投资（包括资本公积，下同）处理。母公司对其划转的股权或资产不需要确认所得或损失，其获得子公司股权的计税基础以划转股权或资产的原计税基础确定。子公司取得的被划转资产，以其原计税基础计算折旧扣除或摊销。

如果不适用特殊性税务处理，母公司应按原划转完成时股权或资产的公允价值视同销售处理，并按公允价值确认取得长期股权投资的计税基础；子公司按公允价值确认划入股权或资产的计税基础。

（2）100% 直接控制的母子公司之间，母公司向子公司按账面净值划转其持有的股权或资产，母公司没有获得任何股权或非股权支付。

在适用特殊性税务处理下，母公司按冲减实收资本（包括资本公积，下同）处理，子公司按接受投资处理。

如果不适用特殊性税务处理，母公司应按原划转完成时股权或资产的公允价值视同销售处理；子公司按公允价值确认划入股权或资产的计税基础。

（3）100% 直接控制的母子公司之间，子公司向母公司按账面净值划转其持有的股权或资产，子公司没有获得任何股权或非股权支付。

在适用特殊性税务处理下，母公司按收回投资处理，或按接受投资处理，子公司按冲减实收资本处理。母公司应按被划转股权或资产的原计税基础，相应调减持有子公司股权的计税基础。

如果不适用特殊性税务处理，子公司应按原划转完成时股权或资产的公允价值视同销售处理；母公司应按撤回或减少投资进行处理。

（4）受同一或相同多家母公司100%直接控制的子公司之间，在母公司主导下，一家子公司向另一家子公司按账面净值划转其持有的股权或资产，划出方没有获得任何股权或非股权支付。

在适用特殊性税务处理下，划出方按冲减所有者权益处理，划入方按接受投资处理。

如果不适用特殊性税务处理，划出方应按原划转完成时股权或资产的公允价值视同销售处理；母公司根据交易情形和会计处理对划出方按分回股息进行处理，或者按撤回或减少投资进行处理，对划入方按以股权或资产的公允价值进行投资处理；划入方按接受母公司投资处理，以公允价值确认划入股权或资产的计税基础。

【例5-11】A公司100%控股B公司。A公司将其拥有的土地使用权（公允价为200万元，账面原值和初始计税基础均为100万元，累计已摊销20万元）按账面价值划转给B公司。假设此业务符合特殊性税务处理的相关条件。请分析，交易双方的所得税事项如何确认。

【解析】在适用特殊性税务处理下，A公司转让土地使用权的行为不确认所得，按向B公司进行投资处理，获得B公司股权的计税基础以土地使用权的原计税基础80万元确定。

B公司获得A公司的土地使用权不确认所得，按接受A公司投资处理，取得划入土地使用权的计税基础按其原计税基础80万元确定。

（二）非货币性资产投资

实行查账征收的居民企业以非货币性资产对外投资确认的非货币性资产转让所得，可自确认非货币性资产转让收入年度起不超过连续5个纳税年度的期间内，分期均匀计入相应年度的应纳税所得额，按规定计算缴纳企业所得税。所称非货币性资产，是指现金、银行存款、应收账款、应收票据以及准备持有至到期的债券投资等货币性资产以外的资产。非货币性资产投资，限于以非货币性资产出资设立新的居民企业，或将非货币性资产注入现存的居民企业，可见，非货币性资产投资必须是将资产注入被投资企业。以非货币性资产对外投资，于投资协议生效并办理股权登记手续时，确认非货币性资产转让收入的实现。

企业以非货币性资产对外投资而取得被投资企业的股权，应以非货币资产的原计税成本为计税基础,加上每年确认的非货币性资产转让所得,逐年进行调整。被投资企业取得非货币性资产的计税基础,应按非货币性资产的公允价值确定。

企业在对外投资5年内转让被投资企业股权或投资收回的,需停止执行递延纳税政策,并就递延期内尚未确认的非货币性资产转让所得,在转让股权或投资收回当年的企业所得税年度汇算清缴时,一次性计算缴纳企业所得税。企业在对外投资5年内注销的,也需停止执行递延纳税政策,并就递延期内尚未确认的非货币性资产转让所得,在注销当年的企业所得税年度汇算清缴时,一次性计算缴纳企业所得税。

企业以非货币性资产投资可能同时满足前述股权、资产收购,股权、资产划转业务中的特殊性税务处理条件,此时,企业可以自行选择适用非货币性资产投资5年分期递延纳税政策,也可以选择适用前述业务的特殊性税务处理政策。

【例5-12】2022年3月,A公司(境内居民企业,查账征收)以一幢办公楼出资成立B公司,取得B公司60%股权,该房产账面价值1000万元(同计税基础),公允价5000万元,2022年5月完成房产变更及股权登记。请分析,交易双方的所得税事项如何确认。

【解析】假设符合非货币性资产投资递延纳税政策,A公司以非货币性资产对外投资,对其非货币性资产转让所得4000万元可自2022年度起在不超过连续5个纳税年度的期间内分期均匀计入相应年度的应纳税所得额,按规定计算缴纳企业所得税。B公司取得房产的计税基础为公允价5000万元。

(三)技术入股

企业以技术成果投资入股到境内居民企业,被投资企业支付的对价全部为股票(权)的,企业可以选择适用递延纳税优惠政策。经向主管税务机关备案,投资入股当期可暂不纳税,允许递延至转让股权时,按股权转让收入减去技术成果原值和合理税费后的差额计算缴纳所得税。被投资企业对于取得的技术成果按企业投资入股时的评估值入账并在企业所得税前摊销扣除。

需注意的是,技术成果投资入股,是指企业将技术成果所有权让渡给被投资企业、取得该企业股票(权)的行为。此处技术成果是指专利技术(含国防专利)、计算机软件著作权、集成电路布图设计专有权、植物新品种权、生物医药新品种,以及科技部、财政部、国家税务总局确定的其他技术成果。对于非专有技术等未列举的技术成果，不能适用该项政策。

【例 5-13】 2022 年 8 月，A 公司以一项专利技术出资成立 B 公司，取得 B 公司 30% 股权，该专利技术账面价值 200 万元，公允价 1000 万元。请分析，A 公司该项交易的所得税事项如何确认。

【解析】 假设符合技术入股递延纳税政策，A 公司以该技术出资成立 B 公司时，可暂不确认技术转让所得 800 万元，待 A 公司转让 B 公司股权时，按股权转让收入减去技术成果原值 200 万元和合理税费后的差额计算缴纳企业所得税。

（四）基础设施领域不动产投资信托基金

设立基础设施 REITs 前，原始权益人向项目公司划转基础设施资产相应取得项目公司股权，适用特殊性税务处理，即项目公司取得基础设施资产的计税基础，以基础设施资产的原计税基础确定；原始权益人取得项目公司股权的计税基础，以基础设施资产的原计税基础确定。原始权益人和项目公司不确认所得，不征收企业所得税。

基础设施 REITs 设立阶段，原始权益人向基础设施 REITs 转让项目公司股权实现的资产转让评估增值，当期可暂不缴纳企业所得税，允许递延至基础设施 REITs 完成募资并支付股权转让价款后缴纳。其中，对原始权益人按照战略配售要求自持的基础设施 REITs 份额对应的资产转让评估增值，允许递延至实际转让时缴纳企业所得税。

第三节　企业政策性搬迁

为支持城市规划改造工作，对企业发生的政策性搬迁，企业所得税采取了特殊的政策。

一、政策性搬迁概念及范围

政策性搬迁，是指由于社会公共利益的需要，企业在政府主导下进行整体搬迁或部分搬迁。社会公共利益的需要包括：国防和外交的需要；由政府组织实施的能源、交通、水利等基础设施的需要；由政府组织实施的科技、教育、文化、卫生、体育、环境和资源保护、防灾减灾、文物保护、社会福利、市政公用等公共事业的需要；由政府组织实施的保障性安居工程建设的需要；由政府依照《中华人民共和国城乡规划法》有关规定组织实施的对危房集中、基础设施落后等地段进行旧城区改建的需要；法律、行政法规规定的其他公共利益的需要。

二、搬迁所得或损失的计算

（一）搬迁收入的确认

企业的搬迁收入，是指企业搬迁过程中取得的收入。具体包括搬迁补偿收入和搬迁资产处置收入。

1. 搬迁补偿收入

搬迁补偿收入，是指企业搬迁过程中从本企业以外（包括政府或其他单位）取得的搬迁补偿收入，包括由于搬迁取得的货币性和非货币性补偿收入。具体包括：对被征用资产价值的补偿，因搬迁、安置而给予的补偿，对停产停业形成的损失而给予的补偿，资产搬迁过程中遭到毁损而取得的保险赔款，等等。

2. 搬迁资产处置收入

搬迁资产处置收入，是指企业由于搬迁而处置企业各类资产所取得的收入。

企业由于搬迁处置存货而取得的收入，不会因政策性搬迁而受较大影响，应按正常经营活动取得的收入进行所得税处理，不作为企业搬迁资产处置收入。

（二）搬迁支出的确认

企业的搬迁支出，包括搬迁费用支出以及由于搬迁所发生的企业资产处置支出。

1. 搬迁费用支出

搬迁费用支出，是指企业搬迁期间所发生的各项费用，包括安置职工实际发生的费用、停工期间支付给职工的工资及福利费、临时存放搬迁资产而发生的费用、各类资产搬迁安装费用以及其他与搬迁相关的费用。

2. 资产处置支出

资产处置支出，是指企业由于搬迁而处置各类资产所发生的支出，包括变卖及处置各类资产的净值、处置过程中所发生的税费等支出。对于企业搬迁中报废或废弃的资产，如无转让价值，其净值也可以作为企业的资产处置支出处理。

（三）搬迁相关资产的税务处理

1. 搬迁的资产

企业搬迁的资产，简单安装或不需要安装（如无形资产）即可继续使用的，在该项资产重新投入使用后，就其净值按规定的该资产尚未折旧或摊销的年限，继续计提折旧或摊销。

企业搬迁的资产，需要进行大修理后才能重新使用的，该资产的净值加上大修理过程所发生的支出，为该资产的计税成本。在该项资产重新投入使用后，按该资产尚可使用的年限计提折旧或摊销。

2. 置换的资产

企业政策性搬迁被征用的资产，采取资产置换的，其换入资产的计税成本按被征用资产的净值，加上换入资产所支付的税费（涉及补价，还应加上补价款）计算确定。

企业搬迁中被征用的土地，采取土地置换的，换入土地的计税成本按被征用土地的净值，以及该换入土地投入使用前所发生的各项费用支出，为该换入土地的计税成本，在该换入土地投入使用后，按规定年限摊销。

3. 新购置的资产

企业搬迁期间新购置的各类资产，其购置支出不得从搬迁收入中扣除，应按有关税收规定计算确定资产的计税成本及折旧或摊销年限。

（四）搬迁所得及损失的税务处理

企业在搬迁期间发生的搬迁收入和搬迁支出，可以暂不计入当期应纳税所得额，而在完成搬迁的年度，对搬迁收入和支出进行汇总清算。

1. 搬迁完成年度

搬迁完成年度是指，从搬迁开始 5 年内（包括搬迁当年度）任何一年完成搬迁的，或者从搬迁开始，搬迁时间满 5 年（包括搬迁当年度）的年度。

企业搬迁规划已基本完成且当年生产经营收入占规划搬迁前年度生产经营收入 50% 以上的，视为已经完成搬迁。企业边搬迁、边生产的，搬迁年度应从实际开始搬迁的年度计算。

2. 搬迁所得

企业的搬迁收入，扣除搬迁支出后的余额，为企业的搬迁所得。企业应在搬迁完成年度，进行搬迁清算，计算搬迁所得，并计入当年度企业应纳税所得额计算纳税。

3. 搬迁损失

企业搬迁收入扣除搬迁支出后为负数的数额，为企业政策性搬迁损失。搬迁损失可以一次性在搬迁完成年度，作为企业损失扣除；或自搬迁完成年度起，分3个年度均匀作为企业损失扣除。企业一经选定处理方法，不得改变。

4. 核算要求

企业应就政策性搬迁过程中涉及的搬迁收入、搬迁支出、搬迁资产税务处理、搬迁所得等所得税征收管理事项，单独进行税务管理和核算。不能单独进行税务管理和核算的，不能按照政策性搬迁政策进行所得税处理。

（五）政策性搬迁以前年度亏损的税务处理

由于企业搬迁一般停止正常生产经营活动，会对亏损弥补期限造成影响，因此对企业以前年度发生尚未弥补的亏损给予特定的税收规定。企业政策性搬迁的以前年度有尚未弥补亏损的，凡企业由于搬迁停止生产经营无所得的，从搬迁年度次年起，至搬迁完成年度前一年度止，可作为停止生产经营活动年度，从法定亏损结转弥补年限中减除；企业边搬迁、边生产的，其亏损结转年度应连续计算。

例如，企业2016年度发生亏损，原法定亏损弥补期应是2017年度至2021年度截止；2017年3月按照政府的要求进行政策性搬迁且停止生产经营无所得，2020年4月底完成搬迁并恢复生产。由于企业从2018年度至2019年度中止计算弥补亏损期限为2年，则该企业2016年度亏损原有的法定亏损弥补期限也相应的推迟2年，至2023年度截止。

三、政策性搬迁事项的税务管理

企业应在搬迁开始年度，向主管税务机关（包括迁出地和迁入地）报送政策性搬迁依据、搬迁规划等相关材料；企业搬迁完成年度，应在企业所得税年度纳税申报时填报相关内容。

政策性搬迁属于税务管理的跨年度事项，是企业所得税后续管理的重要事项。对政策性搬迁，税务部门要在做好日常管理的基础上，加强跟踪管理和动态监控，保持企业所得税管理的连续性，切实防止出现管理真空。

判断是否属于政策性搬迁，重点关注企业能否提供政府相关文件证明资料来证明符合规定范围的社会公共利益需要；政策性搬迁所得的填报和复核，重点关注搬迁期间的搬迁收入、搬迁支出、搬迁所得或损失以及纳税调整金额。

企业迁出地和迁入地主管税务机关发生变化的，由迁入地主管税务机关负责企业搬迁清算。

第四节 法人合伙人应分得所得的处理

合伙企业不属于企业所得税纳税人，其生产经营所得和其他所得，采取"先分后税"的原则，由每个合伙人对其应分得所得承担纳税义务。合伙人是法人和其他组织的（以下简称法人合伙人），其应分得所得并入法人合伙人的应纳税所得额计算缴纳企业所得税。合伙企业合伙人是自然人的，就其从合伙企业分得的所得缴纳个人所得税，详见本书第十二章"经营所得"有关内容。

一、法人合伙人应分得所得的确认

（一）合伙企业应纳税所得额的计算

合伙企业按照个人所得税的有关规定，计算收入总额减除成本、费用、损失后的余额，确认其本期的生产经营所得和其他所得，包括合伙企业实际已分配给所有合伙人的所得和合伙企业当年留存的所得。

（二）分配所得

合伙企业的合伙人按照"先分后税"的原则，根据合伙人的应分配比例计算确定各自的合伙企业生产经营所得和其他所得，作为合伙人的应分得所得。合伙人的应分得所得，与会计核算从合伙企业分得的收益可能存在差异。合伙人应分得所得，不论合伙企业是否向合伙人实际分配，均需按合伙人的应分配比例计算分配所得。

合伙人的应分配比例按照下列原则确定：按照合伙协议约定的分配比例确定，但合伙协议不得约定将全部利润分配给部分合伙人；合伙协议未约定或者约定不明确的，按照合伙人协商决定的分配比例确定；协商不成的，按照合伙人实缴出资比例确定；无法确定出资比例的，按照合伙人数量平均计算确定。

二、法人合伙人应分得所得的处理

法人合伙人按税法规定从合伙企业计算的应分得所得，计入该法人的企业所得税应纳税所得额。

由于合伙企业不具有法人资格,不是企业所得税的纳税义务人,因此法人合伙人取得来源于合伙企业的应分得所得不属于符合条件的居民企业之间的股息、红利等权益性投资收益,不是免税收入。

法人合伙人在计算缴纳企业所得税时,不得用合伙企业的亏损抵减其盈利。合伙企业的亏损由合伙企业按税法规定结转以后年度弥补。法人合伙人投资合伙企业产生的亏损,应在合伙企业解散或合伙份额转让、退出时,按照资产损失相关规定进行企业所得税税前扣除。

企业所得税预缴纳税申报时,法人合伙人按照会计口径确认的来源于合伙企业的所得通过本企业利润总额计算预缴当期的应纳税额。

企业所得税年度纳税申报时,法人合伙人本年来源于合伙企业的应分得所得与按会计核算所得往往存在税会差异,需要通过纳税调整按税收口径计入年度应纳税所得额。以《中华人民共和国企业所得税年度纳税申报表(A类,2017年版)》为例,法人合伙人通过填写附表《纳税调整项目明细表》(A105000表)第41行"合伙企业法人合伙人分得的应纳税所得额"进行纳税调整申报。法人合伙人投资于多家合伙企业,来源于各合伙企业的应分得所得应逐户计算、不同企业计算结果不能互抵,其中大于0的部分按合计金额填入纳税申报表。

【例5-14】 甲公司参与投资了乙企业(有限合伙企业),投资比例为20%,未约定分配比例。

(1)假设合伙协议约定,按投资比例分配利润。乙企业2022年经营所得300000元,但并未进行经营所得的分配,因此甲公司没有进行会计处理。请分析,甲公司2022年度汇算清缴时应如何申报。

(2)假设乙企业2022年分配经营所得100000元,甲公司当年分回的经营所得为20000元,会计处理如下:

借:银行存款　　　　　　　　　　　　　　　　　　20000
　　贷:投资收益——乙企业　　　　　　　　　　　　　　20000

请分析,甲公司2022年度汇算清缴时应如何申报。

【解析】(1)2022年度甲公司会计上从乙企业分回的所得为0,税收上按"先分后税"原则计算应分得所得=300000×20%=60000(元),需要并入企业当年度的应纳税所得额。汇算清缴申报时申报表的填报见表5-6。

表 5-6　　　　　　　　A105000 纳税调整项目明细（局部）　　　　　　　　单位：元

行次	项目	账载金额	税收金额	调增金额	调减金额
		1	2	3	4
36	四、特殊事项调整项目（37+38+…+43）	*	*	60000	
41	（五）合伙企业法人合伙人应分得的应纳税所得额	0	60000	60000	

（2）甲公司会计上确认投资收益 20000 元，但税收上甲公司当年应从乙企业分得应纳税所得额 = 300000 × 20% = 60000（元）。汇算清缴申报时申报表的填报见表 5-7。

表 5-7　　　　　　　　A105000 纳税调整项目明细（局部）　　　　　　　　单位：元

行次	项目	账载金额	税收金额	调增金额	调减金额
		1	2	3	4
36	四、特殊事项调整项目（37+38+…+43）	*	*	40000	
41	（五）合伙企业法人合伙人应分得的应纳税所得额	20000	60000	40000	

延伸阅读

各国所得税法对合伙企业纳税主体的认定规则

各国对合伙企业纳税主体认定规则存在较大差异，主要存在三种模式：

一是税收透明体（tax transparent entity），明确合伙企业本身不是所得税法中的纳税主体，合伙企业的所得应分配至各合伙人，由合伙人根据自身性质承担纳税义务。德国、英国等国家采取这种模式，我国从 2000 年度起明确采用这种模式。

二是纳税实体（taxable entity），明确将合伙企业作为独立的纳税主体，与公司相同对待，对其征收企业所得税。西班牙、巴西、印度尼西亚等国家采取这种模式。

三是介于实体模式与非实体模式之间的准纳税实体（partly taxable entity），允许合伙企业自由选择适用的纳税主体规则，如美国《国内收入法典》在 1997 年推出打钩规则制度（check-the-box rules），允许有限责任合伙企业选择作为独立的所得税纳税实体履行纳税义务；或者选择作为透明体，穿透所得由合伙人各自履行纳税义务。再如爱尔兰规定，所有类型的合伙企业都可自主选择适用的纳税主体规则进行纳税。

资料来源：周炎元，《合伙企业适用税收协定的国际规则比较与借鉴》，国际税收，2021年。

第五节　特别纳税调整

特别纳税调整，是针对"一般纳税调整"而言的，是税务机关出于实施反避税目的而对纳税人特定纳税事项的税收调整，包括针对纳税人转让定价、资本弱化、受控外国公司及其他避税情形而进行的税收调整。通俗地讲，一般纳税调整是基于企业的日常经营，而特别纳税调整是基于企业存在关联交易，违背独立交易原则的"特别情况"。特别纳税调整主要涉及《企业所得税法》及其实施条例"特别纳税调整"的相关内容，即主要是对企业与其关联方之间的业务往来（关联交易）以及其他不具有合理商业目的安排的税务处理。

一、特别纳税调整内容

对关联方不按照独立交易原则进行关联业务往来，导致企业或者其关联方减少应纳税收入或者所得额的，税务机关有权进行合理调整。

独立交易原则，是指没有关联关系的交易各方，按照公平成交价格和营业常规进行业务往来遵循的原则。独立交易原则是一条判断准则，为整个转让定价税制体系的建立奠定了基础。按照独立交易原则，将关联交易取得的收入或者利润水平与可比情形下的没有关联关系的企业交易结果进行比较，如果存在差异，就说明因为关联关系的存在而导致企业无法取得按照正常市场交易和营业常规所能取得的收入或者利润水平，从而违背了独立交易原则。如果因为违反独立交易原则而造成企业或者其关联方应纳税收入或者所得额减少的，税务机关可以进行调整，调整的方法也应按照独立交易原则进行。

关联方是指与企业有下列关联关系之一的企业、其他组织或者个人：在资金、经营、购销等方面存在直接或者间接的控制关系；直接或者间接地同为第三者控制；在利益上具有相关联的其他关系。关联关系包括股权控制、债权控制、经营控制和管理控制等，列明的关联交易主要包括有形资产使用权或者所有权的转让、金融资产的转让、无形资产使用权或者所有权的转让、资金融通、劳务交易等五个方面。

二、特别纳税调整对象

税务机关对企业的转让定价、预约定价安排、成本分摊协议、受控外国企业、资本弱化以及一般反避税等特别纳税调整事项作为调整对象。

(一) 转让定价管理

转让定价也称划拨定价，即交易各方之间确定的交易价格，它通常是指关联企业之间内部转让交易所确定的价格，这种内部交易价格通常不同于一般市场价格。转让定价是现代企业特别是跨国公司进行国际反避税所借用的重要工具，主要是利用各国税制差别来实现的。

转让定价管理是指税务机关按照规定，对关联交易是否符合独立交易原则进行审核评估和调查调整等工作的总称。

(二) 预约定价安排管理

预约定价安排是指企业与税务机关就其未来年度关联交易的定价原则和计算方法达成一致的相关协议。根据涉及国家（地区）主管税务当局的数量，预约定价安排可以分成单边预约定价安排、双边预约定价安排和多边预约定价安排三种类型。预约定价安排谈签与执行的一般程序包括预备会谈、谈签意向、分析评估、正式申请、协商签署和监控执行六个阶段。单边预约定价安排简易程序包括申请评估、协商签署和监控执行三个阶段。

预约定价安排管理是指税务机关按照规定，对企业提出的未来年度关联交易的定价原则和计算方法进行审核评估，并与企业协商达成预约定价安排等工作的总称。

(三) 成本分摊协议管理

成本分摊协议管理是指税务机关按照规定，对企业与其关联方签署的成本分摊协议，包括共同开发、受让无形资产或者共同提供、接受劳务，是否符合独立交易原则进行审核评估和调查调整等工作的总称。

(四) 受控外国企业管理

受控外国企业管理是指税务机关有权按照合理方法，对中国居民企业或居民个人通过在低税率国家（地区）或避税地建立受控外国企业，利用不合理商业安排将利润转移到境外，从而逃避在境内的纳税义务的行为，进行纳税调整。将不作分配或者减少分配的利润中应归属于中国居民的部分，计入该居民企业或居民个人的当期收入。

受控外国企业应从以下两个方面进行判定：一是构成控制，控制标准包括股份控制和实质控制；二是外国企业，是指依照外国（地区）法律成立且实际管理机构不在中国境内的企业。居民企业应自行判定境外被投资企业是否为受控外国企业。

受控外国企业设立在实际税负低于12.5%的国家（地区），并非由于合理的经营需要而对利润不作分配或者减少分配的，或者符合豁免情形的，税务机关可以按照《企业所得税法》及其实施条例、《特别纳税调整实施办法（试行）》受控外国企业管理的有关规定办理。

控制，是指在股份、资金、经营、购销等方面构成实质控制，其中，股份控制是指由中国居民股东在纳税年度任何一天单层直接或多层间接单一持有外国企业10%以上有表决权股份，且共同持有该外国企业50%以上股份。中国居民股东多层间接持有股份的，股东持股比例按各层持股比例相乘计算，中间层持有股份超过50%的，按100%计算。

计入中国居民企业股东当期的视同受控外国企业股息分配的所得，按以下公式计算：

$$\text{中国居民企业股东当期所得} = \text{视同股息分配额} \times \text{实际持股天数} \div \text{纳税年度天数} \times \text{股东持股比例}$$

中国居民企业股东能够提供资料证明其控制的外国企业满足以下条件之一的，可免于将外国企业不作分配或减少分配的利润视同股息分配额，计入中国居民企业股东的当期所得：设立在国家税务总局指定的非低税率国家（地区）；主要取得积极经营活动所得；年度利润总额低于500万元人民币。

（五）资本弱化管理

资本弱化管理是指税务机关按照规定，对企业接受关联方债权性投资与企业接受的权益性投资的比例是否符合规定比例或独立交易原则进行审核评估和调查调整等工作的总称。

债权性投资，是指企业直接或者间接从关联方获得的，需要偿还本金和支付利息或者需要以其他具有支付利息性质的方式予以补偿的融资。企业间接从关联方获得的债权性投资，包括：关联方通过无关联第三方提供的债权性投资；无关联第三方提供的、由关联方担保且负有连带责任的债权性投资；其他间接从关联方获得的具有负债实质的债权性投资。

权益性投资，是指企业接受的不需要偿还本金和支付利息，投资人对企业净资产拥有所有权的投资。

利息支出包括直接或间接关联债权投资实际支付的利息、担保费、抵押费和其他具有利息性质的费用。此处所称"实际支付利息"是指企业按照权责发生制原则计入相关成本、费用的利息。

（六）一般反避税管理

一般反避税管理是指税务机关按照规定，对企业实施其他不具有合理商业目的的安排而减少其应纳税收入或所得额进行审核评估和调查调整等工作的总称。

反避税措施，包括转让定价、资本弱化、成本分摊、受控外国企业等，这些条款分别针对一些特定的避税安排。企业的避税安排如果属于这些反避税条款调整范畴时，应首先适用该反避税条款的相关规定。企业的避税安排属于受益所有人、利益限制等税收协定执行范围的，应当首先适用税收协定执行的相关规定。只有当一项避税安排不能够适用任何一项具体反避税条款时，税务机关才会启用一般反避税条款。也就是说，一般反避税条款是穷尽所有其他的反避税措施后的最后手段。下列情况不适用一般反避税方法：与跨境交易或者支付无关的安排；涉嫌逃避缴纳税款、逃避追缴欠税、骗税、抗税以及虚开发票等税收违法行为。

为规范一般反避税管理，国家税务总局制定了《一般反避税管理办法（试行）》，对一般反避税的对象、调整方法、调查程序进行了规定。一般反避税调查包括立案、调查、结案、争议处理等程序。税务机关应当以具有合理商业目的和经济实质的类似安排为基准，按照实质重于形式的原则实施特别纳税调整。调整方法包括：对安排的全部或者部分交易重新定性；在税收上否定交易方的存在，或者将该交易方与其他交易方视为同一实体；对相关所得、扣除、税收优惠、境外税收抵免等重新定性或者在交易各方间重新分配；其他合理方法。

为进一步规范和加强非居民企业间接转让中国居民企业股权等财产的企业所得税管理，国家税务总局出台了《关于非居民企业间接转让财产企业所得税若干问题的公告》，对间接转让财产交易当中一般反避税规则的适用范围、合理商业目的判定要素、安全港、信息报告、纳税义务、法律责任等方面作出了明确规定，使反避税措施更加聚焦于不具有合理商业目的的避税安排，避免对具有商业实质的交易错误使用反避税条款,提高了税收执法的规范性。

三、特别纳税调整流程和管理

税务机关以风险管理为导向,构建和完善关联交易利润水平监控管理指标体系,加强对企业利润水平的监控,通过特别纳税调整监控管理和特别纳税调查调整,促进企业税法遵从。

(一)一般规定

税务机关通过关联申报审核、同期资料管理和利润水平监控等手段,对企业实施特别纳税调整监控管理,发现企业存在特别纳税调整风险的,可以向企业送达《税务事项通知书》,提示其存在的税收风险。

企业收到特别纳税调整风险提示或者发现自身存在特别纳税调整风险的,可以自行调整补税。企业自行调整补税的,应当填报《特别纳税调整自行缴纳税款表》,但税务机关仍可按照规定实施特别纳税调查调整。企业要求税务机关确认关联交易定价原则和方法等特别纳税调整事项的,税务机关会启动特别纳税调查程序予以确认。

(二)确定特别纳税调整调查企业

税务机关实施特别纳税调查,应当重点关注具有以下风险特征的企业:

1. 关联交易金额较大或者类型较多;
2. 存在长期亏损、微利或者跳跃性盈利;
3. 低于同行业利润水平;
4. 利润水平与其所承担的功能风险不相匹配,或者分享的收益与分摊的成本不相配比;
5. 与低税国家(地区)关联方发生关联交易;
6. 未按照规定进行关联申报或者准备同期资料;
7. 从其关联方接受的债权性投资与权益性投资的比例超过规定标准;
8. 由居民企业,或者由居民企业和中国居民控制的设立在实际税负低于12.5%的国家(地区)的企业,并非由于合理的经营需要而对利润不作分配或者减少分配;
9. 实施其他不具有合理商业目的的税收筹划或者安排。

经预备会谈与税务机关达成一致意见,已向税务机关提交《预约定价安排谈签意向书》,并申请预约定价安排追溯适用以前年度的企业,或者已向税务机关提交《预约定价安排续签申请书》的企业，可以暂不作为特别纳税调整的调查对象。预约定价安排未涉及的年度和关联交易除外。

税务机关应当向已确定立案调查的企业送达《税务检查通知书（一）》。被立案调查企业为非居民企业的，税务机关可以委托境内关联方或者与调查有关的境内企业送达《税务检查通知书（一）》。

税务机关实施特别纳税调查时，可以要求被调查企业及其关联方，或者与调查有关的其他企业提供相关资料。被调查企业及其关联方以及与调查有关的其他企业应当按照税务机关要求提供真实、完整的相关资料。

（三）税务机关实施特别纳税调查的权限和程序

1. 收集证据材料

税务机关实施特别纳税调查时，应当按照法定权限和程序进行，可以采用实地调查、检查纸质或者电子数据资料、调取账簿、询问、查询存款账户或者储蓄存款、发函协查、国际税收信息交换、异地协查等方式，收集能够证明案件事实的证据材料。收集证据材料过程中，可以记录、录音、录像、照相和复制，录音、录像、照相前应当告知被取证方。记录内容应当由两名以上调查人员签字，并经被取证方核实签章确认。被取证方拒绝签章的，税务机关调查人员（两名以上）应当注明。

2. 进行可比性分析

税务机关实施转让定价调查时，应当进行可比性分析，可比性分析一般包括五个方面：交易资产或者劳务特性；交易各方执行的功能、承担的风险和使用的资产；合同条款；经济环境；经营策略。税务机关可以根据案件情况选择具体分析内容，优先使用公开信息，也可以使用非公开信息。

3. 选择合理的转让定价方法

税务机关在可比性分析的基础上，选择合理的转让定价方法，对企业关联交易进行分析评估。转让定价方法包括可比非受控价格法、再销售价格法、成本加成法、交易净利润法、利润分割法及其他符合独立交易原则的方法。

可比非受控价格法以非关联方之间进行的与关联交易相同或者类似业务活动所收取的价格作为关联交易的公平成交价格。适用于所有类型的关联交易。

再销售价格法以关联方购进商品再销售给非关联方的价格减去可比非关联交易毛利后的金额作为关联方购进商品的公平成交价格。适用于再销售者未对商品进行改变外形、性能、结构或者更换商标等实质性增值加工的简单加工或者单纯购销业务。

成本加成法以关联交易发生的合理成本加上可比非关联交易毛利后的金额作为关联交易的公平成交价格。适用于有形资产使用权或者所有权的转让、资金融通、劳务交易等关联交易。

交易净利润法以可比非关联交易的利润指标，包括息税前利润率、完全成本加成率、资产收益率、贝里比率等，确定关联交易的利润。适用于不拥有重大价值无形资产企业的有形资产使用权或者所有权的转让和受让、无形资产使用权受让以及劳务交易等关联交易。

利润分割法根据企业与其关联方对关联交易合并利润（实际或者预计）的贡献计算各自应当分配的利润额，包括一般利润分割法和剩余利润分割法。适用于企业及其关联方均对利润创造具有独特贡献，业务高度整合且难以单独评估各方交易结果的关联交易。利润分割法的适用体现利润应在经济活动发生地和价值创造地征税的基本原则。

其他符合独立交易原则的方法包括成本法、市场法和收益法等资产评估方法，以及其他能够反映利润与经济活动发生地和价值创造地相匹配原则的方法。

4. 分析评估

税务机关分析评估被调查企业关联交易时，在分析评估交易各方功能风险的基础上，选择功能相对简单的一方作为被测试对象。

税务机关分析评估被调查企业关联交易是否符合独立交易原则时，选取的可比企业与被调查企业处于不同经济环境的，分析成本节约、市场溢价等地域特殊因素，并选择合理的转让定价方法确定地域特殊因素对利润的贡献。可以根据实际情况选择算术平均法、加权平均法或者四分位法等统计方法，逐年分别或者多年度平均计算可比企业利润或者价格的平均值或者四分位区间。税务机关应当按照可比利润水平或者可比价格对被调查企业各年度关联交易进行逐年测试调整。税务机关采用四分位法分析评估企业利润水平时，企业实际利润水平低于可比企业利润率区间中位值的，原则上应当按照不低于中位值进行调整。

税务机关分析评估被调查企业为其关联方提供的来料加工业务，在可比企业不是相同业务模式，且业务模式的差异会对利润水平产生影响的情况下，应当对业务模式的差异进行调整，还原其不作价的来料和设备价值。企业为境外关联方从事来料加工或者进料加工等单一生产业务，或者从事分销、合约研发业务，原则上应当保持合理的利润水平。企业如出现亏损，无论是否达到《国家税务总局关于完善关联申报和同期资料管理有关事项的公告》（国家税务总局公告2016年第42号）中的同期资料准备标准，均应当就亏损年度准备同期资料本地文档。

税务机关对关联交易进行调查分析时，应当确定企业所获得的收益与其执行的功能或者承担的风险是否匹配。企业与其关联方之间隐匿关联交易直接或者间接导致国家总体税收收入减少的，税务机关可以通过还原隐匿交易实施特别纳税调整。企业与其关联方之间抵消关联交易直接或者间接导致国家总体税收收入减少的，税务机关可以通过还原抵消交易实施特别纳税调整。

5. 对无形资产转让定价相关调整

判定企业及其关联方对无形资产价值的贡献程度及相应的收益分配时，应当全面分析企业所属企业集团的全球营运流程，充分考虑各方在无形资产开发、价值提升、维护、保护、应用和推广中的价值贡献，无形资产价值的实现方式，无形资产与集团内其他业务的功能、风险和资产的相互作用。

企业仅拥有无形资产所有权而未对无形资产价值做出贡献的，不应当参与无形资产收益分配。无形资产形成和使用过程中，仅提供资金而未实际执行相关功能和承担相应风险的，应当仅获得合理的资金成本回报。

企业与其关联方转让或者受让无形资产使用权而收取或者支付的特许权使用费，应当根据相关情形适时调整，未适时调整的，税务机关可以实施特别纳税调整。

企业与其关联方转让或者受让无形资产使用权而收取或者支付的特许权使用费，应当与无形资产为企业或者其关联方带来的经济利益相匹配。与经济利益不匹配而减少企业或者其关联方应纳税收入或者所得额的，税务机关可以实施特别纳税调整。未带来经济利益，且不符合独立交易原则的，税务机关可以按照已税前扣除的金额全额实施特别纳税调整。

企业向仅拥有无形资产所有权而未对其价值创造做出贡献的关联方支付特许权使用费，不符合独立交易原则的，税务机关可以按照已税前扣除的金额全额实施特别纳税调整。

企业以融资上市为主要目的在境外成立控股公司或者融资公司，仅因融资上市活动所产生的附带利益向境外关联方支付特许权使用费，不符合独立交易原则的,税务机关可以按照已税前扣除的金额全额实施特别纳税调整。

6. 对劳务转让定价相关调整

企业与其关联方发生劳务交易支付或者收取价款不符合独立交易原则而减少企业或者其关联方应纳税收入或者所得额的,税务机关可以实施特别纳税调整。

符合独立交易原则的关联劳务交易应当是受益性劳务交易,并且按照非关联方在相同或者类似情形下的营业常规和公平成交价格进行定价。受益性劳务是指能够为劳务接受方带来直接或者间接经济利益,且非关联方在相同或者类似情形下,愿意购买或者愿意自行实施的劳务活动。

企业向其关联方支付非受益性劳务的价款,税务机关可以按照已税前扣除的金额全额实施特别纳税调整。

企业接受或者提供的受益性劳务应当充分考虑劳务的具体内容和特性,劳务提供方的功能、风险、成本和费用,劳务接受方的受益情况、市场环境,交易双方的财务状况,以及可比交易的定价情况等因素,按规定选择合理的转让定价方法进行特别纳税调整。

(四)特别纳税调整的调整程序

经调查,税务机关发现企业存在特别纳税调整问题的,应当按照以下程序实施调整:

1. 在测算、论证、可比性分析的基础上,拟定特别纳税调查调整方案。

2. 根据拟定调整方案与企业协商谈判,双方均应当指定主谈人,调查人员应当做好《协商内容记录》,并由双方主谈人签字确认。企业拒签的,税务机关调查人员(两名以上)应当注明。企业拒绝协商谈判的,税务机关向企业送达《特别纳税调查初步调整通知书》。

3. 协商谈判过程中,企业对拟定调整方案有异议的,应当在税务机关规定的期限内进一步提供相关资料。税务机关收到资料后,应当认真审议,并作出审议结论。根据审议结论,需要进行特别纳税调整的,税务机关应当形成初步调整方案,向企业送达《特别纳税调查初步调整通知书》。

4. 企业收到《特别纳税调查初步调整通知书》后有异议的,应当自收到通知书之日起7日内书面提出。税务机关收到企业意见后,应当再次协商、审议。根据审议结论,需要进行特别纳税调整,并形成最终调整方案的,税务机关应当向企业送达《特别纳税调查调整通知书》。

5. 企业收到《特别纳税调查初步调整通知书》后，在规定期限内未提出异议的，或者提出异议后又拒绝协商的，或者虽提出异议但经税务机关审议后不予采纳的，税务机关应当以初步调整方案作为最终调整方案，向企业送达《特别纳税调查调整通知书》。

6. 企业收到《特别纳税调查调整通知书》后有异议的，可以在依照《特别纳税调查调整通知书》缴纳或者解缴税款、利息、滞纳金或者提供相应的担保后，依法申请行政复议。

7. 企业收到《特别纳税调查调整通知书》后有异议的，向其上一级税务机关申请行政复议。对行政复议决定不服的，可以依法向人民法院提起行政诉讼。

8. 税务机关对企业实施特别纳税调整，涉及企业向境外关联方支付利息、租金、特许权使用费的，除另有规定外，不调整已扣缴的税款。

9. 企业可以在《特别纳税调查调整通知书》送达前自行缴纳税款。企业自行缴纳税款的，应当填报《特别纳税调整自行缴纳税款表》。

经调查，税务机关未发现企业存在特别纳税调整问题的，应当作出特别纳税调查结论，并向企业送达《特别纳税调查结论通知书》。

（五）特别纳税调查调整加收利息规定

特别纳税调查调整补缴的税款，按照应补缴税款所属年度的先后顺序确定补缴税款的所属年度，以入库日为截止日，分别计算应加收的利息额：

1. 企业在《特别纳税调查调整通知书》送达前缴纳或者送达后补缴税款的，应当自税款所属纳税年度的次年6月1日起至缴纳或者补缴税款之日止计算加收利息。企业超过《特别纳税调查调整通知书》补缴税款期限仍未缴纳税款的，应当自补缴税款期限届满次日起按照税收征管法及其实施细则的有关规定加收滞纳金，在加收滞纳金期间不再加收利息。

2. 利息率按照税款所属纳税年度12月31日公布的与补税期间同期的中国人民银行人民币贷款基准利率（以下简称基准利率）加5个百分点计算，并按照一年365天折算日利息率。

3. 企业按照有关规定提供同期资料及有关资料的，或者按照有关规定不需要准备同期资料但根据税务机关要求提供其他相关资料的，可以只按照基准利率加收利息。

经税务机关调查，企业实际关联交易额达到准备同期资料标准，但未按照规定向税务机关提供同期资料的,税务机关补征税款按规定加收利息。

(六) 其他注意事项

1. 企业向未执行功能、承担风险,无实质性经营活动的境外关联方支付费用,不符合独立交易原则的,税务机关可以按照已税前扣除的金额全额实施特别纳税调整。

2. 实际税负相同的境内关联方之间的交易,只要该交易没有直接或者间接导致国家总体税收收入的减少,原则上不作特别纳税调整。

3. 经调查,税务机关未发现企业存在特别纳税调整问题的,应当作出特别纳税调查结论,并向企业送达《特别纳税调查结论通知书》。

4. 被调查企业在税务机关实施特别纳税调查调整期间申请变更经营地址或者注销税务登记的,税务机关在调查结案前原则上不予办理税务变更、注销手续。

5. 根据我国对外签署的税收协定的有关规定,国家税务总局可以依据企业申请或者税收协定缔约对方税务主管当局请求启动相互协商程序,与税收协定缔约对方税务主管当局开展协商谈判,避免或者消除由特别纳税调整事项引起的国际重复征税。

第六节 企 业 清 算

企业清算的所得税处理,是指企业不再持续经营,发生结束自身业务、处置资产、偿还债务以及向所有者分配剩余财产等经济行为时,对清算所得、清算所得税、股息分配等事项的处理。

一、清算企业的范围

(一) 按《公司法》《企业破产法》等规定需进行清算的企业

1. 按《公司法》规定需清算的企业。公司因下列原因解散:公司章程规定的营业期限届满或者公司章程规定的其他解散事由出现;股东会或者股东大会决议解散;依法被吊销营业执照、责令关闭或者被撤销;人民法院依法予以解散。公司需在解散事由出现之日起 15 日内成立清算组,开始清算。

2. 按照《企业破产法》规定需要清算的企业。企业法人不能清偿到期债务,并且资产不足以清偿全部债务或者明显缺乏清偿能力的,可以自行向人民法院提出破产清算申请；债务人不能清偿到期债务，债权人可以向人民法院申请对债务人进行破产清算；企业法人已解散但未清算或者未清算完毕，资产不足以清偿债务的，依法负有清算责任的人应当向人民法院申请破产清算。

（二）企业重组中需要按清算处理的企业

1. 企业由法人转变为个人独资企业、合伙企业等非法人组织。

2. 将登记注册地转移至中华人民共和国境外（包括港澳台地区），应视同企业进行清算、分配，股东重新投资成立新企业。

3. 企业合并适用一般性税务处理时，被合并企业及其股东都应按清算进行所得税处理；企业分立适用一般性税务处理，且被分立企业不再继续存在时，被分立企业及其股东都应按清算进行所得税处理。

二、被清算企业的税务处理

企业在办理注销登记前，需以清算期间作为一个纳税年度，就其清算所得向税务机关申报并依法缴纳企业所得税。清算期间，是指企业实际生产经营终止之日至办理完毕清算事务之日止的期间。清算所得，是指企业的全部资产可变现价值或交易价格，减除资产的计税基础、清算费用、相关税费，加上债务清偿损益等后的余额。

被清算企业的所得税处理主要包括以下内容：

（一）确认资产处置损益

企业将全部资产均按可变现价值或交易价格扣除其计税基础后，确认资产处置所得或损失。此处可变现价值或交易价格需具有公允性，因此，企业向关联企业处置资产，其交易价格需要符合独立交易原则。

相关资产的处置收入不含增值税。

（二）确认负债清偿损益

清算期间，企业对其全部负债按计税基础减除其清偿金额后，确认负债清偿所得或损失。

（三）确认清算费用及相关税费

清算费用是指清算过程中发生的与清算业务有关的费用支出，包括清算组组成人员的报酬，清算财产的管理、变卖及分配所需的评估费、咨询费等费用，清算过程中支付的诉讼费用、仲裁费用及公告费用，以及为维护债权人和股东的合法权益支付的其他费用。

相关税费是指企业清算过程中发生的除企业所得税和允许抵扣的增值税以外的各项税金及其附加。

（四）弥补以前年度亏损

清算期作为一个独立的纳税年度计算清算所得，可按规定弥补以前年度尚未弥补的在弥补结转年限内的亏损额。例如，某商务咨询公司成立于2015年，因常年经营亏损，于2023年10月1日终止生产经营，并于2023年12月30日注销，该公司清算期间的清算所得可以按规定弥补2019年、2020年、2021年、2022年及2023年（1月1日—9月30日）的亏损。

（五）确定清算所得、清算应纳税所得额及清算所得税

清算所得、清算应纳税所得额及清算所得税计算公式为：

$$清算所得 = 资产处置损益 + 负债清偿损益 - 清算费用 - 相关税费 \pm 其他所得或支出$$

$$清算应纳税所得额 = 清算所得 - 免税收入 - 不征税收入 - 其他免税所得 - 弥补以前年度亏损$$

$$清算所得税 = 清算应纳税所得额 \times 适用税率$$

三、被清算企业股东的税务处理

被清算企业全部资产的可变现价值或交易价格减除清算费用，职工的工资、社会保险费用和法定补偿金，结清清算所得税、以前年度欠税等税款，清偿企业债务后，为被清算企业的剩余资产。

被清算企业的股东分得的剩余资产的金额，其中相当于被清算企业累计未分配利润和累计盈余公积中按该股东所占股份比例计算的部分，应确认为股息所得；剩余资产减除股息所得后的余额，超过或低于股东投资成本的部分，应确认为股东的投资转让所得或损失。

被清算企业的股东从被清算企业分得的资产应按可变现价值或实际交易价格确定计税基础。

用公式归纳如下：

$$被清算企业剩余资产 = 全部资产按可变现价值或交易价格 - 清算费用 - 职工工资 - 社会保险费用 - 法定补偿金 - 清算税费 - 清算所得税额 - 以前年度欠税 - 其他债务$$

$$\text{被清算企业股东取得的剩余资产} = \text{被清算企业剩余资产} \times \text{股东持股比例}$$

$$\text{被清算企业股东确认的股息所得} = \left(\text{被清算企业累计未分配利润} + \text{累计盈余公积}\right) \times \text{股东持股比例}$$

$$\text{被清算企业股东确认的股权转让所得(损失)} = \text{被清算企业股东取得的剩余资产} - \text{被清算企业股东确认的股息所得} - \text{被清算企业股东持有被清算企业股权的投资成本}$$

【**例 5 – 15**】甲公司 100% 持有乙公司股权,初始投资成本 1000 万元,乙公司于 2021 年 6 月 30 日终止生产经营,自 2021 年 7 月 1 日开始清算,2021 年 10 月 31 日清算完毕。清算期间,支付清算费用 60 万元,支付相关税费 10 万元,支付法定补偿金 100 万元,无以前年度欠税,无以前年度可弥补亏损(乙公司企业所得税税率 25%,不考虑增值税)。请分析,该项业务中,甲公司和乙公司的所得税事项分别如何确认。

乙公司终止生产经营当日资产负债相关数据见表 5 – 8。

表 5 – 8　　　　　乙公司终止生产经营日资产负债情况　　　　单位:万元

科目	金额	科目	金额
货币资金	200	应付账款	50
应收账款	300	其他应付款	200
存货	500		
固定资产	600	负债合计	250
		实收资本	1000
		盈余公积	35
		未分配利润	315
		所有者权益合计	1350
资产总计	1600	负债和所有者权益总计	1600

清算期间,乙公司资产负债处置情况见表 5 – 9、表 5 – 10。

表 5-9　　　　　　　　　　乙公司资产处置损益明细　　　　　　　　单位：万元

项目	账面价值（1）	计税基础（2）	可变现价值或交易价格（3）	资产处置损益（4）＝（3）－（2）
货币资金	200	200	200	0
应收账款	300	300	250	－50
存货	500	500	600	100
固定资产	600	600	750	150
总计	1600	1600	1800	200

表 5-10　　　　　　　　　　乙公司负债清偿损益明细　　　　　　　　单位：万元

项目	账面价值（1）	计税基础（2）	清偿金额（3）	负债清偿损益（4）＝（2）－（3）
应付账款	50	50	30	20
其他应付款	200	200	200	0
总计	250	250	230	20

注：应付账款，债权人豁免 20 万元。

【解析】（1）乙公司

乙公司清算所得＝资产处置损益＋负债清偿损益－清算费用－相关税费±其他所得或支出＝200＋20－60－10－100＝50（万元）；

清算应纳税所得额＝清算所得－免税收入－不征税收入－其他免税所得－弥补以前年度亏损＝50（万元）；

清算所得税＝清算所得×适用税率＝50×25％＝12.5（万元）。

（2）甲公司

乙公司剩余资产＝全部资产按可变现价值或交易价格－清算费用－职工工资－社会保险费用－法定补偿金－清算税费－清算所得税额－以前年度欠税－其他债务＝1800－60－100－10－12.5－230＝1387.5（万元）；

甲公司取得的剩余资产＝被清算企业剩余资产×股东持股比例＝1387.5×100％＝1387.5（万元）。

假设清算期间，会计利润总额与清算所得相同。

甲公司确认的股息所得＝（累计未分配利润＋累计盈余公积）×股东持股比例＝（315＋35＋37.5）×100％＝387.5（万元）；

甲公司确认的股权转让所得（损失）=被清算企业股东取得的剩余资产－被清算企业股东确认的股息所得－被清算企业股东持有被清算企业股权的投资成本＝1387.5－387.5－1000＝0。

 本章思考题

1. 房地产开发企业，在最高限拍价格的基础上，通过约定应无偿建造并移交给政府一些配建房作为条件取得土地使用权，履约移交配建房时是否应视同销售？配建房支出作为公共配套设施费还是土地使用权成本？上述配建房条件如果最终落地，应政府要求或双方商定以货币形式上缴代替移交实物义务，此时应如何作税务处理？

2. 企业重组特殊性税务处理能有效降低重组过程中的企业税负，但也存在恶意税收筹划的情况，如何在遵循"税收中性"的原则下，细化设计企业重组相关反避税规定？

3. 政策性搬迁与当地政府的拆迁征用和建设密切相关，可能会遇到一些比较复杂的情况。政策性搬迁从税务角度属于跨年度事项，一般涉及金额较大，属于重点事项。在审批制度改革以后，在征管信息化的浪潮中，税务部门如何做好政策性搬迁的后续管理？

4. 合伙企业以合伙人为所得税纳税人，合伙企业的主管税务机关与合伙人的主管税务机关往往有所不同。请结合现有合伙企业的所得税征管制度，谈谈如何有效监管合伙企业所得税问题，对优化合伙企业法人合伙人的所得税征管有哪些思路。

5. 在进一步畅通市场主体退出渠道，降低市场主体退出成本的背景下，国家税务总局推出一系列优化办理企业税务注销的程序性规定，例如，对符合条件的纳税人实施清税证明免办服务、税务注销即办服务、"承诺制"容缺办理等，企业所得税清算如何在契合纳税人简便注销的同时，防范税源流失？

第六章 税 收 优 惠

【学习目标】 本章主要介绍企业所得税优惠相关知识，包括税基式、税率式、税额式和针对特定产业、特定区域出台的特定优惠。通过本章学习，掌握我国现行企业所得税优惠的适用对象、政策内容和享受方式，了解我国现行企业所得税优惠政策的设计思路和优化方向。

第一节 税基式优惠

税基式优惠是通过缩小计税依据的方式来减轻纳税人税收负担的一种优惠方式。免税收入、减计收入、加计扣除、加速折旧、项目所得减免、抵扣应纳税所得额等，均属于税基式优惠的范畴。这类优惠方式的最终结果均使纳税人的计税依据减少，从而使应纳税额减少。

一、免税收入

免税收入是指对企业的某些收入免予征税，即允许企业计算应纳税所得额时，将这些收入从收入总额中减除，而对其对应的成本费用则可以正常扣除。免税收入和不征税收入的最大区别在于企业取得的不征税收入不属于企业所得税征税范围，而免税收入则属于企业所得税征税范围，按照税制原理应当缴纳企业所得税，但国家出于某些特殊考虑而允许其免于纳税，因此不征税收入不属于税收优惠，而免税收入则属于税收优惠。

（一）国债利息收入

国债是中央政府为筹集资金而发行的一种政府债券，是中央政府财政部向投资者出具的、承诺在一定时期支付利息和到期偿还本金的债权债务凭证。从世界各国的情况来看，对国债的利息收入免税是一项通行的做法。这主要是由于国债的利息完全是由国家财政资金支付的，如果对其征税：一方面相当于对国家财政支付的利息通过征收所得税的方式再收回来一部分，没有实际意义；另一方面将减少国债购买者的最终收益，不利于鼓励购买国债。

值得注意的是，享受免税优惠的国债利息收入不包括持有外国政府国债取得的利息收入，也不包括持有企业发行的债券取得的利息收入，而仅限于持有国务院财政部门发行的国债取得的利息收入。同时国债利息收入为免税收入，并不意味着与国债有关的收入都可以免税，对于国债持有者在二级市场转让国债获得的收入，应当作为转让财产收入计算缴纳企业所得税。

企业从发行者直接投资购买的国债持有至到期，其从发行者取得的国债利息收入，全额免征企业所得税；企业到期前转让国债或者从二级市场购买的国债，持有期间其按规定计算的国债利息收入，免征企业所得税。企业到期前转让国债或者从二级市场购买的国债，其持有期间尚未兑付的国债利息收入，按以下公式计算确定：

$$国债利息收入 = 国债金额 \times (适用年利率 \div 365) \times 持有天数$$

（二）符合条件的居民企业之间的股息、红利等权益性投资收益

由于股息、红利是从被投资企业税后利润中分配的，如果将股息、红利全额并入投资企业的应税收入征收企业所得税，会出现对同一经济来源所得的重复征税。特别是经过的投资层次越多，融资结构越复杂，重复征税的程度就越严重。因此，消除企业间股息、红利的经济性重复征税是防止税收政策扭曲投资方式和融资结构、保持税收中性的必然要求，也是各国的普遍做法。将符合条件的居民企业之间的股息、红利等权益性投资收益确定为免税收入，实际上是采用免税法来消除对居民企业之间股息、红利的重复征税。

对居民企业之间的股息、红利等权益性投资收益免税需要符合一定的条件。一是仅限于居民企业直接投资于其他居民企业取得的权益性投资收益。这一条件限制既排除了居民企业之间的非直接投资所取得的权益性投资收益，又排除了居民企业对非居民企业投资所取得的权益性投资收益，既有利于通过鼓励直接投资促进就业，又有利于限制转移利润。二是连续持有被投资企业公开发行并上市流通的股票的时间不足12个月的投资，具有较大的投机成分，因而不在优惠范围之内。

（三）在中国境内设立机构、场所的非居民企业，从居民企业取得的与该机构场所有实际联系的股息、红利等权益性投资收益

这类股息、红利收益，是从被投资的居民企业的税后利润中分配的，已经

缴纳过企业所得税。为避免重复征税，对该类收入予以免税。

与对居民企业的限制一样，从限制投机、鼓励投资的角度出发，非居民企业从居民企业取得的与其所设机构、场所有实际联系的股息、红利等权益性投资收益，能够享受免税优惠的，也不包括连续持有居民企业公开发行并上市流通的股票不足12个月而取得的权益性投资收益。

值得注意的是，除居民企业之间的股息、红利收入以及非居民企业从居民企业取得的股息、红利收入外，居民企业也可能从非居民企业取得股息、红利收入。由于非居民企业是依据外国（地区）法律成立的企业，因此对居民企业从非居民企业取得的这部分股息、红利收入已经缴纳的税款，可以通过税收抵免的方法来消除重复征税。

（四）符合条件的非营利组织的收入

非营利组织对于弥补政府在公共管理领域中的不足、帮助救助弱势群体、促进经济社会发展等方面，都发挥着重要作用，因此各国的所得税法也基本上都给予了优惠政策。

享受免税收入优惠的非营利组织要符合规定的条件。一是强调成立要件，必须是在成立时依法履行了有关登记手续的组织，目的是能够由登记机关对该组织进行事前审查和事后监督，以保证其活动范围符合有关规定。二是强调行为要件，必须是从事公益性或者非营利性活动的组织，不得超出登记管理机关核定的业务范围从事营利性活动。三是强调财产管理要件，主要是从财产运用、财产归属、财产处置等几个方面提出严格的管理要求。在财产运用方面，取得的收入除用于正常的运转开支外，只能用于登记核定或者章程规定的公益性或者非营利性事业，不得用于营利性事业和章程规定以外的事业；财产归属方面，财产及其孳息不得用于分配，这是非营利组织最本质、最重要的要件；财产处置方面，组织注销后的剩余财产不得随意分配，投入人对投入该组织的财产不保留或者享有任何财产权利，工作人员工资福利开支控制在规定的比例内，不变相分自己该组织的财产等。四是强调认定管理，享受企业所得税优惠的非营利组织，需根据登记管理层级，经过财政部门和税务部门的联合认定取得免税资格。

符合条件的非营利组织免税收入是指：①接受其他单位或者个人捐赠的收入；②除《企业所得税法》第七条规定的财政拨款以外的其他政府补助收入，但不包括因政府购买服务取得的收入；③按照省级以上民政、财政部门规定收取的会费；④不征税收入和免税收入孳生的银行存款利息收入；⑤财政部、国家税务总局规定的其他收入。非营利组织从事营利性活动取得的收入应按规定缴纳企业所得税。

(五) 其他免税收入

1. 地方政府债券利息收入

对企业取得的 2009 年及以后年度发行的地方政府债券利息所得，免征企业所得税。地方政府债券是指经国务院批准同意，以省、自治区、直辖市、计划单列市政府为发行和偿还主体的债券。

2. 证券投资基金收入

投资者从证券投资基金分配中取得的收入，暂不征收企业所得税。

3. 基础研究资金收入

自 2022 年起，对非营利性科研机构、高等学校接收企业、个人和其他组织机构基础研究资金收入，免征企业所得税。

二、减计收入

减计收入是指按照企业所得税法规定准予对企业某些经营活动取得的应税收入，按一定比例减少计入收入总额，进而减少应纳税所得额的一种税收优惠措施。对企业某些项目的收入减按一定比例计入收入总额，而对其对应的成本费用则可以正常扣除。

(一) 资源综合利用收入

资源综合利用是我国经济和社会发展中一项长远的战略方针，也是一项重大的技术经济政策，对资源综合利用产品给予减计收入优惠，并且不设时间限制，可以更好地鼓励企业综合利用资源，来生产符合国家产业政策规定的产品，对提高资源利用效率、保护环境、促进经济增长方式由粗放型向集约型转变，实现资源优化配置和可持续发展都具有十分重要的意义。

企业以《资源综合利用企业所得税优惠目录》规定的资源作为主要原材料，生产国家非限制和禁止并符合国家和行业相关标准的产品取得的收入，减按 90% 计入收入总额。《资源综合利用企业所得税优惠目录》由国务院财政、税务主管部门商国务院有关部门制订，并根据国民经济和社会发展情况适时调整，报国务院批准后公布施行。

（二）涉农利息和保费收入

为支持农村金融发展，解决农民贷款难问题，经国务院批准，自 2017 年 1 月 1 日至 2027 年 12 月 31 日，对金融机构农户小额贷款的利息收入，在计算应纳税所得额时，按 90% 计入收入总额；对保险公司为种植业、养殖业提供保险业务取得的保费收入，在计算应纳税所得额时，按 90% 计入收入总额。自 2017 年起，对经省级金融管理部门（金融办、局等）批准成立的小额贷款公司取得的农户小额贷款利息收入，在计算应纳税所得额时，按 90% 计入收入总额①。

（三）社区养老、托育、家政服务收入

为支持养老、托育、家政等社区家庭服务业发展，自 2019 年 6 月 1 日至 2025 年 12 月 31 日，为社区提供养老、托育、家政等服务的机构提供社区养老、托育、家政服务取得的收入，在计算应纳税所得额时，减按 90% 计入收入总额。

（四）铁路债券利息收入

为支持国家铁路建设，对企业投资者持有 2011—2027 年发行的铁路债券取得的利息收入，减半征收企业所得税。铁路债券是指以中国铁路总公司为发行和偿还主体的债券。

三、加计扣除

加计扣除是指按照税法规定允许企业在按实际发生数额扣除成本费用的基础上，再允许其对某一类成本费用加成一定比例，作为计算应纳税所得额时扣除数额的一种税收优惠措施。与直接减免税相比，加计扣除的对象是企业的某些具体支出项目，在这些项目上支出越多，得到的优惠越大，因此加计扣除优惠对于鼓励企业加大对某些项目的投入更有针对性。

（一）研发费用

自 2023 年起，企业为开发新技术、新产品、新工艺发生的研究开发费用，未形成无形资产计入当期损益的，在按照规定据实扣除的基础上，按照研究开发费用的 100% 加计扣除；形成无形资产的，按照无形资产成本的 200% 摊销。为进一步鼓励企业研发创新，促进集成电路产业和工业母机产业高质量发展，集成电路企业和工业母机企业开展研发活动中实际发生的研发费用，未形成无

---

① 该政策截至 2027 年 12 月 31 日。

形资产计入当期损益的，在按规定据实扣除的基础上，按照实际发生额的120%在税前扣除；形成无形资产的，按照无形资产成本的220%在税前摊销。

为进一步企业创新发展，按现行政策规定，企业在7月预缴申报第2季度（按季预缴）或6月（按月预缴）企业所得税时，能准确归集核算研发费用的，可以结合自身生产经营实际情况，自主选择就当年上半年研发费用享受加计扣除政策。企业在10月预缴申报第3季度（按季预缴）或9月（按月预缴）企业所得税时，能准确归集核算研发费用的，可以结合自身生产经营实际情况，自主选择就当年前三季度研发费用享受加计扣除政策。

对研发费用实施加计扣除是激励企业加大研发投入、提高自主创新能力、推动经济高质量发展的有效政策抓手。为落实创新驱动发展战略，在《企业所得税法》及其实施条例规定的50%加计扣除比例的基础上，国家先后对研发费用加计扣除政策进行了一系列调整和完善。

企业研发费用加计扣除主要有三重判断：

第一，适用加计扣除的企业。为体现国家支持科技创新的重点领域和方向，适用加计扣除的企业是指不属于负面清单行业，且会计核算健全、实行查账征收并能够准确归集研发费用的居民企业。负面清单行业包括：烟草制造业、住宿和餐饮业、批发和零售业、房地产业、租赁和商务服务业、娱乐业、财政部和国家税务总局规定的其他行业。

第二，适用加计扣除的研发活动。研发活动是指企业为获得科学与技术新知识，创造性运用科学技术新知识，或实质性改进技术、产品（服务）、工艺而持续进行的具有明确目标的系统性活动。下列活动不适用加计扣除政策：①企业产品（服务）的常规性升级；②对某项科研成果的直接应用，如直接采用公开的新工艺、材料、装置、产品、服务或知识等；③企业在商品化后为顾客提供的技术支持活动；④对现存产品、服务、技术、材料或工艺流程进行的重复或简单改；⑤市场调查研究、效率调查或管理研究；⑥作为工业（服务）流程环节或常规的质量控制、测试分析、维修维护；⑦社会科学、艺术或人文学方面的研究。

第三，适用加计扣除的研发费用，研发费用应根据研发活动按项目来归集，包括：

①人员人工费用，指直接从事研发活动人员的工资薪金、基本养老保险费、基本医疗保险费、失业保险费、工伤保险费、生育保险费和住房公积金，

以及外聘研发人员的劳务费用。

②直接投入费用，指研发活动直接消耗的材料、燃料和动力费用；用于中间试验和产品试制的模具、工艺装备开发及制造费，不构成固定资产的样品、样机及一般测试手段购置费，试制产品的检验费；用于研发活动的仪器、设备的运行维护、调整、检验、维修等费用，以及通过经营租赁方式租入的用于研发活动的仪器、设备租赁费。

③折旧费用，指用于研发活动的仪器、设备的折旧费。企业用于研发活动的仪器、设备，符合税法规定且选择加速折旧优惠政策的，在享受研发费用税前加计扣除政策时，就税前扣除的折旧部分计算加计扣除。

④无形资产摊销费用，指用于研发活动的软件、专利权、非专利技术（包括许可证、专有技术、设计和计算方法等）的摊销费用。用于研发活动的无形资产，符合税法规定且选择缩短摊销年限的，在享受研发费用税前加计扣除政策时，就税前扣除的摊销部分计算加计扣除。

⑤新产品设计费、新工艺规程制定费、新药研制的临床试验费、勘探开发技术的现场试验费，指企业在新产品设计、新工艺规程制定、新药研制的临床试验、勘探开发技术的现场试验过程中发生的与开展该项活动有关的各类费用。

⑥其他相关费用，指与研发活动直接相关的其他费用，如技术图书资料费、资料翻译费、专家咨询费、高新科技研发保险费，研发成果的检索、分析、评议、论证、鉴定、评审、评估、验收费用，知识产权的申请费、注册费、代理费，差旅费、会议费，职工福利费、补充养老保险费、补充医疗保险费。此类费用总额不得超过可加计扣除研发费用总额的10%。当其他相关费用实际发生数小于限额时，按实际发生数计算税前加计扣除额；当其他相关费用实际发生数大于限额时，按限额计算税前加计扣除额。企业在一个纳税年度内同时开展多项研发活动的，统一计算全部研发项目"其他相关费用"限额。

值得注意的是，企业除自主研发外，还有委托研发、合作研发和集中研发的方式。其中，委托研发又分为委托境内研发和委托境外研发，企业委托外部机构或个人进行研发活动所发生的费用，按照费用实际发生额的80%计入委托方研发费用并计算加计扣除，受托方不得再进行加计扣除。与委托境内研发不同的是，委托境外机构研发按照实际发生额的80%与境内符合条件的研发费用的2/3的孰小值作为可加计扣除的委托境外研发费用，委托境外个人进行研发活动发生的费用不能加计扣除。

【例 6–1】 甲公司为普通制造业企业，2023 年度进行了三个研发项目。A 项目的研发形式为自主研发，6 月立项，尚处于研发阶段，所发生研发费用计入当期损益，其中可加计扣除的研发费用 100 万元。B 项目的研发形式是自主研发，符合资本化条件，7 月 6 日停止资本化，结转成无形资产，形成可加计扣除的无形资产成本 120 万元，按 10 年摊销。C 项目是委托境外机构研发，发生研发费用 100 万元，4 月立项，4—12 月处于研发阶段。请分析，甲公司 2023 年度可享受的研发费用加计扣除的金额。

【解析】 A 项目尚处于研发阶段，2023 年发生的研发费用全部费用化，因此 2023 年度可加计扣除的研发费用为 100 万元。

B 项目于 7 月 6 日停止资本化，并申请专利自用，企业按 10 年摊销，因此该项目 2023 年度可加计扣除的无形资产摊销额 = 120 ÷ 10 ÷ 12 × 6 = 6（万元）。

C 项目为委托研发，其中委托境外进行研发活动所发生的费用，按照费用实际发生额的 80% 计入委托方的委托境外研发费用。委托境外研发费用不超过境内符合条件的研发费用 2/3 的部分，可以按规定在企业所得税税前加计扣除。先计算甲公司 2023 年度境内研发费用的总额：包括 A 项目符合条件的研发费用金额 100 万元、B 项目符合条件的研发费用金额 120 万元，合计 220 万元。境外发生的研发费用可加计扣除的限额为 220 万元 × 2/3 = 146.67（万元）。境外实际发生研发费用的 80% 为 80 万元。C 项目可以加计扣除的研发费用按照 146.67 万元和 80 万元孰小值确定，所以 C 项目可以加计扣除的研发费用为 80 万元。

该企业 2023 年度研发费用加计扣除金额 =（100 + 6 + 80）× 100% = 186（万元）

延伸阅读

我国研发费用加计扣除政策沿革

一直以来，党中央、国务院高度重视研发费用加计扣除政策的贯彻落实，并多次调整加大优惠力度，多措并举，让企业充分享受政策红利。

（1）研发费用加计扣除政策最初仅限于国有、集体工业企业（1996—2002 年）

我国实施企业研发费用加计扣除政策起始于 1996 年。当年，财政部、国家税务总局为了贯彻落实《中共中央、国务院关于加速科学技术进步的决定》，积极推进经济增长方式的转变，提高企业经济效益，联合下发《关于促进企业技术进步有关财务税收问题的通知》（财工字〔1996〕41号），首次就研发费用税前加计扣除问题进行了明确，国有、集体工业企业研究开发新产品、新技术、新工艺所发生的各项费用，增长幅度在10%以上的，经主管税务机关审核批准，可再按实际发生额的50%抵扣应税所得额。随后，《国家税务总局关于促进企业技术进步有关税收问题的补充通知》（国税发〔1996〕152号）对相关政策执行口径进行了细化。

（2）研发费用加计扣除政策享受主体逐步扩大（2003—2007年）

2003年，为进一步促进社会主义市场经济的健康发展，鼓励各类企业增加科技投入，提高经济效益，促进企业公平竞争，财政部、国家税务总局联合印发《关于扩大企业技术开发费加计扣除政策适用范围的通知》（财税〔2003〕244号），将享受研发费用加计扣除的主体从"国有、集体工业企业"扩大到"所有财务核算制度健全，实行查账征收企业所得税的各种所有制的工业企业"。2006年，《财政部、国家税务总局关于企业技术创新有关企业所得税优惠政策的通知》（财税〔2006〕88号）进一步对享受研发费用加计扣除主体进行扩围，在工业企业基础上，扩大到"财务核算制度健全、实行查账征税的内外资企业、科研机构、大专院校等"。

（3）研发费用加计扣除政策逐步系统化和体系化（2008—2012年）

2008年《企业所得税法》及其实施条例的实施，将研发费用加计扣除优惠政策以法律形式予以确认。为便于纳税人享受政策，国家税务总局同年发布《企业研究开发费用税前扣除管理办法（试行）》（国税发〔2008〕116号），对研发费用加计扣除政策做出了系统而详细的规定。

（4）研发费用加计扣除范围进一步扩大且核算申报不断简化（2013—2016年）

2013年初，国家决定在中关村、东湖、张江三个国家自主创新示范区和合芜蚌自主创新综合试验区开展扩大研究开发费用加计扣除范围政策试点。2013年9月，在总结中关村国家自主创新示范区试点经验基础上，财政部、国家税务总局发布《关于研究开发费用税前加计扣除有关政策问题的通知》（财税〔2013〕70号），将试点政策推广到全国。

为进一步鼓励企业加大研发投入，有效促进企业研发创新活动，2015年11月，经国务院批准，财政部、国家税务总局和科技部联合下发《关于完善研究开发费用税前加计扣除政策的通知》（财税〔2015〕119号），放宽了享受优惠的企业研发活动及研发费用的范围，减少了研发费用加计扣除口径与高新技术企业认定研发费用归集口径的差异，并首次明确了负面清单制度。《国家税务总局关于企业研究开发费用税前加计扣除政策有关问题的公告》（国家税务总局公告2015年第97号），简化了研发费用在税务处理中的归集、核算及备案管理，进一步降低了企业享受优惠的门槛。

（5）研发费用加计扣除比例逐步提高，范围渐次扩大，口径更趋明确，操作更加简便（2017年至今）

2017年5月，为进一步鼓励科技型中小企业加大研发费用投入，根据国务院常务会议决定，财政部、国家税务总局、科技部联合印发《关于提高科技型中小企业研究开发费用税前加计扣除比例的通知》（财税〔2017〕34号），2017—2019年，将科技型中小企业享受研发费用加计扣除比例由50%提高到75%。国家税务总局同时下发《关于提高科技型中小企业研究开发费用税前加计扣除比例有关问题的公告》（国家税务总局公告2017年第18号），进一步明确政策执行口径，保证优惠政策的贯彻实施。三部门还印发了《科技型中小企业评价办法》，明确了科技型中小企业评价标准和程序。

2017年11月，为进一步做好研发费用加计扣除优惠政策的贯彻落实工作，切实解决政策落实过程中存在的问题，国家税务总局下发《关于研发费用税前加计扣除归集范围有关问题的公告》（国家税务总局公告2017年第40号），聚焦研发费用归集范围，完善和明确了部分研发费用掌握口径。

随着我国经济的持续快速发展，一些企业生产布局和销售市场逐步走向全球，其研发活动也随之遍布全球，委托境外机构进行研发创新活动也成为企业研发创新的重要形式，不少企业要求将委托境外研发费用纳入加计扣除范围。为了进一步加大对企业研发活动的支持，根据国务院常务会议决定，2018年6月，财政部、国家税务总局、科技部联合制发《关于企业委托境外研究开发费用税前加计扣除有关政策问题的通知》（财税〔2018〕64号），取消企业委托境外研发费用不得加计扣除的限制，并明确了相关政策口径。

2018年9月，为进一步激励企业加大研发投入，支持科技创新，根据国务院常务会议决定，财政部、国家税务总局、科技部制发《关于提高研究开发费用税前加计扣除比例的通知》（财税〔2018〕99号），2018—2020年，将企业研发费用加计扣除比例提高到75%的政策由科技型中小企业扩大至所有企业。

2021年3月，为落实《政府工作报告》支持企业创新有关举措，进一步激励企业加大研发投入，支持科技创新，根据国务院会议决定，财政部、国家税务总局联合制发《关于进一步完善研发费用税前加计扣除政策的公告》（财政部 税务总局公告2021年第13号），自2021年起，将制造业企业研发费用加计扣除比例提高到100%，并首次允许企业在预缴申报当年第3季度（按季预缴）或9月（按月预缴）企业所得税时，可以自行选择就当年上半年研发费用享受加计扣除优惠政策。2021年9月，为把国务院的决策部署落实落细，增加企业获得感，减轻办税负担，国家税务总局发布《关于进一步落实研发费用加计扣除政策有关问题的公告》（国家税务总局公告2021年第28号），在允许企业10月份纳税申报期享受上半年研发费用加计扣除的基础上再增加一个季度优惠。增设优化简化研发费用辅助账样式，调整优化了"其他相关费用"限额的计算方法。

2022年3月，为进一步支持科技创新，鼓励科技型中小企业加大研发投入，财政部、国家税务总局、科技部联合发布《关于进一步提高科技型中小企业研发费用税前加计扣除比例的公告》（财政部 税务总局 科技部公告2022年第16号），自2022年起，将科技型中小企业研发费用加计扣除比例提高到100%。

2023年3月，为进一步推动我国科技自立自强的步伐，鼓励企业加大研发投入，财政部、国家税务总局联合发布《关于进一步完善研发费用税前加计扣除政策的公告》（财政部 税务总局公告2023年第7号），自2023年起，将所有符合条件的行业企业研发费用加计扣除比例提高到100%。

2023年9月，为进一步鼓励企业研发创新，促进集成电路产业和工业母机产业高质量发展，财政部、国家税务总局、国家发展改革委、工业和信息化部联合发布《关于提高集成电路和工业母机企业研发费用加计扣除比例的公告》（财政部 税务总局 国家发展改革委 工业和信息化部公告2023年第44号），自2023年起，集成电路企业和工业母机企业开展研发活动中实际发生的研发费用，加计扣除比例提高至120%。

资料来源：依据历年国家出台的文件整理。

延伸阅读

部分国家研发费用优惠政策对比

国家（地区）	主要政策内容
美国	企业发生在美国境内的纳税人的合格研发支出（Qualified Research Expenses，QREs），可按照规定享受联邦和州的研发费用税收抵免政策，分别抵减其联邦税款及州税款。这些税收优惠政策在联邦或州的层面都有明文规定。一般来说，联邦研发费用税收抵免最高限额为企业应纳税额的25%。如果超过抵免限额的，可以向以前年度结转1年或向以后年度结转20年。此外，某些符合条件的小企业可以对其应纳雇主薪资税申请税收抵免，每年最高可申请25万美元。 根据联邦税法和州税法，企业符合一般条件的研发费用可以100%在税前扣除。对于原型研发或原型研发的组成部分的税收扣除有特殊规定。还需要注意的是，由于2017年美国税制改革，对于2021年12月31日之后开始的纳税年度，用于特定研究或实验支出的金额，需要资本化，并在五年内按比例摊销。此外，在美国境外进行的研究支出也需要资本化，并在15年期间按比例摊销。仅供内部软件研发支出也属于这种特定研究或实验支出。 可以税前扣除的研发费用是指研发活动的直接费用和间接费用中能准确归集于研发费用的部分。
加拿大	企业符合条件的研发支出可以享受15%的联邦税收抵免。 小型加拿大控股私营企业（Canadian-Controlled Private Corporations，CCPCs）每年研发支出不超过300万加元的部分按照35%的抵免比率计算。未使用的研发税收抵免额可向以后年度结转20年，或向以前年度结转3年。 加拿大在省政府和地区政府层面也有各自的研发支出税收抵免优惠，其抵免比率在3.5%～30%，具体取决于各省或地区。大多数的省或地方的抵免额可返还。
巴西	纳税人发生的符合条件的研发费用，分别适用160%～200%四档加计扣除比例。 研发费用加计扣除优惠只适用于巴西企业，合约研发及绿地投资（greenfield investments）的费用不予扣除。当期未扣除的研发费用，不能向以前年度或以后年度结转。 纳税人开展符合条件的研究活动，还可享受工业产品税（IPI）的减免。工业产品税减免政策规定，巴西企业进口的或用于在巴西开展的研发活动的仪器、设备、机械、装置和工具，可减免50%工业产品税，纳税人应在购置以上物品时申请享受该项优惠。 根据巴西法律规定，对于科技机构执行的创新项目，其符合条件的研发费用最高可享受250%的加计扣除优惠。 巴西企业的新研发投资可享受低利率的财政补贴。政府最高可提供项目总支出90%的资金补助，申请补助的企业需要通过事前审批。
英国	企业在解决技术和科学不确定性过程中所发生的符合条件的支出，可以申请税前扣除。 一般来说，税前加计扣除政策适用于符合条件的费用性支出（大型企业和中小型企业适用不同的加计扣除比例），而用资本性支出税收减免政策（Research and Development Allowance，RDA）针对符合条件的资本性支出（适用于所有企业）。自2015年4月1日起，中小型企业（Small and Medium Enterprises，SMEs）开展研发活动中符合条件的研发费用，按照实际发生额的230%享受加计扣除，此扣除额可以从本年度应纳税所得额中税前加计扣除。 若SMEs加计扣除金额超过当前年度的应纳税所得额，可以申请现金返还。据统计，每100英镑符合条件的研发支出可以申请返还32.63～33.35英镑。 自2013年4月1日起，发生符合条件的研发支出的大型企业有权选择申请享受研发支出税收抵免政策（R&D Expenditure Credit，RDEC）。自2018年1月1日起，符合条件的研发支出，可按照12%的基准扣除比例享受税收抵免，税后实际节税额为符合条件的研发支出9.7%。2020年4月1日，该扣除比例提高至13%，税后实际节税额为符合条件的研发支出的10.5%。

续表

国家（地区）	主要政策内容
英国	根据税收抵免政策规定，符合一定条件则的税收抵免可申请返还，如年度公司所得税应纳税额为零的企业可申请返还。
法国	根据现行的优惠政策，符合条件的研发费用可享受税收抵免，抵减该公司年度企业所得税应纳税额。其中，1亿欧元以下的研发费用按30%抵减，超过1亿欧元的部分按5%抵减。 未在当年抵减完的研发费支出最多可向后结转3年。如仍有剩余抵减额，可在3年后申请退税。如果抵减额在3年后仍未完全抵完，则可以申请退还。 对于委托给非关联公司和团体的研发项目费用，上限为1000万欧元；若委托给关联公司，上限为200万欧元或公司发生的其他研发费用的三倍。为了防止个别纳税人多次违法滥用税收抵免在委托研发方面的政策，《2020年金融法》引入了一项有关委托研发费用的新措施。自2020年1月1日起，除特殊情况外，企业将研发委托给国营或私营企业（不存在二级分包），其相关费用可享受研发税收抵免。 产学研合作研发项目可享受现金补助政策。现金补助范围广，涵盖全部或部分的产业研发费用、研发人员成本和研发设备折旧。补助对象为由两家或两家以上行业内活跃的企业与一个研发实验室或培训中心组成的团体。 当企业适用的企业所得税税率为标准税率时，企业用于研发活动的专利摊销费用和融资成本可以全额扣除。
德国	企业和研发机构开展研发活动，有机会获得地方政府、联邦政府和欧盟层面的专项财政资金资助。获得资助的研发项目的持续周期一般为18~36个月。通常财政资助资金可达研发项目符合条件的支出的25%~75%。 自2020年1月1日起，开展研发活动的企业，无论规模大小，属于哪个行业，每年都可以就发生的研发项目获得资金支持，最高可获得100万欧元。符合条件的企业申请税收抵免政策的唯一条件是研发项目需符合欧盟定义的研发项目。如果税收抵免额超过应纳税额，超过部分会以现金形式支付给纳税人。
俄罗斯	企业从事政府正面清单中列明的研发活动所发生的符合条件的研发费用可享受150%的加计扣除。通常当年未扣除完的费用可向以后年度结转，但结转的金额不得超过当年应纳税所得额的50%。 允许纳税人对符合条件的研发支出实行税收抵免，即在一定时期内少缴税款，随后支付税收抵免的金额和应计利息。 特定研发活动可享受免征增值税政策。
瑞士	为鼓励和促进当地研发活动项目的实施，瑞士多个州和某些联邦办事处对企业投资研发活动提供财政补助。 在瑞士，企业（包含新办企业）开展的对本州具有重大经济意义的研发项目，可享受州政府给予的免税期优惠政策。 在州级，研发加计扣除是一项可供选择的优惠政策，最高可加计扣除50%的合格国内研发成本。符合条件的研发活动范围比专利盒制度规定的范围要广得多——研发活动不一定要获得专利。但是，用于产品市场启动和市场开发的费用不属于合格的研发费用。该政策仅适用于在瑞士实际发生的研发活动。若委托方无权享受研发加计扣除，则瑞士境内的关联公司或第三方进行的合约研发活动，也有资格享受加计扣除。 加计扣除额以人工费用为基础，再加上35%的固定附加费（根据企业自身研发费用确定）的固定附加费，以及和第三方或关联公司进行的国内合约研发活动费用的80%计算。

续表

国家（地区）	主要政策内容
爱尔兰	一方面，研发费用予以税前扣除；另一方面，企业可获得符合条件的研发支出25%的企业所得税抵免。研发税收抵免未使用完的部分可以以现金返还。因此，其企业所得税减免达到符合条件研发费用的37.5%（即12.5%的税前扣除和25%的税收抵免），相当于每100欧元的研发费用可享受37.5欧元的税收优惠。 任何研发税收抵免未使用完的部分都可以追溯至上一年，同时可以无期限向后结转。如果企业所得税应纳税额未超过税收抵免额，就可以在33个月之内享受现金返还。 爱尔兰企业局为爱尔兰制造业或国际贸易服务公司所支出的研发费用提供资助。同时，针对首次向国外直接投资和当前位于爱尔兰的公司，爱尔兰工业开发局（IDA）也为其支出的研发创新费用予以资助。 建造或翻新用于研发活动的建筑物所支出的费用可享受税收抵免政策，按研发费用的25%的进行税收抵免。 科研过程中的资本支出可以享受税收折旧津贴，该项津贴与实际资本支出额相等（即100%补助），而且是在计算贸易收益时予以补贴。尚未用到的折旧津贴可以无限期结转使用，若资金停止用于科研活动，该项津贴将被收回。
日本	现行日本税法规定了两类研发费用基础税收抵免（base credit）：一般研发费用的税收抵免和开放式专项创新研发费用抵免。一般研发费用的税收抵免上限为法人税应纳税额的25%（符合两年暂行税收优惠政策的，上限为35%）。开放式专项创新研发费用的税收抵免上限为法人税应纳税额的10%。因此，企业共计最高可享受35%（最高45%）的法人税应纳税额减免。
新加坡	作为新加坡主要的研发活动税收优惠政策之一，2019纳税年度至2025纳税年度，在新加坡境内发生的符合条件的研发活动涉及的研发费用实行250%加计扣除税收优惠政策。 对于在海外发生的研发项目，可以100%扣除与申请人的贸易或业务有关的合格研发项目产生的合理研发支出。损失向后结转需通过股权测试，通过股权测试之后，未使用的亏损可以无限期向后结转。
印度	研发费用扣除政策适用于所有行业。企业用于与经营活动相关的研发费用支出，无论是费用化还是资本化支出（土地购置费用除外），均可100%税前扣除。该政策同样适用于政府宣布的适用22%或15%优惠税率的企业。企业筹办期间发生用于研发活动的工资、薪金支出、材料支出，经印度所得税税务总干事（免税处）[DGIT（E）]及印度科学与工业研究部（DSIR）联合确认，可以在正式营业年度，将前3年发生的研发费用全部税前扣除。自2020年4月1日起，适用于内部科研研发支出的加计扣除，由先前150%降至100%。企业向可接受捐赠的单位提供资助可享受税前扣除政策。 科学与工业研究部（DSIR）向通过技术开发项目（TDP）开展的工业研发项目提供多种形式的财政资金支持。税法规定，在上一财政年度内，拥有内部研发部门的制造商进口特定货物供农化部门使用，且出口额在2亿卢比以及以上的，可根据条件免除关税。另外，制药和生物技术企业的研究机构进口特定仪器、设备或部件适用关税优惠税率。此外，有内部研发机构的企业按照规定进口设备、仪器、原材料、零件、实验工厂和计算机软件时，可以免征关税。 在满足某些特定条件的前提下，研究机构采购指定商品时，可享受货物与劳务税优惠税率政策。

续表

国家（地区）	主要政策内容
澳大利亚	年度营业收入低于 2000 万澳元的企业，可按符合条件的研发费用的 43.5% 享受可退税的税收抵免。营业收入包含来源于本企业及其关联企业（拥有 40% 及以上控股权）的全部营业收入。年度营业收入高于 2000 万澳元的企业，可按符合条件的研发费用的 38.5% 享受可退税的税收抵免。外商独资企业可享受 38.5% 或 43.5% 的税收抵免比例，具体视其年度营业收入定。 享受研发费用税收优惠的主体包括合并纳税企业集团的总部或独立法人企业。企业一个纳税年度年内研发费用超过 1 亿澳元的部分，不能按照上述规定，享受比例为 38.5% 或 43.5% 的税收抵免。研发费用超过 1 亿澳元部分的税收抵免额将根据其企业所得税税率（目前 30%）计算。 企业当年未适用完的税收抵免额可以无限期向以后纳税年度结转。

资料来源：《18 个国家（地区）鼓励科技创新财税优惠政策汇编（2020 年）》（国家税务总局支持海南自贸港建设人才工作组、海南自贸港税收翻译团队翻译，国家税务总局所得税司整理，2020 年 11 月）。

(二) 安置残疾人员工资

企业安置残疾人员的，在按照支付给残疾职工工资据实扣除的基础上，按照支付给残疾职工工资的 100% 加计扣除。税收优惠政策是鼓励企业安置就业人员、扩大就业的有效措施。企业所得税法对企业安置残疾人员支付的工资给予加计扣除优惠，以体现鼓励安置残疾人员就业的政策导向。企业安置的残疾人员越多、支付给残疾人员的工资越高，获得的税收优惠也就更多，这样既有利于使所有安置残疾人员就业的企业都能享受到税收优惠，也有利于把税收优惠真正落实到需要照顾的人群头上。

残疾人员的范围适用《中华人民共和国残疾人保障法》的有关规定。为保障企业真正安置残疾人，企业享受安置残疾职工工资 100% 加计扣除应同时具备四个条件：一是依法与安置的每位残疾人签订了 1 年以上（含 1 年）的劳动合同或服务协议，并且安置的每位残疾人在企业实际上岗工作。二是为安置的每位残疾人按月足额缴纳了企业所在区县人民政府根据国家政策规定的基本养老保险、基本医疗保险、失业保险和工伤保险等社会保险。三是定期通过银行等金融机构向安置的每位残疾人实际支付了不低于企业所在区县适用的经省级人民政府批准的最低工资标准的工资。四是具备安置残疾人上岗工作的基本设施。

(三) 基础研究

基础研究是科技创新的"总开关"，是关键核心技术攻关的源头支撑。为鼓励企业加大创新投入，支持我国基础研究发展，自 2022 年 1 月 1 日起，对符合条件的机构用于基础研究的支出，在计算企业所得税应纳税所得额时可按实际发生额在税前扣除，并可按100%在税前加计扣除。

四、加速折旧

加速折旧是按照税法规定，允许纳税人在固定资产使用年限的初期计提较多的折旧，以后年度相应减少折旧额，从而使纳税人的所得税税负得以递延的一种优惠方式。为促进科技进步、环境保护和加大对国家鼓励项目关键设备的投资等，允许企业对某些资产实行加速折旧。对政府而言只是相当于放弃了部分利息收入，整体上不会对收税收收入产生大的影响，而对企业能起到很大的鼓励和支持作用。因此加速折旧这种间接优惠方式被世界上很多国家的所得税法采用。

（一）一般加速折旧

可以采取缩短折旧年限或者采取加速折旧的方法的固定资产，包括：由于技术进步，产品更新换代较快的固定资产；常年处于强震动、高腐蚀状态的固定资产。采取缩短折旧年限方法的，最低折旧年限不得低于税法规定折旧年限的60%；采取加速折旧方法的，可以采取双倍余额递减法或者年数总和法。

1. 对生物药品制造业，专用设备制造业，铁路、船舶、航空航天和其他运输设备制造业，计算机、通信和其他电子设备制造业，仪器仪表制造业，信息传输、软件和信息技术服务业六大行业，2014年1月1日后新购进的固定资产（包括自行建造），允许加速折旧。

2. 对轻工、纺织、机械、汽车四个领域重点行业企业2015年1月1日后新购进的固定资产（包括自行建造），允许加速折旧。

3. 自2019年1月1日起，固定资产加速折旧优惠的行业范围，扩大至全部制造业领域。

4. 六大行业的小型微利企业2014年1月1日后新购进的研发和生产经营共用的仪器、设备；四个领域重点行业企业的小型微利企业2015年1月1日后新购进的研发和生产经营共用的仪器、设备，单位价值超过100万元的，允许加速折旧。

5. 企业外购的软件，凡符合固定资产或无形资产确认条件的，可以按照固定资产或无形资产进行核算，其折旧或摊销年限可以适当缩短，最短可为2年（含）。

6. 集成电路生产企业的生产设备，其折旧年限可以适当缩短，最短可为3

年（含）。

（二）一次性税前扣除

为顺应新技术革命潮流，更大力度推进企业技术改造，推动中国经济向中高端水平迈进，国家先后对固定资产加速折旧政策进行了一系列优化和完善，其中创造性地推出了新购置器具、设备一次性税前扣除的优惠方式，作为加速折旧的特殊方式成为企业所得税税基优惠的重要举措。

所有行业企业持有的单位价值不超过5000元的固定资产，可一次性税前扣除。2018—2027年，对企业新购进单位价值不超过500万元的设备、器具，允许一次性计入当期成本费用在所得税前扣除。

延伸阅读

部分国家加速折旧政策对比

国家	主要政策内容
美国	在成本回收期限内采用加倍（150%或200%）余额递减折旧法折旧，没有折旧完的余额再采用直线折旧法折旧。 对于回收期为3、5、7或10年的固定资产，适用的折旧方法是200%余额递减法，对于15年财产或20年固定资产，适用的折旧方法是150%余额递减法，当余额递减法折旧额小于直线折旧法的年折旧额时，转为直线折旧法。 2017年9月27日至2023年1月1日期间取得并投入使用的特定资产的支出，当年允许100%费用化作税前列支扣除，2023年1月1日至2027年12月31日期间投入使用的符合条件的特定资产，允许继续费用化，但是费用化比例每年以20%递减。
加拿大	如果纳税人在从事规定的制造和加工活动中使用特定的研发设备，特定研发设备符合第53类资产标准（2016年前为第29类资产）。第29类资产的最低折旧年限为3年，第53类资产的最低折旧年限为4年。 允许在2018年11月20日至2024年期间购买，且在2028年之前可投入使用的53类资产可直接费用化。 第50类资产——计算机软件，可享受55%的资产成本折旧率。在2018年11月20日至2024年期间购买，且在2028年之前可投入使用的符合条件的上述研发资产，其资产成本折旧率将从27.5%提高至82.5%。
巴西	巴西税法规定，企业的研发资产可享受加速折旧的优惠政策。企业购置的符合条件的研发资产可在购置当年按100%一次性扣除。
英国	企业购置符合条件研发资产的资本性支出可在购置当年按100%比例一次性扣除。资本性支出包括购置用于研发活动的厂房、机器设备、办公楼（但不包括土地）的支出。研发资产加速折旧政策提高了企业在研发支出发生的会计当期的资本扣除率。

续表

国家	主要政策内容
法国	企业用于研发活动的设备可享受加速折旧政策。该政策适用的折旧系数为1.5、2和2.5，具体系数取决于设备的折旧年限。值得注意的是，使用该政策的设备必须是主要用于（非专用）符合研发税收抵免研发活动的设备。
俄罗斯	纳税人专门用于科技活动的可摊销专用设备，可向主管税务机关申请采用特定折旧系数计算折旧额。该系数通常基于标准系数，且不得大于3。此外，此类费用向以后年度结转的最长年限不得超过10年。
瑞士	折旧方法基本上应符合企业一般生产经营业务的惯例，但瑞士税务机关已公布了普遍可以接受的折旧率，因此折旧可以作为业务相关费用处理。在特定情况下（取决于各州税制）部分地方州还允许企业进行一次性折旧。

资料来源：《李旭红：美国新税改中折旧政策的变化》（中国税务网（ctax.org.cn）理论研究专栏）；《18个国家（地区）鼓励科技创新财税优惠政策汇编（2020年）》（国家税务总局支持海南自贸港建设人才工作组、海南自贸港税收翻译团队翻译，国家税务总局所得税司整理，2020年11月）。

延伸阅读

固定资产加速折旧政策沿革

为鼓励企业扩大投资，促进产业技术升级换代，经国务院批准，自2014年起，对部分重点行业企业逐步简化固定资产加速折旧适用条件。

财政部、国家税务总局先后于2014年、2015年两次下发文件，明确相关固定资产加速折旧优惠政策，主要包括以下四个方面政策内容：一是六大行业（生物药品制造业，专用设备制造业，铁路、船舶、航空航天和其他运输设备制造业，计算机、通信和其他电子设备制造业，仪器仪表制造业，信息传输、软件和信息技术服务业）自2014年起，四个领域（轻工、纺织、机械、汽车）重点行业企业自2015年起新购进的固定资产，均允许按规定折旧年限的60%缩短折旧年限，或选择采取加速折旧方法；二是上述行业和领域小型微利企业新购进的研发和生产经营共用的仪器、设备，单位价值不超过100万元的，可一次性税前扣除；三是所有行业企业新购进的专门用于研发的仪器、设备，单位价值不超过100万元的，可一次性税前扣除，超过100万元，允许加速折旧；四是所有行业企业持有的单位价值不超过5000元的固定资产，可一次性税前扣除。

2018年，按照党中央、国务院减税降费的决策部署，财政部、国家税务总局发布《关于设备 器具扣除有关企业所得税政策的通知》（财税〔2018〕54

号），2018—2020年，对企业新购进单位价值不超过500万元的设备、器具，允许一次性计入当期成本费用在所得税前扣除。这一政策大幅度提高了此前出台的一次性税前扣除的固定资产单位价值上限，也没有行业限制，包括制造业在内的所有行业企业均可依法享受。《财政部 税务总局关于设备器具有关企业所得税政策的公告》（财政部 税务总局公告2023年第37号）将上述政策延续至2027年。

为贯彻落实2019年《政府工作报告》关于"将固定资产加速折旧优惠政策扩大至全部制造业领域"的要求，2019年4月，财政部、国家税务总局制发《关于扩大固定资产加速折旧优惠政策适用范围的公告》（财政部 税务总局公告2019年第66号），明确自2019年起，将固定资产加速折旧优惠政策扩大至全部制造业领域。

为促进中小微企业设备更新和技术升级，持续激发市场主体创新活力，2022年3月，根据国务院决定，财政部、国家税务总局发布《关于中小微企业设备器具所得税税前扣除有关政策的公告》（财政部 税务总局公告2022年第12号），允许中小微企业在2022年1月1日至2022年12月31日期间新购置的设备、器具，单位价值在500万元以上的，按照单位价值的一定比例自愿选择在企业所得税税前扣除。其中：企业所得税法实施条例规定最低折旧年限为3年的设备器具，单位价值的100%可在当年一次性税前扣除；最低折旧年限为4年、5年、10年的，单位价值的50%可在当年一次性税前扣除，其余50%按规定在剩余年度计算折旧进行税前扣除。

为支持高新技术企业创新发展，促进企业设备更新和技术升级，2022年9月，根据国务院决定，财政部、国家税务总局、科技部发布《关于加大支持科技创新税前扣除力度的公告》（财政部 税务总局 科技部公告2022年第28号），高新技术企业在2022年10月1日至2022年12月31日期间新购置的设备、器具，允许当年一次性全额在计算应纳税所得额时扣除，并允许在税前实行100%加计扣除。

资料来源：依据历年国家出台的文件整理。

五、项目所得减免

项目所得减免是对国家鼓励或扶持发展的经营项目单独核算的所得额减征或免征企业所得税的一种优惠措施。随着经济的发展，企业的经营日趋多元化，一家企业涉足多个行业开展经营的情况屡见不鲜，税法将减免税对象定位于企业从事的某些项目的所得，而不是整个企业。这样，即使企业的主业不在优惠范围之内，但其从事了税法规定的优惠所得项目，也可以享受到相应的优惠，更加体现了政策对鼓励类产业项目的普惠、针对性的扶持导向。

（一）农、林、牧、渔业项目

企业从事农、林、牧、渔业项目的所得，可以免征、减征所得税。农业是国民经济的基础产业，是第二产业和第三产业的基础，对国家粮食经济安全具有重要意义，世界各国一般都对农业实行特殊扶持政策。我国是农业大国，也是人口大国，更加需要农业的稳定发展。对农业生产项目给予税收优惠，有利于提高农业综合生产能力，促进农业产业结构产品结构和区域布局的优化，对引导社会资本向农业的投资、加强农业基础设施建设、增加农民收入和建设社会主义新农村，实现乡村振兴，将起到积极作用。

涉及国计民生最基础、最重要，以及最薄弱、最需要扶持的农、林、牧、渔业项目，关系到最大多数人的生计和健康，给予免税待遇。具体有蔬菜、谷物、薯类、油料、豆类、棉花、麻类、糖料、水果、坚果的种植；农作物新品种的选育；中药材的种植；林木的培育和种植；牲畜、家禽的饲养；林产品的采集；灌溉、农产品初加工、兽医、农技推广、农机作业和维修等农、林、牧、渔服务业项目；远洋捕捞。

对国家需要重点扶持的其他农、林、牧、渔业项目实施减半征收，具体有花卉、茶以及其他饮料作物和香料作物的种植，海水养殖、内陆养殖。

没有列明的项目及国家禁止和限制发展的项目，不得享受税收优惠，即并非《国民经济行业分类》所列农、林、牧、渔业项目都有免税或减半征收的待遇。

（二）国家重点扶持的公共基础设施项目

基础设施项目基本上属于公共产品，具有为全社会提供服务的属性，是经济社会发展的重要保障，在经济发展中具有十分重要的地位，为鼓励企业投资建设公共基础设施项目，需要对其给予适当的税收优惠政策。

企业从事国家重点扶持的公共基础设施项目的投资经营的所得，自项目取得第一笔生产经营收入所属纳税年度起，第一年至第三年免征企业所得税，第四年至第六年减半征收企业所得税。国家重点扶持的公共基础设施项目，是指《公共基础设施项目企业所得税优惠目录》规定的港口码头、机场、铁路、公路、城市公共交通、电力、水利等项目。《公共基础设施项目企业所得税优惠目录》由国务院财政、税务主管部门商国务院有关部门制订，并根据国民经济和社会发展情况适时调整，报国务院批准后公布施行。需要说明的是，对公共基础设施项目投资经营所得的减免税政策及优惠对象，是投资并经营公共基础设施项目的企业，不是从事公共基础设施项目建设施工的建设企业。

(三) 环境保护、节能节水项目

保护生态环境是我国的一项基本国策。《中华人民共和国宪法》规定，国家保护和改善生活环境和生态环境，防治污染和其他公害。对企业从事环境保护、节能节水项目的所得给予减免税，有利于通过市场机制推动专业化企业从事污染治理或设施运营。

企业从事符合条件的环境保护、节能节水项目的所得，自项目取得第一笔生产经营收入所属纳税年度起，第一年至第三年免征企业所得税，第四年至第六年减半征收企业所得税。符合条件的环境保护、节能节水项目，包括公共污水处理、公共垃圾处理、沼气综合开发利用、节能减排技术改造、海水淡化等。项目的具体条件和范围应当符合《环境保护、节能节水项目企业所得税优惠目录》的标准。相关目录由国务院财政、税务主管部门商国务院有关部门制订，并根据国民经济和社会发展情况适时调整，报国务院批准后公布施行。与对公共基础设施项目的减免税一样，对环境保护、节能节水项目的减免税及优惠对象应当是投资并经营环境保护或节能节水项目的企业，不是从事此类项目建设施工的企业。

(四) 技术转让项目

为促进企业的技术转让，推动高新技术的产业化，进一步强化税收政策鼓励技术成果转化的力度，《企业所得税法实施条例》规定一个纳税年度内，居民企业技术转让所得不超过500万元的部分，免征企业所得税，超过500万元的部分，减半征收企业所得税。

技术转让，是指居民企业转让其拥有符合规定技术的所有权或5年以上（含5年）全球独占许可使用权的行为。自2015年10月1日起，全国范围内的居民企业转让5年（含5年）以上非独占许可使用权取得的技术转让所得，也纳入享受企业所得税优惠的技术转让所得范围。技术转让的范围，包括居民企业转让专利技术、计算机软件著作权、集成电路布图设计权、植物新品种、生物医药新品种，以及财政部和国家税务总局确定的其他技术。非独占许可使权技术转让限于转让方拥有所有权的技术转让。

技术，包括专利（含国防专利）、计算机软件著作权、集成电路布图设计专有权、植物新品种权、生物医药新品种，以及财政部和国家税务总局确定的其他技术。其中，专利是指法律授予独占权的发明、实用新型以及非简单改变产品图案和形状的外观设计。

技术转让应签订技术转让合同。其中，境内的技术转让须经省级以上（含省级）科技部门认定登记，跨境的技术转让须经省级以上（含省级）商务部门认定登记，涉及财政经费支持产生技术的转让，需省级以上（含省级）科技部门审批。

自 2020 年起，在中关村国家自主创新示范区特定区域内注册的居民企业，符合条件的技术转让所得，在一个纳税年度内不超过 2000 万元的部分，免征企业所得税，超过 2000 万元部分，减半征收企业所得税。

（五）合同能源管理项目

为鼓励企业运用合同能源管理机制，加大节能减排技术改造工作力度，自 2011 年起，对符合条件的节能服务公司实施合同能源管理项目，符合企业所得税法有关规定的，自项目取得第一笔生产经营收入所属纳税年度起，第一年至第三年免征企业所得税，第四年至第六年按照 25% 的法定税率减半征收企业所得税。

（六）清洁发展机制项目

对企业实施的将温室气体减排量转让收入的 65% 上缴给国家的氢氟碳化物（HFC）和全氟碳化物（PFC）类清洁发展机制项目（以下简称 CDM 项目），以及将温室气体减排量转让收入的 30% 上缴给国家的 N_2O 类 CDM 项目，其实施该类 CDM 项目的所得，自项目取得第一笔减排量转让收入所属纳税年度起，第一年至第三年免征企业所得税，第四年至第六年减半征收企业所得税。

企业实施 CDM 项目的所得，是指企业实施 CDM 项目取得的温室气体减排量转让收入扣除上缴国家的部分，再扣除企业实施 CDM 项目发生的相关成本、费用后的净所得。

六、抵扣应纳税所得额

按照企业所得税法的基本原理，企业对外投资期间，投资资产的成本在计算应纳税所得额时不得扣除。企业转让投资资产，该项资产的净值，准予在计算应纳税所得额时扣除。因此允许符合条件的企业在投资期间按照投资额的一定比例抵扣应纳税所得额，引导社会资金更多投资于国家鼓励的领域。

为促进创业投资企业发展，规范其投资运作，鼓励其投资中小企业特别是中小高新技术企业，国家发改委等十部委于2005年制定了《创业投资企业管理暂行办法》（国家发改委令第39号）。按照该办法的规定，创业投资企业是指在中国境内注册设立的主要从事创业投资的企业，而创业投资是指向在中华人民共和国境内注册设立的处于创建过程中的成长性企业，但不含对已经在公开市场上市的企业进行股权投资，以期所投资的企业发育成熟或相对成熟后再通过股权上市转让、股权协议转让、被投资企业回购等途径获得资本增值收益的投资方式。

创业投资企业采取股权投资方式投资于未上市的中小高新技术企业2年以上的，可以按照其投资额的70%在股权持有满2年（24个月）的当年抵扣该创业投资企业的应纳税所得额，当年不足抵扣的，可以在以后纳税年度结转抵扣。自2015年10月1日起，全国范围内的有限合伙制创业投资企业采取股权投资方式投资于未上市的中小高新技术企业，该有限合伙制创业投资企业的法人合伙人可按照其对未上市中小高新技术企业投资额的70%抵扣该法人合伙人从该有限合伙制创业投资企业分得的应纳税所得额，当年不足抵扣的，可以在以后纳税年度结转抵扣。

【例6-2】甲创业投资公司2020年10月向一个未上市的中小高新技术企业出资400万元进行投资，符合相关税收优惠条件。2022年投资满2年，当年利润总额500万元，假设没有纳税调整事项，请计算2022年甲公司的应纳税额。

【解析】甲公司2022年度享受抵扣应纳税所得额优惠前的应纳税所得额为500万元。

甲公司该项投资可抵扣的投资额 = 400 × 70% = 280（万元）

甲公司2022年度享受抵扣应纳税所得额优惠后的应纳税所得额 = 500 - 280 = 220（万元）

甲公司2022年度应纳企业所得税额 = 220 × 25% = 55（万元）

为更好地鼓励和扶持种子期、初创期科技型企业发展，推动大众创业、万众创新战略实施，自2018年起公司制创业投资企业采取股权投资方式直接投资于种子期、初创期科技型企业，有限合伙制创业投资企业采取股权投资方式直接投资于初创科技型企业,也可享受上述抵扣应纳税所得额的优惠。

延伸阅读

抵扣应纳税所得额政策沿革

为落实创业投资企业所得税优惠政策,促进创业投资企业的发展,2009年4月,国家税务总局印发《关于实施创业投资企业所得税优惠问题的通知》(国税发〔2009〕87号),自2008年起,创业投资企业采取股权投资方式投资于未上市的中小高新技术企业2年(24个月)以上,凡符合规定条件的,可以按照其对中小高新技术企业投资额的70%,在股权持有满2年的当年抵扣该创业投资企业的应纳税所得额;当年不足抵扣的,可以在以后纳税年度结转抵扣。

企业所得税法规定,合伙企业不属于企业所得税纳税人,但合伙企业的合伙人是法人的,应当就其从合伙企业分得或应当分得的所得缴纳企业所得税。为了进一步促进创业投资企业的发展,2012年8月,财政部、国家税务总局制发《关于苏州工业园区有限合伙制创业投资企业法人合伙人企业所得税试点政策的通知》(财税〔2012〕67号),自2012年起,在苏州工业园区内试点对符合条件的有限合伙制创业投资企业的法人合伙人符合条件的中小高新技术企业投资实施抵扣应纳税所得额优惠政策。即对注册在苏州工业园区内的有限合伙制创业投资企业采取股权投资方式投资于未上市的中小高新技术企业2年(24个月)以上,该有限合伙制创业投资企业的法人合伙人,可在有限合伙制创业投资企业持有未上市中小高新技术企业股权满2年的当年,按照该法人合伙人对该未上市中小高新技术企业投资额的70%,抵扣该法人合伙人从该有限合伙制创业投资企业分得的应纳税所得额,当年不足抵扣的,可以在以后纳税年度结转抵扣。

为规范政策执行,2013年3月,国家税务总局发布《关于苏州工业园区有限合伙制创业投资企业法人合伙人企业所得税政策试点有关征收管理问题的公告》(国家税务总局公告2013年第25号),明确了具体口径和管理要求。

2014年12月,国务院部署加快推进国家自主创新示范区建设,将国家自主创新示范区试点的四项所得税政策推广至全国范围实施,进一步激励大众创业、万众创新。2015年10月,财政部、国家税务总局联合制发《关于将国家自主创新示范区有关税收试点政策推广到全国范围实施的通知》(财税〔2015〕116号),自2015年10月1日起,将有限合伙制创业投资企业法人合伙人符合条件的中小高新技术企业投资抵扣应纳税所得额优惠政策扩大到全国实施。同年11月,国家税务总局发布《关于有限合伙制创业投资企业法人合伙人企业所得税有关问题的公告》(国家税务总局公告2015年第81号),明确了有关口径和管理要求。

2016年9月,《国务院关于促进创业投资持续健康发展的若干意见》(国发〔2016〕53号)提出,要按照税收中性、税收公平原则和税制改革方向与要求,统筹研究鼓励创业投资企业和天使投资人投资种子期、初创期等科技型企业的税收支持政策,进一步完善创业投资企业投资抵扣税收优惠政策,研究开展天使投资人个人所得税政策试点工作。2017年4月,财政部、国家税务总局联合制发《关于创业投资企业和天使投资个人有关税收试点政策的通知》(财税〔2017〕38号),自2017年1月1日起,在京津冀、上海、广东、安徽、四川、武汉、西安、沈阳8个全面创新改革试验区域和苏州工业园区试点执行公司制创业投资企业和有限合伙制创业投资企业法人合伙人符合条件的初创科技型企业投资抵扣应纳税所得额优惠。即试点地区公司制创业投资企业采取股权投资方式直接投资于初创科技型企业满2年的,可以按照投资额的70%在股权持有满2年的当年抵扣该公司制创业投资企业的应纳税所得额;当年不足抵扣的,可以在以后纳税年度结转抵扣。试点地区有限合伙制创业投资企业采取股权投资方式直接投资于初创科技型企业满2年的,该合伙创投企业的法人合伙人可以按照对初创科技型企业投资额的70%抵扣法人合伙人从合伙创投企业分得的所得;当年不足抵扣的,可以在以后纳税年度结转抵扣。2017年5月,国家税务总局发布《关于创业投资企业和天使投资个人税收试点政策有关问题的公告》(国家税务总局公告2017年第20号),明确了有关口径和管理要求。

为更好的鼓励和扶持种子期、初创期科技型企业发展,推动大众创业、万众创新战略实施,2018年4月25日国务院常务会议决定将创业投资企业税收试点政策推广到全国实施。5月,财政部、国家税务总局联合下发《关于创业投资企业和天使投资个人有关税收政策的通知》(财税〔2018〕55号),就全国范围内实施的公司制创业投资企业和有限合伙制创业投资企业法人合伙人符合条件的初创科技型企业投资抵扣应纳税所得额优惠税收政策进行明确。7月,国家税务总局发布《关于创业投资企业和天使投资个人税收政策有关问题的公告》（国家税务总局公告 2018 年第 43 号），就政策执行口径、办理程序和资料及其他管理要求进行明确，提高政策可操作性，便于纳税人准确享受税收优惠。

资料来源：依据历年国家出台的文件整理。

第二节　税率式优惠

税率式优惠是通过降低税率的方式来减轻纳税人税收负担的税收优惠。企业所得税优惠税率主要有 20%、15% 和 10%。

一、高新技术企业

国家需要重点扶持的高新技术企业，减按 15% 的税率征收企业所得税。科技自立自强是国家强盛之基、安全之要。为推动高新技术产业的发展，促进企业技术创新和科技进步，推动我国产业结构升级，企业所得税法对高新技术企业给予低税率的优惠。

相较于 25% 的法定税率，高新技术企业享受 15% 优惠税率，优惠幅度达到了 40%。为发挥税收优惠政策的引导、扶持和培育作用，要求高新技术企业必须符合相应的条件，并通过相关部门的认定，获取证书编号。高新技术企业的认定标准需要根据实践经验的总结不断加以改进和完善，也需要根据科学技术的发展变化情况作适时调整。高新技术企业认定中的指向性指标，一方面体现国家的产业导向和指引功能，要求产品（服务）属于《国家重点支持的高新技术领域》规定的范围，且高新技术产品（服务）收入占企业总收入的比重不低于一定比例；另一方面侧重持续科技创新的能力，如要求企业拥有核心自主知识产权、研究开发费用占销售收入的比例不低于规定比例、科技人员占企业职工总数的比例不低于规定比例。

二、技术先进型服务企业

经认定的技术先进型服务企业，减按 15% 的税率征收企业所得税。服务外包产业是现代高端服务业的重要组成部分，具有信息技术承载度高、附加值大、资源消耗低、环境污染少、吸纳就业（特别是大学生就业）能力强、国际化水平高等特点。为进一步推动技术先进型服务企业发展，促进企业技术创新和技术服务能力的提升，增强我国高技术产业的综合竞争力，贯彻落实国务院精神，财政部、国家税务总局等部门出台了推动技术先进型服务企业（服务外包类）和技术先进型服务企业（服务贸易类）发展的企业所得税优惠政策。

三、污染防治第三方企业

2019—2027 年，对符合条件的从事污染防治的第三方企业减按 15% 的税率征收企业所得税。为鼓励污染防治企业的专业化、规模化发展，支持生态文明建设，2019 年，财政部、国家税务总局、国家发展改革委、生态环境部联合发布公告，明确了支持污染防治第三方企业所得税优惠政策。环境污染第三方治理是排污者通过缴纳或按合同约定支付费用，委托环境服务公司进行污染治理的新模式。环境污染第三方治理是推进环保设施建设和运营专业化、产业化的重要途径，是促进环境服务业发展的有效措施。

四、非居民企业

对非居民企业来源于中国境内符合条件的所得，可以免征、减征企业所得税。对非居民企业来源于中国境内的所得，按照属地管辖原则对其征收企业所得税，符合"税收与经济活动相匹配"的基本原则，是维护国家税收利益的重要手段，也是世界上大多数国家普遍采取的征税原则。

按照国际惯例一般按照较标准税率为低的税率征收预提所得税。非居民企业在中国境内未设立机构、场所的，或者虽设立机构、场所但取得的所得与其所设机构、场所没有实际联系的，其来源于中国境内的所得减按 10% 的税率征收企业所得税。

外国政府向中国政府提供贷款，往往带有一定的援助意义，其利率也相对较低，给予其贷款利息所得免税，有利于中国政府获得更多的外国政府贷款，以更好地满足我国经济社会建设的资金需求。国际金融组织向中国政府和居民企业提供优惠贷款，有利于缓解我国国内经济建设发展的资金紧缺，应该给予税收优惠上的鼓励措施。

自 2017 年起，对境外投资者从中国境内居民企业分配的利润，直接投资于鼓励类投资项目，凡符合规定条件的，实行递延纳税政策，暂不征收预提所得税。自 2018 年起，将该政策的适用范围，由外商投资鼓励类项目扩大至所有非禁止外商投资的项目和领域。

五、西部地区鼓励类产业企业

对设在西部地区的鼓励类产业企业减按15%的税率征收企业所得税。实施西部大开发战略，加快中西部地区发展，是我国现代化战略的重要组成部分，是党中央高瞻远瞩、总揽全局、面向新世纪作出的重大决策，具有十分重大的社会经济意义。为体现国家对西部地区的支持，自2000年以来，国务院多次发文部署深入推进西部大开发战略的有关事项，并结合西部地区各阶段发展特点制定了"三轮"针对性扶持政策措施。

涉及的企业所得税优惠政策既保持了"三个不变"，即优惠方式不变、优惠时间不变、优惠力度不变，又赋予西部各省对鼓励类产业目录中地方特色目录部分的适度调整权，精准体现西部各省立足自身优势突出产业导向的调控目标。

1. 2001—2010年，对设在西部地区国家鼓励类产业的内资企业和外商投资企业，减按15%的税率征收企业所得税。经省级人民政府批准，民族自治地方的内资企业可以定期减征或免征企业所得税，外商投资企业可以减征或免征地方所得税。对在西部地区新办交通、电力、水利、邮政、广播电视企业，上述项目业务收入占企业总收入70%以上的，可以享受企业所得税如下优惠政策：内资企业自开始生产经营之日起，第一年至第二年免征企业所得税，第三年至第五年减半征收企业所得税；外商投资企业经营期在10年以上的，自获利年度起，第一年至第二年免征企业所得税，第三年至第五年减半征收企业所得税。

国家鼓励类产业的内资企业是指以《当前国家重点鼓励发展的产业、产品和技术目录（2000年修订）》中规定的产业项目为主营业务，其主营业务收入占企业总收入70%以上的企业。

国家鼓励类的外商投资企业是指以《外商投资产业指导目录》中规定的鼓励类项目和由原国家经济贸易委员会、原国家发展计划委员会和原对外经济贸易合作部联合发布的《中西部地区外商投资优势产业目录》（第18号令）中规定的产业项目为主营业务，其主营业务收入占企业总收入70%以上的企业。

2. 2011—2020年，对设在西部地区的鼓励类产业企业减按15%的税率征收企业所得税。鼓励类产业企业是指以《西部地区鼓励类产业目录》中规定的产业项目为主营业务,且其主营业务收入占企业收入总额 70% 以上的企业。

《西部地区鼓励类产业目录》包括国家现有产业目录中的鼓励类产业和西部地区新增鼓励类产业两部分。

3. 2021—2030 年,对设在西部地区的鼓励类产业企业减按 15% 的税率征收企业所得税。

所称鼓励类产业企业是指以《西部地区鼓励类产业目录》中规定的产业项目为主营业务,且其主营业务收入占企业收入总额 60% 以上的企业。

以上所称西部地区包括内蒙古自治区、广西壮族自治区、重庆市、四川省、贵州省、云南省、西藏自治区、陕西省、甘肃省、青海省、宁夏回族自治区、新疆维吾尔自治区和新疆生产建设兵团。湖南省湘西土家族苗族自治州、湖北省恩施土家族苗族自治州、吉林省延边朝鲜族自治州和江西省赣州市,可以比照西部地区的企业所得税政策执行。

六、深圳前海深港现代服务业合作区符合条件的企业

2014—2025 年,对设在前海深港现代服务业合作区的符合条件的企业减按 15% 的税率征收企业所得税。

七、平潭综合实验区符合条件的企业

2014—2025 年,对设在平潭综合实验区的符合条件的企业减按 15% 的税率征收企业所得税。

八、横琴粤澳深度合作区符合条件的企业

2014—2020 年,对设在横琴新区的符合条件的企业减按 15% 的税率征收企业所得税。自 2021 年 1 月 1 日起,对设在横琴粤澳深度合作区符合条件的产业企业,减按 15% 的税率征收企业所得税。

九、中国(上海)自贸试验区临港新片区符合条件的企业

自 2020 年起,对中国(上海)自贸试验区临港新片区内从事集成电路、人工智能、生物医药、民用航空等关键领域核心环节相关产品(技术)业务,并开展实质性生产或研发活动的符合条件的法人企业,自设立之日起 5 年内减按 15% 的税率征收企业所得税。

十、广州南沙先行启动区鼓励类产业企业

2022—2026 年，对设在南沙先行启动区符合条件的鼓励类产业企业，减按 15% 的税率征收企业所得税。

第三节 税额式优惠

税额式优惠是通过直接减少纳税人应纳税额的方式来免除或减轻纳税人税收负担的税收优惠。免税、税额抵免等均属于税额式优惠的范畴。

一、购置专业设备税额抵免

企业购置并实际使用《环境保护专用设备企业所得税优惠目录》《节能节水专用设备企业所得税优惠目录》和《安全生产专用设备企业所得税优惠目录》规定的环境保护、节能节水、安全生产等专用设备的，该专用设备的投资额的 10% 可以从企业当年的应纳税额中抵免；当年不足抵免的，可以在以后 5 个纳税年度结转抵免。

税额抵免是指纳税人在计算应纳税额时，可以将某些特殊支出项目，按一定比例抵扣其应纳税额，从而降低其税收负担的一种优惠方式。与抵扣应纳税所得额优惠方式不同，税额抵免的抵扣对象是应纳税额，因此对减少企业实际应纳税额的作用更为直接。企业所得税法将税额抵免的范围确定为环境保护、节能节水、安全生产设备，突出了产业政策导向，贯彻了国家可持续发展战略，符合构建和谐社会的总体要求。需要注意的是国家鼓励企业实际购置并自身实际使用的设备，对企业购置上述设备后又转让、出租或没有使用的，则不应享受抵免优惠。

二、民族自治地区减免税

民族自治地方的自治机关对本民族自治地方的企业应缴纳的企业所得税中属于地方分享的部分，可以决定减征或者免征。自治州、自治县决定减征或者免征的，须报省、自治区、直辖市人民政府批准。

企业所得税法对民族自治地方的企业所得税优惠政策作出特殊规定，主要

是考虑到民族自治地方发展的特殊需要,以及与其他相关法律法规的衔接。《中华人民共和国民族区域自治法》第三十四条规定,"民族自治地方的自治机关在执行国家税法的时候,除应由国家统一审批的减免税收项目以外,对属于地方财政收入的某些需要从税收上加以照顾和鼓励的,可以实行减税或者免税。自治州、自治县决定减税或者免税,须报省、自治区、直辖市人民政府批准。"

三、新疆困难地区及喀什、霍尔果斯特殊经济开发区减免税

2021—2030年,对在新疆困难地区新办的属于《新疆困难地区重点鼓励发展产业企业所得税优惠目录》范围内的企业,自取得第一笔生产经营收入所属纳税年度起,第一年至第二年免征企业所得税,第三年至第五年减半征收企业所得税。享受上述企业所得税定期减免税政策的企业,在减半期内,按照企业所得税25%的法定税率计算的应纳税额减半征税。

四、中关村国家自主创新示范区和上海市浦东新区公司型创业投资企业减免税

自2020年起,对中关村国家自主创新示范区内符合条件的公司型创业投资企业,转让持有3年以上股权的所得占年度股权转让所得总额的比例超过50%的,按照年末个人股东持股比例减半征收当年企业所得税;转让持有5年以上股权的所得占年度股权转让所得总额的比例超过50%的,按照年末个人股东持股比例免征当年企业所得税。自2021年起,对上海市浦东新区特定区域内公司型创业投资企业也实行上述政策。

对于上述两种情形,分别适用计算企业所得税免征额的计算公式:

(1) 转让持有3年以上股权的所得占年度股权转让所得总额的比例超过50%的:

$$\text{企业所得税免征额} = \text{年末个人股东持股比例} \times \text{本年度企业所得税应纳税额} \times 50\%$$

(2) 转让持有5年以上股权的所得占年度股权转让所得总额的比例超过50%的:

$$\text{企业所得税免征额} = \text{年末个人股东持股比例} \times \text{本年度企业所得税应纳税额}$$

【例6-3】甲公司是中关村国家自主创新示范区内符合条件的公司型创

投企业，2022 年末个人股东持股比例为 60%，当年应纳企业所得税额为 500 万元。2022 年发生股权转让 6 笔，股权转让所得合计 210 万元。其中，转让 3 年以下股权的所得为 60 万元，转让 3 年以上 5 年以下股权的所得为 90 万元，转让 5 年以上股权的所得为 60 万元。请分析，甲公司 2022 年的应纳税额。

【解析】转让持有 3 年以上股权的所得占年度股权转让所得总额的比例 = (90 + 60) ÷ 210 × 100% = 71.43%

转让持有 5 年以上股权的所得占年度股权转让所得总额的比例 = 60 ÷ 210 × 100% = 28.57%

甲公司转让持有 3 年以上股权的所得占年度股权转让所得总额的比例超过 50%，转让持有 5 年以上股权的所得占年度股权转让所得总额的比例未超过 50%，因此：

甲公司 2022 年企业所得税免征额 = 60% × 500 × 50% = 150（万元）

甲公司 2022 年应纳企业所得税额 = 500 − 300 = 200（万元）

五、重点群体及退役士兵就业定额抵减

就业是民生之本，也是构建社会主义和谐社会的重要内容。党中央、国务院高度重视就业工作，2002 年以来，先后下发多个专题文件对就业再就业工作进行安排部署。2008 年 1 月 1 日实施的《中华人民共和国就业促进法》以法律的形式明确，国家把扩大就业放在经济社会发展的突出位置，实施积极的就业政策，坚持劳动者自主择业、市场调节就业、政府促进就业的方针，多渠道扩大就业。国家鼓励企业增加就业岗位，扶持失业人员和残疾人就业，对吸纳符合国家规定条件的失业人员达到规定要求的企业依法给予税收优惠。

为扩大就业，鼓励以创业带动就业，经国务院批准，财政部、国家税务总局多次对企业吸纳重点群体就业有关税收优惠政策进行了明确和优化。

1. 吸纳重点群体就业

2019—2025 年，企业招用建档立卡贫困人口，以及在人力资源社会保障部门公共就业服务机构登记失业半年以上且持《就业创业证》或《就业失业登记证》（注明"企业吸纳税收政策"）的人员，与其签订 1 年以上期限劳动合同并依法缴纳社会保险费的，自签订劳动合同并缴纳社会保险当月起，在 3 年内按实际招用人数予以定额依次扣减增值税、城市维护建设税、教育费附加、地方教育附加和企业所得税优惠。定额标准为每人每年 6000 元，最高可上浮 30%，各省、自治区、直辖市人民政府可根据本地区实际情况在此幅度内确定具体定额标准。城市维护建设税、教育费附加、地方教育附加的计税依据是享受本项税收优惠政策前的增值税应纳税额。

自 2023 年 1 月 1 日至 2027 年 12 月 31 日，企业招用脱贫人口，以及在人力资源社会保障部门公共就业服务机构登记失业半年以上且持《就业创业证》或《就业失业登记证》（注明"企业吸纳税收政策"）的人员，与其签订 1 年以上期限劳动合同并依法缴纳社会保险费的，自签订劳动合同并缴纳社会保险当月起，在 3 年内按实际招用人数予以定额依次扣减增值税、城市维护建设税、教育费附加、地方教育附加和企业所得税优惠。定额标准为每人每年 6000 元，最高可上浮 30%，各省、自治区、直辖市人民政府可根据本地区实际情况在此幅度内确定具体定额标准。城市维护建设税、教育费附加、地方教育附加的计税依据是享受本项税收优惠政策前的增值税应纳税额。

2. 吸纳自主就业退役士兵就业

2019—2027 年，企业招用自主就业退役士兵，与其签订 1 年以上期限劳动合同并依法缴纳社会保险费的，自签订劳动合同并缴纳社会保险当月起，在 3 年内按实际招用人数予以定额依次扣减增值税、城市维护建设税、教育费附加、地方教育附加和企业所得税优惠。定额标准为每人每年 6000 元，最高可上浮 50%，各省、自治区、直辖市人民政府可根据本地区实际情况在此幅度内确定具体定额标准。

第四节 特定优惠

一、小型微利企业

符合条件的小型微利企业，减按 20% 的税率征收企业所得税。小企业在国民经济中占有特殊的地位，对于促进就业、鼓励创业、增强经济活力、实现社会稳定，都具有重要意义。从税收负担能力来看，小企业的税收负担能力相对比较弱，让其与大企业适用相同的税率，税收负担相对较重，不利于小企业的发展壮大。要支持中小微企业发展，发挥其就业主渠道作用。为更好地发挥小企业在自主创新、吸纳就业等方面的优势，利用税收政策鼓励、支持和引导小企业的发展，2010年起，国家先后对小型微利企业所得税优惠政策进行了一系列调整和完善具体内容见表6-1。

表6-1　　　　　　　　小型微利企业所得税优惠政策沿革情况

序号	执行期限	政策内容	适用条件
1	2010—2011年	对年应纳税所得额低于3万元（含3万元）的小型微利企业，其所得减按50%计入应纳税所得额，按20%的税率缴纳企业所得税	符合条件的小型微利企业，是指从事国家非限制和禁止行业，并符合下列条件的企业：①工业企业，年度应纳税所得额不超过30万元，从业人数不超过100人，资产总额不超过3000万元；②其他企业，年度应纳税所得额不超过30万元，从业人数不超过80人，资产总额不超过1000万元
2	2012—2015年	对年应纳税所得额低于6万元（含6万元）的小型微利企业，其所得减按50%计入应纳税所得额，按20%的税率缴纳企业所得税	
3	2014—2016年	对年应纳税所得额低于10万元（含10万元）的小型微利企业，其所得减按50%计入应纳税所得额，按20%的税率缴纳企业所得税	
4	2015—2017年	对年应纳税所得额低于20万元（含20万元）的小型微利企业，其所得减按50%计入应纳税所得额，按20%的税率缴纳企业所得税	
5	2015年10月—2017年	对年应纳税所得额在20万元到30万元（含30万元）之间的小型微利企业，其所得减按50%计入应纳税所得额，按20%的税率缴纳企业所得税	
6	2017—2019年	将小型微利企业的年应纳税所得额上限由30万元提高至50万元，对年应纳税所得额低于50万元（含50万元）的小型微利企业，其所得减按50%计入应纳税所得额，按20%的税率缴纳企业所得税	符合条件的小型微利企业，是指从事国家非限制和禁止行业，并符合下列条件的企业：①工业企业，年度应纳税所得额不超过50万元，从业人数不超过100人，资产总额不超过3000万元；②其他企业，年度应纳税所得额不超过50万元，从业人数不超过80人，资产总额不超过1000万元

续表

序号	执行期限	政策内容	适用条件
7	2018—2020 年	将小型微利企业的年应纳税所得额上限由 50 万元提高至 100 万元，对年应纳税所得额低于 100 万元（含 100 万元）的小型微利企业，其所得减按 50% 计入应纳税所得额，按 20% 的税率缴纳企业所得税	符合条件的小型微利企业，是指从事国家非限制和禁止行业，并符合下列条件的企业：①工业企业，年度应纳税所得额不超过 100 万元，从业人数不超过 100 人，资产总额不超过 3000 万元；②其他企业，年度应纳税所得额不超过 100 万元，从业人数不超过 80 人，资产总额不超过 1000 万元
8	2019—2021 年	对小型微利企业年应纳税所得额不超过 100 万元的部分，减按 25% 计入应纳税所得额，按 20% 的税率缴纳企业所得税；对年应纳税所得额超过 100 万元但不超过 300 万元的部分，减按 50% 计入应纳税所得额，按 20% 的税率缴纳企业所得税	符合条件的小型微利企业，是指从事国家非限制和禁止行业，且同时符合年度应纳税所得额不超过 300 万元、从业人数不超过 300 人、资产总额不超过 5000 万元等三个条件的企业
9	2021—2022 年	对小型微利企业年应纳税所得额不超过 100 万元的部分，减按 12.5% 计入应纳税所得额，按 20% 的税率缴纳企业所得税	
10	2022—2027 年	对小型微利企业年应纳税所得额超过 100 万元但不超过 300 万元的部分，减按 25% 计入应纳税所得额，按 20% 的税率缴纳企业所得税	
11	2023—2027 年	对小型微利企业年应纳税所得额不超过 100 万元的部分，减按 25% 计入应纳税所得额，按 20% 的税率缴纳企业所得税	

资料来源：依据历年国家出台的文件整理。

延伸阅读

小型微利企业优惠政策沿革

中小企业是我国国民经济和社会发展的重要力量，促进中小企业发展，是保持国民经济平稳较快发展的重要基础。2009 年下半年，受国际金融危机冲击，我国中小企业面临融资难、融资贵、生产经营困难。为此，国务院决定，必须采取更加积极有效的政策措施，帮助中小企业克服困难，转变发展方式，实现又好又快发展。自此开始，为贯彻落实党中央、国务院支持小微企业发展的决策部署，更好发挥小微企业在稳增长、稳就业、保民生的优势，根据国务院决定，财政部、国家税务总局对小型微利企业标准和税收优惠力度进行了多轮次调整。同时，为确保所有小型微利企业均能享受到政策红利，自2015年10月1日起，小型微利企业无论按查账征收方式还是核定征收方式缴纳企业所得税的，均可享受小型微利企业所得税优惠政策。

二、软件和集成电路产业

软件和集成电路产业是信息产业的核心所在，是国民经济信息化、数据化的基础，是引领新一轮科技革命和产业变革的关键力量。以信息产业发展水平为主要特征的综合国力竞争日趋激烈，也越来越受到世界各国的高度重视。通过制定鼓励政策，加快软件产业和集成电路产业发展，对我国而言，始终是一项紧迫而长期的任务，意义十分重大。

2000年以来，国务院先后下发了《国务院关于印发鼓励软件产业和集成电路产业发展若干政策的通知》（国发〔2000〕18号）、《国务院关于印发进一步鼓励软件产业和集成电路产业发展若干政策的通知》（国发〔2011〕4号）和《国务院关于印发新时期促进集成电路产业和软件产业高质量发展若干政策的通知》（国发〔2020〕8号）等纲领性文件，对软件和集成电路产业不同发展阶段的发展目标和支持措施进行总体部署。

（一）软件企业

国家鼓励的软件企业，自获利年度起，第一年至第二年免征企业所得税，第三年至第五年按照25%的法定税率减半征收企业所得税。

国家鼓励的重点软件企业，自获利年度起，第一年至第五年免征企业所得税，接续年度减按10%的税率征收企业所得税。

国家对重点软件企业实行清单管理，符合规定条件的软件企业先自行判断享受优惠政策，之后将相关资料报送税务机关，转交有关部门核查，经核查不符合规定条件的，对其已享受的税收优惠予以追缴。

（二）集成电路企业或项目

1. 集成电路企业或项目

国家鼓励的集成电路线宽小于28纳米（含），且经营期在15年以上的集成电路生产企业或项目，第一年至第十年免征企业所得税；国家鼓励的集成电路线宽小于65纳米（含），且经营期在15年以上的集成电路生产企业或项目，第一年至第五年免征企业所得税,第六年至第十年按照25%的法定税率减半征收企业所得税;国家鼓励的集成电路线宽小于130纳米(含),且经营期在10年以上的集成电路生产企业或项目,第一年至第二年免征企业所得税,第三年至第五年按照25%的法定税率减半征收企业所得税。

对于按照集成电路生产企业享受税收优惠政策的,优惠期自获利年度起计算;对于按照集成电路生产项目享受税收优惠政策的,优惠期自项目取得第一笔生产经营收入所属纳税年度起计算,集成电路生产项目需单独进行会计核算、计算所得,并合理分摊期间费用。

国家对集成电路生产企业实行清单管理,先由企业在汇算清缴申报期内向有关部门报送资料,经有关部门审核后出具意见,税务机关按有关部门的审核名单落实税收优惠政策。

2. 集成电路设计、装备、材料、封装、测试企业

国家鼓励的集成电路设计、装备、材料、封装、测试企业,自获利年度起,第一年至第二年免征企业所得税,第三年至第五年按照25%的法定税率减半征收企业所得税。

3. 重点集成电路设计企业

国家鼓励的重点集成电路设计企业,自获利年度起,第一年至第五年免征企业所得税,接续年度减按10%的税率征收企业所得税。

国家对重点集成电路设计企业实行清单管理。

(三)动漫企业

经认定的动漫企业自主开发、生产动漫产品,可享受国家现行鼓励软件产业发展的所得税优惠政策。

税收优惠作为国家宏观调控的重要工具,在服务国家战略中发挥着积极作用。实施区域协调发展战略是新时代国家重大战略之一,是贯彻新发展理念、建设现代化经济体系的重要组成部分。

三、海南自由贸易港

1. 税率优惠

2020—2024年,对注册在海南自由贸易港并实质性运营的鼓励类产业企业,减按15%的税率征收企业所得税(现阶段的优惠)。2025年后,仍执行相应优惠政策,具体另行明确。

2. 新增境外直接投资所得免征企业所得税

2020—2024年,对在海南自由贸易港设立的旅游业、现代服务业、高新技术产业企业新增境外直接投资取得的所得,免征企业所得税。

3. 加速折旧(摊销)

2020—2024年,对在海南自由贸易港设立的企业,新购置(含自建、自行开发)固定资产或无形资产,单位价值不超过500万元(含)的,允许一次性计入当期成本费用在计算应纳税所得额时扣除,不再分年度计算折旧和摊销;新购置(含自建、自行开发)固定资产或无形资产,单位价值超过500万元的,可以缩短折旧、摊销年限或采取加速折旧、摊销的方法。

四、横琴粤澳深度合作区

1. 税率优惠

2014—2020年,对设在横琴新区符合条件的产业企业,减按15%的税率征收企业所得税。自2021年起,对设在横琴粤澳深度合作区符合条件的产业企业,减按15%的税率征收企业所得税。

2. 新增境外直接投资所得免征企业所得税

自2021年起,对在横琴粤澳深度合作区设立的旅游业、现代服务业、高新技术产业企业新增境外直接投资取得的所得,免征企业所得税。

3. 加速折旧(摊销)

自2021年起,对在横琴粤澳深度合作区设立的企业,新购置(含自建、自行开发)固定资产或无形资产,单位价值不超过500万元(含)的,允许一次性计入当期成本费用在计算应纳税所得额时扣除,不再分年度计算折旧和摊销;新购置(含自建、自行开发)固定资产或无形资产,单位价值超过500万元的,可以缩短折旧、摊销年限或采取加速折旧、摊销的方法。

第五节 优惠事项管理

优惠事项管理是企业所得税管理的重要内容。优惠事项管理方式的变化体现着税务机关立足时代发展要求,优化纳税服务、减低征纳成本、提高税法遵从的理念。

一、现行优惠事项办理方式

企业享受优惠事项采取"自行判别、申报享受、相关资料留存备查"的办理方式。企业应当根据经营情况以及相关税收规定自行判断是否符合优惠事项规定的条件，符合条件的可以按照《企业所得税优惠事项管理目录（2017年版）》列示的优惠项目和享受优惠的时间自行计算减免税额，通过填报企业所得税纳税申报表享受税收优惠。同时，按规定归集和留存相关资料备查。

企业享受优惠事项后，税务机关将适时开展后续管理。在后续管理时，企业应当根据税务机关管理服务的需要，按照规定的期限和方式提供留存备查资料，以证实享受优惠事项符合条件。其中，享受国家鼓励的软件企业、集成电路设计、装备、材料、封装、测试企业定期减免企业所得税优惠事项的企业，应当在完成年度汇算清缴后，按照规定向税务机关提交相关资料。

企业享受优惠事项后发现其不符合优惠事项规定条件的，应当依法及时自行调整并补缴税款及滞纳金。

企业未能按照税务机关要求提供留存备查资料，或者提供的留存备查资料与实际生产经营情况、财务核算情况、相关技术领域、产业、目录、资格证书等不符，无法证实符合优惠事项规定条件的，或者存在弄虚作假情况的，税务机关将依法追缴其已享受的企业所得税优惠，并按照税收征管法等相关规定处理。

二、留存备查资料管理

留存备查资料是指与企业享受优惠事项有关的合同、协议、凭证、证书、文件、账册、说明等资料。留存备查资料分为主要留存备查资料和其他留存备查资料两类。主要留存备查资料由企业按照《企业所得税优惠事项管理目录（2017年版）》列示的资料清单准备，其他留存备查资料由企业根据享受优惠事项情况自行补充准备。

企业享受优惠事项的，应当在完成年度汇算清缴后，将留存备查资料归集齐全并整理完成，以备税务机关核查。

企业同时享受多项优惠事项或者享受的优惠事项按照规定分项目进行核算的，应当按照优惠事项或者项目分别归集留存备查资料。

设有非法人分支机构的居民企业以及实行汇总纳税的非居民企业机构、场所享受优惠事项的,由居民企业的总机构以及汇总纳税的主要机构、场所负责统一归集并留存备查资料。分支机构以及被汇总纳税的非居民企业机构、场所按照规定可独立享受优惠事项的,由分支机构以及被汇总纳税的非居民企业机构、场所负责归集并留存备查资料,同时分支机构以及被汇总纳税的非居民企业机构、场所应在当完成年度汇算清缴后将留存的备查资料清单送总机构以及汇总纳税的主要机构、场所汇总。

企业对优惠事项留存备查资料的真实性、合法性承担法律责任。

企业留存备查资料应从企业享受优惠事项当年的企业所得税汇算清缴期结束次日起保留 10 年。

 本章思考题

1. 请结合具体政策阐述企业所得税优惠在促进经济发展、社会稳定等方面的积极作用。
2. 为扶持企业发展,是出台各项税收优惠政策更有效,还是降低企业所得税法定税率更有效?
3. 请简述税基式优惠、税率式优惠与税额式优惠的主要区别。
4. 请思考,为了促进就业,还能使用何种税收优惠方式。
5. 对一些需要扶持的地区给予税收优惠是必要的,但可能形成税收洼地,如何既给予地区税收优惠,又避免形成税收洼地?

第七章 应 纳 税 额

【学习目标】本章主要介绍居民企业、非居民企业实际应纳税额的计算，以及境外所得税收抵免的相关规定。通过本章学习，掌握企业所得税应纳税额计算的基本逻辑，了解居民企业境外所得税收抵免原理、方式及计算方法。

第一节 实际应纳税额的计算

一、居民企业实际应纳税额的计算

居民企业实际应纳税额的计算公式为：

$$应纳税额 = 应纳税所得额 \times 税率 - 减免税额 - 抵免税额$$

上述公式中的减免税额和抵免税额，是指依照企业所得税法和国务院的税收优惠规定减征、免征和抵免的应纳税额。其中，减征、免征税额主要包括高新技术企业和小型微利企业等低税率优惠，抵免税额主要是指企业购置用于环境保护、节能节水、安全生产等专用设备的投资额按一定比例实行税额抵免。需注意的是，税法规定的免税收入、减计收入、加计扣除、投资抵扣应纳税所得额等优惠方式，已在计算应纳税所得额环节考虑。相关内容详见本书第六章"税收优惠"。

另外，企业如取得境外所得，其已在境外缴纳的所得税税额，可以按规定从当期应纳税额中抵免。为便于实务计算，企业取得的境内、境外所得通常分别核算，居民企业先计算出不含境外所得的应纳税所得额及应纳税额，加上其境外所得应纳所得税额，再减去境外所得抵免所得税额后，得出实际应纳所得税额。

【例7-1】甲公司是高新技术企业，2022年度经纳税调整后的应纳税所得额1000万元，其中符合所得减免优惠的技术转让所得200万元，当年度购买并实际使用《环境保护专用设备企业所得税优惠目录》中的环境保护专用设备 100 万元（不含增值税），另甲公司取得境外所得可按规定于当期应纳税额中抵免的境外已纳所得税税额 5 万元。请计算甲公司 2022 年度企业所得税应纳税额。

【解析】甲公司 2022 年度应纳税额 = 应纳税所得额 × 适用税率 − 减免税额 − 抵免税额 − 可抵免的境外已纳税额 =（1000 − 200）× 25% −（1000 − 200）×（25% − 15%）− 100 × 10% − 5 = 105（万元）。

二、非居民企业实际应纳税额的计算

在计算非居民企业实际应纳税额时，应分为以下两种情况：

（一）非居民企业在中国境内未设立机构、场所

非居民企业在中国境内未设立机构、场所的，应当就其来源于中国境内的所得缴纳企业所得税。

1. 应纳税所得额按以下方法计算：股息、红利等权益性投资收益和利息、租金、特许权使用费所得，以收入全额为应纳税所得额；转让财产所得，以收入全额减除财产净值后的余额为应纳税所得额；其他所得，参照前两项规定的方法计算应纳税所得额。

2. 法定税率为 20%，减按 10% 征收。

3. 减免企业所得税额包括享受国际税收协定待遇和享受国内税收优惠。国际税收协定，是两个或两个以上主权国家（或税收管辖区），为协调相互之间的税收管辖管理和处理有关税务问题，通过谈判缔结的书面协议。非居民企业可以通过享受协定待遇相应条款（如股息、利息、特许权使用费、财产收益等），减免在我国应缴纳的企业所得税。国内税收优惠包括外国政府向中国政府提供贷款取得的利息所得、国际金融组织向中国政府和居民企业提供优惠贷款取得的利息所得、经国务院批准的其他所得可以免征企业所得税等。

【例 7 − 2】在中国境内未设立机构、场所的非居民企业 A 企业授权境内居民企业 B 企业使用 A 企业自有专利生产产品，2022 年，B 企业向 A 企业支付特许权使用费 100 万元。请分析，A 企业 2022 年度该项业务的企业所得税如何处理。

【解析】（1）如果不考虑其他税费和税收协定，那么 A 企业每年应缴纳的企业所得税为 100 × 10% = 10（万元），由 B 企业代扣代缴。

(2) 如果中国与 A 企业的所在国已签署税收协定，特许权使用费协定税率为 7%，那么 A 企业每年应缴纳的企业所得税为 100×7% = 7（万元），由 B 企业代扣代缴。

（二）非居民企业在中国境内设立机构、场所

非居民企业在中国境内设立机构、场所的，应当就其所设机构、场所取得的来源于中国境内的所得，以及发生在中国境外但与其所设机构、场所有实际联系的所得，缴纳企业所得税，适用税率为 25%。实际应纳税额计算方法与居民企业类似，但需注意非居民企业不可享受小型微利企业、高新技术企业等居民企业才能享受的企业所得税优惠政策。

为防止税源流失，降低征纳成本，对因会计账簿不健全、资料残缺难以查账，或者其他原因不能准确计算并据实申报其应纳税所得额的上述非居民企业，税务机关有权核定其应纳税所得额。

非居民企业在中国境内虽设立机构、场所但取得的所得与其所设机构、场所没有实际联系的，比照非居民企业在中国境内未设立机构、场所进行税务处理。

第二节　境外所得税收抵免

境外所得税收抵免制度旨在解决国际重复征税问题，即一国政府在对本国居民的境外所得征税时，允许其用国外已纳的税款冲抵在本国应缴纳的税款。目前，我国国内税法和对外谈签的税收协定，都采用抵免法解决跨国所得的国际重复征税。

延伸阅读

常用的境外所得税收抵免方法介绍

除抵免法外，国际上常用的减轻或者避免国际重复征税的方法还有扣除法、减免法和免税法，一个国家可能同时允许采用多种方法。

扣除法是指一国政府在对本国居民的外国所得征税时，允许其将该所得负担的国外税款作为费用从应税国外所得中扣除，只对扣除后的余额征税，美

国、荷兰等国家采用该方法。由于一国政府对本国居民已负担国外税收的跨国所得仍需按本国税率征税，只是应税所得可被外国税款冲减一部分，因此扣除法只能减轻而不能消除国际重复征税。

减免法是指一国政府对本国居民的国外所得在标准税率的基础上减免一定比例，按较低税率征税。这种方法只能减轻而不能消除国际重复征税，仅有个别国家曾经使用。

免税法是指一国政府对本国居民的国外所得给予全部或部分免税待遇，如法国、意大利对境外所得的95%免税。免税法可以有效消除国际重复征税，且操作相对简单，是国际上较普遍采用的方法。

为防止一笔所得在居民国和来源国都不被征税或者税负过低，实行单边免税法的国家对本国居民来源于国外的所得免税往往有严格的限定条件，参股免税是较普遍采用的方式，即居民享受国外来源免税的前提是本国居民在外国居民企业中参股达到一定比例。同时，实行参股免税制度的国家，一般要求境外参股公司居民国不得是低税地或避税地，防止本国母公司通过转让定价将国内利润转移到设在低税地或避税地的子公司，然后通过享受"参股免税"将利润汇回本国母公司。此外，适用参股免税往往还要求持有国外企业股份的时间达到规定的最低限（一般为1~2年）。

一、适用对象及抵免方式

居民企业以及非居民企业在中国境内设立的机构、场所，取得的下列所得已在境外缴纳的所得税税额，可以从其当期应纳税额中抵免，抵免限额为该项所得依照《企业所得税法》及其实施条例计算的应纳税额，超过抵免限额的部分，可以在以后5个年度内，用每年度抵免限额抵免当年应抵税额后的余额进行抵补：居民企业来源于中国境外的应税所得；非居民企业在中国境内设立机构、场所，取得发生在中国境外但与该机构、场所有实际联系的应税所得。

居民企业从其直接或者间接控制的外国企业分得的来源于中国境外的股息、红利等权益性投资收益，外国企业在境外实际缴纳的所得税税额中属于该项所得负担的部分，可以作为该居民企业的可抵免境外所得税税额，在抵免限额内抵免。

（一）适用对象

可以适用境外（包括港澳台地区，下同）所得税收抵免的纳税人包括两类：

1. 居民企业（包括按境外法律设立但实际管理机构在中国，被判定为中国税收居民的企业）可以就其取得的境外所得直接缴纳和间接负担的境外企业所得税性质的税额进行抵免。

2. 非居民企业（外国企业）在中国境内设立的机构（场所）可以就其取得的发生在境外，但与该机构（场所）有实际联系的所得直接缴纳的境外企业所得税性质的税额进行抵免。

实际联系是指，据以取得所得的权利、财产或服务活动由非居民企业在中国境内的分支机构拥有、控制或实施。例如外国银行在中国境内分行以其可支配的资金向中国境外贷款，境外借款人就该笔贷款向其支付的利息，即属于发生在境外与该分行有实际联系的所得。

（二）抵免方式

境外税额抵免方式包括直接抵免和间接抵免。直接抵免，是指企业直接作为纳税人就其境外所得在境外缴纳的所得税额在我国应纳税额中抵免，适用于企业就来源于境外的营业利润所得在境外所缴纳的企业所得税，以及就来源于或发生于境外的股息、红利等权益性投资所得和利息、租金、特许权使用费、财产转让等所得在境外被源泉扣缴的预提所得税。间接抵免，是指境外企业就分配股息前的利润缴纳的外国所得税额中由我国居民企业就该项分得的股息性质的所得间接负担的部分，在我国的应纳税额中抵免，适用于居民企业从其符合规定的境外子公司取得的股息、红利等权益性投资收益所得。

二、境外应纳税所得额的计算

企业应按照税法的有关规定，确定中国境外所得和计算境外应纳所得税税额。根据税法规定确定的境外所得，在计算适用境外税额直接抵免的应纳税所得额时，应为将该项境外所得直接缴纳的境外所得税额还原计算后的境外税前所得；上述直接缴纳税额还原后的所得中属于股息、红利所得的，在计算适用境外税额间接抵免的境外所得时，应再将该项境外所得间接负担的税额还原计算，即该境外股息、红利所得应为境外股息、红利税后净所得与就该项所得直接缴纳和间接负担的税额之和。对上述税额还原后的境外税前所得，应再就计算企业应纳税所得额时已按规定扣除的有关成本费用中与境外所得有关的部分进行对应调整扣除后，计算境外应纳税所得额。

【例 7-3】 A 企业为居民企业，2022 年度境内应纳税所得额为 1000 万元；设立在甲国的分公司就其境外所得在甲国已纳企业所得税 60 万元，甲国企业所得税税率为 30%。请分析，A 企业 2022 年度的应纳税所得额如何确认。

【解析】 该居民企业 2022 年度在甲国的应纳税所得额 = 60 ÷ 30% = 200（万元），2022 年度企业所得税应纳税所得额 = 境内应纳税所得额 + 境外应纳税所得额 = 1000 + 200 = 1200（万元）。

三、抵免境外所得税额的计算

（一）可予抵免境外所得税税额的确认

可抵免境外所得税税额，是指企业来源于中国境外的所得依照中国境外税收法律以及相关规定应当缴纳并已实际缴纳的企业所得税性质的税款。

根据《财政部 税务总局关于完善企业境外所得税收抵免政策问题的通知》（财税〔2017〕84 号），自 2017 年 1 月 1 日起，企业可以选择按国（地区）别分别计算［即分国（地区）不分项］，或者不按国（地区）别汇总计算［即不分国（地区）不分项］其来源于境外的应纳税所得额，并按照有关规定分别计算其可抵免境外所得税税额和抵免限额。方式一经选择，5 年内不得改变。企业选择采用不同于以前年度的方式计算可抵免境外所得税税额和抵免限额时，对该企业以前年度按照有关规定没有抵免完的余额，可在税法规定结转的剩余年限内，按新方式计算的抵免限额继续结转抵免。

1. 分国（地区）不分项抵免

企业应按照税法的有关规定准确计算下列当期与抵免境外所得税有关的项目后，确定当期实际可抵免分国（地区）别的境外所得税税额和抵免限额（分国不分项）：

（1）境内所得的应纳税所得额（以下简称境内应纳税所得额）和分国（地区）别的境外所得的应纳税所得额（以下简称境外应纳税所得额）；

（2）分国（地区）别的可抵免境外所得税税额；

（3）分国（地区）别的境外所得税的抵免限额。

企业不能准确计算上述项目实际可抵免分国（地区）别的境外所得税税额的，在相应国家（地区）缴纳的税收均不得在该企业当期应纳税额中抵免，也不得结转以后年度抵免。

企业取得境外所得，其在中国境外已经实际直接缴纳和间接负担的企业所得税性质的税额，进行境外税额抵免计算的基本项目包括：境内、境外所得分国（地区）别的应纳税所得额、可抵免税额、抵免限额和实际抵免税。不能按照有关税收法律法规准确计算实际可抵免的境外分国（地区）别的所得税税额的，不应给予税收抵免。

2. 不分国（地区）不分项抵免

不分国（地区）不分项抵免又称综合抵免，企业不需要分国（地区）分别计算境外所得税税额和抵免限额，而是汇总计算境外所得税税额和抵免限额。

3. 不应作为可抵免境外所得税税额的情形

（1）按照境外所得税法律及相关规定属于错缴或错征的境外所得税税款；

（2）按照税收协定规定不应征收的境外所得税税款；

（3）因少缴或退缴境外所得税而追加的利息、滞纳金或罚款；

（4）境外所得税纳税人或者其利害关系人从境外征税主体得到实际返还或补偿的境外所得税税款；

（5）按照《企业所得税法》及其实施条例规定，已经免征我国企业所得税的境外所得负担的境外所得税税款；

（6）按照国务院财政、税务主管部门有关规定已经从企业境外应纳税所得额中扣除的境外所得税税款。

4. 可抵免的境外所得税税额的基本条件

（1）企业来源于中国境外的所得依照中国境外税收法律以及相关规定计算而缴纳的税额。

（2）缴纳的属于企业所得税性质的税额。在不同的国家，对于企业所得税的称呼有着不同的表述，如法人所得税、公司所得税等。判定是否属于企业所得税性质的税额，主要看其是否是针对企业净所得征收的税额。

（3）限于企业应当缴纳且已实际缴纳的税额。税收抵免旨在解决重复征税问题，仅限于企业应当缴纳且已实际缴纳的税额（除另有饶让抵免或其他规定外）。

（4）可抵免的企业所得税税额，若是税收协定非适用所得税项目，或来自非协定国家的所得，无法判定是否属于对企业征收的所得税税额的，应层报国家税务总局裁定。

（二）境外所得间接负担税额的计算

居民企业在用境外所得间接负担的税额进行税收抵免时，其取得的境外投资收益实际间接负担的税额,是指根据直接或者间接持股方式合计持股20%以上(含20%,下同)的规定层级的外国企业股份,由此应分得的股息、红利等权益性投资收益中,从最低一层外国企业起逐层计算的属于由上一层企业负担的税额,其计算公式如下:

$$\text{本层企业所纳税额属于由一家上一层企业负担的税额} = \left(\text{本层企业就利润和投资收益所实际缴纳的税额} + \text{符合规定的由本层企业间接负担的税额}\right) \times \text{本层企业向一家上一层企业分配的股息(红利)} \div \text{本层企业所得税后利润额}$$

其中:本层企业是指实际分配股息(红利)的境外被投资企业;本层企业就利润和投资收益所实际缴纳的税额是指,本层企业按所在国税法就利润缴纳的企业所得税和在被投资方所在国就分得的股息等权益性投资收益被源泉扣缴的预提所得税;符合规定的由本层企业间接负担的税额是指该层企业由于从下一层企业分回股息(红利)而间接负担的由下一层企业就其利润缴纳的企业所得税税额;本层企业向一家上一层企业分配的股息(红利)是指该层企业向上一层企业实际分配的扣缴预提所得税前的股息(红利)金额;本层企业所得税后利润额是指该层企业实现的利润总额减去就其利润实际缴纳的企业所得税后的余额。

(三)适用间接抵免的外国企业持股比例的计算

财税〔2017〕84号文件规定,自2017年1月1日起,企业在境外取得的股息所得,在按规定计算该企业境外股息所得的可抵免所得税额和抵免限额时,由该企业直接或者间接持有20%以上股份的外国企业,限于按照规定持股方式确定的五层外国企业,即:

第一层:企业直接持有20%以上股份的外国企业;

第二层至第五层:单一上一层外国企业直接持有20%以上股份,且由该企业直接持有或通过一个或多个符合规定持股方式的外国企业间接持有总和达到20%以上股份的外国企业。

(四)税收饶让抵免的应纳税额的确定

税收饶让抵免,是指居民企业从与我国政府订立税收协定(或安排)的国家(地区)取得的所得,按照该国(地区)税收法律享受了免税或减税待遇,且该免税或减税的数额按照税收协定规定应视同已缴税额在中国的应纳税额中抵免的,该免税或减税数额可作为企业实际缴纳的境外所得税额用于办理税收抵免。饶让抵免可以使企业能够实际享受到来源国利用外资的税收优惠政策。

企业所得税法目前尚未单方面规定税收饶让抵免，但我国与部分国家签订的税收协定中有税收饶让抵免安排。税收饶让抵免应区别下列情况进行计算：税收协定规定定率饶让抵免的，饶让抵免税额为按该定率计算的应纳境外所得税额超过实际缴纳的境外所得税额的数额；税收协定规定列举一国税收优惠额给予饶让抵免的，饶让抵免税额为按协定国家（地区）税收法律规定税率计算的应纳所得税额超过实际缴纳税额的数额，即实际税收优惠额。境外所得采用简易办法计算抵免额的，不适用饶让抵免。企业取得的境外所得根据来源国税收法律法规不判定为所在国应税所得，而按中国税收法律法规规定属于应税所得的，不属于税收饶让抵免范畴，应全额按中国税收法律法规规定缴纳企业所得税。

（五）抵免限额的计算

在分国（地区）不分项抵免办法下，某国（地区）所得税抵免限额计算公式为：

$$某国（地区）所得税抵免限额 = 中国境内、境外所得依照企业所得税法及其实施条例的规定计算的应纳税总额 \times 来源于某国（地区）的应纳税所得额 \div 中国境内、境外应纳税所得总额$$

中国境内外所得依照《企业所得税法》及其实施条例的规定计算的应纳税总额的税率是25%，即使企业境内所得按税收法规规定享受企业所得税优惠的，在进行境外所得税额抵免限额计算中的中国境内、境外所得应纳税总额所适用的税率也应为25%。特别地，以境内、境外全部生产经营活动有关的研究开发费用总额、总收入、销售收入总额、高新技术产品（服务）收入等指标申请并经认定的高新技术企业，其来源于境外的所得可以享受高新技术企业所得税优惠政策，即对其来源于境外所得可以按照15%的优惠税率缴纳企业所得税，在计算境外抵免限额时，可按照15%的优惠税率计算境内外应纳税总额。

企业按照税法的有关规定计算的当期境内、境外应纳税所得总额小于零的，应以零计算当期境内、境外应纳税所得总额，其当期境外所得税的抵免限额也为零。

若企业境内所得为亏损，境外所得为盈利，且企业已使用同期境外盈利全部或部分弥补了境内亏损，则境内已用境外盈利弥补的亏损不得再用以后年度境内盈利重复弥补。由此，在计算境外所得抵免限额时，形成当期境内、境外应纳税所得总额小于零的，应以零计算当期境内、境外应纳税所得总额，其当期境外所得税的抵免限额也为零。上述境外盈利在境外已纳的可予抵免但未能抵免的税额可以在以后5个纳税年度内进行结转抵免。

如果企业境内为亏损，境外盈利分别来自多个国家，则弥补境内亏损时，企业可以自行选择弥补境内亏损的境外所得来源国家（地区）顺序。

（六）实际抵免境外税额的计算

在计算实际应抵免的境外已缴纳和间接负担的所得税税额时，企业在境外一国（地区）当年缴纳和间接负担的符合规定的所得税税额低于所计算的该国（地区）抵免限额的，应以该项税额作为境外所得税抵免额从企业应纳税总额中据实抵免；超过抵免限额的，当年应以抵免限额作为境外所得税抵免额进行抵免，超过抵免限额的余额允许从次年起在连续5个纳税年度内，用每年度抵免限额抵免当年应抵税额后的余额进行抵补。

【例7-4】 假定某居民企业2020年度境内应纳税所得额为200万元，适用25%的企业所得税税率。另外，该企业分别在A、B两国设有分支机构（我国与A、B两国已经缔结避免双重征税协定），在A国的分支机构的应纳税所得额为50万元，A国税率为20%；在B国的分支机构的应纳税所得额为30万元，B国税率为30%。假设该企业在A、B两国所得按我国税法计算的应纳税所得额和按A、B两国税法计算的应纳税所得额一致，两个分支机构在A、B两国分别缴纳了10万元和9万元的企业所得税。请分析，该企业在我国应缴纳的企业所得税是多少。

【解析】 该企业2020年度汇总时在我国应缴纳的企业所得税计算方式如下：

第一步：计算该企业按我国税法计算的境内、境外所得的应纳税额。

应纳税额 = (200 + 50 + 30) × 25% = 70（万元）

第二步：按分国（地区）不分项抵免和综合抵免两种方法，分别计算抵免限额。

分国（地区）不分项下，A国扣除限额 = 70 × [50 ÷ (200 + 50 + 30)] = 12.5（万元）；B国扣除限额 = 70 × [30 ÷ (200 + 50 + 30)] = 7.5（万元）。在A国缴纳的所得税为10万元，低于扣除限额12.5万元，可全额扣除。在B国缴纳的所得税为9万元，扣除限额7.5万元部分当年可扣除，高于扣除限额的

1.5万元当年不能扣除，可结转以后年度扣除。

综合抵免下，境外所得扣除限额=（50+30）×25%=20（万元），境外实际缴纳的所得税19万元，未超过抵免限额，可以全部抵免。

第三步：按分国（地区）不分项和综合抵免两种方法，分别计算汇总在我国缴纳的所得税额。

分国（地区）不分项下，汇总在我国应缴纳的所得税=70-10-7.5=52.5（万元）。

综合抵免下，汇总在我国缴纳的企业所得税=70-10-9=51（万元）。

由此可见，选择合适的抵免方法能够降低企业税负，更好解决国际双重征税问题。

（七）简易办法计算抵免

采用简易办法须遵循"分国不分项"原则。适用简易办法计算抵免的两种情况：

1. 企业从境外取得营业利润所得以及符合境外税额间接抵免条件的股息所得，虽有所得来源国（地区）政府机关核发的具有纳税性质的凭证或证明，但因客观原因无法真实、准确地确认应当缴纳并已经实际缴纳的境外所得税税额的，除就该所得直接缴纳及间接负担的税额在所得来源国（地区）的实际有效税率低于12.5%的外，可按境外应纳税所得额的12.5%作为抵免限额，企业按该国（地区）税务机关或政府机关核发具有纳税性质凭证或证明的金额，其不超过抵免限额的部分，准予抵免；超过的部分不得抵免。

2. 企业从境外取得营业利润所得以及符合境外税额间接抵免条件的股息所得，凡就该所得缴纳及间接负担的税额在所得来源国（地区）的法定税率且其实际有效税率明显高于我国的，可直接以按规定计算的境外应纳税所得额和企业所得税法规定的税率计算的抵免限额作为可抵免的已在境外实际缴纳的企业所得税税额。"实际有效税率"是指实际缴纳或负担的企业所得税额与应纳税所得额的比率。

 本章思考题

1. 居民企业按税法规定计算应纳税额的方式与按申报表填报规则计算应纳税额的方式有何异同？

2. 为什么未设立机构、场所的非居民企业所得税税率较居民企业所得税税率低?
3. 用境外所得税收抵免制度解决国际双重征税问题,有什么优点和缺点?

第八章 征收管理

【学习目标】本章主要介绍企业所得税的征收方式、纳税申报制度、汇总纳税办法和源泉扣缴。通过本章学习,掌握查账征收、核定征收两种征收方式的适用范围、方法,熟悉企业所得税纳税申报的基本规定及当前申报表体系,理解企业所得税征收制度设计的原理,了解跨地区经营汇总纳税企业所得税的征收管理办法、非居民企业所得税源泉扣缴的概念和方法。

第一节 征收方式

企业所得税的征收方式包括查账征收和核定征收。

一、查账征收

企业财务核算健全,能按规定设置、保管账簿、记账凭证,能准确计算收入、成本、费用,能依据税法规定正确计算应纳税所得额,能向税务机关提供真实、准确、完整的纳税资料,并按规定办理纳税申报的,采用查账征收方式。

实行查账征收的企业,应依照税收法律、法规、规章及其他有关企业所得税的规定,计算应纳税所得额和应纳所得税额。

二、核定征收

纳税人的会计账簿不健全,资料残缺难以查账,或者其他原因难以准确确定应纳税所得额或应纳税额时,税务机关可采用核定征收方式。

核定征收方式包括应税所得率核定和应纳所得税额核定。应税所得率核定是指按照收入总额或成本费用等项目的实际发生额,按预先核定的应税所得率计算缴纳所得税。应纳所得税额核定是指直接核定所得税额。

核定征收的方法主要有：①参照当地同类行业或者类似行业中经营规模和收入水平相近的纳税人的税负水平核定；②按照应税收入额或成本费用支出额定率核定；③按照耗用的原材料、燃料、动力等推算或测算核定；④按照其他合理方法核定。采用以上一种方法不足以正确核定应纳税所得额或应纳税额的，可以同时采用两种以上的方法核定。

从税收征管的发展趋势看，随着全社会财会专业队伍不断壮大和财务核算软件大量推广使用，财会服务便捷化、规范化程度以及纳税遵从度不断提升，采取核定征收的企业将越来越少。核定征收方式作为查账征收方式的补充，是企业出现特殊情形时采取的必要措施，从公平税负角度有必要给予较为严格的限制条件。例如，对汇总纳税企业、上市公司、经济鉴证类社会中介机构等明显应当能够规范核算的企业不允许核定征收，对享受某些企业所得税优惠政策且有明确核算能力要求的企业也不允许核定征收。

税务机关应积极督促核定征收企业所得税的纳税人建账立制，规范经营管理，引导纳税人实行查账征收。

第二节　纳税申报

企业所得税纳税申报包括月（季）度预缴申报、年度申报和清算申报。除实行源泉扣缴外（具体规定详见本书第八章第四节"源泉扣缴"），企业均需自行申报缴纳企业所得税。

企业所得税纳税申报的载体是各类申报表。申报表既是纳税人按照企业所得税政策和征管要求以规范格式列示纳税信息、计算纳税的书面报告，也是税务机关据以征收、分析、评估、检查企业所得税所使用的重要资料。企业所得税纳税人申报表的样式设计需要满足纳税人申报、享受政策的要求以及税务机关管理与统计的需求。企业所得税申报表内容的增减还会受到"放管服"改革因素的影响。

一、预缴申报

企业所得税虽然是按年度计算，但为了保证国家的财政支出，需要税款收入及时、均衡入库，有必要预缴税款。

（一）预缴期限

企业所得税分月或者分季预缴，由税务机关具体认定。为优化纳税服务，减轻纳税人负担，合理简并纳税人申报缴税次数，对小型微利企业统一按季预缴。非居民企业统一按季预缴。

居民企业应当自月份或者季度终了之日起15日内，向税务机关报送预缴企业所得税纳税申报表，预缴税款。非居民企业应当自季度终了之日起15日内，向税务机关报送预缴企业所得税纳税申报表，预缴税款。

（二）预缴方法

纳税人在企业所得税预缴时，可采用以下方法：一是按照月度或者季度的实际利润额预缴，二是按照上一纳税年度应纳税所得额的月度或者季度平均额预缴，三是按照经税务机关认可的其他方法预缴。其中，"按照上一纳税年度应纳税所得额平均额预缴"和"按照税务机关确定的其他方法预缴"等两种预缴方式需经主管税务机关确定。预缴方法一经确定，该纳税年度内不得随意变更。

（三）预缴申报表

1. 查账征收居民企业

查账征收企业所得税的居民企业，月（季）度预缴时应填报《中华人民共和国企业所得税月（季）度预缴纳税申报表（A类）》。

以2021年版《中华人民共和国企业所得税月（季）度预缴纳税申报表（A类）》为例，企业所得税月（季）度预缴纳税申报表（A类）包括一张主表和两张附表。两张附表分别是《资产加速折旧、摊销（扣除）优惠明细表》和《企业所得税汇总纳税分支机构所得税分配表》。

主表表样格式见表8-1。

该表主要包括表头项目、优惠及附报事项有关信息、预缴税款计算、汇总纳税企业总分机构税款计算、实际缴纳企业所得税和签章等六个部分。表头项目包括税款所属期间、纳税人识别号（统一社会信用代码）、纳税人名称等，为必报项目。"优惠及附报事项有关信息"部分包括从业人数、资产总额、国家限制或禁止行业、小型微利企业、附报事项等，其中附报事项为企业发生特定事项时填报。"预缴税款计算"部分，预缴方式为"按照实际利润额预缴"的纳税人，填报第1行至第16行；预缴方式为"按照上一纳税年度应纳税所得额平均额预缴"的纳税人填报第10、11、12、13、14、16行；预缴方式为

表 8-1　A200000　中华人民共和国企业所得税月（季）度预缴纳税申报表（A 类）

税款所属期间：　　年　月　日至　　年　月　日

纳税人识别号（统一社会信用代码）：□□□□□□□□□□□□□□□□□□

纳税人名称：　　　　　　　　　　　　　　　　金额单位：人民币元（列至角分）

优惠及附报事项有关信息									
项　目	一季度		二季度		三季度		四季度		季度平均值
	季初	季末	季初	季末	季初	季末	季初	季末	
从业人数									
资产总额（万元）									
国家限制或禁止行业	□是　□否				小型微利企业				□是　□否
附报事项名称									金额或选项
事项1	（填写特定事项名称）								
事项2	（填写特定事项名称）								

	预缴税款计算	本年累计
1	营业收入	
2	营业成本	
3	利润总额	
4	加：特定业务计算的应纳税所得额	
5	减：不征税收入	
6	减：资产加速折旧、摊销（扣除）调减额（填写A201020）	
7	减：免税收入、减计收入、加计扣除（7.1＋7.2＋…）	
7.1	（填写优惠事项名称）	
7.2	（填写优惠事项名称）	
8	减：所得减免（8.1＋8.2＋…）	
8.1	（填写优惠事项名称）	
8.2	（填写优惠事项名称）	
9	减：弥补以前年度亏损	
10	实际利润额（3＋4－5－6－7－8－9）\按照上一纳税年度应纳税所得额平均额确定的应纳税所得额	
11	税率（25%）	
12	应纳所得税额（10×11）	
13	减：减免所得税额（13.1＋13.2＋…）	
13.1	（填写优惠事项名称）	
13.2	（填写优惠事项名称）	
14	减：本年实际已缴纳所得税额	

续表

		预缴税款计算		本年累计
15		减：特定业务预缴（征）所得税额		
16		本期应补（退）所得税额（12－13－14－15）\税务机关确定的本期应纳所得税额		
汇总纳税企业总分机构税款计算				
17	总机构	总机构本期分摊应补（退）所得税额（18＋19＋20）		
18		其中：总机构分摊应补（退）所得税额（16×总机构分摊比例__%）		
19		财政集中分配应补（退）所得税额（16×财政集中分配比例__%）		
20		总机构具有主体生产经营职能的部门分摊所得税额（16×全部分支机构分摊比例__%×总机构具有主体生产经营职能部门分摊比例__%）		
21	分支机构	分支机构本期分摊比例		
22		分支机构本期分摊应补（退）所得税额		
实际缴纳企业所得税计算				
23		减：民族自治地区企业所得税地方分享部分：□ 免征　□ 减征　减征幅度____%	本年累计应减免金额〔（12－13－15）×40%×减征幅度〕	
24		实际应补（退）所得税额		

谨声明：本纳税申报表是根据国家税收法律法规及相关规定填报的，是真实的、可靠的、完整的。

纳税人（签章）：　　　　　　　　　年　月　日

经办人： 经办人身份证号： 代理机构签章： 代理机构统一社会信用代码：	受理人： 受理税务机关（章）： 受理日期：　　年　月　日

"按照税务机关确定的其他方法预缴"的纳税人填报第16行。"汇总纳税企业总分机构税款计算"部分适用于跨地区经营汇总纳税企业填报，跨地区经营汇总纳税企业总机构填报第17、18、19、20行，跨地区经营汇总纳税企业分支机构填报第21、22行。"实际缴纳企业所得税"部分适用于民族自治地区纳税人填报。

2. 核定征收居民企业

核定征收企业所得税的居民企业，月（季）度预缴时应填报《中华人民共和国企业所得税月（季）度预缴和年度纳税申报表（B类）》。

3. 非居民企业

非居民企业季度预缴时应填报非居民企业所得税预缴申报表。

二、汇算清缴和年度申报

企业所得税汇算清缴是指纳税人在纳税年度后规定时间内，依照税收法律、法规、规章及其他有关企业所得税的规定，自行计算该纳税年度应纳所得税额，根据月度或季度预缴企业所得税的数额，确定该纳税年度应补或者应退税额，并填写企业所得税年度纳税申报表，向主管税务机关办理企业所得税年度纳税申报、提供税务机关要求提供的有关资料、结清全年企业所得税税款的行为。

（一）汇算清缴范围

居民企业均应参加企业所得税汇算清缴，实行核定定额征收企业所得税的居民企业除外。

在中国境内设立机构、场所的非居民企业均应参加企业所得税汇算清缴，有下列三种情形之一的除外：临时来华承包工程和提供劳务不足 1 年，在年度中间终止经营活动，且已经结清税款；汇算清缴期内已办理注销；其他经主管税务机关批准可不参加当年度所得税汇算清缴。

（二）汇算清缴时间

企业应当自年度终了之日起 5 个月内汇算清缴，并向税务机关报送年度企业所得税纳税申报表，结清应缴应退税款。

纳税人在年度中间发生解散、破产、撤销等终止生产经营情形，需进行企业所得税清算的，应在清算前报告主管税务机关，并自实际经营终止之日起 60 日内进行汇算清缴，结清应缴应退企业所得税款；纳税人有其他情形依法终止纳税义务的，应当自停止生产、经营之日起 60 日内，向主管税务机关办理当期企业所得税汇算清缴。

（三）年度纳税申报表

1. 查账征收居民企业

查账征收企业所得税的居民企业，年度汇算清缴时应填报企业所得税年度纳税申报表。现行的年度纳税申报表是按照应纳税所得额计算的间接法进行设计，即在利润总额的基础上通过纳税调整税会差异，计算得出应纳税所得额和应纳税额。现行的报表体系包括企业基础信息表、年度申报主表和两级附表，以企业会计核算为基础，对税收与会计差异进行纳税调整。其主要特点有：

一是架构合理。申报表围绕主表进行填报，主表数据大部分从附表生成，既可以电子申报，又可以手工填写。每张表既能独立体现的税收政策或优惠体现，又是与主表相互关联，层级分明，内容清晰，填报便捷。

二是信息量丰富。申报表中既有会计信息，又有税会差异情况，同时还包括税收优惠、境外所得等信息，便于进行税收优惠、纳税情况、税收风险等分析提取信息、数据。

三是注重主体，繁简适度。纳税人可以根据自身的业务情况选择填报涉及的附表，不涉及的无须填报，充分考虑不同纳税人规模、业务情况，更加简化、便捷。对小型微利企业而言，一般情况下仅需填报 4~5 张表单。

2. 核定征收居民企业

核定征收企业年度申报应填报《中华人民共和国企业所得税月（季）度预缴和年度纳税申报表（B类）》。

3. 非居民企业

非居民企业汇算清缴时应填报非居民企业所得税年度纳税申报表。《中华人民共和国非居民企业所得税年度纳税申报表》包括 1 张主表，5 张附表。附表分别为《纳税调整项目明细表》《企业所得税弥补亏损明细表》《对外合作开采石油企业勘探开发费用年度明细表》《非居民企业机构、场所汇总缴纳所得税税款分配表》（非居民企业所得税预缴申报表和非居民企业所得税年度纳税申报表共用附表）和《非居民企业机构、场所核定计算明细表》（非居民企业所得税预缴申报表和非居民企业所得税年度纳税申报表共用附表）。

（四）现行申报表的主要内容

现行申报表包括基础信息表、主表、收入费用明细表、纳税调整明细表、亏损弥补明细表、税收优惠明细表、境外所得抵免明细表、汇总纳税明细表。

1. 基础信息表

此表反映纳税人的基本信息，包括名称、注册地、行业、注册资本、从业人数、股东结构、会计政策、存货办法、对外投资情况等，这些信息，既可以替代企业备案资料（如资产情况及变化、从业人数，可以判断纳税人是否属于小微企业，小微企业享受优惠政策后，就无须再报送其他资料）；也是税务机关进行管理所需要的信息。

2. 主表

主表体现企业所得税纳税流程，即在会计利润的基础上，按照税法进行纳税调整，计算应纳税所得额，扣除税收优惠数额，进行境外税收抵免，最后计算应补（退）税款。

3. 收入费用明细表

此表主要反映企业按照会计政策所发生的成本、费用情况。这些表格，也是企业进行纳税调整的主要数据来源。

4. 纳税调整表

纳税调整是所得税管理的重点和难点。现行申报表，将所有的税会差异需要调整的事项，按照收入、成本和资产三大类，设计了13张表格，通过表格的方式进行计算反映，既方便纳税人填报；又便于税务机关纳税评估、分析。

5. 亏损弥补表

此表反映企业发生亏损如何结转问题，既准确计算亏损结转年度和限额，又便于税务机关进行管理。

6. 税收优惠表

此表将目前我国企业所得税税收优惠项目按照税基、应纳税所得额、税额扣除等进行分类，设计了9张表格，通过表格的方式计算税收优惠享受情况、过程。既方便纳税人填报；又便于税务机关掌握税收减免税信息，核实优惠的合理性，进行优惠效益分析。

7. 境外所得抵免表

此表反映企业发生境外所得税如何抵免以及抵免具体计算问题。

8. 汇总纳税表

此表反映汇总纳税企业的总分机构如何分配税额问题。

【例8-1】甲公司为设在西部地区的鼓励类产业企业，2022年实现主营业务收入2500万元，其他业务收入400万元，投资收益100万元（国库券利息收入），营业外收入50万元，主营业务成本1300万元，其他业务成本200万元，税金及附加80万元，销售费用320万元，管理费用285万元（其中业务招待费48万元），财务费用80万元，营业外支出62万元（其中税收滞纳金10万元），提取资产减值准备金100万元。其他汇算相关信息：合理工资、薪金总额200万元，职工福利费50万元，职工教育经费20万元，拨缴工会经费10万元。无以前年度亏损。已累计预缴所得税70万元。请根据资料分析填列申报表、计算该企业应补（退）所得税额。

【解析】（1）首先填报企业会计信息。

"2022年实现主营业务收入2500万元，其他业务收入400万元，投资收益100万元，营业外收入50万元，主营业务成本1300万元，其他业务成本200万元，税金及附加80万元，销售费用320万元，管理费用285万元，财务费用80万元，营业外支出62万元，提取各项准备金100万元"为会计信息，根据企业类别，按照会计报表和会计核算资料填报《中华人民共和国企业所得税年度纳税申报表（A类）》（第1行至第13行）、《一般企业收入明细表》、《一般企业成本支出明细表》、《期间费用明细表》。

（2）然后计算应纳税所得额。

第一步分析计算可能存在税会差异的事项，包括业务招待费、税收滞纳金、各项准备金、职工福利费、职工教育经费、工会经费，填报《中华人民共和国企业所得税年度纳税申报表（A类）》（第15行和第16行）、《纳税调整项目明细表》、《广告费和业务宣传费等跨年度纳税调整明细表》、《职工薪酬支出及纳税调整明细表》。

业务招待费扣除限额为$2900 \times 0.5\% = 14.5$（万元）与$48 \times 60\% = 28.8$（万元）的孰小值，即14.5万元，纳税调增金额$48 - 14.5 = 33.5$（万元）；

税收滞纳金不予扣除，纳税调增金额10万元；

资产减值准备金不予扣除，纳税调增金额100万元；

职工福利费扣除限额$200 \times 14\% = 28$（万元），纳税调增金额$50 - 28 = 22$（万元）；

职工教育经费扣除限额$200 \times 8\% = 16$（万元），纳税调增金额$20 - 16 = 4$（万元）；

工会经费扣除限额$200 \times 2\% = 4$（万元），纳税调增金额$10 - 4 = 6$（万元）；

合计纳税调增金额为$(33.5 + 10 + 100 + 22 + 4 + 6) = 175.5$（万元），数据填入第15行"纳税调整增加额"。

第二步考虑税收优惠等事项对应纳税所得额的影响，填报《中华人民共和国企业所得税年度纳税申报表（A类）》（第17行）和《免税、减计收入及加计扣除优惠明细表》等。

国库券利息收入免税，免税收入金额100万元，填入第17行"免税、减计收入及加计扣除"，计算出第19行"纳税调整后所得"和第23行"应纳税所得额"均为698.5万元。

(3) 最后计算应纳税额。

填报《中华人民共和国企业所得税年度纳税申报表(A类)》(第26行、第32行)和《所得税减免优惠明细表》等。

填写第24行税率25%,计算出第25行"应纳所得税额"174.625万元,进一步计算西部地区的鼓励类产业企业享受低税率优惠减免的税额698.5×(25%-15%)=69.85(万元),填入第26行"减免所得税额",计算出第28行"应纳税额"和第31行"实际应纳所得税额"均为104.775万元。

填写第32行"本年累计实际已缴纳的所得税额"70万元,进而得出第33行"本期应补(退)所得税额"34.775万元和第38行"本年实际应补(退)所得税额"均为34.775万元。

主表填报示例见表8-2,附表略。

表8-2 A100000 中华人民共和国企业所得税年度纳税申报表(A类)

行次	类别	项目	金额
1	利润总额计算	一、营业收入(填写A101010\101020\103000)	29000000
2		减:营业成本(填写A102010\102020\103000)	15000000
3		减:税金及附加	800000
4		减:销售费用(填写A104000)	3200000
5		减:管理费用(填写A104000)	2850000
6		减:财务费用(填写A104000)	800000
7		减:资产减值损失	1000000
8		加:公允价值变动收益	
9		加:投资收益	1000000
10		二、营业利润(1-2-3-4-5-6-7+8+9)	6350000
11		加:营业外收入(填写A101010\101020\103000)	500000
12		减:营业外支出(填写A102010\102020\103000)	620000
13		三、利润总额(10+11-12)	6230000
14	应纳税所得额计算	减:境外所得(填写A108010)	
15		加:纳税调整增加额(填写A105000)	1755000
16		减:纳税调整减少额(填写A105000)	
17		减:免税、减计收入及加计扣除(填写A107010)	1000000
18		加:境外应税所得抵减境内亏损(填写A108000)	
19		四、纳税调整后所得(13-14+15-16-17+18)	6985000

续表

行次	类别	项目	金额
20	应纳税所得额计算	减：所得减免（填写A107020）	
21		减：弥补以前年度亏损（填写A106000）	
22		减：抵扣应纳税所得额（填写A107030）	
23		五、应纳税所得额（19－20－21－22）	6985000
24	应纳税额计算	税率（25%）	25%
25		六、应纳所得税额（23×24）	1746250
26		减：减免所得税额（填写A107040）	698500
27		减：抵免所得税额（填写A107050）	
28		七、应纳税额（25－26－27）	1047750
29		加：境外所得应纳所得税额（填写A108000）	
30		减：境外所得抵免所得税额（填写A108000）	
31		八、实际应纳所得税额（28＋29－30）	1047750
32		减：本年累计实际已缴纳的所得税额	700000
33		九、本年应补（退）所得税额（31－32）	347750
34		其中：总机构分摊本年应补（退）所得税额（填写A109000）	
35		财政集中分配本年应补（退）所得税额（填写A109000）	
36		总机构主体生产经营部门分摊本年应补（退）所得税额（填写A109000）	
37	实际应纳税额计算	减：民族自治地区企业所得税地方分享部分：（□免征 □减征：减征幅度__%）	
38		十、本年实际应补（退）所得税额（33－37）	347750

（五）关联申报

实行查账征收的居民企业和在中国境内设立机构、场所并据实申报缴纳企业所得税的非居民企业向税务机关报送年度企业所得税纳税申报表时，应当就其与关联方之间的业务往来进行关联申报，附送《中华人民共和国企业年度关联业务往来报告表（2016年版）》。

（六）境外投资和所得信息报告

居民企业或其通过境内合伙企业，在一个纳税年度中的任何一天，直接或间接持有外国企业股份或有表决权股份达到10%（含）以上的，应当在办理该年度企业所得税年度申报时向主管税务机关报送简并后的《居民企业境外投资信息报告表》。

延伸阅读

一、美国企业所得税申报制度

公司所得税的纳税人可以任意选择各自的纳税年度,即纳税的起讫日期,但一经确定,就不得随意改变。计税方法包括权责发生制、现金收付制或其他会计核算方法。若纳税人年收入高于500万美元,则纳税人必须使用权责发生制。另外,任何计税方法的改变都需通过提交3115号申报表以获得美国国内收入局的许可。纳税人应在每年4月15日前提交预计申报表和上年实际纳税表,并按预计申报表在该纳税年度的4月15日、6月15日、9月15日、12月15日前,按一定的比例缴纳公司所得税,并按年度进行汇总申报。纳税人可在其选定的纳税年度终了后三个半月内申报纳税。年度亏损可向后无限期结转,但可抵扣上限为未来年份的应纳税所得额的80%。

（一）申报要求

美国税收居民企业需按年缴纳联邦公司所得税。企业纳税人可以选择与公历年度不一致的纳税年度。企业新设当年或改变纳税年度当年均可以使用不满一年的纳税年度。美国联邦公司所得税由纳税人自行计算缴纳。企业纳税人需在本纳税年度终了后第4个月的15日之前提交年度公司所得税纳税申报表（美国税收居民企业提交1120号纳税申报表,外国税收居民企业提交1120-F号纳税申报表）。纳税人可以通过提交7004号申报表而将申报期限延长6个月。在美国有经营场所或办公地点的外国税收居民企业需在其纳税年度终了后第4个月的15日之前提交1120-F号纳税申报表。在美国没有经营场所或办公地点的外国税收居民企业需在其纳税年度终了后第6个月的15日之前提交1120-F号纳税申报表。纳税人可以进行电子申报。总资产超过1000万美元并每年至少提交250份纳税申报表的美国税收居民企业必须进行电子申报,但其也可以申请免除电子申报的义务。

（二）税款缴纳

若纳税人自行计算的年应纳所得税达到或超过500美元,则其必须进行季度预缴、年度汇算清缴。按季预缴税款的截止期限分别为本纳税年度第4、第6、第9和第12月的15日之前。若截止日当天为周六、周日或法定节假日,则顺延至下一个工作日。美国税收居民企业和在美国有经营场所或办公地点的外国税收居民企业必须在本纳税年度终了后第 4 个月的 15 日之前清缴税款。该类外国税收居民企业和美国税收居民企业均需使用电子转账方式预存联邦税款。在美国没有经营场所或办公地点的外国税收居民企业必须在本纳税年度终了后第 6 个月的 15 日之前清缴税款。进行电子申报的该类外国税收居民企业可以使用直接扣款方式（Direct Debit）缴纳税款。不进行电子申报或虽进行电子申报但未选择直接扣款方式的外国税收居民企业，如果在美国设有银行账户，则可以使用电子转账方式缴纳税款。纳税期限通常不得延长。

（三）预缴税款

纳税人预缴的税款中应包含联邦公司所得税、环境税、外国税收居民企业应缴纳的运输收入税以及税基侵蚀及反滥用税。纳税人预缴的税款至少应为本年申报的应纳税额或上一纳税年度已纳税额中较小者的 25%。在前 3 个纳税年度任一年扣除经营净亏损或资本亏损之前的应纳税所得额至少为 100 万美元的纳税企业除第一季度的预缴税款以外，其他季度的预缴税款额必须以本年的应纳税额为基础计算。

二、日本企业所得税申报制度

（一）申报要求

所有纳税人需要在会计年度终了之日后的两个月内，向主管税款征收部门提交法人税的纳税申报书，并缴纳法人税。这个申报书称为确定申报书。法人税的确定申报书还需同时提交与收入和支出有关的资料。因本年度亏损不用缴纳法人税的纳税人也必须进行确定申报。遇到灾害或其他特殊情况，或需接受审计时，可适当延期申报。

对于会计年度超过 6 个月的纳税人，必须在会计年度开始后 6 个月之后的两个月内提交中期申报书，进行中期申报。对于中期申报具体包括两种方式，一种是以上年度申报的法人税额为基础，按照以下公式计算中期纳税额：上年度法人税额×6/上年度月数；另外一种是把 6 个月作为一个年度进行中期预结算，以此申报并缴纳法人税额。原则上采用第一种申报方式。进行中期申报的法人，必须按照申报书中记载的税额于中期申报书的提交期限内缴纳税金。

（二）税款缴纳

提交中期申报书和确定申报书的纳税人，必须在规定的申报提交迄止日期前缴纳其申报的法人税款。在确定申报中应扣除中期申报时已缴纳的法人税款。

(三) 蓝色申报制度

蓝色申报制度是日本为了提高税收征管效率而采用的一项特殊的纳税申报方式。采用蓝色申报表的纳税人可以享受到比普通纳税人更多的税收优惠,这对于鼓励和引导纳税人建立健全会计账簿、依法申报纳税发挥了积极的作用。法人实行蓝色申报应清楚明了地记录全部交易,以交易记录为基础,计算出收入、费用和所得,填写蓝色申报表,并有义务在一定期限内保存资料,供税务部门随时抽查。目前,日本法人税的蓝色申报相当普及,资本金1亿日元以上的法人基本上实行蓝色申报,全国90%以上的法人税纳税人实行蓝色申报。

资料来源:根据荷兰国际财税文献局(IBFD)相关文献资料归类整理。

三、清算申报

(一) 清算申报时间

纳税人应当在办理注销登记前,自清算结束之日起15日内,就其清算所得向主管税务机关报送企业清算所得税纳税申报表并结清税款。

(二) 企业清算所得税申报表

企业清算时应填报《中华人民共和国企业清算所得税申报表》。

第三节 汇总纳税

汇总纳税,是指一个企业总机构和其分支机构的经营所得,通过汇总纳税申报表,统一申报缴纳企业所得税。

为有效解决法人所得税制度下税源跨地区转移和管理问题,财政、税务、人民银行制定跨地区经营汇总纳税企业所得税征收管理的具体办法,对税款预缴和汇算清缴、总分机构分摊税款计算、日常管理等进行了明确。

跨地区经营总分机构企业分为跨省(自治区、直辖市和计划单列市)总分机构企业,省内跨市州、跨区县总分机构企业以及收入全额归属中央的总分机构企业等三类,每一类的征收管理均有所区别。

一、跨省总分机构企业

(一) 征收管理总体办法

居民企业在中国境内跨地区（指跨省、自治区、直辖市和计划单列市，下同）设立不具有法人资格分支机构的，该居民企业为跨地区经营汇总纳税企业（以下简称汇总纳税企业）。汇总纳税企业实行"统一计算、分级管理、就地预缴、汇总清算、财政调库"的企业所得税征收管理办法：

1. 统一计算，是指总机构统一计算包括汇总纳税企业所属各个不具有法人资格分支机构在内的全部应纳税所得额、应纳税额。

2. 分级管理，是指总机构、分支机构所在地的主管税务机关都有对当地机构进行企业所得税管理的责任，总机构和分支机构应分别接受机构所在地主管税务机关的管理。

3. 就地预缴，是指总机构、分支机构应按规定，分月或分季分别向所在地主管税务机关申报预缴企业所得税。

4. 汇总清算，是指在年度终了后，总机构统一计算汇总纳税企业的年度应纳税所得额、应纳所得税额，抵减总机构、分支机构当年已就地分期预缴的企业所得税款后，多退少补。

5. 财政调库，是指财政部定期将缴入中央国库的汇总纳税企业所得税待分配收入，按照核定的系数调整至地方国库。

(二) 税款分摊缴纳

1. 总分机构所在地税率一致。跨地区总分机构企业统一计算的当期应纳所得税额，分别由总机构和二级分支机构按月或按季就地预缴（三级及以下分支机构并入二级分支机构）。总机构应将统一计算的企业当期应纳所得税额的50%，就地办理缴库；将统一计算的企业当期应纳所得税额的50%在各分支机构之间进行分摊。汇总纳税企业应当自年度终了之日起5个月内，由总机构汇总计算企业年度应纳所得税额，扣除总机构和各分支机构已预缴的税款，计算出应缴应退税款，按照税款分摊方法计算总机构和分支机构的企业所得税应缴应退税款，分别由总机构和分支机构就地办理税款缴库或退库。

总机构分摊税款＝汇总纳税企业当期应纳所得税额×50%

所有分支机构分摊税款总额＝汇总纳税企业当期应纳所得税额×50%

某分支机构分摊税款＝所有分支机构分摊税款总额×该分支机构分摊比例

总机构应按照上年度分支机构的营业收入、职工薪酬和资产总额三个因素计算各分支机构分摊所得税款的比例,三级及以下分支机构,其营业收入、职工薪酬和资产总额统一计入二级分支机构,三因素的权重依次为 0.35、0.35、0.30。计算公式如下:

$$某分支机构分摊比例 = \left(\frac{该分支机构营业收入}{各分支机构营业收入之和}\right) \times 0.35 + \left(\frac{该分支机构职工薪酬}{各分支机构职工薪酬之和}\right) \times 0.35 + \left(\frac{该分支机构资产总额}{各分支机构资产总额之和}\right) \times 0.30$$

【例 8-2】甲公司为跨省汇总纳税企业,其总机构在湖南长沙,设有两个分公司,A 分公司在湖南娄底,B 分公司在上海,两个分公司均不是当年新成立的分支机构,2022 年第 4 季度甲公司累计实现应纳税所得额 1000 万元,2022 年甲公司汇缴应纳税所得额为 800 万元,适用税率 25%,有关数据见表 8-3。请分析计算甲公司总、分机构 2022 年第 4 季度预缴申报应缴企业所得税和 2022 年度汇缴申报应补(退)企业所得税。

表 8-3　　　　甲公司及分公司营业收入、职工薪酬和资产总额　　　　单位:万元

机构名称	营业收入	职工薪酬	资产总额
总机构	5000	300	5000
A 分公司	1000	100	200
B 分公司	1500	100	800

【解析】预缴阶段税款分摊:

(1) 汇总计算:甲公司应纳所得税额 = 1000 × 25% = 250(万元)

(2) 总机构分配:甲公司总机构应在湖南长沙预缴税额 = 250 × 50% = 125(万元)

(3) 分支机构分配:甲公司应在分支机构所在地预缴税额 = 250 × 50% = 125(万元)

A 分公司分配比例 =(1000 ÷ 2500)× 0.35 +(100 ÷ 200)× 0.35 +(200 ÷ 1000)× 0.30 = 0.375

B 分公司分配比例 =(1500 ÷ 2500)× 0.35 +(100 ÷ 200)× 0.35 +(800 ÷

$1000) \times 0.30 = 0.625$

A 分公司应在湖南娄底预缴税额 = $125 \times 0.375 = 46.88$（万元）

B 分公司应在上海预缴税额 = $125 \times 0.625 = 78.13$（万元）

汇缴阶段补（退）税款分摊：

汇总纳税企业汇算清缴产生的应补（退）税款，按税款分配比例分摊至甲公司总机构及分公司入库或退税。

甲公司通过汇缴产生应退税额 = $(1000 - 800) \times 25\% = 50$（万元）

其中：

总机构在湖南长沙退税额 = $50 \times 50\% = 25$（万元）

A 分公司在湖南娄底退税额 = $25 \times 0.375 = 9.38$（万元）

B 分公司在上海退税额 = $25 \times 0.625 = 15.63$（万元）

2. 总分机构所在地区税率不一致的。先由总机构统一计算全部应纳税所得额，然后按上述方法确定的分摊比例，计算划分不同税率地区机构的应纳税所得额，再分别按各自的适用税率计算应纳税额后加总计算出汇总纳税企业的应纳所得税总额，最后再按上述方法确定的分摊比例向总机构和分支机构分摊就地缴纳的企业所得税款。

【例 8-3】乙公司为跨省汇总纳税企业，总机构在湖南长沙，有两个分公司，A 分公司在北京，B 分公司在湖南湘西，两个分公司均不是当年新成立的分支机构，2022 年第 4 季度乙公司累计实现应纳税所得额 1000 万元，2022 年乙公司汇缴应纳税所得额为 800 万元。B 分公司比照享受西部地区鼓励类产业企业减按 15% 的税率征收企业所得税优惠，其他机构适用税率 25%。有关数据见表 8-4。请分析计算乙公司总、分机构 2022 年第 4 季度预缴申报应缴企业所得税和 2022 年度汇缴申报应补（退）企业所得税。

表 8-4　　　　乙公司及分公司营业收入、职工薪酬和资产总额　　　　单位：万元

机构名称	营业收入	职工薪酬	资产总额
总机构	5000	300	5000
A 公司	1000	100	200
B 公司	1500	100	800

【解析】预缴阶段税款分摊：

(1) 汇总纳税企业应纳税所得额为1000万元。

(2) 总机构分得应纳税所得额=1000×50%=500（万元）

A分公司分配比例=(1000÷2500)×0.35+(100÷200)×0.35+(200÷1000)×0.30=0.375

B分公司分配比例=(1500÷2500)×0.35+(100÷200)×0.35+(800÷1000)×0.30=0.625

A分公司分得应纳税所得额=1000×50%×0.375=187.5（万元）

B分公司分得应纳税所得额=1000×50%×0.625=312.5（万元）

(3) 汇总纳税企业应纳税额=(500+187.5)×25%+312.5×15%=218.75（万元）

(4) 计算分配应纳所得税额

总机构在湖南长沙预缴税额=218.75×50%=109.375（万元）

A分公司在北京预缴税额=218.75×50%×0.375=41.02（万元）

B分公司在湖南湘西预缴税额=218.75×50%×0.625=68.36（万元）

汇缴阶段补（退）税款分摊：

汇总纳税企业汇算清缴产生的应补（退）税款，按税款分配比例分摊至乙公司总机构及分公司入库或退税。

(1) 汇总纳税企业应纳税所得额为800万元。

(2) 总机构分得应纳税所得额=800×50%=400（万元）

A分公司分得应纳税所得额=800×50%×0.375=150（万元）

B分公司分得应纳税所得额=800×50%×0.625=250（万元）

(3) 汇总纳税企业应纳税额=(400+150)×25%+250×15%=175（万元）

(4) 计算分配应纳所得税额

总机构在湖南长沙分摊所得税额=175×50%=87.5（万元）

A分公司在北京分摊所得税额=175×50%×0.375=32.81（万元）

B分公司在湖南湘西分摊所得税额=175×50%×0.625=54.69（万元）

(5) 计算各总分机构应退税额

总机构在湖南长沙应退税额=109.375-87.5=21.875（万元）

A分公司在北京应退税额=41.02-32.81=8.21（万元）

B分公司在湖南湘西应退税额=68.36-54.69=13.67（万元）

(三) 跨省经营建筑企业汇总纳税

跨省经营建筑企业与其他汇总纳税企业相比，由于对建筑企业有资质条件的特殊要求，建筑企业跨省经营时往往以设立建筑企业总机构直接管理的跨地区项目部经营方式开展；建筑企业项目部流动性较强，且涉及的税款对税源财政利益有较大影响。因此对跨地区经营建筑企业在遵循"统一计算，分级管理，就地预缴，汇总清算，财政调库"的一般规定之外，明确建筑企业总机构直接管理的跨地区设立的项目部，应按项目实际经营收入的 0.2% 按月或按季由总机构向项目所在地预分企业所得税，并由项目部向所在地主管税务机关预缴。

二、省内总分机构企业

居民企业仅在同一省、自治区、直辖市和计划单列市（以下称同一地区）内设立不具有法人资格分支机构的，其企业所得税征收管理办法，由各省、自治区、直辖市和计划单列市税务局参照跨省总分机构企业所得税汇总缴纳办法制定。既跨地区设立不具有法人资格分支机构，又在同一地区内设立不具有法人资格分支机构的，其企业所得税征收管理实行《跨地区经营汇总纳税企业所得税征收管理办法》。由于地方财政体制的不同，各省对于省内跨地区经营的汇总纳税企业实行了具有地方特色的管理方式，主要区别在于总分机构税款分摊预缴层级和税款分摊比例。

从分配层级来看，大部分地区参照《跨地区经营汇总纳税企业所得税征收管理办法》，省内总分机构企业统一计算的当期应纳所得税额，按三因素分配后分别由总机构和二级分支机构就地缴纳（三级及以下分支机构并入二级分支机构）。

建筑企业在同一省、自治区、直辖市和计划单列市设立的跨地（市、县）项目部，其企业所得税的征收管理办法，由各省、自治区、直辖市和计划单列市税务局制定，并报国家税务总局备案。

三、收入全额归属中央的总分机构企业

按照现行财政体制的规定，金融、能源等行业的部分国有企业所得税收入全额归属中央，这类企业的总分机构不适用"统一计算，分级管理，就地预缴，汇总清算，财政调库"的办法计算缴纳企业所得税，各相关企业的申报和

纳税要求不尽相同。

第四节 源 泉 扣 缴

源泉扣缴，是指依照有关法律规定或者合同约定对非居民企业直接负有支付相关款项义务的单位或者个人，对应缴纳的企业所得税进行扣缴管理的一种征收方法。源泉扣缴具有防止税收流失、降低征纳成本、简化纳税程序等优点，是世界许多国家征收非居民企业所得税的重要方式。源泉扣缴按照扣缴义务产生的原因可分为法定源泉扣缴和指定扣缴。

一、法定源泉扣缴

根据《企业所得税法》及其实施条例，非居民企业在中国境内未设立机构、场所但有来源于中国境内的所得，或者虽设立机构、场所但取得与其所设机构、场所没有实际联系的所得，其应纳的所得税，实行源泉扣缴，以支付人为扣缴义务人。支付包括现金支付、汇拨支付、转账支付和权益兑价支付等货币支付和非货币支付。

法定源泉扣缴的范围包括：股息、红利、利息、租金、特许权使用费以及财产转让所得等。扣缴义务人应当自扣缴义务发生之日起7日内向扣缴义务人所在地主管税务机关申报和解缴代扣税款。扣缴义务人所在地主管税务机关为扣缴义务人所得税主管税务机关。

（一）扣缴义务发生时间

1. 中国境内企业（以下称为企业）和非居民企业签订与利息、租金、特许权使用费等所得有关的合同或协议，如果未按照合同或协议约定的日期支付上述所得款项，或者变更或修改合同或协议延期支付，但已计入企业当期成本、费用，并在企业所得税年度纳税申报中作税前扣除的，应在企业所得税年度纳税申报时按照企业所得税法有关规定代扣代缴企业所得税。如果企业上述到期未支付的所得款项，不是一次性计入当期成本、费用，而是计入相应资产原价或企业筹办费，在该类资产投入使用或开始生产经营后分期摊入成本、费用，分年度在企业所得税前扣除的，应在企业计入相关资产的年度纳税申报时就上述所得全额代扣代缴企业所得税。如果企业在合同或协议约定的支付日期之前支付上述所得款项的,应在实际支付时按照企业所得税法有关规定代扣代缴企业所得税。

2. 非居民企业取得应源泉扣缴的所得为股息、红利等权益性投资收益的,相关应纳税款扣缴义务发生之日为股息、红利等权益性投资收益实际支付之日。

3. 非居民企业采取分期收款方式取得应源泉扣缴所得税的同一项转让财产所得的,其分期收取的款项可先视为收回以前投资财产的成本,待成本全部收回后,再计算并扣缴应扣税款。

(二) 所得发生地主管税务机关

扣缴义务人所在地主管税务机关为扣缴义务人所得税主管税务机关。应当源泉扣缴的所得税,扣缴义务人未依法扣缴或者无法履行扣缴义务的,由纳税人在所得发生地缴纳。所得发生地主管税务机关按以下原则确定:

1. 不动产转让所得,为不动产所在地税务机关。

2. 权益性投资资产转让所得,为被投资企业的所得税主管税务机关。

3. 股息、红利等权益性投资所得,为分配所得企业的所得税主管税务机关。

4. 利息所得、租金所得、特许权使用费所得,为负担、支付所得的单位或个人的所得税主管税务机关。

二、指定扣缴

非居民企业在我国承包工程作业或者提供劳务,一般具有作业时间短、业务活动在境内还是境外不易划分等情况,是否在我国负有纳税义务,也还需要结合税收协定进行判断,这些原因,给承包工程作业或者提供劳务的非居民企业在我国履行纳税义务造成一定困难。为便利纳税,同时防范税源流失,《企业所得税法》及其实施条例授权税务机关在一定情形下对非居民企业所得税进行指定扣缴,即对非居民企业在中国境内取得工程作业和劳务所得应缴纳的所得税,可以指定工程价款或者劳务费的支付人为扣缴义务人。

可以指定扣缴义务人的情形,包括:①预计工程作业或者提供劳务期限不足一个纳税年度,且有证据表明不履行纳税义务的;②没有办理税务登记或者临时税务登记,且未委托中国境内的代理人履行纳税义务的;③未按照规定期限办理企业所得税纳税申报或者预缴申报的。上述扣缴义务人,由县级以上税务机关指定,适用税率25%(享受税收协定除外)。

 本章思考题

1. 在当前"以数治税"和优化纳税服务背景下,请分别站在纳税人和税务机关的视角,谈谈申报表对于促进企业纳税遵从和加强税务机关征收管理,能够发挥哪些作用。
2. 当前国际上不同国家分别采取"直接法"和"间接法"进行纳税申报,请问你认为这两种方法分别有何优劣?请结合国内实际,思考我国选用"间接法"的原因。
3. 企业所得税汇总纳税征管方式有何利弊?
4. 在源泉扣缴中,扣缴义务人和纳税人的义务分别是什么?

第九章　企业所得税服务管理实践

【学习目标】本章主要介绍企业所得税优化服务的举措和规范管理的做法。通过本章学习，了解我国企业所得税服务管理的发展历程，熟悉企业所得税在纳税申报、政策管理、税款征收等方面的服务举措，掌握企业所得税事前、事中、事后管理的具体做法。

第一节　优化服务

优化服务是企业所得税工作的基本要求，也是其内在职责。重点是创新服务理念，突出服务重点，降低征纳成本。按照建设服务型政府的要求，牢固树立征纳双方法律地位平等的理念，做到依法、公平、文明服务，促使纳税人自觉依法纳税，不断提高税法遵从度。结合企业所得税政策复杂、涉及面广和申报要求高等特点，努力探索创新服务方式。

一、企业所得税行政审批制度改革

为落实行政审批制度改革的要求，税收优惠、资产损失、企业重组特殊性税务处理等一大批事项逐步取消审批、审核程序，还权、还责于纳税人。

（一）优惠事项管理

企业所得税优惠事项管理方式是一个逐步变革的过程。从优惠办理方式看，主要有审批（审核）、备案和留存备查三种模式，其中备案分为事前备案和事后报送资料两种方式。按时间维度划分，大体分为以下三个阶段。

1. 2008 年至 2014 年——以事前管理为主，事前管理与事后管理两类方式并存

在这一阶段，企业所得税税收优惠事项管理主要从以下几方面进行了明确[①]。

[①] 参见：《国家税务总局关于企业所得税减免税管理问题的通知》（国税发〔2008〕111 号）和《国家税务总局关于企业所得税税收优惠管理问题的补充通知》（国税函〔2009〕255 号）。

一是界定企业所得税优惠范围。列入企业所得税管理的优惠包括免税收入、定期减免税、优惠税率、加计扣除、抵扣应纳税所得额、加速折旧、减计收入、税额抵免和其他专项优惠政策。

二是严格企业所得税优惠审批范围。审批类的企业所得税优惠仅限于国务院明确的企业所得税过渡类优惠政策、执行企业所得税法后继续保留执行的原企业所得税优惠政策、《企业所得税法》第二十九条规定的民族自治地方企业减免税优惠政策，以及国务院另行规定实行审批管理的企业所得税优惠政策。

三是明确备案管理的具体类型。企业所得税优惠备案管理分为事前备案和事后报送相关资料两种。列入事前备案的税收优惠，纳税人应向税务机关报送相关资料，提请备案，经税务机关登记备案后执行。列入事后报送相关资料的税收优惠，纳税人应按照《企业所得税法》及其实施条例和其他有关税收规定，在年度纳税申报时附报相关资料。

四是确立后续优惠的管理方式。自 2009 年起，国家制定的各项企业所得税优惠政策，凡未明确为审批事项的，均实行备案管理。

从管理实践看，这个阶段的优惠管理严格控制新增审批类优惠，逐步压缩存量审批类优惠，改为备案类优惠。同时，进一步改革备案管理模式，增加事后报送资料的方式。

2. 2015 年至 2017 年——事前审批（审核）改为备案，全面取消优惠事前审批（审核）

2015 年，国家税务总局根据"简政放权、放管结合、优化服务"改革要求，发布了《企业所得税优惠政策事项办理办法》（国家税务总局公告 2015 年第 76 号），全面取消对企业所得税优惠事项的审批管理，一律实行备案管理。在落实企业所得税各类优惠政策中，通过简化办税流程、精简涉税资料、统一管理要求，为企业能够及时、精准享受到所得税优惠政策创造了条件、提供了便利。

为便于纳税人对照执行，国家税务总局将所有的企业所得税优惠政策进行了整理分类，发布《企业所得税优惠事项备案管理目录（2015 年版）》，包括优惠事项名称、政策概述、主要政策依据、备案资料、预缴期是否享受优惠、主要留存备查资料等项目，便于纳税人对照执行。从管理实践看，这个阶段优惠事项全部取消审批，一律实行备案管理方式。

3. 2018年以后——取消备案，全部实行企业自行申报享受

2018年，为深入贯彻落实党中央、国务院关于优化营商环境和推进"放管服"改革的系列部署，企业所得税优惠管理再一次进行了重大调整①。

一是简化优惠事项办理方式。企业所得税所有优惠事项都采用"自行判别、申报享受、相关资料留存备查"的办理方式。企业可以根据经营情况自行判断是否符合相关优惠事项规定的条件，在符合条件的情况下，企业可以自预缴或汇缴时享受。企业在享受税收优惠前无须履行备案手续、报送相关资料，原备案资料全部留在企业作为留存备查资料。留存备查资料是指与企业享受优惠事项有关的合同、协议、凭证、证书、文件、账册、说明等资料，用于证实企业是否符合相关优惠事项规定的条件。在享受优惠事项后，企业有义务提供留存备查资料，并对留存备查资料的真实性与合法性负责。如果企业未能按照税务机关的要求提供留存备查资料，或者提供的留存备查资料与实际生产经营情况、财务核算情况、相关技术领域（产业、目录、资格证书）等不符，不能证实其符合优惠事项规定的条件的，或者存在弄虚作假情况的，税务机关将依法追缴其已享受的企业所得税优惠。

二是完善企业所得税优惠事项管理目录。将《企业所得税优惠事项备案管理目录（2015年版）》修订调整为《企业所得税优惠事项管理目录（2017年版）》，统一优惠事项的项目名称，与企业所得税年度纳税申报表相一致，方便企业查询和使用。

三是加强留存备案资料管理。留存备查资料作为企业自行判断是否符合相关优惠事项规定条件的直接依据，企业应当在年度纳税申报前全面归集、整理并认真研判。在本企业完成汇算清缴后，留存备查资料应当归集和整理完毕，以备税务机关核查。由于企业情况不同，留存备查资料难以全部列示，因此在优惠政策管理中，将留存备查资料分为主要留存备查资料和其他留存备查资料。企业应当按照目录列示的清单归集和整理主要留存备查资料，其他留存备查资料则由企业根据享受优惠事项的情况自行归集，以助于税务机关在后续管理时能够做出准确判断。

四是重申企业的权利义务和法律责任。企业依法享有享受税收优惠的权利，也有依法按时如实申报、接受监督和检查的义务。

---

① 参见：《企业所得税优惠政策事项办理办法》（国家税务总局公告2018年第23号）。

(二) 资产损失税前扣除

企业发生的资产损失，包括不同资产发生的损失，如应收账款发生的坏账损失、存货发生的损失、投资发生的损失等；也包括因不同原因导致发生的损失，如因盗窃导致的损失、因保管不当导致的损失、因决策失误发生的投资损失等。随着税务机关管理理念的转化和"放管服"改革的深入，税务机关对资产损失税前扣除管理方式经历了三个阶段：

1. 2008 年至 2010 年——审批与自行申报扣除两种方式并存

在这一阶段，企业实际发生的资产损失按税务管理方式，分为自行计算扣除的资产损失和须经税务机关审批后才能扣除的资产损失。企业在正常生产经营过程中发生的损失，可作为自行计算扣除的资产损失。其他因不可抗力以及人为主观因素等发生的各类损失，均需报税务机关审批同意后才能税前扣除。凡无法准确辨别是否属于自行计算扣除的资产损失，也需向税务机关提出审批申请。在审批制管理方式下，企业发生的资产损失在税前扣除时，需要准备大量的证据资料，报经税务机关审批同意后，才能在税前扣除。

2. 2011 年至 2017 年——全面实行申报扣除，并附报相关资料

在这一阶段，资产损失税前扣除全面实行申报制。企业在进行企业所得税年度汇算清缴申报时，将资产损失申报材料和纳税资料作为企业所得税年度纳税申报表的附件，一并向税务机关报送。按其申报内容和要求的不同，分为清单申报和专项申报两种申报形式。其中，属于清单申报的资产损失，企业可按会计核算科目进行归类、汇总，然后再将汇总清单报送税务机关，有关会计核算资料和纳税资料留存备查；属于专项申报的资产损失，企业应逐项（或逐笔）报送申请报告，同时附送会计核算资料及其他相关的纳税资料。

2013 年，国家税务总局对企业因国务院决定事项形成的资产损失，将管理权限下放到主管税务机关，明确不再上报国家税务总局审核，而是以专项申报的方式向主管税务机关申报扣除。

3. 2018 年至今——全面实行申报扣除，资产损失相关资料留存备查

2018 年，为进一步深化税务系统"放管服"改革，简化企业纳税申报资料报送，减轻企业办税负担，对原先报送的大量资产损失证据资料、会计核算资料、纳税资料等相关资料停止报送，企业向税务机关申报扣除资产损失，仅需填报企业所得税年度纳税申报表《资产损失税前扣除及纳税调整明细表》即可，相关资料由企业留存备查。企业应当完整保存资产损失相关资料，保证资

料的真实性、合法性。

(三) 企业重组特殊性税务处理

1. 2008 年至 2014 年——实行备案管理

企业发生符合特殊性重组条件并选择特殊性税务处理的,当事各方应在该重组业务完成当年企业所得税年度申报时,向主管税务机关提交书面备案资料,证明其符合各类特殊性重组规定的条件。企业未按规定书面备案的,一律不得按特殊重组业务进行税务处理。

2. 2015 年至今——企业自行申报,并报送相关资料

企业重组业务适用特殊性税务处理的,重组各方应在该重组业务完成当年,办理企业所得税年度申报时,分别向各自主管税务机关报送《企业重组所得税特殊性税务处理报告表及附表》和国家税务总局规定的申报资料即可。

(四) 其他事项

除上述事项外,企业所得税还取消了一批行政审批事项,如汇总纳税企业组织结构变更审核、主管税务机关对非居民企业适用行业及所适用的利润率审核等事项。2022 年,进一步取消"对采取实际利润额预缴以外的其他企业所得税预缴方式的核定"的行政许可。至此,企业所得税管理中已无行政审批事项。

二、降低纳税成本

(一) 科学设计申报表

纳税申报表是纳税人办理纳税申报的载体,一方面能够帮助纳税人履行纳税义务,提高纳税遵从度发挥着积极作用;另一方面也是税务机关采集纳税信息,开展服务和管理的重要抓手。自 2008 年新企业所得税法实施以来,《中华人民共和国企业所得税年度纳税申报表(A 类)》一共经历了三个大的版本,分别是 2008 年版、2014 年版和 2017 年版。

2008 年版申报表伴随着新的企业所得税法应运而生,企业所得税年度申报表设计是在企业会计利润总额的基础上,对企业所得税与会计差异进行纳税调整,计算出应纳税所得额。主要是考虑我国企业是执行企业会计制度的规定计算企业的利润总额,而不是按照企业所得税法核算应纳税所得额的各个项目。按照税会差异调整法来设计申报表,极大地降低企业计算企业所得税款的成本,提升办税质效。

2014年版重新搭建了申报表架构体系，主要是因为随着新的企业所得税法的深入落实，2008年版申报表已不能满足纳税人和基层税务机关的需求。一方面，新的政策不断出台，2008年版申报表没有及时修改，纳税人很难准确履行纳税义务，导致纳税人填报差错率较高，税收风险加大。另一方面，过于简单的表格、结构的不合理，导致申报表信息采集量不足，在新形势下难以满足税务机关加强所得税风险管理、后续管理以及税收收入分析等需求，严重制约了税收管理水平的提高。此外，国家税务总局不断推进便民办税春风行动，税务系统"放管服"改革不断深化，管理方式转变，行政审批和进户执法大幅减少，税务机关仅通过申报表掌握纳税人涉税信息，这对申报表的功能提出了更高要求。因此，对申报表做出了大幅修订和完善。

2017年版申报表聚焦优化税收营商环境，减轻纳税人办税负担，在保持申报表整体架构不变的前提下，遵循"精简表单、优化结构、方便填报"的原则，进行了优化、简化，将表单精简为37张。尤其是减轻了大量小型微利企业的填报负担，在年度申报时纳税人可以根据自身情况，选择填报4~5张附表就可以完成年度申报。另外，随着税收政策的不断调整，为了及时、准确地落实各项税收政策，2017年版申报表每年都在同步调整和修订。

（二）优化申报方式

根据税收征管改革的发展进程，充分利用现代计算机网络技术和现代支付手段，逐步实现企业所得税申报缴库电子网络化，为纳税人申报纳税提供方便、快捷的服务，提高申报征收和核算工作效率。优化企业所得税申报方式是以各地征管信息系统为管理平台，依托高速发展的互联网、数据通信网，推行多元化办税和缴款方式，全面实行"一站式"服务。建立以网上申报为主体，电话办税、邮寄申报等方式为补充的多元化办税体系。完善网上办税功能，拓展网上办税业务范围，对能走"网路"的不走"马路"，真正实现足不出户办税务。通过信息化手段，全面、精准落实企所得税优惠政策。

为进一步推行精细化、便利化、智能化、专业化服务，税务机关进一步优化了电子税务局等网络申报系统的智能服务功能。一是对政策进行精准分类，并提供辅助选项帮助纳税人选择具体事项，纳税人按照原填报习惯填写即可，无须手动填写事项名称。二是对于小型微利企业减免企业所得税政策，申报系统继续提供智能识别、智能计算、智能填报的智能化服务。三是进一步扩展了智能计算功能，如软件和集成电路企业优惠、民族自治地区地方减免等政策，申报系统可帮助纳税人自动计算或校验优惠金额，避免计算错误导致享受优惠不充分。因此，相对于纸质申报方式，网络申报将更大幅度地减轻办税负担、降低涉税风险、提高申报质量，帮助纳税人更好地完成预缴申报。

（三）避免重复采集信息和精简附报资料

企业所得税涉及面广、纳税信息量很大，是国际上公认的管理难度最大的税种之一。在企业所得税管理中，充分利用现有征管信息系统，不断加强企业所得税涉税信息管理，减少纳税人信息的重复采集，对税收征管信息系统已有的数据资料，不需要纳税人重复报送；将日常税源管理中掌握的企业纳税信息充分运用到企业所得税管理中，以减轻企业所得税数据采集的压力，不断丰富企业所得税管理数据。

对企业申报中，也不断精减企业附报的各类资料，如企业发生政策性搬迁，原先需要随企业年度申报附报的相关资料予以取消，企业只需留存备查即可。

（四）汇缴退税

为缓解市场主体资金压力，税务部门不断优化纳税人退税流程，提高退税工作效率。对纳税人汇缴退税额在1万元以下的，纳税人线上申请后，由系统智能审核后自动退税。超过1万元的退税，各地税务部门探索以"信用+风险"为基础，坚持寓管理于服务之中的理念，提供智能退税服务。在退税申请环节，纳税人在电子税务局上进行申请，系统可自动填表，纳税人直接确认。在审核环节，税务部门运用风险指标对纳税人的应退税款进行自动比对和风险扫描，结合纳税信用等级和风险程度，实行智能分级分类处理。在退税环节，借助系统的智能平台，实行机器审批，符合智能退税条件的企业，实行全流程自动化退税。

三、政策精准推送

税务部门利用大数据分析，对纳税人进行要素"画像"，确定不同的政策适用群体，通过征纳沟通平台向纳税人点对点推送政策提醒，实现"政策找人"，提升政策宣传的针对性、直达性和有效性。如对高新技术企业、非营利组织、科技型中小企业等资格类企业在信息系统中提前打标签，提醒其享受相关税收优惠。

税务部门持续升级完善电子税务局等信息系统功能，对纳税人提供办理事项自动提示提醒、相关数据自动预填等服务，帮助纳税人便捷申报纳税。

第二节　规范管理

为全面贯彻落实中办、国办印发的《关于进一步深化税收征管改革的意见》中的"四精"工作要求，税务部门积极探索构建全链条、智能式的企业所得税管理工作体系。

一、事前管理

事前管理既包括企业所得税的日常管理事项，如税种认定、预缴期限、汇总纳税信息维护等；还包括税务部门寓服务于管理的事项，如政策辅导宣传、政策精准推送等。

（一）税种认定管理

税种认定是税务机关对纳税人进行设立登记后，根据纳税人生产经营范围及税法的有关规定，对纳税人的纳税事项和应税项目进行认定，进而对纳税人适用的税种、税目、税率、纳税期限、纳税方法等作出确认或核定的信息。对确认为企业所得税纳税人的，应进行企业所得税税种认定。汇总纳税企业的分支机构也应进行企业所得税税种认定。

为防范企业所得税漏征漏管、错征错管，税务机关定期筛选应认定未认定、错误认定税种的企业名单，核实后重新进行税种认定。

（二）预缴期限管理

企业所得税分月或者分季进行预缴，由税务机关具体确定。预缴期限一经确定，在一个纳税年度内不得随意变更。

为避免随意进行"季改月"，给纳税人造成不便，税务机关定期监控本辖区内纳税期限变化的企业名单，发现问题并进行整改。

（三）汇总纳税管理

跨地区经营汇总纳税企业的总机构和分支机构，应分别在规定的纳税期限内，向其主管税务机关办理企业所得税汇总纳税总分机构信息备案。总机构备案的内容包括分支机构名称、层级、地址、邮编、纳税人识别号及企业所得税主管税务机关名称、地址和邮编。分支机构备案的内容包括总机构、上级机构和下属分支机构名称、层级、地址、邮编、纳税人识别号及企业所得税主管税务机关名称、地址和邮编。

备案信息发生变化的，纳税人应在内容变化后 30 日内报总机构和分支机构所在地主管税务机关备案，并办理变更税务登记。分支机构注销税务登记后 15 日内，总机构应将分支机构注销情况报所在地主管税务机关备案，并办理变更税务登记。

税务部门定期监控总、分机构信息不一致和不对称的情况，并通知纳税人更正。

二、事中管理

企业所得税事中管理主要是通过完善申报信息系统和相关管理手段，强化实时监控，不断提高纳税遵从，减少纳税风险。

（一）事中风险提示

在纳税人进行企业所得税申报时，税务部门依据现行税收法律法规及相关管理规定，利用税务登记信息、纳税申报信息、财务会计信息、第三方涉税信息等内在规律和联系，依托现代技术手段，就税款计算的逻辑性、申报数据的合理性、税收与财务指标关联性等，通过提供风险提示服务开展事中管理。

税收政策风险提示服务不改变纳税人依法自行计算申报缴纳税额、享受法定权益、承担法律责任的权利和义务。税收政策风险提示服务是税务机关为纳税人提供的一项纳税服务，纳税人可以根据自身经营情况，自愿选择风险提示服务，自行决定风险修正。

（二）重点事项管理

税务部门不断完善申报信息系统，优化申报数据的逻辑比对，依托核心征管系统和电子税务局，加强对小型微利企业、高新技术企业、研发费用加计扣除、软件和集成电路企业税收优惠等重点事项的实时比对，分析查找纳税人应享未享、错误享受等疑点并进行阻断或提示提醒。

三、事后管理

企业所得税事后管理的主要手段是风险管理。另外，也包括一些日常管理事项，如申报期限管理、数据质量审核等。

（一）风险管理

企业所得税和企业会计核算密不可分，特别是企业交易事项日趋复杂、跨地区经营普遍存在等现象的出现，对企业所得税管理提出了更大的挑战。构建以风险管理为导向的所得税管理体系，是深化企业所得税专业化管理的创新实践，是税收现代化建设的内在要求，也是企业所得税管理工作的发展方向。

1. 确定风险事项

在企业所得税风险管理中，税务机关会根据本地税源特点和企业所得税管理的重点，确定企业所得税风险管理事项。一般来说，包括以下几类：

一是重点税源企业风险事项。选择重点税源企业，根据收入规模、行业利润、所得税税负、减免税额、资产损失、对外投资等实施多指标综合风险分析，查找变化情况，确定风险点，实施管理。

二是高风险事项。包括跨年度事项、税会差异事项、企业重组、政策性搬迁、企业接受虚开发票等，实施专业化分析，排查风险点，提出应对方法。

三是跨地区经营企业。鉴于跨地区经营企业日常管理存在信息不对称问题，在管理中，选择一些跨地区经营企业，就总分机构经营情况、监管情况、财务汇总情况、总机构对各分支机构内控情况进行分析，查找风险点，实施有效管理。

2. 采集涉税信息

税务机关通过信息采集获取全面、真实和客观的涉税信息，是进行风险管理的前提和基础。

（1）企业基本信息。主要是指纳税人的各类纳税信息资料，包括企业名称、税务登记代码、注册资本、经营地址等，各项核定、认定、减、免、缓、抵、退税事项等、纳税人申报纳税资料、财务会计报表以及税务机关要求纳税人提供的其他相关资料等。

（2）生产经营信息。包括纳税人生产经营规模、产销量、工艺流程、成本、费用、消耗情况等各类与税收相关的数据信息。

（3）税收分析数据。包括行业税负监控数据、各类风险指标预警值等。

（4）外部信息。指需要其他相关部门提供的信息，如市场监管、海关、银行、企业主管部门等提供的信息，还有社会举报、从其他关联企业获得的信息等。

（5）公开信息。主要是指上市公司公布的企业对外投资、股权变动等信息。

（6）本地区宏观经济指标。包括本地区主要经济指标、产业和行业相关指标数据等。

3. 建立风险指标

税务机关根据宏观税收分析、行业税负监控、纳税人生产经营和财务会计核算情况以及内外部相关信息设立风险指标及预警值。

企业所得税风险指向不同，设置的指标也不一样，如税收优惠应享未享和不应享而享，设置的指标完全不一样。同一事项下，也会根据税收政策要点和本地税收征管实际，设置数个风险指标，如研发费用加计扣除，可针对享受政策的主体设置风险指标，也可针对研发支出的内容进行设置。另外，各地税务部门也会立足本地区税源特点，偏向不同的风险指标。

设置预警值，应综合考虑地区、规模、类型、生产经营季节、税种等因素，考虑同行业、同规模、同类型纳税人各类相关指标的若干年度的平均水平，以使预警值更加真实、准确和具有可比性。

4. 开展风险应对

税务机关根据已经建立的风险指标及预警值，进行风险扫描，确定风险任务，开展风险应对，对应对结果进行分析反馈，形成完整的闭环管理。

风险管理作为企业所得税管理的重要理念和主要方法，随着大数据时代的到来，将在企业所得税管理中占据越来越重要的地位。

（二）逾期申报管理

纳税人因不可抗力等原因不能按期申报，需在申报期内提出延期申报申请，经税务机关同意方可延期；未经批准延期申报的，税务机关将按照税收征管法相关规定进行处理。

（三）申报数据管理

纳税人预缴申报和年度申报后，税务机关通过数据分析对企业申报的易发频发的数据质量问题进行监控，开展后续管理。常见的异常情形有：企业申报的营业收入、营业成本、利润总额、资产总额、从业人数等数据与生产经营规模不匹配；企业所得税纳税申报表与财务报表、其他申报信息逻辑不匹配等。

本章思考题

1. 以企业所得税为例，谈谈纳税服务与税务管理的关系。
2. 以企业所得税为例，谈谈税收政策确定性管理应如何开展。

第三篇 | 个人所得税篇

本篇全面介绍我国个人所得税的相关知识，包括第十章至第十六章。我国个人所得税是所得税体系的重要组成部分。近年来，个人所得税已经成为涉及面广，社会关注度高，与个人切身利益息息相关的一个税种。

2018年个人所得税改革，我国个人所得税从分类税制过渡到综合与分类相结合的税制，个人所得税制更具科学性、公平性。通过提高减除费用标准、设立专项附加扣除、优化调整税率结构等一系列措施，降低中低收入者税负，更好地发挥了调节收入分配的作用。在税法实施过程中，国家还根据经济社会发展的需要，在法定税收优惠的基础上，陆续制定了一系列促进改善民生、鼓励科技创新、扶持农业发展、支持人才发展等个人所得税专项税收优惠政策。

2021年3月，中共中央办公厅、国务院办公厅印发了《关于进一步深化税收征管改革的意见》。加快推进智慧税务建设，持续优化办税服务，提升纳税人的办税遵从度和满意度是税务机关推进税务领域"放管服"改革的必经之路。个人所得税建立新税制的同时也引入了新的征管模式，无论是自然人还是扣缴义务人，都需要更加专业化、精细化的服务。为全力支撑2018年个人所得税改革，国家税务总局推出"自然人电子税务局"，推动自然人税费服务与管理不断转型升级，是税务数字化转型的有益探索。

本篇第十章，以自然人为起点，围绕个人所得税的要素，阐述个人所得税的概念及主要特点。在第十一章至第十三章中，分别就综合所得、经营所得、其他分类所得项目的基本概念、收入、扣除等核心要素以及特殊事项、征收管理等作进一步介绍。在第十四章中，从法定税收优惠和专项税收优惠两方面讲解个人所得税优惠政策。第十五章无住所个人和境外所得是本篇的难点，具体介绍如何判定居民身份、境外所得来源地、无住所个人及境外所得税额的计算。第十六章介绍我国自然人电子税务局系统的建设情况、功能应用，并具体介绍税务部门在优化服务以及规范管理方面的举措。

第十章 个人所得税概述

【学习目标】本章主要介绍个人所得税基本概念、特点及基本要素等。通过本章学习,了解个人所得税的基本概念和特点,掌握个人所得税的纳税人和扣缴义务人、征税范围、税率、纳税期限、纳税地点、纳税调整、捐赠等内容。

第一节 个人所得税的概念和特点

一、个人所得税的概念

个人所得税是对自然人取得的应税所得依法征收的一种所得税。应税所得项目包括工资、薪金所得,劳务报酬所得,稿酬所得,特许权使用费所得,经营所得,利息、股息、红利所得,财产租赁所得,财产转让所得和偶然所得。个人所得的形式,包括现金、实物、有价证券和其他形式的经济利益。

二、个人所得税的特点

个人所得税除具备税收的基本特征外,与其他税种相比,其在税制和征管制度设计方面还具有自身的特点。

(一)综合与分类相结合

我国自1980年颁布个人所得税法以来,一直采用分类征收的模式。2018年8月31日,第十三届全国人大常委会第五次会议表决通过《关于修改〈中华人民共和国个人所得税法〉的决定》,初步建立了综合与分类相结合的税制。对居民个人工资、薪金所得,劳务报酬所得,稿酬所得,特许权使用费所得采用综合计税的方式;对经营所得,利息、股息、红利所得,财产转让所得,财产租赁所得,偶然所得依然采用分类计征的方式。2018年个人所得税改革影响深远，从税制公平的角度看，综合计征能够平衡收入来源不同但收入水平一致的纳税人的税负，即税法中的横向公平，使同等收入的人缴纳同等税额的税收。

（二）基本扣除与专项扣除相组合

养老、教育、医疗、住房等一直备受社会关注，相关支出在计算个人所得税应纳税所得额时允许税前扣除，能够降低税负，切实减轻纳税人负担。我国现行税制设计了"基本减除费用＋专项扣除＋专项附加扣除＋其他扣除"的一套税前扣除组合，既体现了"基本消费支出不征税"的基本原理，降低了中低收入群体负担，又保持了一定的税收调节力度，还照顾了个体和家庭的差异化支出，较好地体现了公平合理和量能负担原则。

（三）累进税率与比例税率相结合

根据所得项目的不同性质和特点，现行个人所得税采用超额累进税率与比例税率两种形式相结合。对综合所得和经营所得，采用超额累进税率，实行量能负担。对财产转让所得，财产租赁所得，利息、股息、红利所得，偶然所得，采用比例税率，实行等比负担。

延伸阅读

国际上个人所得税税率的发展

从世界税制看，各国陆续开征个人所得税以来，税率也经历了由比例税率向累进税率的发展和过渡。根据亚当·斯密的"公平原则"，个人应按享受国家利益的比例纳税，这是个人所得税最初采用比例税率的缘由。19世纪中叶以后，马克思主义在世界各地广泛传播，工人阶级日益觉醒壮大，1872年在德国成立了"社会政策学会"。社会政策学派认为，经济学的中心课题是如何解决社会财富的公平分配问题，这个问题解决了，社会的阶级对抗就会消失。因此，他们反对亚当·斯密不干涉社会财富再分配的思想，主张通过国家立法和国家政策解决社会财富再分配问题。具体到个人所得税政策方面，他们主张应对收入低的群体规定免征额，对收入高的群体实行累进税制，以达到对社会财富的平等分配，累进税率逐渐成为当今个人所得税的主流。

资料来源：胡怡建、马伟、田志伟等编著，《个人所得税税制国际比较》，中国税务出版社2017年出版。

(四) 扣缴申报与自行申报相结合

纳税人在取得应税所得时，由向纳税人支付所得的扣缴义务人进行源泉扣缴并申报纳税，是国际通行的做法，优点在于可以保证国家的财政收入，防止税收流失，简化征管流程。从居民纳税人取得的综合所得看，由于年度税款与平时预扣税款存在差异等原因，纳税人还需按照税法规定在次年办理自行申报，汇算清缴。另外，纳税人取得所得如没有扣缴义务人，或者扣缴义务人未按规定扣缴税款等情形，纳税人也负有自行申报纳税的义务。因此，我国个人所得税申报征收采取扣缴申报与自行申报相结合的模式。

延伸阅读

个人所得税管理的国际借鉴

个人所得税在发达国家施行时间相对较早，制度规范和征管方式相对完备，了解和学习各国个人所得税相关情况有利于借鉴国际经验，进一步完善我国个人所得税管理模式。国际上个人所得税管理经验主要如下。

（一）普遍征收

发达国家公民的纳税意识相对较强，纳税人遵从度相对较高。在美国，只要是美国公民或者绿卡持有人，除未成年人外几乎都要缴纳个人所得税。德国的常住居民或者非常住但在德国有收入来源的外国居民，都要缴纳个人所得税。为保持全民依法纳税的意识，德国税法规定即便个人取得的失业金、退休金和医疗保险金，也都属于个人所得税的缴纳范围。

（二）税收共治

西方国家普遍建立涉税信息共享制度，通过全社会税收共治促进纳税人依法诚信纳税，引导社会遵从。

（三）职责配置

各国税务部门的职能基本一致，主要承担组织实施税收及社会保险费（税）、有关非税收入的征收管理责任，部分国家的税务部门具有一定的税收政策制定权。各国为个人所得税征收管理配备了充足的人员力量，当个人所得税综合所得汇算清缴等集中申报出现人员紧缺情况时，税务部门会组织其他条线工作的税务人员参与其中，以便充实征管力量。大部分西方国家建立了较为独立的高收入高净值人群个人所得税管理团队，以加强对特殊人群的个人所得税管理。

(四) 征管制度

从税收征管方式上看，发达国家基本都实施源泉扣缴与自行申报并行的双向申报制度。英国实行自我评定和源泉扣缴相结合的申报制度。法国2018年1月1日之前实行完全自行申报制度，之后开始引入扣缴制度。澳大利亚以自核制为基本立法精神和原则，以税号制度为基础，以源泉扣缴为重要征管手段，自行核算申报和纳税评定审计互相结合。日本在自我评定制度之外还采用了扣缴制度。美国推行雇主预扣申报与个人自行申报相结合的双向申报制度。新加坡主要以自行申报为主，只有一部分受雇所得采取扣缴方式。

(五) 纳税信用

发达国家普遍重视纳税信用管理，充分发挥纳税信用体系在引导纳税遵从中的作用。韩国鼓励诚信申报确认，对已提交诚信申报确认书的经营主体允许在税前扣除医疗费、教育费等费用。美国个人纳税信用在投资、就业、社保、教育、医疗等方面得到了广泛的使用，失信纳税人将在申请商业贷款受限、个人信用消费、求职等各方面受到不同程度的限制。英国将偷逃税行为列入重点关注范畴，一旦中介机构发现纳税人的偷逃税行为，可以单方面终止合作关系并有义务向税务机关报告。英国税务机关还接收社会各界的偷逃税举报，经核查属实将降低纳税人的信用等级并向社会公布。加拿大对纳税失信行为采取严厉的累进式惩罚，对于信用情况已经较差的纳税人，如果其再次发生偷税行为，将自动停止为其办理退税、家庭津贴、儿童福利金发放等社会福利申请。德国对非诚信纳税行为处以严厉的惩罚，逃税额超过五万欧元的纳税人将被起诉并被判处最高五年的监禁，并且在媒体上予以曝光；与此同时为依法纳税者给予奖励，帮助其提高消费信誉、增加工作机会。

(六) 税源监控

发达国家普遍采集第三方涉税信息以加强税源监控，并通过信息技术和征管系统为纳税申报数据审核和分析提供支撑。美国出台《海外账户税收遵从法案》(FATCA)，要求美国公民和美国居民应将其外国金融账户和外国金融资产向联邦税务局报告。如果个人在纳税年度内的任一时间持有的外国资产总价值超过75000美元或在纳税年度的最后一天持有的外国资产总价值超过50000美元，则该个人应报送海外账户税务遵从报告。FATCA要求外国机构向美国税务机关报告美国账户持有人信息，若外国机构不遵守FATCA，美国将对外国机构来源于美国的所得和收入扣缴30%的惩罚性预提所得税。英国法律明确雇主、银行、建筑协会、保险机构、土地注册机构、车辆注册机构、养老金机构等第三方有向税务机关报告纳税人相关信息的义务。根据英国法律规定，只要税务机关有证据证明相关信息的获取关系到其履行征税职责，第三方便有义务向其提供该信息。日本税法明确税务部门获取第三方信息的执法程序，确定税务部门对第三方信息获取的合法性和权威性。日本国税厅和地方政府实行信息共享制度，从地方政府获得纳税人家庭、工资薪金、扣缴义务人等信息。日本以电子申报系统和综合征管系统为依托，建立了全国统一的数据库，对涉税数据进行分类管理，对富裕阶层涉税信息进行"一户式"归集和动态跟踪管理。

资料来源：《税收征管OECD与其他发达及新兴经济体可比信息》系列丛书，经济合作与发展组织著，国家税务总局国际税务司译，中国税务出版社出版。

第二节 个人所得税的要素

个人所得税的要素主要包括纳税人和扣缴义务人、征税对象、税率、纳税地点、纳税期限。

一、纳税人和扣缴义务人

（一）纳税人

个人所得税以所得人为纳税人，包括居民个人和非居民个人。

1. 居民个人，是指在中国境内有住所，或者无住所而一个纳税年度内在中国境内居住累计满183天的个人。居民个人从中国境内和境外取得的所得，依照规定缴纳个人所得税。

2. 非居民个人，是指在中国境内无住所又不居住，或者无住所而一个纳税年度内在中国境内居住累计不满183天的个人。非居民个人从中国境内取得的所得，依照规定缴纳个人所得税。

由于自然人的流动性强，居住地、居住时间、取得收入的情况较为复杂，为了维护本国税收管辖权同时兼顾所得来源国课税权，需要对个人所得税纳税人的税收居民身份和纳税义务进行清晰明确的区分。2018年个人所得税改革，明确引入了居民个人和非居民个人的概念，将住所、在中国境内居住的时间作为判定居民个人和非居民个人的标准，并将居住时间由是否满1年调整为是否满183天,以更好地行使税收管辖权,维护国家税收权益。居民身份判定的两个标准,即住所、居住时间的详细规定,详见本书第十五章第一节"无住所个人"。

(二)扣缴义务人

扣缴义务人,是指向个人支付所得的单位或者个人。扣缴义务人应当依法办理全员全额扣缴申报,并向纳税人提供其个人所得和已扣缴税款等信息。单位和个人支付所得时,除"经营所得"项目以外,如无特殊规定都应履行扣缴义务,一般可以理解为"谁支付,谁扣税,谁缴纳"。但对某些特殊情形,税法也会根据管理实际做出特殊的规定,例如:个人财产拍卖、自然人限售股转让、非上市公司股权激励递延纳税等。

二、征税对象

个人所得税征税对象是指个人取得的各项所得,具体包括工资、薪金所得,劳务报酬所得,稿酬所得,特许权使用费所得,经营所得,利息、股息、红利所得,财产租赁所得,财产转让所得,偶然所得等九项所得。其中:居民个人取得前四项劳动性所得,即工资、薪金所得,劳务报酬所得,稿酬所得,特许权使用费所得纳入综合征税范围,统称综合所得,适用统一的超额累进税率,并按年合并计算个人所得税,非居民个人取得前四项劳动性所得按月或者按次分项计算个人所得税;后五项所得,即经营所得,利息、股息、红利所得,财产租赁所得,财产转让所得,偶然所得,仍采用分类征税方式,按照规定分别计算个人所得税。

三、税率

税率的高低,直接关系着纳税人的负担。对不同收入水平、不同所得项目征税的税率不同,有助于公平分配,调节纳税人的收入水平。目前,我国对个人所得税的税率主要实行分类设置。

(一)居民个人综合所得的适用税率

居民个人取得综合所得,适用3%~45%的超额累进税率,详见表10-1。

(二)非居民个人四项所得的适用税率

非居民个人取得工资、薪金所得,劳务报酬所得,稿酬所得,特许权使用费所得,适用按月换算后的综合所得税率表(简称月度税率表),详见表10-2。

表 10-1　　　　　　　　　个人所得税税率表（一）

（综合所得适用）

级数	全年应纳税所得额	税率（%）	速算扣除数
1	不超过 36000 元的	3	0
2	超过 36000 元至 144000 元的部分	10	2520
3	超过 144000 元至 300000 元的部分	20	16920
4	超过 300000 元至 420000 元的部分	25	31920
5	超过 420000 元至 660000 元的部分	30	52920
6	超过 660000 元至 960000 元的部分	35	85920
7	超过 960000 元的部分	45	181920

表 10-2　　　　　　　　　个人所得税税率表（二）

（非居民个人取得工资、薪金所得，劳务报酬所得，稿酬所得，特许权使用费所得适用）

级数	应纳税所得额	税率（%）	速算扣除数
1	不超过 3000 元的	3	0
2	超过 3000 元至 12000 元的部分	10	210
3	超过 12000 元至 25000 元的部分	20	1410
4	超过 25000 元至 35000 元的部分	25	2660
5	超过 35000 元至 55000 元的部分	30	4410
6	超过 55000 元至 80000 元的部分	35	7160
7	超过 80000 元的部分	45	15160

注：居民个人取得全年一次性奖金，也适用上述税率。

（三）经营所得的适用税率

纳税人取得经营所得，适用 5%~35% 的超额累进税率，详见表 10-3。

表 10-3　　　　　　　　　个人所得税税率表（三）

（经营所得适用）

级数	全年应纳税所得额	税率（%）	速算扣除数
1	不超过 30000 元的	5	0
2	超过 30000 元至 90000 元的部分	10	1500
3	超过 90000 元至 300000 元的部分	20	10500
4	超过 300000 元至 500000 元的部分	30	40500
5	超过 500000 元的部分	35	65500

(四) 其他分类所得的适用税率

纳税人取得利息、股息、红利所得,财产租赁所得,财产转让所得和偶然所得,适用比例税率,税率为20%。

四、纳税地点

(一) 扣缴申报纳税地点

一般情况下,扣缴申报以扣缴义务人所在地为申报纳税地点,但也有一些特殊情形需要结合应税行为来综合考虑,如不动产转让等情形,详见表10-4。

表10-4　　　　　　　　个人所得税扣缴申报纳税地点

项目	具体情形	纳税地点
一般情形	工资、薪金所得,劳务报酬所得,稿酬所得,特许权使用费所得,利息、股息、红利所得,财产租赁所得,财产转让所得(不含特殊情形的财产转让行为)和偶然所得	扣缴义务人所在地
特殊情形	不动产转让所得	不动产所在地
	股权转让所得	被投资企业所在地
	限售股转让所得	证券登记结算公司、证券机构及其分支机构所在地
	以拍卖方式转让财产的所得	拍卖单位所在地
	建筑安装业跨省异地工程作业人员工资、薪金所得	工程发生地
	创投企业选择单一投资基金核算下的股权转让所得和股息、红利所得	创投企业注册地

(二) 自行申报纳税地点

自然人流动性及所得来源渠道多样,为方便纳税人办理自行纳税申报,不同情形的纳税地点规定并不相同,详见表10-5。

表10-5　　　　　　　　所得税自行申报纳税地点

项目	具体情形	纳税地点
居民个人取得综合所得,需要办理年度汇算	有任职、受雇单位	任职、受雇单位所在地,有两处及以上的,选择其中一处
	没有任职、受雇单位	户籍所在地、经常居住地或主要收入来源地

续表

项目	具体情形	纳税地点
取得经营所得	办理预缴纳税申报	经营管理所在地
	办理汇算清缴	
	从两处以上取得经营所得年度汇总申报	选择其中一处经营管理所在地
取得应税所得，扣缴义务人未扣缴税款	居民个人取得综合所得	按项目"居民个人取得综合所得，需要办理年度汇算"情形确定
	非居民个人取得工资薪金、劳务报酬、稿酬、特许权使用费四项所得	扣缴义务人所在地，有两个以上扣缴义务人均未扣缴税款的，选择其中一处
	纳税人取得利息、股息、红利所得，财产租赁所得，财产转让所得和偶然所得	按相关规定向主管税务机关办理纳税申报
居民个人取得境外所得	境内有任职、受雇单位	境内任职、受雇单位所在地
	境内没有任职、受雇单位	户籍所在地、经常居住地或主要收入来源地
	在中国境内没有户籍	经常居住地
因移居境外注销中国户籍		户籍所在地
非居民个人在中国境内从两处以上取得工资、薪金所得		其中一处任职、受雇单位所在地

五、纳税期限

（一）扣缴申报纳税期限

扣缴义务人应当按月或按次代扣（预扣）税款，并在代扣（预扣）税款的次月15日内填报《个人所得税扣缴申报表》，向主管税务机关报送其支付所得的所有个人的有关信息、支付所得数额、扣除事项和数额、扣缴税款的具体数额和总额以及其他相关涉税信息资料并解缴税款入库。

（二）自行申报纳税期限

不同情形的纳税期限规定并不相同，详见表10-6。

表 10-6 个人所得税自行申报纳税期限

项目	具体情形	纳税期限	申报表类型
居民个人取得综合所得	扣缴义务人已预扣预缴税款，需要办理年度汇算	次年3月1日至6月30日	《个人所得税年度自行纳税申报表（A表）》
	扣缴义务人未扣缴税款		
非居民个人取得工资、薪金，劳务报酬，稿酬，特许权使用费四项所得	没有扣缴义务人	次月15日内	《个人所得税自行纳税申报表（A表）》
	从两处以上取得工资、薪金所得		
	扣缴义务人未扣缴税款	次年6月30日前或离境前	
取得经营所得	预缴纳税申报	月度或季度终了后15日内	《个人所得税经营所得纳税申报表（A表）》
	汇算清缴	次年3月31日前	《个人所得税经营所得纳税申报表（B表）》
	从两处以上取得经营所得年度汇总申报		《个人所得税经营所得纳税申报表（C表）》
取得利息、股息、红利所得，财产租赁所得，财产转让所得和偶然所得	扣缴义务人未扣缴税款	次年6月30日前	《个人所得税自行纳税申报表（A表）》
居民个人从中国境外取得所得		次年3月1日至6月30日	《个人所得税年度自行纳税申报表（B表）》
纳税人因移居境外注销中国户籍	取得综合所得	注销中国户籍前	《个人所得税年度自行纳税申报表》
	取得经营所得		《个人所得税经营所得纳税申报表（B表）或（C表）》
	取得其他所得		《个人所得税自行纳税申报表（A表）》

此外，还有一些特殊情形需要注意：

1. 税务机关通知限期缴纳的，纳税人应当按照期限缴纳税款。

2. 纳税人办理自行纳税申报时，应当一并报送税务机关要求报送的其他有关资料。

3. 纳税人在办理纳税申报时需要享受税收协定（安排）待遇的，按照有关办法办理。

第三节 个人所得税的特殊事项

无论是居民个人,还是非居民个人,取得的各项所得均会涉及纳税调整和捐赠事项,因此,本节单独予以阐述说明。

一、纳税调整

近年来,由于自然人交易方式隐匿性较强,个人运用各种手段逃避个人所得税纳税义务的现象时有发生。为了堵塞税收漏洞,维护国家税收权益,2018年个人所得税改革,增加了反避税内容,针对个人不按独立交易原则转让财产、在境外避税地避税、实施不合理商业安排获取不当税收利益等避税行为,赋予税务机关按合理方法进行纳税调整的权力。

(一)纳税调整的情形

有下列情形之一的,税务机关有权按照合理方法进行纳税调整:

1. 个人与其关联方之间的业务往来不符合独立交易原则而减少本人或者其关联方应纳税额,且无正当理由;

2. 居民个人控制的,或者居民个人和居民企业共同控制的设立在实际税负明显偏低的国家(地区)的企业,无合理经营需要,对应当归属于居民个人的利润不作分配或者减少分配;

3. 个人实施其他不具有合理商业目的的安排而获取不当税收利益。

税务机关依照规定作出纳税调整,需要补征税款的,应当补征税款,并依法加收利息。

(二)利息计算及缴纳

利息应当按照税款所属纳税申报期最后一日中国人民银行公布的与补税期间同期的人民币贷款基准利率计算,自税款纳税申报期满次日起至补缴税款期限届满之日止按日加收。纳税人在补缴税款期限届满前补缴税款的,利息加收至补缴税款之日。

二、捐赠

党的二十大报告指出,要构建初次分配、再分配、第三次分配协调配套的制度体系，引导、支持有意愿有能力的企业、社会组织和个人积极参与公益慈善事业。现行个人所得税法明确了与个人捐赠相关的政策，对个人公益慈善行为进行激励。

个人将其所得通过中国境内的公益性社会组织、国家机关对教育、扶贫、济困等公益慈善事业进行捐赠，捐赠额未超过纳税人申报的应纳税所得额30%的部分，可以从其应纳税所得额中扣除；国务院规定对公益慈善事业捐赠实行全额税前扣除的，从其规定。个人同时发生按30%扣除和全额扣除的公益捐赠支出，自行选择扣除次序。境内公益性社会组织，包括依法设立或登记并按规定条件和程序取得公益性捐赠税前扣除资格的慈善组织、其他社会组织和群众团体。

上述应纳税所得额，是指计算扣除捐赠额之前的应纳税所得额。

(一) 居民个人公益捐赠支出扣除

居民个人发生的公益捐赠支出可以在财产租赁所得、财产转让所得、利息股息红利所得、偶然所得（以下统称分类所得），综合所得或者经营所得中扣除。在当期一个所得项目扣除不完的公益捐赠支出，可以按规定在其他所得项目中继续扣除。居民个人根据各项所得的收入、公益捐赠支出、适用税率等情况，自行决定在综合所得、分类所得、经营所得中扣除的公益捐赠支出的顺序。

1. 在综合所得中扣除

居民个人发生的公益捐赠支出，在综合所得中扣除的，扣除限额为当年综合所得应纳税所得额的30%。取得工资、薪金所得的，可以选择在预扣预缴时扣除，也可以选择在年度汇算时扣除；取得全年一次性奖金、股权激励等按规定不并入综合所得而采取单独计税方式的，比照分类所得的扣除规定处理；取得劳务报酬所得、稿酬所得、特许权使用费所得的，预扣预缴时不扣除公益捐赠支出，统一在年度汇算时扣除。

2. 在经营所得中扣除

居民个人发生的公益捐赠支出，在经营所得中扣除的，扣除限额为当年经营所得应纳税所得额的30%。取得经营所得的，可以选择在预缴税款时扣除，也可以选择在汇算清缴时扣除。其中：个体工商户发生的公益捐赠支出，在其经营所得中扣除；个人独资企业、合伙企业发生的公益捐赠支出，其个人投资者应当按照捐赠年度合伙企业的分配比例（个人独资企业分配比例为100%），计算归属于每一个人投资者的公益捐赠支出，个人投资者应将其归属的个人独资企业、合伙企业公益捐赠支出和本人需要在经营所得扣除的其他公益捐赠支出合并，在其经营所得中扣除。需要注意的是，经营所得采取核定征收方式的，不得扣除公益捐赠支出。

3. 在分类所得中扣除

居民个人发生的公益捐赠支出，可在捐赠当月取得的分类所得中扣除，扣除限额为当月分类所得应纳税所得额的30%，当月分类所得应扣除未扣除的公益捐赠支出，可以按照以下规定追补扣除：扣缴义务人已经代扣但尚未解缴税款的，居民个人可以向扣缴义务人提出追补扣除申请，退还已扣税款；扣缴义务人已经代扣且解缴税款的，居民个人可以在公益捐赠之日起90日内提请扣缴义务人向征收税款的税务机关办理更正申报追补扣除，税务机关和扣缴义务人应当予以办理；居民个人自行申报纳税的，可以在公益捐赠之日起90日内向主管税务机关办理更正申报追补扣除；居民个人捐赠当月有多项多次分类所得的，应先在其中一项一次分类所得中扣除。需要注意的是，已经在分类所得中扣除的公益捐赠支出，不再调整到其他所得中扣除。

（二）非居民个人公益捐赠支出扣除

非居民个人发生的公益捐赠支出，未超过其在公益捐赠支出发生的当月应纳税所得额30%的部分，可以从其应纳税所得额中扣除；扣除不完的公益捐赠支出，可以在经营所得中继续扣除。非居民个人按规定可以在应纳税所得额中扣除公益捐赠支出而未实际扣除的，可按照规定追补扣除。

（三）捐赠票据

公益性社会组织、国家机关在接受个人捐赠时，应当按照规定开具捐赠票据；个人索取捐赠票据的，应予以开具。

个人发生公益捐赠时不能及时取得捐赠票据的，可以暂时凭公益捐赠银行支付凭证扣除，并向扣缴义务人提供公益捐赠银行支付凭证复印件。个人应在捐赠之日起90日内向扣缴义务人补充提供捐赠票据，如果个人未按规定提供捐赠票据的，扣缴义务人应在30日内向主管税务机关报告。机关、企事业单位统一组织员工开展公益捐赠的，纳税人可以凭汇总开具的捐赠票据和员工明细单扣除。

【例10-1】 假设李某2023年的工资收入为50万元，劳务报酬为20万元，稿酬为10万元，无其他收入，不考虑专项附加扣除等因素。2023年2月，李某通过县民政局向农村希望小学捐赠5万元，可以全额扣除；9月，李某向某基金会捐赠现金20万元，可以按比例扣除。李某2023年度发生的捐赠支出如何在税前扣除？

【解析】 计算捐赠限额的应纳税所得额，为计算扣除捐赠额之前的应纳税所得额。李某的综合所得应纳税所得额为：50+20×80%+10×80%×70%-6=65.6（万元），捐赠扣除限额为：65.6×30%=19.68（万元），李某不论先扣除全额捐赠，还是先扣除比例捐赠，对计算应纳税所得额无实质影响。

李某扣除捐赠后应纳税所得额为：65.6-5-19.68=40.92（万元），其向某基金会捐赠的20万元中，有0.32万元［20-19.68=0.32（万元）］超过扣除限额，不得扣除。

 本章思考题

1. 特殊情形下的扣缴义务人是如何规定的？
2. 哪些捐赠可以全额扣除？

第十一章 综合所得

【学习目标】本章主要介绍综合所得的政策及征收管理相关内容。通过本章学习，熟悉综合所得的范围和适用税率，掌握各项所得的收入额、扣除项目及标准、应纳税所得额及应纳税额的计算方法，掌握综合所得主要征管制度以及年度汇算等内容。

第一节 基本规定

一、征税范围

居民个人综合所得的征税范围，包括：工资、薪金所得，劳务报酬所得，稿酬所得，特许权使用费所得等四项劳动性所得。

二、综合所得的收入额

收入额的确定，是准确计算个人所得税综合所得应纳税所得额的第一步。

综合所得各项所得收入额的计算规定有所不同，其中：工资、薪金所得以收入作为收入额，劳务报酬所得、稿酬所得、特许权使用费所得以收入减除20%费用后的余额为收入额。稿酬所得的收入额减按70%计算。

【例11-1】居民个人王先生在某公司任职，2023年1—12月，每月在A公司取得工资、薪金收入10000元，无免税收入；2023年3月利用业余时间讲课取得收入2000元；2023年7月在杂志发表文章取得收入2000元；2023年12月将自己的一项外观设计专利给B公司使用取得收入10000元。计算王先生2023年度综合所得收入额。

【解析】（1）工资、薪金所得收入额 = 10000 × 12 = 120000（元）

（2）劳务报酬所得收入额 = 2000 × (1 - 20%) = 1600（元）

(3) 稿酬所得收入额 = 2000 × (1 - 20%) × (1 - 30%) = 1120 (元)

(4) 特许权使用费收入额 = 10000 × (1 - 20%) = 8000 (元)

综合所得收入额 = 120000 + 1600 + 1120 + 8000 = 130720 (元)

三、扣除项目

综合所得扣除项目包括减除费用、专项扣除、专项附加扣除，以及依法确定的其他扣除。熟练掌握各扣除项目、扣除范围及标准是准确计算个人所得税综合所得应纳税所得额的关键。专项扣除、专项附加扣除和依法确定的其他扣除，在一个纳税年度扣除不完的，不得结转以后年度扣除。综合所得扣除项目详见图11-1。

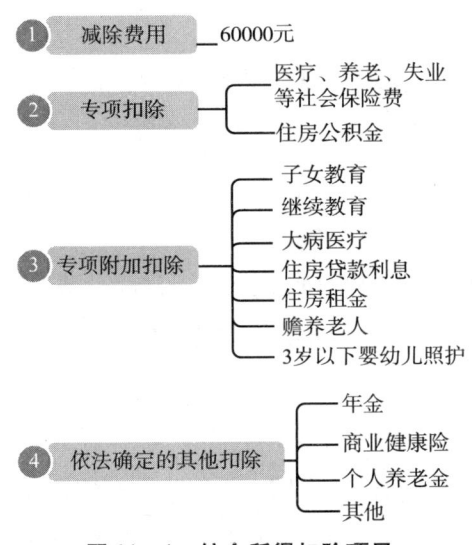

图11-1 综合所得扣除项目

（一）减除费用

减除费用，是指纳税人为了维持基本生计而发生的支出，允许在税前扣除的固定额度。一般按照全社会平均消费支出情况计算确定，主要考虑基本生活支出变动情况、消费者物价指数（CPI）两个因素。2018年个人所得税改革，将综合所得的减除费用标准提高到5000元/月（60000元/年），统一了国内外人员减除费用标准，外籍人员不再享受1300元/月的附加减除费用。这一标准综合考虑了人民群众消费支出水平增长等各方面因素，并体现了一定前瞻性，有利于公平税负、调节收入分配、完善和规范税制。

> 延伸阅读

减除费用及附加历次调整情况

从 1993 年开始，个人所得税法历经七次修正，减除费用标准从 800 元/月逐步提升至现行的 5000 元/月（60000 元/年），特殊人群适用的附加减除费用标准也做出相应调整，直至取消。减除费用及附加历次调整情况见表 11 - 1。

表 11 - 1　　　　　　　　减除费用及附加历次调整情况

减除费用	1994.1.1—2005.12.31	2006.1.1—2008.2.29	2008.3.1—2011.8.31	2011.9.1—2018.9.30	2018.10.1 起
费用扣除标准	800 元/月	1600 元/月	2000 元/月	3500 元/月	60000 元/年（5000 元/月）
附加减除费用（特殊人群适用）	3200 元/月	3200 元/月	2800 元/月	1300 元/月	取消
合计	4000 元/月	4800 元/月	4800 元/月	4800 元/月	60000 元/年（5000 元/月）

（二）专项扣除

专项扣除，包括居民个人按照国家规定的范围和标准缴纳的基本养老保险、基本医疗保险、失业保险等社会保险费和住房公积金等。

1. 基本养老保险费、基本医疗保险费和失业保险费

（1）按规定缴付部分的税务处理

企事业单位按照国家或省（自治区、直辖市）人民政府规定的缴费比例或办法实际缴付的基本养老保险费、基本医疗保险费和失业保险费，免征个人所得税。

个人按照国家或省（自治区、直辖市）人民政府规定的缴费比例或办法实际缴付的基本养老保险费、基本医疗保险费和失业保险费，允许在个人应纳税所得额中扣除。

（2）超标准缴付部分的税务处理

企事业单位和个人超过规定的比例和标准缴付的基本养老保险费、基本医疗保险费和失业保险费，应将超过部分并入个人当期的工资、薪金收入，计征个人所得税。

(3) 领（支）取时的税务处理

个人实际领（支）取原缴存的基本养老保险金、基本医疗保险金、失业保险金时，免征个人所得税。

2. 住房公积金

(1) 按规定缴付部分的税务处理

单位和个人分别在不超过职工本人上一年度月平均工资12%的幅度内，其实际缴存的住房公积金，允许在个人应纳税所得额中扣除。单位和职工个人缴存住房公积金的月平均工资不得超过职工工作地所在设区城市上一年度职工月平均工资的3倍，具体标准按照各地有关规定执行。

(2) 超标准缴付部分的税务处理

单位和个人超过上述规定比例和标准缴付的住房公积金，应将超过部分并入个人当期的工资、薪金收入，计征个人所得税。

(3) 领（支）取时的税务处理

个人实际领（支）取原提存的住房公积金时，免征个人所得税。

(三) 专项附加扣除

为贯彻落实党中央、国务院部署，积极回应社会各界对子女教育、大病医疗等支出纳入个人所得税税前扣除的呼声，2018年个人所得税改革，首次增加了子女教育、继续教育、大病医疗、住房贷款利息或者住房租金、赡养老人等六项专项附加扣除，使纳税人应纳税收入在减除费用标准的基础上，再享有教育、医疗、养老等多方面附加扣除，进一步减轻纳税人税收负担，增加居民实际收入、增强消费能力，从而使费用扣除标准从过去的"一刀切"变成个性化的费用扣除，让税前扣除标准更加贴近纳税人的实际情况。为促进人口长期均衡发展、推动高质量发展，2022年1月起，又新增3岁以下婴幼儿照护专项附加扣除。为进一步减轻家庭生育养育和赡养老人的支出负担，国务院决定，2023年1月起，提高3岁以下婴幼儿照护、子女教育、赡养老人等三项个人所得税专项附加扣除标准。

专项附加扣除遵循公平合理、简便易行、切实减负、改善民生的原则，考虑了个人负担的差异性，更符合个人所得税基本原理，有利于税制公平。未来随着社会需求的不断变化，专项附加扣除标准并非一成不变，可能将随着教育、住房、医疗等民生支出变化情况适时调整。

需要注意的是，2019年1月1日至2027年12月31日，居民个人为外籍个人的，可以选择享受个人所得税专项附加扣除，也可以选择享受住房补贴、语言训练费、子女教育费等津补贴免税优惠政策，但不得同时享受。外籍个人一经选择，在一个纳税年度内不得变更。

1. 子女教育

子女教育是大多数家庭最基本、最重要的支出项目。

纳税人的子女接受全日制学历教育的相关支出，2019—2022年，按照每个子女每月1000元的标准定额扣除，2023年1月1日起，按照每个子女每月2000元的标准定额扣除。学历教育包括义务教育（小学、初中教育）、高中阶段教育（普通高中、中等职业、技工教育）、高等教育（大学专科、大学本科、硕士研究生、博士研究生教育）。年满3岁至小学入学前处于学前教育阶段的子女，按前述规定执行。政策规定详见表11-2。

表11-2　　　　　　　　　　子女教育专项附加扣除

扣除范围		扣除标准	扣除方式及主体	
学前教育支出	满3周岁当月至小学入学前一月（不包括0~3岁阶段）	2023年起，2000元/月（每个子女）	方式一：父母（法定监护人）各扣除50%	方式二：父母（法定监护人）选择一方全额扣除
全日制学历教育支出	小、初、高、中职、技工、专、本、硕、博	2019—2022年，1000元/月（每个子女）		

【例11-2】一个家庭有2个符合扣除条件的子女，2023年1月1日起，该家庭子女教育项目可如何扣除？

【解析】每个子女每月可以扣除2000元，具体由谁来扣除，父母双方可选择确定。五种可选择的扣除方式详见图11-2。

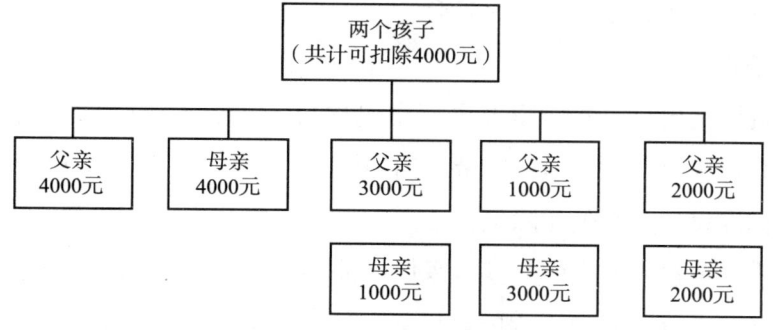

图11-2　五种可选择扣除方式

2. 继续教育

继续教育是国家终身教育体系的重要组成部分，是建设学习型社会的需要。增加继续教育专项附加扣除，可以鼓励人民群众不断实现自我提升。

纳税人在中国境内接受学历（学位）继续教育的支出，在学历（学位）教育期间按照每月400元定额扣除。纳税人接受技能人员职业资格继续教育、专业技术人员职业资格继续教育的支出，在取得相关证书的当年，按照3600元定额扣除。政策规定详见表11-3。

表11-3　　　　　　　　继续教育专项附加扣除

扣除范围		扣除标准	扣除方式及主体	
学历（学位）继续教育支出	境内学历（学位）教育期间（入学当月至教育结束当月）	400元/月，最长不超过48个月	方式一：本人扣除	方式二：本人接受本科（含）以下学历（学位）继续教育，可以选择由其父母扣除
技能人员职业资格继续教育支出	取得证书的年度	3600元	本人扣除	
专业技术人员职业资格继续教育支出				

【例11-3】 张某2023年在职攻读MBA，2023年4月、9月分别拿到两个专业技术人员职业资格证书，2023年可以享受继续教育专项附加扣除的金额是多少？

【解析】 在一个纳税年度内，一个纳税人最多享受一项学历（学位）继续教育支出扣除和一项职业资格继续教育扣除，继续教育支出最多扣除8400元/年（3600元/年+4800元/年），多个学历（学位）继续教育不可叠加享受，多个职业资格继续教育也不可叠加享受。

3. 大病医疗

医疗费用支出是家庭的重要生活支出项目，增加大病医疗专项附加扣除，可以缓解大病医疗费支出给家庭带来的经济压力。

扣除标准设计与其他扣除项目不同，采取限额内据实扣除的方式。在一个纳税年度内，纳税人发生的与基本医保相关的医药费用支出，扣除医保报销后个人负担（指医保目录范围内的自付部分）累计超过15000元的部分，由纳税人在办理年度汇算时，在80000元限额内据实扣除。政策规定详见表11-4。

表 11-4　　　　　　　　　　　大病医疗专项附加扣除

扣除范围	扣除标准	扣除方式及主体
在一个纳税年度内，纳税人发生的与基本医保相关的医药费用支出，扣除医保报销后个人负担（指医保目录范围内的自付部分）	累计超过15000元的部分，由纳税人在办理年度汇算时，在80000元限额内据实扣除	纳税人发生的医药费用支出可以选择由本人或者配偶扣除。未成年子女发生的医药费用支出可以选择由其父母一方扣除。纳税人及其配偶、未成年子女发生的医药费用支出，按规定分别计算扣除额

【例11-4】李某2023年发生基本医保相关医药费用支出，扣除医保报销后个人负担10000元。李某12岁的孩子2023年发生与基本医保相关医药费用扣除医保报销后由个人负担20000元。李某2023年度汇算申报时，可以享受大病医疗专项附加扣除的金额是多少？

【解析】李某自己发生的基本医保相关医药费用支出因为未达到15000元，不能享受扣除；李某孩子的基本医保相关医药费用支出20000元，超过15000元的部分为5000元，可以选择在父母其中一方扣除5000元。如选择在李某扣除，则李某可以享受大病医疗专项附加扣除5000元。

4. 住房贷款利息

房屋按揭贷款利息支出也是家庭的重要生活支出项目，增加住房贷款利息专项附加扣除，可以适度缓解房贷利息支出给家庭带来的经济压力。

纳税人本人或者配偶单独或者共同使用商业银行或者住房公积金个人住房贷款为本人或者其配偶购买中国境内住房，发生的首套住房贷款利息支出，在实际发生贷款利息的年度，按照每月1000元的标准定额扣除，扣除期限最长不超过240个月。纳税人只能享受一次首套住房贷款的利息扣除。首套住房贷款是指购买住房享受首套住房贷款利率的住房贷款。政策规定详见表11-5。

表 11-5　　　　　　　　　　　住房贷款利息专项附加扣除

扣除范围		扣除标准	扣除方式及主体	
购买中国境内住房发生的首套住房贷款利息支出	偿还贷款期间（贷款合同约定开始还款的当月至贷款全部归还或贷款合同终止的当月）	1000元/月（不超过240个月）	纳税人未婚：本人扣除	纳税人已婚：夫妻双方可选一方扣除
				纳税人已婚且婚前分别购买住房发生的首套贷款利息：选择一套房由购买方扣除或对各自购买住房分别按扣除标准的50%扣除

【例 11-5】 徐某和刘某在婚前各自购买了一套住房，都享受了首套住房贷款利率且都享受了住房贷款利息专项附加扣除，那么结婚后，徐某和刘某如何享受住房贷款利息专项附加扣除政策？

【解析】婚后，徐某和刘某可以有多种选择：一是选择徐某购买的住房，由徐某扣除1000元，刘某不扣除；二是选择由刘某购买的住房，由刘某扣除1000元，徐某不扣除；三是徐某和刘某对各自购买的住房各扣除500元。具体扣除方式在一个年度内不得变更。

5. 住房租金

为减轻个人住房租赁负担，2018年个人所得税改革增加了住房租金专项附加扣除项目，并按照不同地区租金水平采取分档定额扣除。

纳税人在主要工作城市没有自有住房而发生的住房租金支出，可以按照以下标准定额扣除：①直辖市、省会（首府）城市、计划单列市以及国务院确定的其他城市，扣除标准为每月1500元；②除第①小项所列城市以外，市辖区户籍人口超过100万的城市，扣除标准为每月1100元；市辖区户籍人口不超过100万的城市，扣除标准为每月800元。市辖区户籍人口，以国家统计局公布的数据为准。

纳税人的配偶在纳税人的主要工作城市有自有住房的，视同纳税人在主要工作城市有自有住房。夫妻双方主要工作城市相同的，只能由一方扣除住房租金支出。住房租金支出由签订租赁住房合同的承租人扣除。政策规定详见表11-6。

表 11-6　　住房租金专项附加扣除

扣除范围		扣除标准	扣除方式及主体		
纳税人及配偶在主要工作城市没有自有住房，发生的住房租金支出。租赁合同（协议）约定的房屋租赁期开始的当月至租赁期结束的当月，提前终止合同（协议）的，以实际租赁期为准	直辖市、省会（首府）、计划单列市及经国务院确定城市	1500元/月	纳税人未婚：本人扣除	纳税人已婚且夫妻双方主要工作城市相同：由承租人扣除	纳税人已婚且夫妻双方主要工作城市不同：分别扣除
	其他城市（市辖区户籍人口>100万）	1100元/月			
	其他城市（市辖区人口≤100万）	800元/月			

注：需注意的是，纳税人及其配偶在一个纳税年度内不能同时分别享受住房贷款利息和住房租金专项附加扣除。

【例 11-6】 李某和赵某是夫妻，已在甲地（非省会城市，市辖区户籍人口超过 100 万）购买了一套住宅，住房贷款已结清。李某在省会城市乙地工作，租住一套房，租金 2000 元。赵某在丙地（非省会城市，市辖区户籍人口超过 100 万）工作，租住一套房，租金 2000 元。那么，李某 2023 年可以扣除住房租金支出吗？可以享受的扣除标准是多少？如果李某享受了住房租金扣除，赵某还能享受住房租金扣除吗？

【解析】 李某和赵某在各自主要工作的城市都没有自有住房，且都没有享受住房贷款利息专项附加扣除政策，因此李某和赵某都可以选择享受住房租金扣除政策。乙地是省会城市，因此李某可以扣除的住房租金支出标准是 1500 元。丙地属于市辖区户籍人口超过 100 万人的城市，因此赵某可以扣除的住房租金支出标准是 1100 元。

6. 赡养老人

赡养老人是中华民族的传统美德，增加赡养老人专项附加扣除，有利于应对社会老龄化趋势，弘扬尊老敬老的社会优良风气。

纳税人赡养一位及以上被赡养人的赡养支出，2019—2022 年，统一按照以下标准定额扣除：①纳税人为独生子女的，按照每月 2000 元的标准定额扣除；②纳税人为非独生子女的，由其与兄弟姐妹分摊每月 2000 元的扣除额度，每人分摊的额度不能超过每月 1000 元。2023 年 1 月 1 日起，扣除标准由每月 2000 元提高到 3000 元，其中独生子女每月扣除 3000 元；非独生子女与兄弟姐妹分摊每月 3000 元的扣除额度，每人不超过 1500 元。需要分摊享受的，可以由赡养人均摊或者约定分摊，也可以由被赡养人指定分摊。约定或者指定分摊的须签订书面分摊协议，指定分摊优先于约定分摊。具体分摊方式和额度在一个纳税年度内不能变更。政策规定详见表 11-7。

表 11-7　　　　　　　　赡养老人专项附加扣除

扣除范围		扣除标准	扣除方式及主体		
赡养一位及以上年满 60 岁的父母、子女均已去世的祖父母、外祖父母的支出。被赡养人年满 60 周岁的当月至赡养义务终止的年末	独生子女	2023 年起，3000 元/月；2019—2022 年，2000 元/月	本人扣除		
	非独生子女	2023 年起，每人不超过 1500 元/月，合计不超过 3000 元/月；2019—2022 年，每人不超过 1000 元/月，合计不超过 2000 元/月	平均分摊：赡养人平均分摊	约定分摊：赡养人自行约定分摊比例	指定分摊：由被赡养人指定分摊比例

【例 11-7】 张某的父亲 62 岁、母亲 59 岁，张某还有一个哥哥两个妹妹，2023 年度张某可以享受多少赡养老人专项附加扣除？

【解析】 只要父母其中一位年满 60 周岁，即可享受赡养老人专项附加扣除，不按照老人数量计算。张某的父亲已经年满 60 岁，张某和他的兄妹可以分摊每个月 3000 元的赡养老人专项附加扣除。张某可以跟他的兄妹平均分摊，每人扣除 750 元；也可以约定分摊，如张某扣除 1500 元，哥哥扣 1500 元，两个妹妹不扣除；张某的父亲也可以指定分摊，如张某分摊 1000 元，哥哥分 1000 元，剩下的 1000 元由两个妹妹平均分摊。父亲指定分摊优先张某兄弟姐妹之间的约定分摊，指定分摊和约定分摊都须签订书面分摊协议，分摊方式和额度一个纳税年度内不能变更。

7. 3 岁以下婴幼儿照护

2021 年 6 月，中共中央、国务院印发《关于优化生育政策促进人口长期均衡发展的决定》，提出"研究推动将 3 岁以下婴幼儿照护费用纳入个人所得税专项附加扣除"。这是党中央、国务院根据我国人口发展变化形势作出的重大决策，是促进人口长期均衡发展、推动高质量发展的重大举措。2022 年 1 月起实施的 3 岁以下婴幼儿照护个人所得税专项附加扣除政策，作为优化生育政策的配套支持措施之一，体现了国家对人民群众生育养育的鼓励和照顾，有利于减轻人民群众抚养子女负担。该项政策实施后，有 3 岁以下婴幼儿的家庭都将从中受益。

纳税人照护 3 岁以下婴幼儿子女的相关支出，2022 年按照每个婴幼儿每月 1000 元的标准定额扣除，2023 年起按照每个婴幼儿每月 2000 元的标准定额扣除。政策规定详见表 11-8。

表 11-8　　　　　　　　3 岁以下婴幼儿照护专项附加扣除

扣除范围		扣除标准	扣除方式及主体	
纳税人照护 3 岁以下婴幼儿的相关支出	婴幼儿出生的当月至年满 3 周岁的前一个月	2023 年起，2000 元/月（每个婴幼儿）；2022 年，1000 元/月（每个婴幼儿）	方式一：父母（法定监护人）各扣除 50%	方式二：父母（法定监护人）选择一方全额扣除

（四）依法确定的其他扣除

依法确定的其他扣除，包括个人缴付符合国家规定的企业年金、职业年金，个人购买符合国家规定的商业健康保险、个人养老金，以及国务院规定可以扣除的其他项目。

1. 企业年金、职业年金

为贯彻落实党中央、国务院决策部署，进一步支持我国养老保险事业的发展，建立多层次养老保险体系，企业年金和职业年金实行个人所得税递延纳税政策。个人根据国家有关政策规定缴付的年金个人缴费部分，在不超过本人缴费工资计税基数的4%标准内的部分，暂从个人当期的应纳税所得额中扣除。超过规定标准缴付部分，应并入个人当期的工资、薪金所得，依法计征个人所得税。

本节仅介绍企业年金和职业年金税前扣除的相关规定，其他相关政策，详见本书第十一章第二节"工资、薪金所得"。

2. 商业健康保险

为进一步推动医疗保障事业发展，在全国31个城市试点的基础上，自2017年7月1日起，将商业健康保险政策推广到全国范围内实施。对取得工资、薪金所得，连续性劳务报酬所得的个人购买符合规定的商业健康保险产品的支出，允许在当年（月）计算应纳税所得额时予以税前扣除，扣除限额为2400元/年（200元/月）。单位统一为员工购买符合规定的商业健康保险产品的支出，应分别计入员工个人工资、薪金，视同个人购买，按上述限额予以扣除。个人购买商业健康保险未获得税优识别码的，其支出金额不得税前扣除。

3. 个人养老金

自2022年1月1日起，税收递延型养老保险试点政策推广至个人养老金先行城市实施。在缴费环节，个人向个人养老金资金账户的缴费，按照12000元/年的限额标准，在综合所得或经营所得中据实扣除；在投资环节，计入个人养老金资金账户的投资收益暂不征收个人所得税；在领取环节，个人领取的个人养老金，不并入综合所得，单独按照3%的税率计算缴纳个人所得税，其缴纳的税款计入"工资、薪金所得"项目。个人养老金先行城市名单由人力资源社会保障部会同财政部、国家税务总局发布。

> **延伸阅读**
>
> **我国养老保险体系的三大支柱**
>
> 我国养老保险体系有三大支柱,第一支柱是基本养老保险,第二支柱是企业年金和职业年金,第三支柱就是居民个人自愿购买的、由商业机构提供的个人养老金,目前主要是个人储蓄型养老保险和商业养老保险。与基本养老保险的强制性不同,个人养老金是个人自愿参加。如何调动个人参加个人养老金的积极性,税收优惠政策将起到关键作用。为鼓励大家去购买相关产品,同时又防止中高收入者借此避税,产生分配不公,拉大贫富差距,不少国家允许缴费额在一定的限额内享受个人所得税前扣除。
>
> 资料来源:2022年4月25日国务院政策例行吹风会。

4. 其他

允许在计算综合所得应纳税所得额时减除的其他扣除项目,包括:个人取得劳务报酬收入时发生的合理税费支出,如城市维护建设税、教育费附加和地方教育附加、印花税等(不包括增值税、个人所得税);保险营销员、证券经纪人佣金收入的展业成本等。

四、应纳税所得额

居民个人的综合所得以每一纳税年度的收入额减除费用60000元以及专项扣除、专项附加扣除和依法确定的其他扣除后的余额,为应纳税所得额。

个人发生捐赠支出在计算综合所得时如何扣除,详见本书第十章第三节"个人所得税的特殊事项"。需要注意的是,自2021年1月1日起,纳税人如果同时取得综合所得和经营所得,可选择在综合所得或经营所得中申报减除费用60000元、专项扣除、专项附加扣除以及依法确定的其他扣除,但不得重复申报减除。

五、税率

居民个人综合所得适用3%~45%的超额累进税率,详见表10-1。

六、应纳税额

$$应纳税额 = 应纳税所得额 \times 适用税率 - 速算扣除数$$

【例11-8】2023年，居民个人李某在甲单位每月取得工资、薪金收入18000元，每月个人缴付基本养老保险、基本医疗保险、失业保险和住房公积金等"三险一金"3200元，按规定每月可以享受子女教育、赡养老人专项附加扣除2500元，甲单位全年已预扣预缴李某个人所得税6240元，此外，李某还担任乙单位专家评审，每月取得劳务报酬收入10000元，乙单位全年合计已预扣预缴李某个人所得税19200元，李某2023年度综合所得应纳税额为多少？办理2023年度汇算是补税还是退税？金额是多少？

【解析】（1）计算全年应纳税所得额

全年应纳税所得额 = 18000 × 12 + 10000 × 12 × (1 - 20%) - 60000 - 3200 × 12 - 2500 × 12

= 183600（元）

（2）计算综合所得应纳税额

2022年度综合所得应纳税额 = 183600 × 20% - 16920 = 19800（元）

（3）计算年度汇算应补（退）税额

年度汇算应补（退）税额 = 19800 - 6240 - 19200 = -5640（元）

李某可以按规定办理年度汇算，并申请退税5640元。

第二节　工资、薪金所得

工资、薪金，是指企业向任职或受雇员工支付的所有现金和非现金形式的劳动报酬，包括基本工资、奖金、津贴、补贴等项目。工资、薪金作为个人收入中广泛存在的一种形式，一般按月支付，取得的收入具有稳定性、连续性的特点。本节主要介绍工资、薪金所得征税范围及预扣预缴的有关规定。

一、征税范围

工资、薪金所得，是指个人因任职或者受雇取得的工资、薪金、奖金、年终加薪、劳动分红、津贴、补贴以及与任职或者受雇有关的其他所得。

对于不属于工资、薪金性质的补贴、津贴，不予征税，主要包括以下几项：①独生子女补贴；②执行公务员工资制度未纳入基本工资总额的补贴、津贴差额和家属成员的副食品补贴；③托儿补助费；④差旅费津贴、误餐补助。

工资、薪金所得属于非独立个人劳务活动，即在机关、团体、学校、部队、企事业单位及其他组织中任职、受雇而得到的报酬。因此，其判定基础在于是否存在任职受雇关系。

二、预扣预缴税额的计算

居民个人取得工资、薪金所得，由扣缴义务人按月预扣预缴个人所得税。为尽可能使大多数纳税人在预扣预缴环节就精准预缴税款、提前享受改革红利，参考国际通行做法，对居民个人工资、薪金所得采取累计预扣法预扣预缴个人所得税。

（一）累计预扣法

扣缴义务人向居民个人支付工资、薪金所得时，应当按照累计预扣法计算预扣税款，并按月办理全员全额扣缴申报。

累计预扣法，是指扣缴义务人在一个纳税年度内预扣预缴税款时，以纳税人在本单位截至当前月份工资、薪金所得累计收入减除累计免税收入、累计减除费用、累计专项扣除、累计专项附加扣除和累计依法确定的其他扣除后的余额为累计预扣预缴应纳税所得额，适用个人所得税预扣率表，计算累计应预扣预缴税额，再减除累计减免税额和累计已预扣预缴税额，其余额为本期应预扣预缴税额。余额为负值时，暂不退税。纳税年度终了后余额仍为负值时，由纳税人通过办理综合所得年度汇算，税款多退少补。

具体计算公式如下：

$$\text{本期应预扣预缴税额} = (\text{累计预扣预缴应纳税所得额} \times \text{预扣率} - \text{速算扣除数}) - \text{累计减免税额} - \text{累计已预扣预缴税额}$$

$$\text{累计预扣预缴应纳税所得额} = \text{累计收入} - \text{累计免税收入} - \text{累计减除费用} - \text{累计专项扣除} - \text{累计专项附加扣除} - \text{累计依法确定的其他扣除}$$

上述公式中的累计减除费用，一般情况下，按照5000元/月乘以纳税人当年截至本月在本单位的任职受雇月份数计算。

计算居民个人工资、薪金所得预扣预缴税额使用的预扣率，见表11-9。

表 11-9　　　　　　　　　个人所得税预扣率表（一）

（居民个人工资、薪金所得预扣预缴适用）

级数	累计预扣预缴应纳税所得额	预扣率（%）	速算扣除数
1	不超过 36000 元的	3	0
2	超过 36000 元至 144000 元的部分	10	2520
3	超过 144000 元至 300000 元的部分	20	16920
4	超过 300000 元至 420000 元的部分	25	31920
5	超过 420000 元至 660000 元的部分	30	52920
6	超过 660000 元至 960000 元的部分	35	85920
7	超过 960000 元的部分	45	181920

【例 11-9】居民个人王某为某公司职员，2023 年每月工资为 25000 元，除减除费用以外，每月公司按规定标准为其代扣代缴"三险一金"3000 元，每月按规定享受专项附加扣除合计 2000 元，不考虑其他免税和扣除项目，2023 年公司每月应预扣预缴王某多少个人所得税？王某全年应纳税额是多少？

【解析】1. 计算公司每月应预扣预缴王某个人所得税税额

（1）1 月应预扣预缴税额

① 1 月的预扣预缴应纳税所得额 = 25000 - 5000 - 3000 - 2000 = 15000（元），适用的预扣率为 3%，速算扣除数为 0。

② 1 月应预扣预缴税额 = 15000 × 3% = 450（元）

（2）计算 2 月应预扣预缴税额

① 1-2 月累计预扣预缴应纳税所得额 = 25000 × 2 - 5000 × 2 - 3000 × 2 - 2000 × 2 = 30000（元），适用的预扣率为 3%，速算扣除数为 0。

② 2 月应预扣预缴税额 = 30000 × 3% - 450 = 450（元）

（3）计算 3 月应预扣预缴税额

① 1-3 月累计预扣预缴应纳税所得额 = 25000 × 3 - 5000 × 3 - 3000 × 3 - 2000 × 3 = 45000（元），适用的预扣率为 10%，速算扣除数为 2520。

② 3 月应预扣预缴税额 = 45000 × 10% - 2520 - 450 - 450 = 1080（元）

……

公司为王某每月预扣预缴个人所得税情况详见表 11-10。

表 11-10 公司为王某每月预扣预缴税款情况

月份	累计预扣预缴应纳税所得额	税率（%）	速算扣除数	累计预扣税额	当月预扣税额
1	15000	3	0	450	450
2	30000	3	0	900	450
3	45000	10	2520	1980	1080
4	60000	10	2520	3480	1500
5	75000	10	2520	4980	1500
6	90000	10	2520	6480	1500
7	105000	10	2520	7980	1500
8	120000	10	2520	9480	1500
9	135000	10	2520	10980	1500
10	150000	20	16920	13080	2100
11	165000	20	16920	16080	3000
12	180000	20	16920	19080	3000
全年预扣预缴税额合计					19080

2. 计算王某全年应纳税额

（1）全年应纳税所得额 = 25000 × 12 - 60000 - 3000 × 12 - 2000 × 12 = 180000（元），适用税率为 20%，速算扣除数为 16920。

（2）全年应纳税额 = 180000 × 20% - 16920 = 19080（元）

可见，使用累计预扣法后，对于大部分只有一处工资、薪金所得的纳税人来讲，纳税年度终了时累计预扣预缴的税额原则上等于年度应纳税额，一般无须再办理年度汇算。另外，对需要补退税的纳税人，累计预扣预缴的税额与年度应纳税额差额相对较小，不会占用纳税人过多资金。

（二）累计预扣法的优化

1. 首次取得工资、薪金所得

为进一步支持稳就业、保就业，减轻当年新入职人员个人所得税预扣预缴阶段的税收负担，税务部门对年度中间首次取得工资、薪金人员的预扣预缴方法进行了完善调整。

自 2020 年 7 月 1 日起，对一个纳税年度内首次取得工资、薪金所得的居民个人，扣缴义务人在预扣预缴个人所得税时，可按照 5000 元/月乘以纳税人当年截至本月月份数计算累计减除费用。首次取得工资、薪金所得的居民个人，是指自纳税年度首月起至新入职时，未取得工资、薪金所得或者未按照累计预扣法预扣预缴过连续性劳务报酬所得个人所得税的居民个人。

【例 11-10】 居民个人刘某于 2023 年 7 月大学毕业入职某公司，当年首次取得工资，7—12 月每月工资为 15000 元，除基本减除费用以外，每月公司按规定标准为其代扣代缴"三险一金"2000 元，不考虑其他免税和扣除项目，2023 年 7—12 月，公司每月应为刘某预扣预缴多少个人所得税？刘某全年应纳税额是多少？

【解析】 1. 计算公司 7—12 月每月应预扣预缴个人所得税税额

由于 7—9 月纳税人的减除费用、专项扣除之和均大于工资、薪金收入，累计预扣应纳税所得额小于 0，因此不需预扣预缴税款，10 月起，公司每月开始按规定为刘某预扣预缴个人所得税，具体计算过程如下：

（1）计算 7 月应预扣预缴税额

7 月的预扣预缴应纳税所得额 = 15000 − 5000 × 7 − 2000 = −22000 < 0，应纳税所得额为 0，因此，该月无须预扣预缴税款。

（2）计算 8 月应预扣预缴税额

7—8 月累计预扣预缴应纳税所得额 = 15000 × 2 − 5000 × 8 − 2000 × 2 = −14000 < 0，应纳税所得额为 0，因此，该月无须预扣预缴税款。

……

（3）计算 10 月应预扣预缴税额

① 7—10 月累计预扣预缴应纳税所得额 = 15000 × 4 − 5000 × 10 − 2000 × 4 = 2000（元），适用的预扣率为 3%，速算扣除数为 0。

② 10 月应预扣预缴税额 = 2000 × 3% − 0 = 60（元）

（4）计算 11 月应预扣预缴税额

① 7—11 月累计预扣预缴应纳税所得额 = 15000 × 5 − 5000 × 11 − 2000 × 5 = 10000（元），适用的预扣率为 3%，速算扣除数为 0。

② 11 月应预扣预缴税额 = 10000 × 3% − 60 = 240（元）

……

7—12 月公司为刘某每月预扣预缴个人所得税情况详见表 11-11。

表 11–11　　2023 年 7—12 月公司为刘某每月预扣预缴个人所得税情况

月份	累计预扣预缴应纳税所得额	税率（%）	速算扣除数	累计预扣税额	当月预扣税额
7	0	3	0	0	0
8	0	3	0	0	0
9	0	3	0	0	0
10	2000	3	0	60	60
11	10000	3	0	300	240
12	18000	3	0	540	240
预扣预缴税额合计					540

2. 计算刘某全年应纳税额

（1）全年应纳税所得额 = 15000 × 6 − 60000 − 2000 × 6 = 18000（元），适用税率为 3%，速算扣除数为 0。

（2）全年应纳税额 = 18000 × 3% = 540（元）

2. 上一年度工资、薪金收入不超过 60000 元

从一处取得工资、薪金且年收入低于 60000 元的纳税人，虽然年度汇算时不用缴税，但由于其各月间收入波动较大或者前高后低等原因，年中无法判断全年所得情况而某一个或几个月被预扣预缴了税款，年度终了后仍需申请退税。为进一步减轻这部分人群的办税负担，更好地支持稳就业、保就业、促消费，助力构建新发展格局，税务部门对累计预扣法进行了进一步优化。

自 2021 年 1 月 1 日起，对上一完整纳税年度内每月均在同一单位预扣预缴工资、薪金所得个人所得税，且全年工资、薪金收入不超过 60000 元的居民个人，扣缴义务人在预扣预缴本年度工资、薪金所得个人所得税时，累计减除费用自 1 月起直接按照全年 60000 元计算扣除。

具体来说需同时满足三个条件：

（1）上一纳税年度 1—12 月均在同一单位任职且预扣预缴申报了工资、薪金所得个人所得税；

（2）上一纳税年度 1—12 月的累计工资、薪金收入（包括全年一次性奖金等各类工资、薪金所得，且不扣减任何费用及免税收入）不超过 60000 元；

（3）本纳税年度自 1 月起，仍在该单位任职受雇并取得工资、薪金所得。

三、特殊规定

(一) 全年一次性奖金

全年一次性奖金,是指行政机关、企事业单位根据其全年经济效益和对雇员全年工作业绩的综合考核情况,向雇员发放的一次性奖金,也包括年终加薪、实行年薪制和绩效工资办法的单位根据考核情况兑现的年薪和绩效奖金。

居民个人取得全年一次性奖金,在2027年12月31日前,可以选择不并入当年综合所得,按特定算法单独计税。以全年一次性奖金收入除以12个月得到的数额,按照按月换算后的综合所得税率表(见表10-2),确定适用税率和速算扣除数,单独计算纳税。在一个纳税年度内,对每一个纳税人,该计税办法只允许采用一次。计算公式为:

$$应纳税额 = 全年一次性奖金收入 \times 适用税率 - 速算扣除数$$

居民个人取得全年一次性奖金,也可以选择并入当年综合所得计算纳税。

【例11-11】 居民个人刘某2023年12月从单位取得年终奖48000元,采用单独计税方式,该笔年终奖的应纳税额多少?

【解析】 $48000 \div 12 = 4000$(元),对应月度税率表,全年一次性奖金应纳个人所得税 $= 48000 \times 10\% - 210 = 4590$(元)。

(二) 股权激励

我国的股权激励始于20世纪90年代,直到2005年股权分置改革后现代意义上的股权激励才启动。股权激励是企业以股权形式对员工的激励。企业一般以低于市场价格或无偿授予员工股权,对员工此前的工作业绩予以奖励。员工取得的股权激励收入,是因其在企业的业绩表现而取得的与任职、受雇有关的所得,应按工资、薪金所得适用的规定计算缴纳个人所得税。

1. 股权激励形式

根据股权激励实施方式主要分为四大类:股票(权)期权、限制性股票、股票增值权和股权奖励。

(1) 股票(权)期权,是指公司给予激励对象在一定期限内以事先约定的价格购买本公司股票(权)的权利。

(2) 限制性股票,是指公司按照预先确定的条件授予激励对象一定数量的本公司股权,激励对象只有工作年限或业绩目标符合股权激励计划规定条件的才可以处置该股权。

（3）股票增值权，是指上市公司授予公司员工在未来一定时期和约定条件下，获得规定数量的股票价格上升所带来收益的权利。被授权人在约定条件下行权，上市公司按照行权日与授权日二级市场股票差价乘以授权股票数量，发放给被授权人现金。

（4）股权奖励，是指企业无偿授予激励对象一定份额的股权或一定数量的股份。

2. 纳税义务发生时间

（1）股票（权）期权

对上市公司可公开交易股票期权和不可公开交易股票期权在各时点的征免规定详见表 11 – 12。

（2）限制性股票

限制性股票个人所得税纳税义务发生时间为每一批次限制性股票解禁的日期。

纳税义务发生时间原则上应为限制性股票所有权归属于员工之时，即在中国证券登记结算公司（境外为证券登记托管机构）进行股票登记时。但上市公司实施限制性股票计划时会设置一定的条件，只有达到约定条件时，才能解禁出售限制性股票，所以员工真正意义上的所得，是在解禁时才会取得。

表 11 – 12　　　　　　　　上市公司股票期权征免规定

时间点	可公开交易的股票期权	不可公开交易的股票期权
授权时	员工取得可公开交易的股票期权，属于员工已实际取得有确定价值的财产，应按工资、薪金所得征税	不征税
行权前转让	按财产转让所得征税	按工资、薪金所得征税
行权时	不征税	按工资、薪金所得征税
行权后转让	按财产转让所得征税 如果转让的是境内上市公司股票，暂不征收个人所得税 转让境外上市公司股票按财产转让所得征税	

（3）股票增值权

股票增值权个人所得税纳税义务发生时间为上市公司向被授权人兑现股票

增值权所得的日期。

(4) 股权奖励

股权奖励纳税义务发生时间为员工取得奖励的股票时。

3. 应纳税所得额

(1) 股票（权）期权

员工行权时，其从企业取得股票的实际购买价（施权价）低于购买日公平市场价（指该股票当日的收盘价，下同）的差额，是因员工在企业的表现和业绩情况而取得的与任职、受雇有关的所得，应按工资、薪金所得适用的规定计算缴纳个人所得税。

对因特殊情况，员工在行权日之前将股票期权转让的，以股票期权的转让净收入，作为工资、薪金所得征收个人所得税。

员工行权日所在期间的工资、薪金所得，应按下列公式计算工资、薪金应纳税所得额：

$$\text{股票期权形式的工资、薪金应纳税所得额} = \left(\text{行权股票的每股市场价} - \text{员工取得该股票期权支付的每股施权价}\right) \times \text{股票数量}$$

(2) 限制性股票

上市公司实施限制性股票计划时，应以被激励对象限制性股票在中国证券登记结算公司（境外为证券登记托管机构）进行股票登记日期的股票市价（指当日收盘价，下同）和本批次解禁股票当日市价（指当日收盘价，下同）的平均价格乘以本批次解禁股票份数，减去被激励对象本批次解禁股份数所对应的为获取限制性股票实际支付资金数额，其差额为应纳税所得额。被激励对象限制性股票应纳税所得额计算公式为：

$$\text{应纳税所得额} = \left(\text{股票登记日股票市价} + \text{本批次解禁股票当日市价}\right) \div 2 \times \text{本批次解禁股票份数} - \text{被激励对象实际支付的资金总额} \times \left(\text{本批次解禁股票份数} \div \text{被激励对象获取的限制性股票总份数}\right)$$

限制性股票的应纳税所得额计算遵循市价减去成本的原则，但是市价不以解禁当日市价为准，而是取登记日市价和解禁日市价的平均数。

(3) 股票增值权

股票增值权被授权人获取的收益，是由上市公司根据授权日与行权日股票差价乘以被授权股数，直接向被授权人支付的现金。上市公司应于向股票增值权被授权人兑现时依法扣缴其个人所得税。被授权人股票增值权应纳税所得额

计算公式为:

$$\text{股票增值权某次行权应纳税所得额} = \left(\text{行权日股票价格} - \text{授权日股票价格}\right) \times \text{行权股票份数}$$

(4) 股权奖励

股权奖励应纳税所得额 = 所奖励股票的每股市场价 × 股票数量

4. 应纳税额

对符合条件的股权激励,在 2027 年 12 月 31 日前,不并入当年综合所得,全额单独适用综合所得税率表(见表 10-1),计算纳税。计算公式为:

$$\text{应纳税额} = \text{应纳税所得额} \times \text{适用税率} - \text{速算扣除数}$$

居民个人一个纳税年度内取得两次以上(含两次)股权激励的,应合并按上述规定计算纳税。

【例 11-12】李某 2021 年 1 月取得某上市公司授予的不可公开交易股票期权 15000 股,授予日股票价格为 10 元/股,施权价为 8 元/股,该股票期权自 2023 年 2 月起可行权。假定李某于 2023 年 2 月 28 日行使股票期权 15000 股,行权当天股票市价为 16 元/股,那么李某此次行权个人所得税如何计算?

【解析】李某 2023 年 2 月 28 日行权时按照工资、薪金所得计算个人所得税。

应纳税所得额 = (16 - 8) × 15000 = 120000 (元)

应纳税额 = 120000 × 10% - 2520 = 9480 (元)

(三) 企业年金和职业年金

党的十八届三中全会通过的《中共中央关于全面深化改革若干重大问题的决定》明确提出"加快发展企业年金、职业年金、商业保险,构建多层次社会保障体系"。为贯彻落实党中央、国务院决策部署,进一步支持我国养老保险事业的发展,企业年金和职业年金实施个人所得税递延纳税政策,也称 EET (免税-免税-征税)模式,即在缴费环节和投资收益环节暂不征收个人所得税,而将纳税义务递延到个人实际领取年金环节。企业年金,是指根据《企业年金办法》的规定,企业及其职工在依法参加基本养老保险的基础上,自愿建立的补充养老保险制度。职业年金是指根据《机关事业单位职业年金办法》的规定,机关事业单位及其工作人员在依法参加基本养老保险的基础上,建立的补充养老保险制度。

1. 缴费环节的税务处理

企业和事业单位按照国家有关政策规定的办法和标准,为在本单位任职或者受雇的全体职工缴付的企业年金或职业年金，对于单位缴费的部分，在计入个人账户时，个人暂不缴纳个人所得税。

个人根据国家有关政策规定缴付的年金个人缴费部分，在不超过本人缴费工资计税基数的4%标准内的部分，暂从个人当期的应纳税所得额中扣除。超过上述两项规定标准缴付的年金单位缴费和个人缴费部分，应并入个人当期的工资、薪金所得，依法计征个人所得税。同时，个人所得税法对于个人缴费工资计税基数也有相关规定。

2. 投资收益环节的税务处理

年金基金投资运营收益分配计入个人账户时，个人暂不缴纳个人所得税。

3. 领取环节的税务处理

2019年1月1日起，个人达到国家规定的退休年龄，领取的企业年金、职业年金，符合国家有关规定的，不并入综合所得，全额单独计算应纳税款。其中按月领取的，适用月度税率表（见表10-2）计算纳税；按季领取的，平均分摊计入各月，按每月领取额适用月度税率表计算纳税；按年领取的，适用综合所得税率表（见表10-1）计算纳税。个人因出境定居而一次性领取的年金个人账户资金；或个人死亡后，其指定的受益人或法定继承人一次性领取的年金个人账户余额，适用综合所得税率表计算纳税。对个人除上述特殊原因外一次性领取年金个人账户资金或余额的，适用月度税率表计算纳税。不同领取方式的年金个人所得税计算方法见表11-13。

表11-13　　　　　　不同领取方式的年金个人所得税计算方法比较

领取方式		政策处理	适用税率
退休后领取	按月	单独计算	月度税率表
	按季	均摊至月，单独计算	月度税率表
	按年	单独计算	年度税率表
出境定居	一次性领取	单独计算	年度税率表
死亡后继承	一次性领取	单独计算	年度税率表
除出境定居、死亡后继承外的其他原因	一次性领取	单独计算	月度税率表

【例11-13】 居民个人张某为某公司管理人员，2023年1月工资总额为

30000 元,其中包括个人缴付的年金 800 元和"三险一金"1200 元,张某工作的城市上一年度职工月平均工资为 5500 元,不考虑其他免税和扣除项目,公司 1 月应为张某预扣预缴多少个人所得税?

【解析】(1) 计算年金可扣除的最高限额

张某工作地上一年度职工月平均工资的 300% = 5500 × 300% = 16500 (元),16500 × 4% = 660 (元),即张某每个月年金可扣除的最高限额是 660 元。

(2) 计算 1 月应预扣预缴税额

(30000 - 5000 - 1200 - 660) × 3% = 694.2 (元)

(四) 解除劳动合同一次性补偿金

个人因解除劳动合同而取得一次性经济补偿收入,应按工资、薪金所得计征个人所得税。个人与用人单位解除劳动关系取得一次性补偿收入(包括用人单位发放的经济补偿金、生活补助费和其他补助费),在当地上年职工平均工资 3 倍数额以内的部分,免征个人所得税;超过 3 倍数额的部分,不并入当年综合所得,单独适用综合所得税率表(见表 10 - 1),计算纳税。个人领取一次性补偿收入时按照国家和地方政府规定的比例实际缴纳的基本养老保险费、基本医疗保险费、失业保险费、住房公积金,可以在计征其一次性补偿收入的个人所得税时予以扣除。

【例 11 - 14】2023 年 12 月,居民个人张某与公司解除劳动关系,取得一次性补偿收入 30 万元,当地上年度职工平均工资为 8 万元,张某该项收入应纳多少个人所得税?

【解析】张某的离职补偿在当地上年度职工平均工资 3 倍数额以内的部分,免征个人所得税,应纳税所得额 = 300000 - 3 × 80000 = 60000 (元)。

对应税率为 10%、速算扣除数为 2520。

应纳税额 = 60000 × 10% - 2520 = 3480 (元)

(五) 提前退休一次性补偿金

机关、企事业单位对未达到法定退休年龄、正式办理提前退休手续的个人,按照统一标准向提前退休工作人员支付一次性补贴,不属于免税的离退休工资收入,应按照"工资、薪金所得"项目征收个人所得税。

个人办理提前退休手续而取得的一次性补贴收入,应按照办理提前退休手续至法定离退休年龄之间实际年度数平均分摊,确定适用税率和速算扣除数,单独适用年度综合所得税率表（见表10-1）计算纳税。

第三节 劳务报酬所得、稿酬所得、特许权使用费所得

综合所得中，除工资、薪金所得外，还有劳务报酬所得、稿酬所得、特许权使用费所得。本节主要介绍这三项所得征税范围及预扣预缴的有关规定。

一、劳务报酬所得

（一）征税范围

劳务报酬所得，是指个人从事劳务取得的所得，包括从事设计、装潢、安装、制图、化验、测试、医疗、法律、会计、咨询、讲学、翻译、审稿、书画、雕刻、影视、录音、录像、演出、表演、广告、展览、技术服务、介绍服务、经纪服务、代办服务以及其他劳务取得的所得。

1. 劳务报酬所得与工资、薪金所得的区分

工资、薪金所得属于非独立个人劳务活动，即在机关、团体、学校、部队、企事业单位及其他组织中任职、受雇而得到的报酬；劳务报酬所得则是个人独立从事各种技艺、提供各项劳务取得的报酬。两者的主要区别在于，前者存在雇佣与被雇佣关系，后者则不存在这种关系。上述两项所得的区分属于实务中的难点。

（1）影视人员取得收入

凡与单位存在工资、人事方面关系的人员，其为本单位工作所取得的报酬，属于工资、薪金所得征税范围；而其因某一特定事项临时为外单位工作所取得报酬，不属于税法中所说的"受雇"，应是劳务报酬所得征税范围。电影制片厂为了拍摄影视片而临时聘请非本厂演职人员，应按劳务报酬所得计征个人所得税。

（2）非有形商品推销、代理收入

不在本企业任职的人员为该企业提供非有形商品推销、代理等服务活动取得的佣金、奖励和劳务费等名目的收入，应按劳务报酬所得计算征收个人所得税。

（3）非企业雇员取得免费旅游等营销奖励

对非企业雇员的营销人员和其他人员，企业和单位以培训班、研讨会、工

作考察等名义组织旅游活动，通过免收差旅费、旅游费对个人实行的营销业绩奖励（包括实物、有价证券等），应作为当期劳务收入，按照劳务报酬所得征收个人所得税。

(4) 董事费收入

担任公司的董事职务，且不在该公司任职、受雇的人员，其取得的董事费收入属于劳务报酬所得性质，按照劳务报酬所得征收个人所得税。若该人员同时在该公司任职、受雇，其取得的董事费收入属于工资、薪金所得性质，按照工资、薪金所得征收个人所得税。

2. 特殊征税情形

(1) 勤工俭学、实习收入

在校学生因参与勤工俭学活动（包括参与学校组织的勤工俭学活动）或实习取得的收入，应按照劳务报酬所得缴纳个人所得税。

(2) 兼职收入

个人兼职取得的收入应按照劳务报酬所得缴纳个人所得税。

(3) 个人从事医疗服务活动取得收入

医疗机构临时聘请坐堂门诊及售药，由该医疗机构支付报酬，或收入与该医疗机构按比例分成的人员，其取得的所得，按照劳务报酬所得应税项目缴纳个人所得税。

(二) 预扣预缴税额的计算

扣缴义务人向居民个人支付劳务报酬所得时，应当按照以下方法按次或者按月预扣预缴税款。属于一次性收入的，以取得该项收入为一次；属于同一项目连续性收入的，以一个月内取得的收入为一次。"同一项目"，是指劳务报酬所得列举具体劳务项目中的某一单项，如果个人兼有不同的劳务报酬所得，应当分别按不同项目所得减除费用，计算缴纳个人所得税。

1. 收入额

劳务报酬所得以收入减除费用后的余额为收入额。

2. 费用

预扣预缴税款时，劳务报酬所得每次收入不超过4000元的，费用按800元计算；每次收入4000元以上的，费用按收入的20%计算。

3. 应纳税所得额

劳务报酬所得以每次收入额为预扣预缴应纳税所得额。

劳务报酬所得预扣预缴应纳税所得额＝每次收入－费用

4. 应纳税额

$$\text{劳务报酬所得应预扣预缴税额} = （每次收入－费用）\times 预扣率－速算扣除数$$

劳务报酬所得适用个人所得税预扣率表（二），见表 11-14。

表 11-14　　　　　　　　个人所得税预扣率表（二）

（居民个人劳务报酬所得预扣预缴适用）

级数	预扣预缴应纳税所得额	预扣率（%）	速算扣除数
1	不超过 20000 元的	20	0
2	超过 20000 元至 50000 元的部分	30	2000
3	超过 50000 元的部分	40	7000

居民个人劳务报酬所得个人所得税的预扣预缴方法，基本平移了 2018 年个人所得税改革前的扣缴方法，特别是平移了对每次收入不超过 4000 元、费用按 800 元计算的规定。劳务报酬所得的预扣率和此前劳务报酬的加成征收率也是一致的。

【例 11-15】居民个人陈某系自由职业者，在绘画方面很有造诣。2023 年发生个人所得税的相关事项如下：（假设除以下事项外未取得其他收入，无"三险一金"及专项附加扣除）

（1）在 A 市取得讲学收入 30000 元；

（2）在 B 市进行书画展卖，现场作画取得收入 70000 元；

（3）接受某电影公司委托，对一部描写画家的电影剧本进行专业审核，约定审稿收入 15000 元；

（4）接受某群众艺术馆邀请，为该馆国际画展的开幕式担任即席翻译，该群众艺术馆一次性支付陈某 3000 元税前报酬，陈某自付往来交通、住宿费用。

请计算上述行为应预扣预缴的个人所得税。

【解析】（1）在 A 市的讲学收入属于劳务报酬所得，应预扣预缴个人所得税 = 30000 × (1 - 20%) × 30% - 2000 = 5200（元）

（2）在 B 市的现场作画属于劳务报酬所得，应预扣预缴个人所得税 = 70000 × (1 - 20%) × 40% - 7000 = 15400（元）

(3) 审稿收入属于劳务报酬所得，应预扣预缴个人所得税 = 15000 × (1 - 20%) × 20% = 2400（元）

(4) 担任即席翻译官取得的收入属于劳务报酬所得，应预扣预缴个人所得税 = (3000 - 800) × 20% = 440（元）

(三) 特殊规定

对保险营销员、证券经纪人以及实习生取得连续性劳务报酬的群体，其取得的所得按劳务报酬所得计征个人所得税，但在计算方法上，可按照累计预扣法计算并扣缴税款，其中：累计减除费用的计算，参照工资、薪金所得规定执行，具体详见本书第十一章第二节"工资、薪金所得"。

1. 保险营销员、证券经纪人

保险营销员、证券经纪人取得的佣金收入，属于劳务报酬所得，以不含增值税的收入减除20%的费用后的余额为收入额，收入额减去展业成本以及附加税费后，并入当年综合所得，计算缴纳个人所得税。保险营销员、证券经纪人展业成本按照收入额的25%计算。扣缴义务人向保险营销员、证券经纪人支付佣金收入时，按照累计预扣法计算预扣税款。

【例11-16】居民个人胡某为某保险公司的保险营销员，2023年4月入职。入职当月取得佣金收入2万元（免征增值税及附加），未发生依法确定的其他扣除，未取得其他综合所得。在不考虑其"三险一金"和专项附加扣除的情况下，公司2023年4月应为胡某预扣预缴多少个人所得税？

【解析】(1) 计算预扣预缴应纳税所得额

收入额 = 20000 × (1 - 20%) = 16000（元）

展业成本 = 20000 × (1 - 20%) × 25% = 4000（元）

预扣预缴应纳税所得额 = 16000 - 4000 - 5000 = 7000（元）

(2) 计算应预扣预缴税额

4月应预扣预缴税额 = 7000 × 3% = 210（元）

2. 实习生

为进一步减轻实习学生预扣预缴阶段的税收负担，2020年7月1日起，对学生实习取得劳务报酬所得的预扣预缴方法进行了完善调整。正在接受全日制学历教育的学生因实习取得劳务报酬所得的，扣缴义务人预扣预缴个人所得税时，可按照累计预扣法计算并预扣预缴税款。纳税人可根据自身情况判断是否符合规定的条件，如符合条件并选择累计预扣法预扣税款的，可以向单位出示学生证等佐证资料。

具体计算公式为：

$$\begin{pmatrix}本期应预\\扣预缴税额\end{pmatrix} = \begin{pmatrix}累计预扣预缴\\应纳税所得额\end{pmatrix} \times 预扣率 - 速算扣除数 - 累计减免税额 - 累计已预扣预缴税额$$

累计预扣预缴应纳税所得额 = 累计收入 − 累计免税收入 − 累计减除费用 − 累计专项扣除 − 累计专项附加扣除 − 累计依法确定的其他扣除

其中，累计减除费用按照5000元/月乘以纳税人在本单位开始实习月份起至本月的实习月份数计算。

上述公式中的预扣率、速算扣除数，按照《个人所得税预扣率表（一）》（见表11-9）执行。

【例 11-17】 学生张某2023年7月在某公司实习取得劳务报酬收入3000元。扣缴单位在为其预扣预缴劳务报酬所得个人所得税时，可采取累计预扣法预扣预缴税款。张某7月取得的劳务报酬收入，在预扣预缴方法完善调整后，可少预缴多少个人所得税？

【解析】 预扣预缴方法完善调整前，扣缴单位应为张某预扣预缴劳务报酬所得个人所得税（3000 − 800）×20% = 440（元）

预扣预缴方法完善调整后，公司可采取累计预扣法预扣预缴税款，张某7月劳务报酬收入额扣除5000元减除费用后无须预缴税款，比预扣预缴方法完善调整前少预缴个人所得税440元。

二、稿酬所得

（一）征税范围

稿酬所得，是指个人因其作品以图书、报刊等形式出版、发表而取得的所得。考虑到出版、发表作品的特殊性，将其与一般的劳务报酬所得进行区分，并给予适当优惠照顾。

1. 影视人员创作出版、发表取得收入

创作的影视分镜头剧本，作为文学创作而在书报杂志上出版、发表取得的所得，应按稿酬所得计征个人所得税。

2. 在报刊、杂志上发表作品取得的收入

（1）除任职、受雇于报刊、杂志等单位的记者、编辑等专业人员以外的其他人员，在报刊、杂志上发表作品取得的所得，应按稿酬所得征收个人所得税。

（2）出版社的专业作者撰写、编写或翻译的作品，由本社以图书形式出版而取得的稿费收入，应按稿酬所得计算缴纳个人所得税。

（二）预扣预缴税额的计算

扣缴义务人向居民个人支付稿酬所得时，应当按照以下方法按次或者按月预扣预缴税款。稿酬所得属于一次性收入的，以取得该项收入为一次；属于同一项目连续性收入的，以一个月内取得的收入为一次。

1. 收入额

稿酬所得以收入减除费用后的余额为收入额，并减按70%计算。

2. 费用

预扣预缴税款时，稿酬所得每次收入不超过4000元的，费用按800元计算；每次收入4000元以上的，费用按收入的20%计算。

3. 应纳税所得额

稿酬所得以每次收入额为预扣预缴应纳税所得额。

$$稿酬所得预扣预缴应纳税所得额 = （每次收入 - 费用）\times 70\%$$

4. 应纳税额

稿酬所得适用20%的比例预扣率。

$$稿酬所得应预扣预缴税额 = （每次收入 - 费用）\times 70\% \times 20\%$$

【例11-18】王某系自由职业者，2023年2月独立出版了一本绘画技巧教材，某杂志社对相关内容进行了连载，取得连载稿酬3800元。王某该项收入应预扣预缴税额是多少？

【解析】报刊连载属于稿酬所得，应预扣预缴税额 = (3800 - 800) × 70% × 20% = 420（元）

三、特许权使用费所得

（一）征税范围

特许权使用费所得，是指个人提供专利权、商标权、著作权、非专利技术以及其他特许权的使用权取得的所得。提供著作权的使用权取得的所得，不包括稿酬所得。

1. 拍卖文稿取得收入

个人将自己的文字作品手稿原件或复印件公开拍卖（竞价）取得的所得，

应按特许权许用费所得征收个人所得税。

2. 取得专利赔偿收入

个人因持有的该项专利权被其他单位或个人使用而取得的经济赔偿收入，应按特许权使用费所得缴纳个人所得税。

3. 取得剧本使用费收入

剧本作者从电影、电视剧的制作单位取得的剧本使用费，不区分剧本的使用方是否为其任职单位，统一按特许权使用费所得计征个人所得税。

（二）预扣预缴税额的计算

扣缴义务人向居民个人支付特许权使用费所得时，应当按照以下方法按次或者按月预扣预缴税款。特许权使用费所得，属于一次性收入的，以取得该项收入为一次；属于同一项目连续性收入的，以一个月内取得的收入为一次。

1. 收入额

特许权使用费所得以收入减除费用后的余额为收入额。

2. 费用

预扣预缴税款时，特许权使用费所得每次收入不超过 4000 元的，费用按 800 元计算；每次收入 4000 元以上的，费用按收入的 20% 计算。

3. 应纳税所得额

特许权使用费所得以每次收入额为预扣预缴应纳税所得额。

$$特许权使用费所得预扣预缴应纳税所得额 = 每次收入 - 费用$$

4. 应纳税额

特许权使用费所得适用 20% 的比例预扣率。

$$特许权使用费所得应预扣预缴税额 = （每次收入 - 费用）\times 20\%$$

【例 11-19】张某 2023 年 4 月向某公司提供了一项自行研发的技术，该公司按市场价格向其支付了报酬 50000 元。公司应为张某预扣预缴多少个人所得税？

【解析】张某向公司提供相关技术而取得的报酬应按特许权使用费所得缴纳个人所得税。

应预扣预缴个人所得税 = $50000 \times (1 - 20\%) \times 20\% = 8000$（元）

第四节　综合所得征收管理

居民个人取得综合所得，按年合并计算个人所得税，税务部门在现行源泉扣缴为主的征管制度基础上，积极探索构建"代扣代缴、自行申报，汇算清缴、多退少补，优化服务、事后抽查"的个人所得税新征管模式。

一、主要征管制度

（一）自然人纳税人识别号

为便于实现"一人式"信息管理，归集纳税人来自全国各地的全部收入、扣除等涉税信息，需要赋予纳税人用来确认其身份的纳税人识别号。

1. 自然人纳税人识别号的用途

自然人纳税人办理纳税申报、税款缴纳、申请退税、开具完税凭证、纳税查询等涉税事项时应当向税务机关或扣缴义务人提供纳税人识别号。

2. 自然人纳税人识别号的取得

纳税人首次办理涉税事项时，应当向税务机关或者扣缴义务人出示有效身份证件，并报送相关基础信息。有中国公民身份号码的，以其中国公民身份号码作为纳税人识别号；没有中国公民身份号码的，由税务机关赋予其纳税人识别号。

"有效身份证件"是指：

（1）纳税人为中国公民且持有有效《中华人民共和国居民身份证》（以下简称居民身份证）的，为居民身份证；

（2）纳税人为华侨且没有居民身份证的，为有效的《中华人民共和国护照》和华侨身份证明；

（3）纳税人为港澳居民的，为有效的《港澳居民来往内地通行证》或《中华人民共和国港澳居民居住证》；

（4）纳税人为台湾居民的，为有效的《台湾居民来往大陆通行证》或《中华人民共和国台湾居民居住证》；

（5）纳税人为持有有效《中华人民共和国外国人永久居留身份证》（以下简称永久居留证）的外籍个人的，为永久居留证和外国护照；未持有永久居留证但持有有效《中华人民共和国外国人工作许可证》（以下简称工作许可证）的，为工作许可证和外国护照；其他外籍个人，为有效的外国护照。

纳税人识别号是自然人纳税人办理各类涉税事项的唯一代码标识，也是税务机关开展征管工作的基础。纳税人在办理综合所得、经营所得、其他分类所得等纳税申报时，均需要先取得纳税人识别号。税务机关应当在赋予自然人纳税人识别号后告知或者通过扣缴义务人告知纳税人其纳税人识别号，并为自然人纳税人查询本人纳税人识别号提供便利。

延伸阅读

纳税人识别号制度的国际借鉴

大部分发达国家建立了成熟的纳税人识别号制度，纳税人识别号的应用范围和应用场景较为宽泛、多样。美国建立了与社会保险号一致的唯一纳税人识别号制度，广泛用于申请工作、发放薪金、填写纳税申报表、银行存款开户、申请信用卡、购买保险、房产或汽车、领取驾照及登记犯罪记录各个方面。澳大利亚的每个公民自出生之日起均有一个伴随一生的个人税号，个人税号准确记录纳税人收入、家庭情况、信用状况等信息；如果纳税人提供了个人税号，银行或雇主在支付利息或发工资时，会在税额额度范围内按照最低的个人所得税税率对其扣缴；若未能提供，就会按照最高税率进行扣缴。日本政府采用社会保障和纳税编号系统管理纳税人编号，每位居民都会获取其个人编号。一般情况下，居民一生只能使用同一编号，且不能随意更改号码。英国采用统一的纳税代码对个人所得税纳税人进行识别和登记，以实现对纳税人各种来源收入的完全监控，任何来源的收入，都通过银行存入纳税人的主要银行存款账户上，尽量避免直接现金支付，这样税务部门便能通过数据共享全面获取纳税人信息。

资料来源：根据荷兰国际财税文献局（IBFD）相关文献资料归类整理。

（二）预扣预缴

居民个人取得综合所得有扣缴义务人的，由扣缴义务人按月或者按次预扣税款，并依法办理全员全额扣缴申报。全员全额扣缴申报是指，扣缴义务人在代扣税款的次月15日内，向主管税务机关报送其支付所得的所有个人的有关信息、支付所得数额、扣除事项和数额、扣缴税款的具体数额和总额以及其他相关涉税信息资料。扣缴义务人依法履行扣缴义务，纳税人不得拒绝。

（三）年度汇算

居民个人取得综合所得，需要办理年度汇算的，应当在取得所得的次年3月1日至6月30日内向税务机关办理。在中国境内无住所的纳税人在3月1日前离境的，可以在离境前办理年度汇算。

（四）部门信息共享及信用体系建设

个人所得税征收管理涉及多项个人信息和多个行政管理部门，部门信息共享及联合惩戒制度是个人所得税征管制度的重要内容。

1. 部门信息共享制度

为有效加强个人所得税征收管理，公安、人民银行、金融监督管理等相关部门应当协助税务机关确认纳税人的身份、金融账户信息。教育、卫生、医疗保障、民政、人力资源社会保障、住房城乡建设、公安、人民银行、金融监督管理等相关部门应当向税务机关提供纳税人子女教育、继续教育、大病医疗、住房贷款利息、住房租金、赡养老人、3岁以下婴幼儿照护等专项附加扣除信息。

2. 信用建设体系

信用建设体系是建立健全个人所得税纳税信用记录，完善守信激励与失信惩戒机制，加强个人信息安全和权益维护，有效引导纳税人诚信纳税，公平享受减税红利，推动税务领域信用体系建设迈上新台阶。

对个人所得税守信纳税人提供更多便利和机会。探索将个人所得税守信情况纳入自然人诚信积分体系管理机制。对个人所得税纳税信用记录持续优良的纳税人，相关部门应提供更多服务便利，依法实施绿色通道、容缺受理等激励措施；鼓励行政管理部门在颁发荣誉证书、嘉奖和表彰时将其作为参考因素予以考虑。

对个人所得税严重失信当事人实施联合惩戒。税务部门与有关部门合作，建立个人所得税严重失信当事人联合惩戒机制，对经税务部门依法认定，在个人所得税自行申报、专项附加扣除和享受优惠等过程中存在严重违法失信行为的纳税人和扣缴义务人，向全国信用信息共享平台推送相关信息并建立信用信息数据动态更新机制，依法依规实施联合惩戒。

延伸阅读

天津多部门联合推动自然人税收诚信体系建设

2023年6月，天津市税务、发改、财政、人行、金融监管、网信办等六部门联合签署《个人所得税诚信体系建设合作备忘录》，随后印发《关于个人所得税诚信体系建设的公告》，六部门共享信息，联合实施守信激励和失信惩戒，全国首个省级层面自然人税收诚信体系建设实现新突破，对强化依法纳税意识、完善纳税信用信息管理、构建税收新型监管机制及优化社会综合治理具有重要意义。

一是强化社会制度创新。六部门建立工作专班，常态化磋商研讨，签署《个人所得税诚信体系建设合作备忘录》，达成了"建立部门协作工作机制""建立信息共享机制""建立守信激励和失信惩戒机制""金融机构可以参考有关信息""建立异议解决和信息更正机制""共同开展合作成效分析"等6方面合作意向，制度建设"固根本、稳预期、利长远"的保障作用进一步体现。

二是强化社会协同共治。对在个人所得税纳税申报、专项附加扣除填报、享受税收优惠、信用承诺、提供涉税资料等个人所得税涉税事项中存在守信或失信行为的纳税人，税务部门将其个人所得税守信或失信有关信息推送至信用信息共享平台，纳入个人综合信用评价（海河分）、自然人公共信用信息报告。

三是强化纳税信用运用。《关于个人所得税诚信体系建设的公告》鼓励市场主体根据信用主体的信用状况，对守信主体采取优惠便利、增加交易机会等降低市场交易成本的激励措施；鼓励市场主体根据信用主体的信用状况，对失信主体采取取消优惠、提高保证金等增加交易成本的惩戒措施；鼓励金融机构在办理贷款、信用卡等金融业务时参考个人综合信用评价（海河分）、自然人公共信用信息报告有关信息。"海河分"主要应用于"信用+"惠民应用场景，已开通"信易游""信易行""信易健""信易停""信易购"等多个领域。今后，随着国家诚信体系的建设，有关应用场景不断拓展，良好的诚信状况将为自然人带来更多实惠，反之则会受到限制。

六部门联合推动自然人税收诚信体系建设，社会反响普遍较好，"数字+信用"智慧监管新模式加快形成，实现央地协同和部门共享，对接汇聚信用信息、政务审批、"双随机、一公开"等执法监管数据，有效深化"以数治税"，纳税人遵从度明显提升，自然人侥幸心理得到有效扭转，税务部门对自然人管理和服务变"被动"为"主动"，征纳成本明显降低，营商环境持续优化。

资料来源：《中国税务报》2023年8月28日第2版，作者：李英杰、于芳溪、孙文胜。

二、综合所得年度汇算

(一) 概念

年度汇算，是纳税人依法在年度内已预缴税款的基础上"查遗补漏、汇总收支、按年算账、多退少补"的过程。综合所得年度汇算，是指纳税年度终了后，居民个人（以下称纳税人）需要汇总年度综合所得的收入额，计算出年度应纳税额，与年度内已预缴税额进行比较，向税务机关申报并办理退税或者补税。应退或应补税额的计算公式如下：

$$\begin{aligned}\text{应退或应补税额} = [&(\text{综合所得收入额} - 60000\text{元} - \text{"三险一金"等专项扣除} - \text{子女教育等专项附加扣除} \\&- \text{依法确定的其他扣除} - \text{符合条件的公益慈善事业捐赠}) \times \text{适用税率} - \text{速算扣除数}] - \text{已预缴税额}\end{aligned}$$

关于综合所得年度汇算，需要注意以下四点：一是只有居民个人才需要办理年度汇算，非居民个人不需要办理年度汇算。二是只有取得综合所得才需要办理年度汇算，汇算不涉及纳税人的财产租赁等分类所得，以及按规定不并入综合所得计算纳税的所得。三是同时取得综合所得和经营所得的居民个人，可自行选择在综合所得或经营所得中申报减除费用60000元、专项扣除、专项附加扣除以及依法确定的其他扣除，但不得重复申报减除。四是年度汇算收入额与预扣预缴收入额的计算规定不尽相同。工资、薪金所得计算规定一致，但劳务报酬所得、稿酬所得、特许权使用费所得有所不同，详见表11-15。

表 11-15　　劳务报酬等三项所得收入额的计算规定比较

所得项目	年度汇算收入额	预扣预缴收入额
劳务报酬所得	收入额 = 收入 × (1-20%)	每次收入 ≤ 4000元：收入额 = 每次收入 - 800
		每次收入 > 4000元：收入额 = 每次收入 × (1-20%)
稿酬所得	收入额 = 收入 × (1-20%) × (1-30%)	每次收入 ≤ 4000元：收入额 = (每次收入 - 800) × (1-30%)
		每次收入 > 4000元：收入额 = 每次收入 × (1-20%) × (1-30%)

续表

所得项目	年度汇算收入额	预扣预缴收入额
特许权使用费所得	收入额 = 收入 × (1 − 20%)	每次收入 ≤ 4000 元：收入额 = 每次收入 − 800
		每次收入 > 4000 元：收入额 = 每次收入 × (1 − 20%)

延伸阅读

为什么要办理年度汇算？

年度汇算就是在平时已预缴税款的基础上"查遗补漏，汇总收支，按年算账，多退少补"，这是我国建立综合与分类相结合的个人所得税制的内在要求，也是国际通行做法。

为什么要办理年度汇算？

一是通过年度汇算可以更好地保障纳税人合法权益，提醒纳税人查遗补漏，充分享受改革红利。比如，年度内发生的子女教育、继续教育、住房贷款利息或住房租金等扣除，平时未申报扣除或未足额扣除的，可在年度汇算期间填报扣除或补充扣除。而纳税人发生的大病医疗支出，只有年度结束后，才能确切地知道全年支出金额，需要在年度汇算时来补充享受扣除。

二是通过年度汇算可以更加准确地计算纳税人综合所得全年应纳的个人所得税。如果纳税人平时取得综合所得的情形复杂，通过预扣预缴方法，纳税人平时已预缴税额很难与年度应纳税额完全一致，此时两者之间就会产生"差额"，就需要通过年度汇算进行调整。

资料来源：根据《关于〈国家税务总局关于办理 2019 年度个人所得税综合所得汇算清缴事项的公告〉的解读》整理。

【例 11−20】居民个人李某 2023 年每月取得工资收入 20000 元，个人负担的"三险一金"金额 3000 元，李某有两个小孩，女儿 2 岁，儿子就读小学，专项附加扣除全部选择由李某扣除，李某选择将专项附加扣除信息推送给扣缴单位。2023 年 3 月利用业余时间帮 B 公司翻译合同取得收入 3000 元，在杂志上发表文章取得收入 2000 元；2023 年 6 月为 C 公司制图取得收入 30000 元，将自己的一项外观设计专利给 D 公司使用取得收入 20000 元。假设无其他收入及扣除，不考虑其他税费。请回答以下问题：

1. 2023年3月和6月，扣缴义务人在预扣预缴李某劳务报酬、稿酬所得及特许权使用费时计算个人所得税的收入额分别是多少？预扣预缴税额是多少？

2. 2023年度汇算，李某综合所得收入额一共是多少？

3. 2023年度汇算，李某的应补退税额是多少？

【解析】1. 预扣预缴收入额的计算

（1）李某2023年每月取得工资、薪金所得20000元，以收入全额作为收入额。

全年预扣预缴累计收入额 = $20000 \times 12 = 240000$（元）

全年预扣预缴应纳税所得额 = $240000 - 60000 - 3000 \times 12 - 4000 \times 12 = 96000$（元）

全年预扣预缴税额 = $96000 \times 10\% - 2520 = 7080$（元）

（2）2023年3月，李某取得劳务报酬收入3000元，稿酬收入2000元。

①劳务报酬所得以收入减除费用后的余额为收入额，每次收入不超过4000元的，费用按800元计算。

预扣预缴收入额 = $3000 - 800 = 2200$（元）

预扣预缴税额 = $2200 \times 20\% = 440$（元）

②稿酬所得以收入减除费用后的余额为收入额，并减按70%计算，每次收入不超过4000元的，费用按800元计算。

收入额 = $(2000 - 800) \times (1 - 30\%) = 1200 \times 70\% = 840$（元）

预扣预缴税额 = $840 \times 20\% = 168$（元）

（3）2023年6月，李某取得劳务报酬收入30000元，特许权使用费收入20000元。

①劳务报酬所得以收入减除费用后的余额为收入额，每次收入超过4000元的，费用按收入的20%计算。

收入额 = $30000 \times (1 - 20\%) = 24000$（元）

预扣预缴税额 = $24000 \times 30\% - 2000 = 5200$（元）

②特许权使用费所得以收入减除费用后的余额为收入额，每次收入超过4000元的，费用按收入的20%计算。

收入额 = $20000 \times (1 - 20\%) = 16000$（元）

预扣预缴税额 = $16000 \times 20\% = 3200$（元）

(4) 预扣预缴税额合计 = 7080 + 440 + 168 + 5200 + 3200 = 16088（元）

2. 年度汇算收入额的计算

工资、薪金所得以收入全额作为收入额，劳务报酬所得、稿酬所得、特许权使用费所得以收入减除20%费用后的余额为收入额，其中，稿酬所得的收入额减按70%计算。

(1) 工资、薪金所得收入额 = 20000 × 12 = 240000（元）

(2) 劳务报酬所得收入额 = (3000 + 30000) × (1 - 20%) = 26400（元）

(3) 稿酬所得收入额 = 2000 × (1 - 20%) × (1 - 30%) = 1120（元）

(4) 特许权使用费收入额 = 20000 × (1 - 20%) = 16000（元）

(5) 全年综合所得收入额 = 240000 + 26400 + 1120 + 16000 = 283520（元）

3. 年度汇算应补退税额的计算

应退或应补税额 = [(综合所得收入额 - 60000元 - "三险一金"等专项扣除 - 子女教育等专项附加扣除 - 依法确定的其他扣除 - 符合条件的公益慈善事业捐赠) × 适用税率 - 速算扣除数] - 已预缴税额 = (283520 - 60000 - 3000 × 12 - 4000 × 12) × 10% - 2520 - 16088 = -4656（元）

因此，李某办理年度汇算时可以申请退税4656元。

（二）需要办理汇算的情形

年度汇算的作用在于将预缴税额调整为应纳税额，并根据规定确定是否需要办理退（补）税。符合下列情形之一的，纳税人需办理汇算：

1. 已预缴税额大于汇算应纳税额且申请退税的；

2. 已预缴税额小于汇算应纳税额需汇算补税的；

3. 因适用所得项目错误或者扣缴义务人未依法履行扣缴义务，造成少申报或者未申报综合所得的。

为进一步减轻中低收入群体的税收负担，2027年12月31日前，对于综合所得收入全年不超过12万元的，或者年度汇算需补税金额不超过400元的，可免于办理年度汇算，但取得综合所得时存在扣缴义务人未依法预扣预缴税款的情形除外。因此，对于年度预缴税额小于年度应纳税额需补税的纳税人，只有综合所得收入超过12万元且需要补税金额超过400元，才需要办理年度汇算。

（三）办理时间

为了保证纳税人有充足的准备时间，年度汇算办理时间规定为取得所得的次年3月1日至6月30日；在中国境内无住所的纳税人在3月1日前离境的，可以在离境前办理年度汇算。

(四) 办理方式

为了满足不同纳税人的办理需求，年度汇算的办理方式有三种，即自己办、单位办、请人办。

一是自己办，即由纳税人自行办理。纳税人可以通过个人所得税App、自然人电子税务局网站（https://etax.chinatax.gov.cn）等渠道自行办理年度汇算。

二是单位办，即由任职受雇单位代为办理。考虑到任职受雇单位对纳税人的涉税信息掌握得比较全面、准确，与纳税人联系也比较紧密，纳税人可以通过任职受雇单位代办年度汇算。如纳税人向单位提出代办要求的，单位应当办理，或者培训、辅导纳税人通过自然人电子税务局自行完成年度汇算申报和退（补）税。

这里需要注意：①任职受雇单位除支付工资、薪金的单位外，还包括按累计预扣法预扣预缴劳务报酬所得个人所得税的单位，主要是指向保险营销员、证券经纪人支付佣金收入的扣缴单位和向正在接受全日制学历教育的实习生支付实习收入的扣缴单位。②为维护纳税人合法权益，只有纳税人与单位进行确认后，单位才能代办。③为保证单位代办的准确性，纳税人需要将除本单位以外的纳税年度内全部综合所得收入、扣除、享受税收优惠等信息资料如实提供给单位，并对信息的真实性、准确性、完整性负责。

三是请人办，即委托涉税专业服务机构或其他单位及个人办理。纳税人可根据自己的情况和条件，自主委托涉税专业服务机构或其他单位、个人（以下称受托人）办理年度汇算。选择这种方式，纳税人需与受托人签订授权书，明确双方的权利、责任和义务。

需要注意的是，如纳税人选择请人办，需向受托人如实提供纳税年度内取得的全部综合所得收入、扣除、享受税收优惠等信息资料如实提供给单位，并对信息的真实性、准确性、完整性负责。

单位或者受托人为纳税人办理汇算后，应当及时将办理情况告知纳税人。纳税人发现汇算申报信息存在错误的，可以要求单位或委托人更正申报，也可自行更正申报。

(五) 受理申报的税务机关

按照方便就近原则，纳税人自行办理或受托人为纳税人代为办理的，向纳税人任职受雇单位的主管税务机关申报；有两处及以上任职受雇单位的，可自主选择向其中一处申报。

纳税人没有任职受雇单位的，向其户籍所在地、经常居住地或者主要收入来源地的主管税务机关申报。主要收入来源地，是指向纳税人累计发放劳务报酬、稿酬及特许权使用费金额最大的扣缴义务人所在地。

单位为纳税人代办汇算的，向单位的主管税务机关申报。

为方便纳税服务和征收管理，汇算期结束后，税务部门将为尚未办理申报的纳税人确定其主管税务机关。

【例 11-21】纳税人张某户籍所在地在甲地，2022 年上半年在乙地某公司任职，下半年到丙地某保险公司从事保险营销员工作，该保险公司按累计预扣法为其预扣预缴劳务报酬所得个人所得税。张某办理 2022 年度汇算时，可以选择受理申报的税务机关有哪些？

【解析】乙地某公司和丙地某保险公司均视为张某的任职受雇单位，因此，汇算期结束前，其可以选择在乙地或者丙地的主管税务机关办理年度汇算。

（六）办理渠道

为便利纳税人，税务机关为纳税人提供高效、快捷的网络办税渠道。纳税人可优先通过手机个人所得税 App、自然人电子税务局网站办理汇算，税务机关将为纳税人提供申报表项目预填服务；不方便通过上述方式办理的，也可以通过邮寄方式或到办税服务厅办理。

选择邮寄申报的，纳税人需将申报表寄送至按上述第（五）点确定的主管税务机关所在省、自治区、直辖市和计划单列市税务局公告的地址。

（七）申报信息及资料留存

纳税人办理汇算，适用个人所得税年度自行纳税申报表，如需修改本人相关基础信息，新增享受扣除或者税收优惠的，还应按规定一并填报相关信息。纳税人需仔细核对，确保所填信息真实、准确、完整。

纳税人、代办汇算的单位，需各自将专项附加扣除、税收优惠材料等汇算相关资料，自汇算期结束之日起留存 5 年。

（八）退（补）税

1. 主要退税情形

退税是纳税人的权利。从充分保障纳税人权益的角度出发，纳税人年度内已预缴税额高于年度应纳税额，都可以申请退税。常见情形有：

（1）年度内综合所得年收入额不足60000元，但平时预缴过个人所得税的；

（2）年度内有符合条件的专项附加扣除，但预缴税款时没有申报扣除的；

（3）因年中就业、退职或者部分月份没有收入等原因，减除费用60000元、"三险一金"等专项扣除、子女教育等专项附加扣除、企业（职业）年金以及商业健康保险、个人养老金等扣除不充分的；

（4）没有任职受雇单位，仅取得劳务报酬、稿酬、特许权使用费所得，需要通过年度汇算办理各种税前扣除的；

（5）纳税人取得劳务报酬、稿酬、特许权使用费所得，年度中间适用的预扣率高于全年综合所得年适用税率的；

（6）预缴税款时，未申报享受或者未足额享受综合所得税收优惠的，如残疾人减征个人所得税优惠等；

（7）有符合条件的公益慈善捐赠支出，但预缴税款时未办理扣除的等。

2. 如何办理退税

纳税人申请汇算退税，应当提供其在中国境内开设的符合条件的银行账户。税务机关按规定审核后，按照国库管理有关规定办理税款退库。纳税人未提供本人有效银行账户，或者提供的信息资料有误的，税务机关将通知纳税人更正，纳税人按要求更正后依法办理退税。

为方便办理退税，综合所得全年收入额不超过60000元且已预缴个人所得税的纳税人，可选择使用个人所得税App及网站提供的简易申报功能，便捷办理汇算退税。

申请年度汇算退税的纳税人，如存在应当办理以往年度汇算补税但未办理，或者经税务机关通知以往年度汇算申报存在疑点但未更正或说明情况的，需在办理以往年度汇算申报补税、更正申报或者说明有关情况后依法申请退税。

3. 主要补税情形

补税是纳税人的义务。纳税人年度预缴税额低于应纳税额的，且不符合国务院规定豁免汇算义务情形的（综合所得年度收入不超过12万元或者补税金额不超过400元的），均应当办理年度汇算补税。常见情形有：

（1）在两个以上单位任职受雇并领取工资、薪金，预缴税款时重复扣除了基本减除费用（5000元/月）或全年综合所得收入加总后，导致适用综合所得年税率高于预扣率；

（2）年度内更换任职受雇单位，全年综合所得收入加总后，导致适用综合所得年税率高于预扣率；

（3）除工资、薪金外，还有劳务报酬、稿酬、特许权使用费，各项综合所得的收入加总后，导致适用综合所得年税率高于预扣率；

（4）预扣预缴时扣除了不该扣除的项目，或者扣除金额超过规定标准，年度合并计税时因调减扣除额导致应纳税所得额增加；

（5）纳税人取得综合所得，因扣缴义务人未依法申报收入并预扣预缴税款，需补充申报收入等。

4. 如何办理补税

纳税人办理汇算补税的，可以通过网上银行、办税服务厅POS机刷卡、银行柜台、非银行支付机构等方式缴纳。邮寄申报并补税的，纳税人需通过个人所得税App及网站或者主管税务机关办税服务厅及时关注申报进度并缴纳税款。

（九）后续管理

加强对未申报补税或未足额补税纳税人的监管提醒。对于汇算需补税的纳税人，在汇算期结束后未申报补税或未足额补税的，一经发现，税务机关将依法通过手机个人所得税App、网站等电子渠道及其他方式向纳税人送达税务文书，责令其限期改正，并依法加收滞纳金，同时在其《个人所得税纳税记录》中予以标注。对于存在虚假填报、篡改证明材料等严重情节的，税务部门将依法严肃处理，并纳入税收监管重点人员名单，对其以后3个纳税年度申报情况加强审核；情节恶劣的，税务机关将依法依规立案稽查。

延伸阅读

五步工作法

"五步工作法"是以"提示提醒，督促整改，约谈警示，立案稽查，公开曝光"为基本思路的方法论，税务机关在对综合所得年度汇算应补税纳税人的催报催缴、对存在异常申报数据纳税人的应对处理等工作中采用。具体是指，对于涉税金额较大的，税务部门将进行提示提醒，对提醒后未改正或者改正不到位的进行督促整改，对仍不改正或者改正不到位的进行约谈警示，约谈警示后仍不配合整改的依法立案稽查,对立案案件选择部分情节严重、影响恶劣的进行公开曝光。

【例1】 2023年,安徽省蚌埠市税务部门在对个人所得税综合所得汇算办理情况开展事后抽查时,发现蚌埠市某信息咨询公司员工张某未据实办理2019年度和2021年度个人所得税综合所得汇算,遂依法对其立案检查。

经查,纳税人张某在办理2019年度和2021年度个人所得税综合所得汇算时,通过虚假填报综合所得收入的方式少缴个人所得税。经税务部门提醒督促,张某拒不如实办理更正申报。税务部门对其立案检查,依据《中华人民共和国个人所得税法》《中华人民共和国税收征收管理法》《中华人民共和国行政处罚法》等相关法律法规规定,蚌埠市税务局第一稽查局对张某追缴税款、加收滞纳金并处罚款共计13万元。目前,税务部门已依法送达《税务处理决定书》和《税务行政处罚决定书》,张某已按规定缴清税款、滞纳金和罚款。

蚌埠市税务局相关负责人提醒纳税人依法及时办理个人所得税汇算,并核查以前年度是否存在应当办理汇算而未办理、申报缴税不规范、取得应税收入未申报等情形并抓紧补正。税务机关发现存在涉税问题的,会通过提示提醒、督促整改和约谈警示等方式,提醒督促纳税人整改,对于拒不整改或整改不彻底的纳税人,税务机关将依法追缴税款、滞纳金,并纳入税收监管重点人员名单,对其以后3个纳税年度申报情况加强审核,情节严重的,将依法进行立案检查。

【例2】 2023年6月9日,税务部门公布5起未按规定办理个人所得税汇算的案例。从发布的5起案例来看,主要有三种类型:一种是纳税人虚报填报"三险一金"或专项附加扣除;一种是在办理汇算时少填报收入;还有一种是违规享受税收优惠。具体来看,有虚假填报"三险一金"专项扣除,虚假填报继续教育、大病医疗、住房租金、赡养老人、子女教育等专项附加扣除,少填报收入,错误享受个人所得税减免税政策等情况。5起案例具体情况如下:

云南省德宏傣族景颇族自治州税务部门在2022年度个人所得税汇算退税审核时发现,某餐饮管理服务有限公司存在多名纳税人虚假填报"三险一金"的情况。经查,该单位共有4名纳税人受虚假退税"秘笈"误导,在汇算时抱着侥幸的心理虚假填报基本养老保险、基本医疗保险、失业保险、住房公积金扣除,试图申请汇算退税。税务部门立即约谈该公司法人代表及财务人员,要求该公司加强政策宣传辅导。目前,该4名纳税人已撤销了不实的退税申请,在填报准确信息后办理了汇算。

吉林省税务部门在2022年度个人所得税汇算退税审核时发现，某出版社存在部分纳税人错误填报继续教育专项附加扣除的情况。根据《个人所得税专项附加扣除暂行办法》规定，纳税人接受职业资格继续教育的，在取得该证书的当年可以享受个人所得税继续教育专项附加扣除。经查，该单位少数纳税人在汇算时选择以"出版专业技术人员职业资格"填报专项附加扣除的继续教育，实际仅为取得证书后每年的学时教育，不符合继续教育专项附加扣除相关规定。吉林省税务部门进一步对该单位纳税人以前年度的专项附加扣除填报情况进行了核查，对错误填报的纳税人逐一纠正补征税款，并依法加收滞纳金。

厦门市税务部门在2022年度个人所得税汇算退税审核时发现，纳税人柳某存在虚假填报大病医疗、继续教育、住房租金、赡养老人、子女教育五项专项附加扣除的情况。经查，纳税人在税务部门多次作出不予退税决定的情况下，3月3日—23日先后四次虚假填报上述专项附加扣除并提交退税申请。税务部门对该纳税人以前年度汇算进行了延伸核查，确认纳税人存在虚假填报的情况。3月27日，在税务部门向纳税人送达税务事项通知书，并按照"五步工作法"约谈警示后，纳税人认识到自身错误并更正了历年汇算申报，补缴了税款及滞纳金。

山西省襄汾县税务部门在2022年度个人所得税汇算退税审核时发现，某钢铁企业多名纳税人存在少填收入、多列扣除的问题。经查，该企业多名纳税人受内部谣传年度汇算错误填报方式的蛊惑，在办理汇算时少填收入、多列扣除，以达到退税或减少应补税额的目的。税务部门迅速与该钢铁企业联系，对财务人员及纳税人当面进行辅导提醒，23名纳税人已更正申报。

海南省澄迈县税务部门在2022年度个人所得税汇算退税审核时发现，纳税人贾某存在错误享受了海南自贸港个人所得税减免税政策的情况。经进一步核查，发现该纳税人在海南的任职受雇单位，不符合自贸港个人所得税优惠政策要求的实质性运营条件且该单位已注销。税务部门立即约谈纳税人，并就海南自贸港个人所得税优惠政策进行了辅导。目前，纳税人已更正个人所得税汇算申报，并补缴了税款。

资料来源：国家税务总局官方网站。

本章思考题

1. 减除费用标准与起征点有什么区别?
2. 如何进一步完善调整预扣预缴方法?
3. 劳务报酬所得和经营所得应该如何区分?

第十二章 经营所得

【学习目标】本章主要介绍经营所得的政策及征收管理相关内容。通过本章学习,熟悉经营所得的定义、应纳税所得额计算和纳税申报等内容,掌握经营所得征税范围、计算方法及征收管理规定等内容。

第一节 基本规定

一、征税范围

经营所得,是指:

1. 个体工商户从事生产、经营活动取得的所得,个人独资企业投资人、合伙企业的个人合伙人来源于境内注册的个人独资企业、合伙企业生产、经营的所得;

2. 个人依法从事办学、医疗、咨询以及其他有偿服务活动取得的所得;

3. 个人对企业、事业单位承包经营、承租经营以及转包、转租取得的所得;

4. 个人从事其他生产、经营活动取得的所得。

需要注意的是,承包、承租人对企业的经营成果不拥有所有权,仅是按合同(协议)规定取得一定所得的,按工资、薪金所得项目征税。

二、纳税人

经营所得的纳税人,是指个体工商户业主、个人独资企业投资人、合伙企业的个人合伙人、承包承租经营者个人以及从事其他生产、经营活动取得所得的个人。个体工商户、个人独资企业、合伙企业本身不是经营所得的纳税人,合伙企业以每个合伙人为纳税人,合伙人如是自然人则缴纳经营所得个人所得税，如是法人和其他组织则缴纳企业所得税。

三、应纳税所得额

经营所得，以每一纳税年度的收入总额减除成本、费用以及损失后的余额，为应纳税所得额。经营所得应纳税所得额的计算，以权责发生制为原则。投资者或被投资企业发生捐赠支出在计算经营所得时如何扣除，详见本书第十章第三节"个人所得税的特殊事项"。

个人从被投资企业取得的经营所得应纳税所得额，按以下原则计算：

（一）被投资企业为个体工商户、个人独资企业

先计算出被投资企业的经营所得应纳税所得额，如个人当年度没有取得综合所得，可以再减除允许扣除的个人费用及其他扣除，如有取得综合所得可以自行选择在综合所得或经营所得中申报减除，但不得重复申报减除。

（二）被投资企业为合伙企业

需要按"先分后税"原则计算，即先计算出被投资企业的纳税调整后所得，再按照规定的分配比例计算出每个合伙人的经营所得应纳税所得额。如自然人合伙人当年度没有取得综合所得，可以选择再减除允许扣除的个人费用及其他扣除，如有取得综合所得可以自行选择在综合所得或经营所得中申报减除，但不得重复申报减除。

上述所称"允许扣除的个人费用及其他扣除"是指，投资者个人的减除费用、专项扣除、专项附加扣除以及依法确定的其他扣除，具体包括：

1. 减除费用60000元（每月5000元）。

2. 专项扣除，即投资者按照国家规定的范围和标准缴纳的基本养老保险、基本医疗保险、失业保险等社会保险费和住房公积金。被投资企业已为投资者在成本、费用中申报专项扣除的，不得在"允许扣除的个人费用及其他扣除"重复减除。

3. 专项附加扣除，即子女教育、继续教育、大病医疗、住房贷款利息或者住房租金、赡养老人、3岁以下婴幼儿照护等七项专项附加扣除。

4. 依法确定的其他扣除，即投资者缴付符合国家规定的企业年金、职业年金，个人购买符合国家规定的商业健康保险、个人养老金的支出，以及国务院规定可以扣除的其他项目。

个人发生捐赠支出在计算经营所得时如何扣除，详见本书第十章第三节

"个人所得税的特殊事项"。

四、应纳税额

取得经营所得的纳税人,按年计算个人所得税,由纳税人在月度或者季度终了后15日内向税务机关报送纳税申报表,并预缴税款;在取得所得的次年3月31日前办理汇算清缴。经营所得适用五级超额累进税率(见表10-3),以其全年应纳税所得额按适用税率计算应纳税额。

(一) 预缴应纳税额的计算

预缴应纳税额的计算公式为:

累计应纳税额 = 累计应纳税所得额 × 适用税率 − 速算扣除数

本期应纳税额 = 累计应纳税额 − 减免税额 − 已缴税额

累计应纳税所得额的计算,"收入总额"为本年度开始经营月份起截至本期从事经营以及与经营有关的活动取得的货币形式和非货币形式的各项收入总额;"成本、费用、税金、损失及其他支出"为本年度开始经营月份起截至本期实际发生的成本、费用、税金、损失及其他支出的总额。投资者减除费用为根据本年实际经营月份数计算的可在税前扣除的投资者本人每月5000元减除费用的合计金额;专项扣除、依法确定的其他扣除也按本年度开始经营月份起截至本期的累计数计算;专项附加扣除在预缴时不得减除,在办理汇算清缴时减除。

(二) 汇算清缴应纳税额的计算

实行查账征收的经营所得纳税人年度终了后办理汇算清缴,汇算清缴实际缴纳税额在全年预缴税额基础上多退少补。经营所得全年应纳税额的计算公式为:

全年应纳税额 = 全年应纳税所得额 × 适用税率 − 速算扣除数

汇算清缴应补(退)税额 = 全年应纳税额 − 减免税额 − 全年已预缴税额

上述公式中,全年应纳税所得额可以在利润总额的基础上,考虑会计与税收差异,通过纳税调整予以计算:

全年应纳税所得额 = 利润总额 + 纳税调整增加额 − 纳税调整减少额 − 弥补以前年度亏损 − 允许扣除的个人费用及其他扣除

(三) 汇总纳税应纳税额的计算

纳税人从两处以上取得经营所得,应当于取得所得的次年3月31日前办理年度汇总纳税申报,对多处经营所得的应纳税所得额进行合并,对存在投资者个人费用、其他扣除多处重复扣除以及应调整的其他项目进行纳税调整后计算应纳税额。

$$应纳税额 = \left(投资者应纳税所得额合计 \pm 应调整的个人费用及其他扣除 \pm 应调整的其他项目\right) \times 适用税率 - 速算扣除数$$

$$应补（退）税额 = 应纳税额 - 减免税额 - 已缴税额$$

（四）清算所得的计算

企业进行清算时，投资者应当在办理市场主体注销登记之前，向主管税务机关结清有关税务事宜。企业的清算所得应当视为年度生产经营所得，由投资者依法缴纳个人所得税。清算所得，是指企业清算时的全部资产或者财产的公允价值扣除各项清算费用、损失、负债、以前年度留存的利润后，超过实缴资本的部分。

第二节　个体工商户

自然人从事工商业经营，经依法登记，为个体工商户。中国香港特别行政区、中国澳门特别行政区永久性居民中的中国公民，中国台湾地区居民可以按照国家有关规定，申请登记为个体工商户。个体工商户可以个人经营，也可以家庭经营。

一、收入总额

个体工商户从事生产经营以及与生产经营有关的活动（以下简称生产经营）取得的货币形式和非货币形式的各项收入，为收入总额。包括：销售货物收入、提供劳务收入、转让财产收入、利息收入、租金收入、接受捐赠收入、其他收入。

其他收入包括个体工商户资产溢余收入、逾期一年以上的未退包装物押金收入、确实无法偿付的应付款项、已作坏账损失处理后又收回的应收款项、债务重组收入、补贴收入、违约金收入、汇兑收益等。

二、税前扣除

（一）准予扣除的项目

计算个体工商户的应纳税所得额时，准予扣除的项目有成本、费用、税金、损失和其他支出。

1. 成本

成本是指个体工商户在生产经营活动中发生的销售成本、销货成本、业务支出以及其他耗费。

2. 费用

费用是指个体工商户在生产经营活动中发生的销售费用、管理费用和财务费用，已经计入成本的有关费用除外。

个体工商户生产经营活动中，应当分别核算生产经营费用和个人、家庭费用。对于生产经营与个人、家庭生活混用难以分清的费用，其40%视为与生产经营有关费用，准予扣除。

3. 税金

税金是指个体工商户在生产经营活动中发生的除个人所得税和允许抵扣的增值税以外的各项税金及其附加。

个体工商户代其从业人员或者他人负担的税款，不得税前扣除。

4. 损失

损失是指个体工商户在生产经营活动中发生的固定资产和存货的盘亏、毁损、报废损失，转让财产损失，坏账损失，自然灾害等不可抗力因素造成的损失以及其他损失。

个体工商户发生的损失，减除责任人赔偿和保险赔款后的余额，参照财政部、国家税务总局有关企业资产损失税前扣除的规定扣除。

个体工商户已经作为损失处理的资产，在以后纳税年度又全部收回或者部分收回时，应当计入收回当期的收入。

5. 其他支出

其他支出是指除成本、费用、税金、损失外，个体工商户在生产经营活动中发生的与生产经营活动有关的、合理的支出。

个体工商户发生的支出应当区分收益性支出和资本性支出。收益性支出在发生当期直接扣除；资本性支出应当分期扣除或者计入有关资产成本，不得在发生当期直接扣除。

除税收法律法规另有规定外，个体工商户实际发生的成本、费用、税金、损失和其他支出，不得重复扣除。

(二) 税前扣除标准

1. 工资

个体工商户实际支付给从业人员的、合理的工资、薪金支出，准予扣除。个体工商户业主的工资、薪金支出不得税前扣除。

2. "五险一金"

个体工商户按照国务院有关主管部门或者省级人民政府规定的范围和标准为其业主和从业人员缴纳的基本养老保险费、基本医疗保险费、失业保险费、工伤保险费、生育保险费和住房公积金，准予扣除。

3. 补充养老保险费和补充医疗保险费

个体工商户为从业人员缴纳的补充养老保险费、补充医疗保险费，分别在不超过从业人员工资总额5%标准内的部分据实扣除；超过部分，不得扣除。

个体工商户业主本人缴纳的补充养老保险费、补充医疗保险费，以当地（地级市）上年度社会平均工资的3倍为计算基数，分别在不超过该计算基数5%标准内的部分据实扣除；超过部分，不得扣除。

4. 保险费

除个体工商户依照国家有关规定为特殊工种从业人员支付的人身安全保险费和财政部、国家税务总局规定可以扣除的其他商业保险费外，个体工商户业主本人或者为从业人员支付的商业保险费，不得扣除。

个体工商户参加财产保险，按照规定缴纳的保险费，准予扣除。

5. 借款费用

个体工商户在生产经营活动中发生的合理的不需要资本化的借款费用，准予扣除。

个体工商户为购置、建造固定资产、无形资产和经过12个月以上的建造才能达到预定可销售状态的存货发生借款的，在有关资产购置、建造期间发生的合理的借款费用，应当作为资本性支出计入有关资产的成本，并按规定扣除。

6. 利息支出

个体工商户在生产经营活动中发生的下列利息支出，准予扣除：

（1）向金融企业借款的利息支出；

（2）向非金融企业和个人借款的利息支出，不超过按照金融企业同期同类贷款利率计算的数额的部分。

7. 汇兑损失

个体工商户在货币交易中,以及纳税年度终了时将人民币以外的货币性资产、负债按照期末即期人民币汇率中间价折算为人民币时产生的汇兑损失,除已经计入有关资产成本部分外,准予扣除。

8. 工会经费、职工福利费和职工教育经费

个体工商户向当地工会组织拨缴的工会经费、实际发生的职工福利费支出、职工教育经费支出分别在工资、薪金总额的2%、14%、2.5%的标准内据实扣除。工资、薪金总额是指允许在当期税前扣除的工资、薪金支出数额。

职工教育经费的实际发生数额超出规定比例当期不能扣除的数额,准予在以后纳税年度结转扣除。

个体工商户业主本人向当地工会组织缴纳的工会经费、实际发生的职工福利费支出、职工教育经费支出,以当地(地级市)上年度社会平均工资的3倍为计算基数,分别在2%、14%、2.5%的比例内据实扣除。

9. 业务招待费

个体工商户发生的与生产经营活动有关的业务招待费,按照实际发生额的60%扣除,但最高不得超过当年销售(营业)收入的5‰。

业主自申请营业执照之日起至开始生产经营之日止所发生的业务招待费,按照实际发生额的60%计入个体工商户的开办费。

10. 广告费和业务宣传费

个体工商户每一纳税年度发生的与其生产经营活动直接相关的广告费和业务宣传费不超过当年销售(营业)收入15%的部分,可以据实扣除;超过部分,准予在以后纳税年度结转扣除。

11. 开办费

个体工商户自申请营业执照之日起至开始生产经营之日止所发生符合《个体工商户个人所得税计税办法》规定的费用,除为取得固定资产、无形资产的支出,以及应计入资产价值的汇兑损益、利息支出外,作为开办费,个体工商户可以选择在开始生产经营的当年一次性扣除,也可自生产经营月份起在不短于3年期限内摊销扣除,但一经选定,不得改变。开始生产经营之日为个体工商户取得第一笔销售(营业)收入的日期。

12. 租赁费

个体工商户根据生产经营活动的需要租入固定资产支付的租赁费,按照以

下方法扣除：以经营租赁方式租入固定资产发生的租赁费支出，按照租赁期限均匀扣除；以融资租赁方式租入固定资产发生的租赁费支出，按照规定构成融资租入固定资产价值的部分应当提取折旧费用，分期扣除。

13. 研究开发费用

个体工商户研究开发新产品、新技术、新工艺所发生的开发费用，以及研究开发新产品、新技术而购置单台价值在 10 万元以下的测试仪器和试验性装置的购置费准予直接扣除；单台价值在 10 万元以上（含 10 万元）的测试仪器和试验性装置，按固定资产管理，不得在当期直接扣除。

14. 其他费用和支出

个体工商户按照规定缴纳的摊位费、行政性收费、协会会费等，按实际发生数额扣除。个体工商户发生的合理的劳动保护支出，准予扣除。

（三）不得税前扣除的支出

1. 个人所得税税款；
2. 税收滞纳金；
3. 罚金、罚款和被没收财物的损失；
4. 不符合扣除规定的捐赠支出；
5. 赞助支出，指个体工商户发生的与生产经营活动无关的各种非广告性质支出；
6. 用于个人和家庭的支出；
7. 与取得生产经营收入无关的其他支出；
8. 国家税务总局规定不准扣除的支出。

三、资产的税务处理

个体工商户转让资产的，该项资产的净值，准予在计算应纳税所得额时扣除。使用或者销售存货的，按照规定计算的存货成本，准予在计算应纳税所得额时扣除。个体工商户资产的税务处理，参照企业所得税相关法律、法规和政策规定执行。

四、亏损弥补

亏损，是指个体工商户依照规定计算的应纳税所得额小于零的数额。个体工商户纳税年度发生的亏损，准予向以后年度结转，用以后年度的生产经营所得弥补，但结转年限最长不得超过五年。

五、应纳税所得额的计算

全年应纳税所得额的计算公式为：

全年应纳税所得额 = 收入总额 - 成本、费用、税金及损失 - 其他支出 - 允许弥补的以前年度亏损 - 允许扣除的个人费用及其他扣除

【例12-1】某查账征收个体工商户2023年生产经营如下：营业收入200万元，营业成本80万元，税金及附加15万元，销售费用20万元（其中广告费10万元、业务宣传费2万元），管理费用30万元（其中业务招待费2万元，与个人、家庭生活混用难以分清的费用5万元），财务费用10万元。计入成本费用的工资总额26万元（其中业主张某工资6万元），实际发生的工会经费、职工福利费、职工教育经费分别为1万元、2万元、0.8万元。张某选择在经营所得中扣除个人减除费用，无专项扣除、专项附加扣除和依法确定的其他扣除。

请计算该个体工商户业主张某2023年应纳个人所得税。

【解析】张某全年应纳税所得额可以在利润总额基础上通过纳税调整予以计算：

（1）利润总额 = 200 - 80 - 15 - 20 - 30 - 10 = 45（万元）

（2）纳税调整：

①广告费业务宣传费 10 + 2 = 12（万元）< 200 × 15% = 30（万元），不需调整。

②业务招待费2万元，扣除限额 [2 × 60% = 1.2（万元）和 200 × 5‰ = 1（万元）的孰小值] 1万元，调增 2 - 1 = 1（万元）。

③与个人、家庭生活混用难以分清的费用5万元允许扣除 5 × 40% = 2（万元），调增 5 - 2 = 3（万元）。

④业主张某工资6万元不允许扣除，调增6万元。

⑤工会经费、职工福利费、职工教育经费扣除限额分别为：20 × 2% = 0.4（万元）、20 × 14% = 2.8（万元）、20 × 2.5% = 0.5（万元），调增：1 - 0.4 + 0.8 - 0.5 = 0.9（万元）。

合计纳税调增：1 + 3 + 6 + 0.9 = 10.9（万元）

（3）应纳税所得额 = 45 + 10.9 - 6 = 49.9（万元）

（4）2023年起，对个体工商户年应纳税所得额不超过200万元的部分，减半征收个人所得税。

应纳税额 = 49.9×30% - 4.05 - (49.9×30% - 4.05)×50% = 5.46（万元）

第三节 个人独资企业和合伙企业

为公平税负，支持和鼓励个人投资兴办企业，促进国民经济持续、快速、健康发展，国务院决定，自2000年1月1日起，对个人独资企业和合伙企业停止征收企业所得税，其投资者的生产经营所得，比照经营所得征收个人所得税。

一、收入总额

收入总额，是指企业从事生产经营以及与生产经营有关的活动所取得的各项收入，包括商品（产品）销售收入、营运收入、劳务服务收入、工程价款收入、财产出租或转让收入、利息收入、其他业务收入和营业外收入。

需要注意的是，个人独资企业和合伙企业对外投资分回的利息或者股息、红利，不并入企业的收入，而应单独作为投资者个人取得的利息、股息、红利所得，按利息、股息、红利所得应税项目计算缴纳个人所得税。

二、税前扣除

个人独资企业和合伙企业经营所得的税前扣除项目与个体工商户基本一致，但部分扣除项目按以下规定执行：

1. 投资者及其家庭发生的生活费用不允许在税前扣除。投资者及其家庭发生的生活费用与企业生产经营费用混合在一起，并且难以划分的，全部视为投资者个人及其家庭发生的生活费用，不允许在税前扣除。

2. 企业生产经营和投资者及其家庭生活共用的固定资产，难以划分的，由主管税务机关根据企业的生产经营类型、规模等具体情况，核定准予在税前扣除的折旧费用的数额或比例。

3. 企业计提的各种准备金不得扣除。

4. 以企业资金支付消费性支出及购买家庭财产，不允许在税前扣除。

个人独资企业、合伙企业的个人投资者以企业资金为本人、家庭成员及其相关人员支付与企业生产经营无关的消费性支出及购买汽车、住房等财产性支出，视为企业对个人投资者利润分配，并入投资者个人的经营所得，依照"经营所得"项目计征个人所得税。

三、应纳税所得额的计算

个人独资企业的投资者以全部生产经营所得为应纳税所得额。生产经营所得，包括企业分配给投资者个人的所得和企业当年留存的所得（利润）。合伙企业生产经营所得和其他所得采取"先分后税"的原则。生产经营所得和其他所得包括合伙企业分配给所有合伙人的所得和企业当年留存的所得（利润）。

查账征收的个人独资企业和合伙企业，比照个体工商户的经营所得计税办法计算应纳税所得额，计算公式为：

$$\text{应纳税所得额} = \left(\text{收入总额} - \text{成本、费用以及损失} - \text{其他支出} - \text{允许弥补的以前年度亏损}\right) \times \text{投资者分配比例} - \text{允许扣除的个人费用及其他扣除}$$

对个人独资企业，"投资者分配比例"为100%；对合伙企业，"投资者分配比例"为合伙企业个人合伙人按照"先分后税"原则确定的分配比例。投资者分配比例确定原则如下：

1. 合伙企业的合伙人以合伙企业的生产经营所得和其他所得，按照合伙协议约定的分配比例确定应纳税所得额。

2. 合伙协议未约定或者约定不明确的，以全部生产经营所得和其他所得，按照合伙人协商决定的分配比例确定应纳税所得额。

3. 协商不成的，以全部生产经营所得和其他所得，按照合伙人实缴出资比例确定应纳税所得额。

4. 无法确定出资比例的，以全部生产经营所得和其他所得，按照合伙人数量平均计算每个合伙人的应纳税所得额。

合伙协议不得约定将全部利润分配给部分合伙人。

【例12-2】合伙企业A由个人合伙人赵某与李某共同出资成立，赵某与李某的出资比例为6∶4。2022年A企业经营情况如下：营业收入300万元，营业成本 100 万元，税金及附加 20 万元，销售费用 60 万元（其中广告费和业务宣传费 50 万元），管理费用 40 万元（其中业务招待费 5 万元，向两位合伙人各支付工资 6 万元），营业外支出 8 万元（其中被环保部门罚款 2 万元）。对于减除费用，赵某选择在经营所得中扣除，李某选择在综合所得中扣除，两人无专项扣除、专项附加扣除和依法确定的其他扣除。

请分别计算合伙人赵某和李某 2022 年应缴纳经营所得个人所得税。

【解析】（1）合伙企业 A 利润总额 = 300 - 100 - 20 - 60 - 40 - 8 = 72（万元）

（2）纳税调整情况：

①广告费和业务宣传费扣除限额 300 × 15% = 45（万元），调增 50 - 45 = 5（万元）。

②业务招待费扣除限额 [5 × 60% = 3（万元）与 300 × 5‰ = 1.5（万元）的孰小值] 1.5 万元，调增 5 - 1.5 = 3.5（万元）。

③投资者工资不得扣除，调增 6 + 6 = 12（万元）。

④罚款不得扣除，调增 2 万元。

合计纳税调增：5 + 3.5 + 12 + 2 = 22.5（万元）

（3）纳税调整后所得：72 + 22.5 = 94.5（万元）

（4）赵某应纳税所得额 = 94.5 × 60% - 6 = 50.7（万元）

赵某应纳税额 = 50.7 × 35% - 6.55 = 11.195（万元）

（5）李某应纳税所得额 = 94.5 × 40% = 37.8（万元）

李某应纳税额 = 37.8 × 30% - 4.05 = 7.29（万元）

> **延伸阅读**

个人独资企业和合伙企业包括哪些

目前征收经营所得个人所得税的个人独资企业和合伙企业是指：

（1）依照《中华人民共和国个人独资企业法》和《中华人民共和国合伙企业法》登记成立的个人独资企业、合伙企业；

（2）依照《中华人民共和国私营企业暂行条例》登记成立的独资、合伙性质的私营企业；

（3）依照《中华人民共和国律师法》登记成立的合伙制律师事务所；

（4）经政府有关部门依照法律法规批准成立的负无限责任和无限连带责任

的其他个人独资、个人合伙性质的机构或组织。

资料来源：《财政部 国家税务总局关于印发〈关于个人独资企业和合伙企业投资者征收个人所得税的规定〉的通知》（财税〔2000〕91号）。

第四节 经营所得征收管理

一、纳税申报

（一）预缴申报

纳税人取得经营所得，在月度或季度终了后15日内，向经营管理所在地主管税务机关办理预缴纳税申报，并报送《个人所得税经营所得纳税申报表（A表）》。该表适用于查账征收和核定征收的个体工商户业主、个人独资企业投资人、合伙企业个人合伙人、承包承租经营者个人以及其他从事生产、经营活动的个人在中国境内取得经营所得。

合伙企业有两个或者两个以上自然人合伙人的，应分别办理预缴纳税申报。

（二）汇算清缴申报

纳税人在取得经营所得的次年3月31日前，向经营管理所在地主管税务机关办理汇算清缴，并报送《个人所得税经营所得纳税申报表（B表）》；该表适用于个体工商户业主、个人独资企业投资人、合伙企业个人合伙人、承包承租经营者个人以及其他从事生产、经营活动的个人在中国境内取得经营所得，且实行查账征收。

纳税人创办两个以上个体工商户或企业的，应分别向各企业经营管理地主管税务机关办理汇算清缴。

（三）年度汇总申报

纳税人从两处以上取得经营所得的，选择向其中一处经营管理所在地主管税务机关办理年度汇总申报，并报送《个人所得税经营所得纳税申报表（C表）》。

个人所得税经营所得纳税申报规定详见表12-1。

表 12-1　　　　　　　　个人所得税经营所得纳税申报规定

序号	申报类型	申报时间	申报表类型	纳税申报地点
1	预缴申报	月度或季度终了之日起 15 日内	个人所得税经营所得纳税申报表（A 表）	经营管理所在地主管税务机关
2	汇算清缴申报	次年 3 月 31 日前	个人所得税经营所得纳税申报表（B 表）	
3	年度汇总申报	次年 3 月 31 日前	个人所得税经营所得纳税申报表（C 表）	选择向其中一处经营管理所在地主管税务机关

需要注意的是，纳税人在注销户籍年度取得经营所得的，应当在注销户籍前，向户籍所在地主管税务机关办理当年经营所得的汇算清缴，并报送《个人所得税经营所得纳税申报表（B 表）》。从两处以上取得经营所得的，还应当一并报送《个人所得税经营所得纳税申报表（C 表）》。尚未办理上一年度经营所得汇算清缴的，应当在办理注销户籍纳税申报时一并办理。

【例 12-3】2021 年 1 月张某在甲地成立个人独资企业 A，实行按季预缴申报。2022 年 5 月张某与李某在乙地共同投资创办合伙企业 B，合伙协议约定按投资比例 50% 确定分配比例，实行按月预缴申报。请问，张某应该如何办理 2022 年度经营所得的纳税申报？

【解析】（1）张某从个人独资企业 A 取得的经营所得，应当于 2022 年每个季度终了后 15 日内在甲地办理经营所得预缴纳税申报，适用《个人所得税经营所得纳税申报表（A 表）》，张某还应在 2023 年 3 月 31 日之前向甲地办理 2022 年度经营所得汇算清缴，适用《个人所得税经营所得纳税申报表（B 表）》。

（2）张某从合伙企业 B 取得的经营所得，应当从 2022 年 5 月开始，每月终了后 15 日内在乙地办理经营所得预缴纳税申报，适用《个人所得税经营所得纳税申报表（A 表）》，张某还应在 2023 年 3 月 31 日之前向乙地办理 2022 年度经营所得汇算清缴，适用《个人所得税经营所得纳税申报表（B 表）》。

（3）张某在 2023 年 3 月 31 日之前，应当选择在个人独资企业 A 和合伙企业 B 所在地的其中一处（即甲地或乙地）主管税务机关办理年度汇总纳税申报，适用《个人所得税经营所得纳税申报表（C 表）》。

二、征收方式

个人所得税经营所得的征收方式包括查账征收和核定征收。核定征收又包括核定应税所得率征收、定期定额征收和税务机关认可的其他方式。

(一) 查账征收

取得经营所得纳税人能按规定设置、保管账簿、记账凭证,财务核算制度健全,能够据实核算经营所得,正确计算应纳税款的,个人所得税经营所得实行查账征收。

(二) 核定征收

1. 核定征收情形

核定征收是指取得经营所得纳税人有下列情形之一的,税务机关有权核定其应纳税额:

(1) 依照法律、行政法规的规定可以不设置账簿的;

(2) 依照法律、行政法规的规定应当设置账簿但未设置的;

(3) 擅自销毁账簿或者拒不提供纳税资料的;

(4) 虽设置账簿,但账目混乱或者成本资料、收入凭证、费用凭证残缺不全,难以查账的;

(5) 发生纳税义务,未按照规定的期限办理纳税申报,经税务机关责令限期申报,逾期仍不申报的;

(6) 纳税人申报的计税依据明显偏低,又无正当理由的。

需要注意的是,税务师事务所、会计师事务所、律师事务所、资产评估和房地产估价等鉴证类中介机构不得实行核定征收个人所得税。持有股权、股票、合伙企业财产份额等权益性投资的个人独资企业、合伙企业,一律适用查账征收方式计征个人所得税。

2. 核定应税所得率征收

纳税人实行核定应税所得率征收方式的,应纳税所得额的计算公式如下:

$$应纳税所得额 = 收入总额 \times 应税所得率$$

或　　$$应纳税所得额 = 成本费用支出额 \div (1 - 应税所得率) \times 应税所得率$$

企业经营多业的,无论其经营项目是否单独核算,均应根据其主营项目确定其适用的应税所得率。应税所得率标准详见表12-2。

表12-2　　　　　　　　　　应税所得率

行业	应税所得率 (%)
工业、交通运输业、商业	5~20

续表

行业	应税所得率（%）
建筑业、房地产开发业	7～20
饮食服务业	7～25
娱乐业	20～40
其他行业	10～30

3. 定期定额征收

定期定额征收，是指税务机关依照法律、行政法规及相关文件对个体工商户在一定经营地点、一定经营时期、一定经营范围内的应纳税经营额（包括经营数量）或所得额进行核定，并以此为计税依据，确定其应纳税额的一种征收方式。

 本章思考题

1. 如何理解合伙企业"先分后税"原则？
2. 纳税人从多处取得经营所得，为何需要办理年度汇总申报？

第十三章 其他分类所得

【学习目标】本章主要介绍除综合所得、经营所得以外的各项所得政策及征收管理相关内容。通过本章学习,熟悉利息、股息、红利所得,财产租赁所得,财产转让所得和偶然所得的征税范围,掌握各项所得个人所得税的计算方法,重点了解转增股本、股权转让、非货币性资产投资等个人所得税政策。

第一节 利息、股息、红利所得

一、征税范围

利息、股息、红利所得,是指个人拥有债权、股权等而取得的利息、股息、红利所得。

1. 企业(个人独资企业、合伙企业除外)的个人投资者,以企业资金为本人、家庭成员及其相关人员支付与企业生产经营无关的消费性支出及购买汽车、住房等财产性支出,视为个人投资者从企业取得的红利分配所得。

2. 纳税年度内个人投资者从其投资企业(个人独资企业、合伙企业除外)借款,在该纳税年度终了后既不归还,又未用于企业生产经营的,其未归还的借款,可视为个人投资者从企业取得的红利分配所得。

3. 股份制企业在分配股息、红利时,以股票形式向股东个人支付应得的股息、红利(即派发红股),应以派发红股的股票票面金额为收入额,按"利息、股息、红利所得"项目计征个人所得税。股份制企业用盈余公积金派发红股,个人取得的属于股息、红利分配性质的红股。

4. 对以未分配利润、盈余公积和除股票溢价发行外的其他资本公积向个人股东转增注册资本和股本的,要按照"利息、股息、红利所得"项目,依据现行政策规定计征个人所得税。

5. 个人独资企业和合伙企业对外投资分回的利息或者股息、红利，不并入企业的收入，而应单独作为投资者个人取得的利息、股息、红利所得。

延伸阅读

债权与股权

关于债权的概念，个人所得税法并未作进一步解释。但根据《中华人民共和国民法典》规定，民事主体依法享有债权。债权是因合同、侵权行为、无因管理、不当得利以及法律的其他规定，权利人请求特定义务人为或者不为一定行为的权利。从个人所得税实践看，对能按照利息所得征收个人所得税的债权收益，除另有规定外，一般是指个人将资金让渡企事业单位和其他个人有偿使用，并实际取得的利息收入。股权，通常是指投资者对法人进行权益性投资所拥有的净资产所有权。

【例】某合伙企业 A 为个人股东购买住房，某企业 B 的员工因拥有股权而参与企业税后利润分配取得所得，某企业 C 的员工将行权后的股票再转让时获得高于购买日公平市场价的差额，某股份制企业 D 的个人投资者，在年度终了后既不归还又未用于企业生产经营的借款，上述四家企业发生的经济业务，应按照"利息、股息、红利所得"项目计征个人所得税的有哪些？

【解析】合伙企业 A 为个人股东购买住房，应该按照"经营所得"项目计征个人所得税；企业 C 的员工将行权后的股票再转让时获得的高于购买日公平市场价的差额，应当按照"财产转让所得"项目按规定征免个人所得税。因此，企业 B、D 发生的经济业务应按照"利息、股息、红利所得"项目计征个人所得税。

资料来源：根据《中华人民共和国民法典》相关内容整理。

二、应纳税所得额

利息、股息、红利所得以每次收入额为应纳税所得额，以支付利息、股息、红利时取得的收入为一次。

个人发生捐赠支出在计算利息、股息、红利所得时如何扣除，详见本书第十章第三节"个人所得税的特殊事项"。

三、税率

利息、股息、红利所得，适用比例税率，税率为20%。

四、应纳税额

利息、股息、红利所得应纳税额的计算公式为：

$$利息、股息、红利所得应纳税额 = 每次收入额 \times 20\%$$

五、征收管理

纳税人取得利息、股息、红利所得，按月或者按次计算个人所得税，有扣缴义务人的，由扣缴义务人按月或者按次代扣代缴税款，并在次月15日内办理申报。

纳税人取得应税所得，扣缴义务人未扣缴税款的，纳税人应当在取得所得的次年6月30日前，缴纳税款；税务机关通知限期缴纳的，纳税人应当按照期限缴纳税款。

第二节　财产租赁所得

一、征税范围

财产租赁所得，是指个人出租不动产、机器设备、车船以及其他财产取得的所得。个人用于对外出租的财产，既包括不动产，也包括动产。但可用于对外出租的财产，不一定是拥有所有权的财产，一般是权利人有权对外出租的合法财产。

1. 个人将承租房屋转租取得的租金收入。

2. 酒店产权式经营业主（以下简称业主）在约定的时间内提供房产使用权与酒店进行合作经营，如房产产权并未归属新的经济实体，业主按照约定取得的固定收入和分红收入均应视为租金收入。

二、应纳税所得额

财产租赁所得，以一个月内取得的收入为一次，每次收入不超过4000元的，减除费用 800 元；4000 元以上的，减除 20% 的费用，其余额为应纳税所得额。

个人发生捐赠支出在计算财产租赁所得时如何扣除，详见本书第十章第三节"个人所得税的特殊事项"。

个人出租房屋的个人所得税应税收入不含增值税，计算房屋出租所得可扣除的税费不包括本次出租缴纳的增值税。税务机关核定的计税价格或收入不含增值税。免征增值税的，确定计税依据时，租金收入不扣减增值税额。

有关财产租赁所得个人所得税税前扣除税费的次序为：

1. 财产租赁过程中缴纳的税费；
2. 向出租方支付的租金；
3. 由纳税人负担的租赁财产实际开支的修缮费用；
4. 税法规定的费用扣除标准。

三、税率

财产租赁所得，适用比例税率，税率为 20%。

自 2001 年 1 月 1 日起，对个人出租房屋取得的所得减按 10% 的税率征收个人所得税。

四、应纳税额

财产租赁所得应纳税额的计算公式为：

$$应纳税额 = \left(每次收入 - 财产租赁过程中缴纳的税费 - 向出租方支付的租金 - 实际开支的修缮费用 - 减除费用\right) \times 20\%$$

需要说明的是，每次可扣除的修缮费用以 800 元为限。修缮费不超过 800 元的，可一次性据实扣除；修缮费超过 800 元的，每次扣除不超过 800 元。比如纳税人出租住房实际发生修缮费 2000 元，则应分三次扣除，扣除额分别为 800 元、800 元和 400 元。

对于个人住房出租，上述应纳税额计算公式中适用税率为 10%。

五、征收管理

纳税人财产租赁所得，按月或者按次计算个人所得税，有扣缴义务人的，由扣缴义务人按月或者按次代扣代缴税款，并在次月 15 日内办理申报。

纳税人取得应税所得，扣缴义务人未扣缴税款的，纳税人应当在取得所得的次年 6 月 30 日前，缴纳税款；税务机关通知限期缴纳的，纳税人应当按照期限缴纳税款。

第三节　财产转让所得

一、征税范围

财产转让所得，是指个人转让有价证券、股权、合伙企业中的财产份额、不动产、机器设备、车船以及其他财产取得的所得。

1. 终止投资、联营、经营合作等行为，从被投资企业等处取得的款项。个人因各种原因终止投资、联营、经营合作等行为，从被投资企业或合作项目、被投资企业的其他投资者以及合作项目的经营合作人取得股权转让收入、违约金、补偿金、赔偿金及以其他名目收回的款项等，均属于个人所得税应税收入，应按照"财产转让所得"项目征收个人所得税。

2. 虚拟货币财产的转让所得。个人通过网络收购玩家的虚拟货币，加价后向他人出售取得的收入，应按照"财产转让所得"项目征收个人所得税。

3. 房屋产权无偿赠与应按照"财产转让所得"项目征收个人所得税，以下情形除外：①房屋产权所有人将房屋产权无偿赠与配偶、父母、子女、祖父母、外祖父母、孙子女、外孙子女、兄弟姐妹；②房屋产权所有人将房屋产权无偿赠与对其承担直接抚养或者赡养义务的抚养人或者赡养人；③房屋产权所有人死亡，依法取得房屋产权的法定继承人、遗嘱继承人或者受遗赠人。

二、应纳税所得额

财产转让所得，以转让财产的收入额减除财产原值和合理费用后的余额，为应纳税所得额。财产转让需要计算缴纳增值税的，财产转让的收入额，不含应缴纳的增值税。在计算财产转让所得时，财产原值，按照下列方法计算：

（1）财产为有价证券的，为买入价以及买入时按照规定缴纳的有关费用；

（2）财产为建筑物的，为建造费或者购进价格以及其他有关费用；

（3）财产为土地使用权的，为取得土地使用权所支付的金额、开发土地的费用以及其他有关费用；

（4）财产为机器设备、车船的，为购进价格、运输费、安装费以及其他有关费用。

（5）财产为其他财产的，参照前款规定的方法确定财产原值。

纳税人未提供完整、准确的财产原值凭证，不能正确计算财产原值的，由主管税务机关核定其财产原值。

财产转让所得计算中可扣除的合理费用，是指转让财产时按照规定支付的有关税费。一般情况下，有关税费包括转让财产环节实际发生的资产评估费、城市维护建设税及教育费附加、印花税及支付的佣金手续费等支出。个人应凭真实合法有效的凭证扣除费用。

个人发生捐赠支出在计算财产转让所得时如何扣除，详见本书第十章第三节"个人所得税的特殊事项"。

三、税率

财产转让所得适用比例税率，税率为20%。

四、应纳税额

财产转让所得的应纳税额的计算公式为：

$$财产转让所得的应纳税额 = 应纳税所得额 \times 20\%$$

$$应纳税所得额 = 财产转让收入 - 财产原值 - 合理费用$$

五、特殊规定

（一）股权转让所得

为了促进资本市场健康发展，国家出台制定了一系列有关资本交易的个人所得税政策，包括除境内上市公司和全国中小企业股份转让系统挂牌交易的挂牌公司（以下简称新三板挂牌公司）的股权转让所得个人所得税政策，境内上市公司限售股和新三板挂牌公司原始股转让个人所得税政策，二级市场股票转让的个人所得税政策，以及境外上市公司股票转让的个人所得税政策。

1. 股权（不含上市公司、挂牌公司股票）转让所得

个人转让股权，以股权转让收入减除股权原值和合理费用后的余额为应纳税所得额，按财产转让所得缴纳个人所得税。合理费用是指股权转让时按照规

定支付的有关税费。

上述所称的股权是指自然人股东（以下简称个人）投资于在中国境内成立的企业或组织（以下统称被投资企业，不包括个人独资企业和合伙企业）的股权或股份。此处所讲的股权，不含上市公司和新三板挂牌公司的股票。

股权转让是指个人将股权转让给其他个人或法人的行为，包括以下情形：

①出售股权；

②公司回购股权；

③发行人首次公开发行新股时，被投资企业股东将其持有的股份以公开发行方式一并向投资者发售；

④股权被司法或行政机关强制过户；

⑤以股权对外投资或进行其他非货币性交易；

⑥以股权抵偿债务；

⑦其他股权转移行为。

（1）股权转让收入的确认

股权转让收入是指转让方因股权转让而获得的现金、实物、有价证券和其他形式的经济利益。

转让方取得与股权转让相关的各种款项，包括违约金、补偿金以及其他名目的款项、资产、权益等，均应当并入股权转让收入。

纳税人按照合同约定，在满足约定条件后取得的后续收入，应当作为股权转让收入。

股权转让收入应当按照公平交易原则确定。

①符合下列情形之一的，主管税务机关可以核定股权转让收入：

一是申报的股权转让收入明显偏低且无正当理由的；

二是未按照规定期限办理纳税申报，经税务机关责令限期申报，逾期仍不申报的；

三是转让方无法提供或拒不提供股权转让收入的有关资料；

四是其他应核定股权转让收入的情形。

②符合下列情形之一的，视为股权转让收入明显偏低：

一是申报的股权转让收入低于股权对应的净资产份额的。其中，被投资企业拥有土地使用权、房屋、房地产企业未销售房产、知识产权、探矿权、采矿权、股权等资产的，申报的股权转让收入低于股权对应的净资产公允价值份二是申报的股权转让收入低于初始投资成本或低于取得该股权所支付的价款及相关税费的；

三是申报的股权转让收入低于相同或类似条件下同一企业同一股东或其他股东股权转让收入的；

四是申报的股权转让收入低于相同或类似条件下同类行业的企业股权转让收入的；

五是不具合理性的无偿让渡股权或股份；

六是主管税务机关认定的其他情形。

③符合下列条件之一的股权转让收入明显偏低，视为有正当理由：

一是能出具有效文件，证明被投资企业因国家政策调整，生产经营受到重大影响，导致低价转让股权；

二是继承或将股权转让给其能提供具有法律效力身份关系证明的配偶、父母、子女、祖父母、外祖父母、孙子女、外孙子女、兄弟姐妹以及对转让人承担直接抚养或者赡养义务的抚养人或者赡养人；

三是相关法律、政府文件或企业章程规定，并有相关资料充分证明转让价格合理且真实的本企业员工持有的不能对外转让股权的内部转让；

四是股权转让双方能够提供有效证据证明其合理性的其他合理情形。

④股权转让收入明显偏低又无正当理由的，主管税务机关应依次按照下列方法核定股权转让收入：

一是净资产核定法。股权转让收入按照每股净资产或股权对应的净资产份额核定。被投资企业的土地使用权、房屋、房地产企业未销售房产、知识产权、探矿权、采矿权、股权等资产占企业总资产比例超过20%的，主管税务机关可参照纳税人提供的具有法定资质的中介机构出具的资产评估报告核定股权转让收入。6个月内再次发生股权转让且被投资企业净资产未发生重大变化的，主管税务机关可参照上一次股权转让时被投资企业的资产评估报告核定此次股权转让收入。

二是类比法。参照相同或类似条件下同一企业同一股东或其他股东股权转让收入核定；参照相同或类似条件下同类行业企业股权转让收入核定。

三是其他合理方法。主管税务机关采用以上方法核定股权转让收入存在困难的，可以采取其他合理方法核定。

(2) 股权原值的确认

个人转让股权的原值依照以下方法确认：

①以现金出资方式取得的股权，按照实际支付的价款与取得股权直接相关的合理税费之和确认股权原值；

②以非货币性资产出资方式取得的股权，按照税务机关认可或核定的投资入股时非货币性资产价格与取得股权直接相关的合理税费之和确认股权原值；

③通过无偿让渡方式取得股权，符合继承或近亲属之间股权转让等规定的，按取得股权发生的合理税费与原持有人的股权原值之和确认股权原值；

④被投资企业以资本公积、盈余公积、未分配利润转增股本，个人股东已依法缴纳个人所得税的，以转增额和相关税费之和确认其新转增股本的股权原值；

⑤除以上情形外，由主管税务机关按照避免重复征收个人所得税的原则合理确认股权原值。

股权转让人已被主管税务机关核定股权转让收入并依法征收个人所得税的，该股权受让人的股权原值以取得股权时发生的合理税费与股权转让人被主管税务机关核定的股权转让收入之和确认。

个人转让股权未提供完整、准确的股权原值凭证，不能正确计算股权原值的，由主管税务机关核定其股权原值。

对个人多次取得同一被投资企业股权的，转让部分股权时，采用"加权平均法"确定其股权原值。

【例13-1】2022年9月，经股东会决议，自然人股东周某将持有的设立在某市的某科技有限公司（以下简称科技公司）51%的股权以人民币499.8万元转让给自然人沈某。周某通过现金出资方式取得科技公司的股权，初始投资成本为499.8万元。2022年8月底，科技公司资产负债表期末余额显示，资产账面价值总额2412.26万元。其中：无形资产（土地使用权）账面价值为867.48万元；厂房账面价值1394.97万元，两者合计占企业资产总额的93.79%。实收资本为980万元，盈余公积和未分配利润合计-287.89万元，所有者权益合计692.11万元。经有资质的资产评估机构评估，净资产评估后的价值为2259.11万元。

根据上述资料，计算周某股权转让所得应缴纳的个人所得税。

【解析】本例股权转让涉及不动产等增值性资产。根据规定，股权转让收入明显偏低又无正当理由的，主管税务机关应按照规定程序核定股权转让收入。在采取净资产核定法核定股权转让收入时，被投资企业的土地使用权、房屋、房地产企业未销售房产、知识产权、探矿权、股权等资产占企业总资产比例超过20%的，主管税务机关可参照纳税人提供的具有法定资质的中介机构出具的资产评估报告核定股权转让收入。根据规定，需要资产评估的，可出具净资产评估报告或土地房产等增值性资产的资产价值评估报告。按照规定，自2022年1月1日至2024年12月31日，对增值税小规模纳税人、小型微利企业和个体工商户可以在50%的税额幅度内减征印花税（不含证券交易印花税）。

综上分析，核定的股权转让收入 = 2259.11 × 51% = 1152.15（万元）

股权投资成本 = 499.8（万元）

相关税费（印花税）= 499.8 × 0.05% × 50% = 0.12（万元）

股权转让所得应纳个人所得税 = (1152.15 - 499.8 - 0.12) × 20% = 130.45（万元）

2. 境内上市公司限售股转让所得

（1）限售股的范围

自2010年1月1日起，对个人转让限售股取得的所得，按照"财产转让所得"项目，计算缴纳个人所得税。

上述限售股，包括：

①上市公司股权分置改革完成后股票复牌日之前股东所持原非流通股股份，以及股票复牌日至解禁日期间由上述股份孳生的送、转股；

②2006年股权分置改革新老划断后，首次公开发行股票并上市的公司形成的限售股，以及上市首日至解禁日期间由上述股份孳生的送、转股；

③个人从机构或其他个人受让的未解禁限售股；

④个人因依法继承或家庭财产依法分割取得的限售股；

⑤个人持有的从代办股份转让系统转到主板市场（或中小板、创业板市场）的限售股；

⑥上市公司吸收合并中，个人持有的原被合并方公司限售股所转换的合并方公司股份；

⑦上市公司分立中，个人持有的被分立方公司限售股所转换的分立后公司股份；

⑧其他限售股。

（2）个人所得税计算

限售股转让所得，以每次限售股转让收入，减除限售股原值和合理税费后的余额，为应纳税所得额，按照20%的税率计算缴纳个人所得税。

限售股转让收入，是指转让限售股股票实际取得的收入。限售股原值，是指限售股买入时的买入价及按照规定缴纳的有关费用。合理税费，是指转让限售股过程中发生的印花税、佣金、过户费等与交易相关的税费。

如果纳税人未能提供完整、真实的限售股原值凭证的，不能准确计算限售股原值的，主管税务机关一律按限售股转让收入的15%核定限售股原值及合理税费。

纳税人同时持有限售股及该股流通股的，其股票转让所得，按照限售股优先原则，即转让股票视同为先转让限售股，按规定计算缴纳个人所得税。

需要注意的是，个人转让限售股或发生具有转让限售股实质的其他交易，取得现金、实物、有价证券和其他形式的经济利益均应缴纳个人所得税。限售股在解禁前被多次转让的，转让方对每一次转让所得均应按规定缴纳个人所得税。对具有下列情形的，应按规定征收个人所得税：

①个人通过证券交易所集中交易系统或大宗交易系统转让限售股；

②个人用限售股认购或申购交易型开放式指数基金（ETF）份额；

③个人用限售股接受要约收购；

④个人行使现金选择权将限售股转让给提供现金选择权的第三方；

⑤个人协议转让限售股；

⑥个人持有的限售股被司法扣划；

⑦个人因依法继承或家庭财产分割让渡限售股所有权；

⑧个人用限售股偿还上市公司股权分置改革中由大股东代其向流通股股东支付的对价；

⑨其他具有转让实质的情形。

【例13-2】2018年4月，张某持有在上海证券交易所上市交易的某生物医药股份公司的限售股100万股，限售股取得原始成本为450万元。2022年3月，张某持有的限售股可以全部解禁可上市流通。2022年4月，张某将所持有的100万限售股全部售出，取得转让收入1200万元。交易环节发生合理税费1.2万元。

根据上述资料，请计算张某转让限售股应缴纳的个人所得税。

【解析】限售股转让所得个人所得税计算办法、扣缴申报方法与限售股的形成时间密切相关。不论限售股的形成时间是否存在差异，将证券公司扣缴的税款与限售股转让方自行清算补缴的税款合计来看，限售股转让所得应纳个人所得税额是一致的。

限售股转让所得应纳税所得额 = 1200 − 450 − 1.2 = 748.8（万元）

限售股转让所得应纳个人所得税额 = 748.8 × 20% = 149.76（万元）

3. 境内新三板挂牌公司原始股转让所得

对个人转让新三板挂牌公司原始股取得的所得，按照"财产转让所得"项目，适用20%的比例税率计算缴纳个人所得税。

原始股是指个人在新三板挂牌公司挂牌前取得的股票，以及在该公司挂牌前和挂牌后由上述股票孳生的送、转股。

4. 北京证券交易所原始股转让所得

新三板精选层公司转为北京证券交易所（以下称北交所）上市公司，以及创新层挂牌公司通过公开发行股票进入北交所上市后，投资北交所上市公司涉及的个人所得税相关政策，暂按照现行新三板适用的税收规定执行。

5. 境外上市公司股票转让所得

对居民个人转让所持有的在中国境外（含中国香港特别行政区）上市的公司的股票，所取得的转让所得，除另有规定外，应按照"财产转让所得"项目，计算缴纳个人所得税。

（二）非货币性资产投资转让所得

个人以非货币性资产投资，属于个人转让非货币性资产和投资行为同时发生。对个人转让非货币性资产的所得，应按照"财产转让所得"项目计算缴纳个人所得税。

1. 非货币性资产投资

非货币性资产，是指现金、银行存款等货币性资产以外的资产，包括股权、不动产、技术发明成果以及其他形式的非货币性资产。

非货币性资产投资，包括以非货币性资产出资设立新的企业，以及以非货币性资产出资参与企业增资扩股、定向增发股票、股权置换、重组改制等投资并取得被投资企业股权的行为。需要注意的是，非货币性资产投资不包括个人以非货币性资产向合伙企业出资。

2. 个人所得税计算

个人以非货币性资产投资，应按评估后的公允价值确认非货币性资产转让收入。非货币性资产转让收入减除该资产原值及合理税费后的余额为应纳税所得额，按照财产转让所得项目，适用20%的税率计算缴纳个人所得税。

非货币性资产原值为纳税人取得该项资产时实际发生的支出。

纳税人无法提供完整、准确的非货币性资产原值凭证，不能正确计算非货币性资产原值的，主管税务机关可依法核定其非货币性资产原值。

合理税费是指纳税人在非货币性资产投资过程中发生的与资产转移相关的税金及合理费用。

纳税人以股权投资的，该股权原值确认方法依照本节前述有关规定执行。

【例13-3】2021年1月，A信息有限公司设立登记，实收资本1000万元，其中250万元为自然人股东李某货币出资，自然人股东张某以其持有的B科技有限公司25%的股权作价750万元出资。张某取得B科技有限公司25%的股权时，支付价款600万元，同时缴纳相关税费8万元。张某以B科技有限公司股权对外投资实际支付评估费5万元。

根据上述资料，请计算张某以其持有的B科技有限公司股权对外投资应缴纳的个人所得税。（暂不考虑股权投资环节应纳的印花税）

【解析】张某以其持有的股权对外投资，应计算股权转让环节应缴纳的个人所得税。股权转让收入750万元，股权原值608万元，相关税费5万元。

股权对外投资环节应纳的个人所得税 = (750 - 608 - 5) × 20% = 27.4（万元）

需要注意的是，若张某一次性缴纳税款有困难，可合理确定分期缴纳计划并报主管税务机关备案后，自2021年1月起不超过5个公历年度分期缴纳个人所得税。

（三）住房转让所得

对个人转让住房的，以住房转让收入减除房屋原值、转让住房过程中缴纳的税金及有关合理费用后的余额，为应纳税所得额，并适用20%的税率计算缴纳个人所得税。

1. 住房转让收入

转让收入以实际成交价格确定。纳税人申报的住房成交价格明显低于市场价格且无正当理由的，主管税务机关依法有权根据有关信息核定其转让收入，但必须保证各税种计税价格一致。

2. 住房原值

根据个人所转让的住房取得方式的不同，住房原值具体为：

①住房为商品房的，购置该房屋时实际支付的房价款及缴纳的相关税费。

②住房为自建住房的，实际发生的建造费用及建造和取得产权时实际缴纳的相关税费。

③住房为经济适用房（含集资合作建房、安居工程住房）的，原购房人实际支付的房价款及相关税费，以及按规定缴纳的土地出让金。

④住房为已购公有住房的，原购公有住房标准面积按当地经济适用房价格计算的房价款，加上原购公有住房超标准面积实际支付的房价款以及按规定向财政部门（或原产权单位）缴纳的所得收益及相关税费。

已购公有住房是指城镇职工根据国家和县级（含县级）以上人民政府有关城镇住房制度改革政策规定，按照成本价（或标准价）购买的公有住房。

经济适用房价格按县级（含县级）以上地方人民政府规定的标准确定。

⑤住房为城镇拆迁安置住房的，根据有关规定，其原值分别为：

一是房屋拆迁取得货币补偿后购置房屋的，为购置该房屋实际支付的房价款及缴纳的相关税费；

二是房屋拆迁采取产权调换方式的，所调换房屋原值为《房屋拆迁补偿安置协议》注明的价款及缴纳的相关税费；

三是房屋拆迁采取产权调换方式，被拆迁人除取得所调换房屋，又取得部分货币补偿的，所调换房屋原值为《房屋拆迁补偿安置协议》注明的价款和缴纳的相关税费，减去货币补偿后的余额；

四是房屋拆迁采取产权调换方式，被拆迁人取得所调换房屋，又支付部分货币的，所调换房屋原值为《房屋拆迁补偿安置协议》注明的价款，加上所支付的货币及缴纳的相关税费。

⑥住房是通过受赠、继承、离婚财产分割等非购买形式取得的，其购房价格按发生受赠、继承、离婚财产分割行为前的购房原价确定。对于转让离婚析产取得的住房，其相应的财产原值，为房屋初次购置全部原值和相关税费之和乘以转让者占房屋所有权的比例。个人需持其通过受赠、继承、离婚财产分割等非购买形式取得住房的合法、有效法律证明文书，到税务部门办理相关手续。

3. 住房转让过程中缴纳的税金

转让住房过程中缴纳的税金，是指纳税人在转让住房时实际缴纳的城市维护建设税、教育费附加、土地增值税、印花税等税金。

4. 住房转让过程中支付的合理费用

合理费用，是指纳税人按照规定实际支付的住房装修费用、住房贷款利息、手续费、公证费等费用。

（1）支付的住房装修费用。纳税人能提供实际支付装修费用的税务统一发票，并且发票上所列付款人姓名与转让房屋产权人一致的，经税务机关审核，其转让的住房在转让前实际发生的装修费用，可在以下规定比例内扣除：

①转让已购公有住房、经济适用房的，最高扣除限额为房屋原值的15%；

②转让商品房及其他住房的，最高扣除限额为房屋原值的10%。

纳税人原购房为装修房，即合同注明房价款中含有装修费（铺装了地板，装配了洁具、厨具等）的，不得再重复扣除装修费用。

（2）支付的住房贷款利息。纳税人出售以按揭贷款方式购置的住房的，其向贷款银行实际支付的住房贷款利息，凭贷款银行出具的有效证明据实扣除。

（3）纳税人按照有关规定实际支付的手续费、公证费等，凭有关部门出具的有效证明据实扣除。

5. 购房时间的确定方法

根据规定，个人购买住房以取得的房屋产权证或契税完税证明上注明的时间作为其购买房屋的时间。"契税完税证明上注明的时间"是指契税完税证明上注明的填发日期。

个人住房转让同时出具房屋产权证和契税完税证明且二者所注明的时间不一致的，按照"孰先"的原则确定购买房屋的时间。即房屋产权证上注明的时间早于契税完税证明上注明的时间的，以房屋产权证注明的时间为购买房屋的时间；契税完税证明上注明的时间早于房屋产权证上注明的时间的，以契税完税证明上注明的时间为购买房屋的时间。

个人将通过受赠、继承、离婚财产分割等非购买形式取得的住房对外销售的行为，其购房时间按发生受赠、继承、离婚财产分割行为前的购房时间确定。

根据国家房改政策购买的公有住房，以购房合同的生效时间、房款收据的开具日期或房屋产权证上注明的时间，按照"孰先"的原则确定购买房屋的时间。

个人转让住房,因产权纠纷等原因未能及时取得房屋所有权证书(包括不动产权证书),对于人民法院、仲裁委员会出具的法律文书确认个人购买住房的,法律文书的生效日期视同房屋所有权证书的注明时间,据以确定纳税人是否享受税收优惠政策。

6. 不能提供财产原值的核定征收规定

个人未提供完整、准确的房屋原值凭证,不能正确计算房屋原值和应纳税额的,税务机关可根据《税收征管法》第三十五条的规定,对其实行核定征税,即按纳税人住房转让收入的一定比例核定应纳个人所得税额。

【例13-4】2022年4月,张某以360万元的价格出售某县城普通住房一套,交易环节支付合理税费2万元。该套住房为张某2018年1月以240万元的价格购入,购入时缴纳契税等税费10万元。住房购入后,张某发生装修费用20万元并能提供有效凭证。根据上述资料,请计算张某住房转让应缴纳的个人所得税。

【解析】住房转让收入360万元,住房原值(购入款及税费)250万元,可扣除的装修费最高不超过住房原值的10%,本例中,实际发生装修费20万元,未超过住房原值的10%,即未超过25万元,因此可据实扣除。出售住房环节支付的合理税费2万元可据实扣除。

住房转让所得应纳税所得额 = 360 - 250 - 20 - 2 = 88(万元)

应纳个人所得税 = 88 × 20% = 17.6(万元)

(四)财产拍卖所得

个人拍卖除文字作品原稿及复印件外的其他财产,应以其转让收入额减除财产原值和合理费用后的余额为应纳税所得额,按照"财产转让所得"项目,适用20%税率计算缴纳个人所得税。

1. 财产转让收入

对个人财产拍卖所得征收个人所得税时,以该项财产最终拍卖成交价格为其转让收入额。

2. 财产转让原值及拍卖过程缴纳的税金及相关费用

个人凭合法有效凭证,从其转让收入额中减除相应的财产原值、拍卖财产过程中缴纳的税金及有关合理费用。

(1)财产原值,是指售出方个人取得该拍卖品的价格(以合法有效凭证为准）。具体为：

①通过商店、画廊等途径购买的，为购买该拍卖品时实际支付的价款；

②通过拍卖行拍得的，为拍得该拍卖品实际支付的价款及缴纳的相关税费；

③通过祖传收藏的，为其收藏该拍卖品而发生的费用；

④通过赠送取得的，为其受赠该拍卖品时发生的相关税费；

⑤通过其他形式取得的，参照以上原则确定财产原值。

（2）拍卖财产过程中缴纳的税金，是指在拍卖财产时纳税人实际缴纳的相关税金及附加。

（3）有关合理费用，是指拍卖财产时纳税人按照规定实际支付的拍卖费（佣金）、鉴定费、评估费、图录费、证书费等费用。

3. 不能提供财产原值的核定征收规定

纳税人如不能提供合法、完整、准确的财产原值凭证，不能正确计算财产原值的，按转让收入额的3%征收率计算缴纳个人所得税；拍卖品为经文物部门认定是海外回流文物的，按转让收入额的2%征收率计算缴纳个人所得税。

六、征收管理

（一）一般规定

纳税人财产转让所得，按次计算个人所得税，有扣缴义务人的，由扣缴义务人按次代扣代缴税款，并在次月15日内办理申报。

纳税人取得应税所得，扣缴义务人未扣缴税款的，纳税人应当在取得所得的次年6月30日前，缴纳税款；税务机关通知限期缴纳的，纳税人应当按照期限缴纳税款。

（二）特殊规定

1. 股权转让所得

（1）股权转让（不含上市公司、挂牌公司股票）转让所得

支付股权转让所得的扣缴义务人应于股权转让相关协议签订后5个工作日内，将股权转让的有关情况向被投资企业所在的主管税务机关报告。个人转让股权办理变更登记的，市场主体登记机关应当查验与该股权交易有关的个人所得税完税凭证。被投资企业应当详细记录股东持有本企业股权的相关成本，如实向税务机关提供与股权转让有关的信息，协助税务机关依法执行公务。

(2) 境内上市公司限售股转让所得

限售股转让所得个人所得税，以个人股东开户的证券机构为扣缴义务人。限售股个人所得税由证券机构所在地主管税务机关负责征收管理。

根据证券机构技术和制度准备完成情况，对不同阶段形成的限售股，采取不同的征收管理办法。

①证券机构技术和制度准备完成前形成的限售股，证券机构按照股改限售股股改复牌日收盘价，或新股限售股上市首日收盘价计算转让收入，按照计算出的转让收入的15%确定限售股原值和合理税费，以转让收入减去原值和合理税费后的余额，适用20%税率，计算预扣预缴个人所得税额。

纳税人按照实际转让收入与实际成本计算出的应纳税额，与证券机构预扣预缴税额有差异的，纳税人应自证券机构代扣并解缴税款的次月1日起3个月内，持加盖证券机构印章的交易记录和相关完整、真实凭证，向主管税务机关提出清算申报并办理清算事宜。主管税务机关审核确认后，按照重新计算的应纳税额，办理退（补）税手续。纳税人在规定期限内未到主管税务机关办理清算事宜的，税务机关不再办理清算事宜。

②证券机构技术和制度准备完成后新上市公司的限售股，按照证券机构事先植入结算系统的限售股成本原值和发生的合理税费，以实际转让收入减去原值和合理税费后的余额，适用20%税率，计算直接扣缴个人所得税额。

(3) 境内新三板挂牌公司原始股转让所得

2019年9月1日之前，个人转让新三板挂牌公司原始股的个人所得税，以股票受让方为扣缴义务人，由被投资企业所在地税务机关负责征收管理。

自2019年9月1日（含）起，个人转让新三板挂牌公司原始股的个人所得税，以股票托管的证券机构为扣缴义务人，由股票托管的证券机构所在地主管税务机关负责征收管理。具体征收管理参照上述第（2）点"境内上市公司限售股转让所得"有关规定执行。

(4) 非货币性资产投资转让所得

个人以非货币性资产投资，应于非货币性资产转让、取得被投资企业股权时，确认非货币性资产转让收入的实现。非货币性资产投资的个人应在发生上述应税行为的次月15日内向主管税务机关自行申报纳税。

纳税人以不动产投资的，以不动产所在地税务机关为主管税务机关；纳税人以其持有的企业股权对外投资的，以该企业所在地税务机关为主管税务机关；纳税人以其他非货币资产投资的，以被投资企业所在地税务机关为主管税务机关。

纳税人一次性缴税有困难的，可合理确定分期缴纳计划并报主管税务机关备案后，自发生上述应税行为之日起不超过 5 个公历年度内（含）分期缴纳个人所得税。

个人以非货币性资产投资交易过程中取得现金补价的，现金部分应优先用于缴税；现金不足以缴纳的部分，可分期缴纳。个人在分期缴税期间转让其持有的上述全部或部分股权，并取得现金收入的，该现金收入应优先用于缴纳尚未缴清的税款。

2. 住房转让所得

个人转让不动产应缴纳的个人所得税，应在不动产所在地的主管税务机关缴纳入库。税务机关应当根据不动产登记等相关信息核验转让不动产的个人应缴的个人所得税，登记机构办理转移登记时，应当查验与该不动产转让相关的个人所得税的完税凭证。

3. 财产拍卖所得

个人财产拍卖所得应纳的个人所得税税款，由拍卖单位负责代扣代缴，并按规定向拍卖单位所在地主管税务机关办理纳税申报。拍卖单位代扣代缴个人财产拍卖所得应纳的个人所得税税款时，应给纳税人填开完税凭证，并详细标明每件拍卖品的名称、拍卖成交价格、扣缴税款额。

第四节 偶然所得

一、征税范围

偶然所得，是指个人得奖、中奖、中彩以及其他偶然性质的所得。

1. 个人为单位或他人提供担保获得收入，比如个人为他人的银行贷款提供担保服务而从第三方取得的所得，应按照"偶然所得"项目征收个人所得税。

2. 受赠房屋取得的受赠收入，按照"偶然所得"项目计算缴纳个人所得税，但以下情形除外：①房屋产权所有人将房屋产权无偿赠与配偶、父母、子女、祖父母、外祖父母、孙子女、外孙子女、兄弟姐妹；②房屋产权所有人将房屋产权无偿赠与对其承担直接抚养或者赡养义务的抚养人或者赡养人；③房屋产权所有人死亡，依法取得房屋产权的法定继承人、遗嘱继承人或者受遗赠人。

3. 个人取得企业赠送的礼品收入。企业在业务宣传、广告等活动中，随机向本单位以外的个人赠送礼品（包括网络红包），以及企业在年会、座谈会、庆典以及其他活动中向本单位以外的个人赠送礼品，个人取得的礼品收入，应按照"偶然所得"项目计算缴纳个人所得税，但企业赠送的具有价格折扣或折让性质的消费券、代金券、抵用券、优惠券等礼品除外。

企业对累积消费达到一定额度的顾客，给予额外抽奖机会，个人的获奖所得，也按照"偶然所得"项目计算缴纳个人所得税。

4. 个人取得企业支付的不竞争支付款项

资产购买方企业向个人支付的不竞争款项，属于个人因偶然因素取得的一次性所得，为此，资产出售方企业自然人股东取得的所得，应按照"偶然所得"项目计算缴纳个人所得税。

上述所称的不竞争款项，是指资产购买方企业与资产出售方企业自然人股东之间在资产购买交易中，通过签订保密和不竞争协议等方式，约定资产出售方企业自然人股东在交易完成后一定期限内，承诺不从事有市场竞争的相关业务，并负有相关技术资料的保密义务，资产购买方企业则在约定期限内，按一定方式向资产出售方企业自然人股东所支付的款项。

5. 个人从省级以下人民政府及其所属部门取得的奖励收入

个人因在各行各业作出突出贡献而从省级以下人民政府及其所属部门取得的一次性奖励收入，不论其奖金来源于何处，应按"偶然所得"项目征收个人所得税。

需要注意的是，个人与支付一次性奖励收入的单位存在任职受雇关系的，上述奖励收入应按照"工资、薪金所得"项目征收个人所得税。

二、应纳税所得额

偶然所得的应纳税所得额，以每次收入额为应纳税所得额。每次，是指以每次取得该项收入为一次。比如某自然人同一时间以每张彩票2元的购票成本，购买了两张福利彩票，这两张福利彩票分别中奖100元和2000元。此情形下，该纳税人分两次取得偶然所得100元和2000元。需要注意的是，偶然所得的每次取得的收入额,不得从取得的收入中作任何扣除。比如上述例子中的购票成本2元不能从收入中扣除。

对于应按照"偶然所得"项目计算缴纳个人所得税的房屋受赠人,受赠收入的应纳税所得额为房地产赠与合同上标明的赠与房屋价值减除赠与过程中受赠人支付的相关税费后的余额。赠与合同标明的房屋价值明显低于市场价格或房地产赠与合同未标明赠与房屋价值的,税务机关可依据受赠房屋的市场评估价格或采取其他合理方式确定受赠人的应纳税所得额。

对于应按照"偶然所得"项目计算缴纳个人所得税的企业礼品受赠人,企业赠送的礼品是自产产品(服务)的,按该产品(服务)的市场销售价格确定个人的应纳税所得额;是外购商品(服务)的,按该商品(服务)的实际购置价格确定个人的应纳税所得额。

个人发生捐赠支出在计算偶然所得时如何扣除,详见本书第十章第三节"个人所得税的特殊事项"。

三、税率

偶然所得个人所得税,适用比例税率,税率为20%。

四、应纳税额

偶然所得应纳税额的计算公式为:

$$偶然所得应纳税额 = 应纳税所得额 \times 20\%$$

五、征收管理

纳税人偶然所得,按次计算个人所得税,有扣缴义务人的,由扣缴义务人按次代扣代缴税款,并在次月15日内办理申报。

纳税人取得应税所得,扣缴义务人未扣缴税款的,纳税人应当在取得所得的次年6月30日前,缴纳税款;税务机关通知限期缴纳的,纳税人应当按照期限缴纳税款。

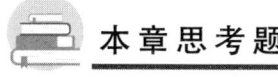 **本章思考题**

1. 上市公司与全国中小企业股份转让系统(新三板)挂牌公司股

息、红利差别化政策有哪些不同？

2. 企业以未分配利润、盈余公积、资本公积向个人股东转增股本有哪些情况？应如何纳税？

3. 非上市公司、挂牌公司的股权转让所得，在计算个人所得税时，股权转让收入如何确定？如何判定股权转让收入价格偏低又无正当理由？

4. 哪些情形下，个人取得所得需要按照"偶然所得"项目计算缴纳个人所得税？

第十四章 税 收 优 惠

【学习目标】本章主要介绍个人所得税优惠政策。通过本章学习，熟悉法定税收优惠的项目，掌握有关专项税收优惠的适用情形、主要内容及计算方法。

第一节 法定税收优惠

一、法定免税

下列各项个人所得，免征个人所得税：

1. 省级人民政府、国务院部委和中国人民解放军军以上单位，以及外国组织、国际组织颁发的科学、教育、技术、文化、卫生、体育、环境保护等方面的奖金。

2. 国债和国家发行的金融债券利息。

国债利息，是指个人持有中华人民共和国财政部发行的债券而取得的利息；国家发行的金融债券利息，是指个人持有经国务院批准发行的金融债券而取得的利息。

3. 按照国家统一规定发给的补贴、津贴。

按照国家统一规定发给的补贴、津贴，是指按照国务院规定发给的政府特殊津贴、院士津贴，以及国务院规定免予缴纳个人所得税的其他补贴、津贴。

4. 福利费、抚恤金、救济金。

福利费，是指根据国家有关规定，从企业、事业单位、国家机关、社会组织提留的福利费或者工会经费中支付给个人的生活补助费；救济金，是指各级人民政府民政部门支付给个人的生活困难补助费。

生活补助费，是指由于某些特定事件或原因而给纳税人本人或其家庭的正常生活造成一定困难，其任职单位按国家规定从提留的福利费或者工会经费中向其支付的临时性生活困难补助。

在判断福利费是否符合上述免税政策时，需要注意以下情形不适用：一是从超出国家规定的比例或基数计提的福利费、工会经费中支付给个人的各种补贴、补助；二是从福利费和工会经费中支付给本单位职工的人人有份的补贴、补助；三是单位为个人购买汽车、住房、电子计算机等不属于临时性生活困难补助性质的支出。

5. 保险赔款。

6. 军人的转业费、复员费、退役金。

7. 按照国家统一规定发给干部、职工的安家费、退职费、基本养老金或者退休费、离休费、离休生活补助费。

8. 依照有关法律规定应予免税的各国驻华使馆、领事馆的外交代表、领事官员和其他人员的所得。

依照有关法律规定应予免税的各国驻华使馆、领事馆的外交代表、领事官员和其他人员的所得，是指依照《中华人民共和国外交特权与豁免条例》和《中华人民共和国领事特权与豁免条例》规定免税的所得。

9. 中国政府参加的国际公约、签订的协议中规定免税的所得。

10. 国务院规定的其他免税所得。

二、法定减税

有下列情形之一的，可以减征个人所得税，具体幅度和期限，由省、自治区、直辖市人民政府规定，并报同级人民代表大会常务委员会备案：

1. 残疾、孤老人员和烈属的所得。

可减征个人所得税的残疾、孤老人员和烈属的所得仅限于劳动所得，具体包括工资、薪金所得，劳务报酬所得，稿酬所得，特许权使用费所得，以及经营所得。除了上述所得以外的其他所得项目，不属减征照顾的范围。

2. 因自然灾害遭受重大损失的。

第二节 专项税收优惠

为促进改善民生、鼓励创业创新、支持金融资本市场、扶持农业发展、支持人才发展，我国出台了相应的个人所得税税收优惠，本节就主要的专项税收优惠政策进行介绍。

一、促进改善民生

教育、养老、医疗、住房、就业等是广大老百姓普遍关心的民生事项。近年来，国家出台了一系列促进改善民生的个人所得税税收优惠政策，尤其是针对就业、住房等方面出台了专门的个人所得税优惠政策，这些政策对扩大就业、改善民生具有重要意义。

（一）扩大就业

1. 重点群体就业

自 2023 年 1 月 1 日至 2027 年 12 月 31 日，脱贫人口（含防止返贫监测对象持《就业创业证》（注明"自主创业税收政策"或"毕业年度内自主创业税收政策"）或《就业失业登记证》（注明"自主创业税收政策"）的人员，从事个体经营的，自办理个体工商户登记当月起，在 3 年（36 个月）内按每户每年20000 元为限额依次扣减其当年实际应缴纳的增值税、城市维护建设税、教育费附加、地方教育附加和个人所得税。限额标准最高可上浮 20%，各省、自治区、直辖市人民政府可根据本地区实际情况在此幅度内确定具体限额标准。

2. 退役士兵就业

自 2023 年 1 月 1 日至 2027 年 12 月 31 日，自主就业退役士兵从事个体经营的，自办理个体工商户登记当月起，在 3 年（36 个月）内按每户每年20000元为限额依次扣减其当年实际应缴纳的增值税、城市维护建设税、教育费附加、地方教育附加和个人所得税。限额标准最高可上浮 20%，各省、自治区、直辖市人民政府可根据本地区实际情况在此幅度内确定具体限额标准。

3. 军队转业干部就业

从事个体经营的军队转业干部，经主管税务机关批准，自领取税务登记证之日起，3 年内免征个人所得税。

自主择业的军队转业干部必须持有师以上部队颁发的转业证件。

4. 随军家属就业

对从事个体经营的随军家属，自领取税务登记证之日起，3 年内免征个人所得税。

(二) 改善住房条件

1. 转让自用住房

个人转让自用达5年以上并且是唯一的家庭生活用房取得的所得，暂免征收个人所得税。

2. 居民换购住房

自2022年10月1日至2025年12月31日，对出售自有住房并在现住房出售后1年内在市场重新购买住房的纳税人，对其出售现住房已缴纳的个人所得税予以退税优惠。其中：新购住房金额大于或等于现住房转让金额的，全部退还已缴纳的个人所得税；新购住房金额小于现住房转让金额的，按新购住房金额占现住房转让金额的比例退还出售现住房已缴纳的个人所得税。

3. 拆迁补偿

对被拆迁人按照国家有关城镇房屋拆迁管理办法规定的标准取得的拆迁补偿款，免征个人所得税。

4. 易地扶贫搬迁

自2018年1月1日至2025年12月31日，对易地扶贫搬迁贫困人口按规定取得的住房建设补助资金、拆旧复垦奖励资金等与易地扶贫搬迁相关的货币化补偿和易地扶贫搬迁安置住房，免征个人所得税。

（三）支持小微企业发展

自2023年1月1日至2027年12月31日，对个体工商户年应纳税所得额不超过200万元的部分，减半征收个人所得税。个体工商户在享受现行其他个人所得税优惠政策的基础上，可叠加享受本条优惠政策。个体工商户不区分征收方式，均可享受。

二、鼓励科技创新

推进大众创业、万众创新，是发展的动力之源，也是富民之道、公平之计、强国之策。近年来，党中央、国务院根据经济发展形势出台了一系列税费支持政策，在促进创新创业与经济社会发展深度融合，推动新旧动能转换和经济结构升级、营造公平营商环境和创新社会氛围方面发挥了重要作用。

（一）中小高新技术企业转增股本

中小高新技术企业以未分配利润、盈余公积、资本公积向个人股东转增股本时，应按照"利息、股息、红利所得"项目，适用20%税率征收个人所得税。个人股东一次缴纳个人所得税确有困难的，可根据实际情况自行制定分期缴税计划，在不超过 5 个公历年度内（含）分期缴纳，并将有关资料报主管税务机关备案。股东转让股权并取得现金收入的，该现金收入应优先用于缴纳尚未缴清的税款。

（二）科技成果转化

1. 股权奖励

（1）科研机构、高等学校

科研机构、高等学校转化职务科技成果以股份或出资比例等股权形式给予个人奖励，获奖人在取得股份、出资比例时，暂不缴纳个人所得税；取得按股份、出资比例分红或转让股权、出资比例所得时，应依法缴纳个人所得税。

（2）高新技术企业

高新技术企业转化科技成果，给予本企业相关技术人员的股权奖励，个人一次缴纳税款有困难的，可根据实际情况自行制定分期缴税计划，在不超过 5 个公历年度内（含）分期缴纳，并将有关资料报主管税务机关备案。

2. 现金奖励

依法批准设立的非营利性研究开发机构和高等学校根据《中华人民共和国促进科技成果转化法》规定，从职务科技成果转化收入中给予科技人员的现金奖励，可减按 50% 计入科技人员当月工资、薪金所得，依法缴纳个人所得税。

转制科研院所科技人员取得职务科技成果转化现金奖励，符合规定条件的，可减按 50% 计入科技人员当月工资、薪金所得，依法缴纳个人所得税。

【例 14-1】赵某是某民办非营利科研机构某项专利技术主要研发人员之一，2023 年 1 月，该机构每年以约定价格许可他人使用该项专利技术，并按照促进科技成果转化法规定，与赵某约定在专利许可使用期间，从取得的许可使用费收入中按月奖励 10 万元。赵某在该机构从事研究，每月工资、薪金收入 50000 元，个人负担的"三险一金"金额 2000 元，专项附加扣除 2000 元。单位应预扣预缴赵某个人所得税为多少？如何填列申报表？

【解析】1 月预扣预缴税额 = (50000 + 100000 × 50% - 5000 - 2000 - 2000) × 10% - 2520 = 6580（元）

单位在扣缴申报时，将 50000 + 100000 = 150000（元）填入"收入"栏目，将 100000 × 50% = 50000（元）填入"免税收入"栏目，即可享受科技成果转化现金奖励减半优惠政策。

3. 技术成果投资入股

技术成果投资入股，是指纳税人将技术成果所有权让渡给被投资企业、取得该企业股票（权）的行为。

个人以技术成果投资入股到境内居民企业，被投资企业支付的对价全部为股票（权）的，可按规定选择适用非货币性投资财产转让所得个人所得税分期缴纳政策，也可选择适用递延纳税政策。

选择技术成果投资入股递延纳税政策的，经向主管税务机关备案，投资入股当期可暂不纳税，允许递延至转让股权时，按股权转让收入减去技术成果原值和合理税费后的差额计算缴纳所得税。

（三）创业投资

1. 有限合伙制创投企业个人合伙人

有限合伙制创业投资企业（以下简称合伙创投企业）采取股权投资方式直接投资于种子期、初创期科技型企业（以下简称初创科技型企业）满 2 年的，个人合伙人可以按照对初创科技型企业投资额的 70% 抵扣个人合伙人从合伙创投企业分得的经营所得；当年不足抵扣的，可以在以后纳税年度结转抵扣。

满 2 年是指合伙创投企业投资于初创科技型企业的实缴投资满 2 年，投资时间从初创科技型企业接受投资并完成工商变更登记的日期算起。

【例 14 - 2】A 公司和吴某成立了合伙创投企业 B，合伙协议约定吴某的收益分配比例为 25%。2020 年 5 月 B 合伙企业投资 2000 万元现金到 C 公司（符合初创科技型企业条件），占股权比例为 40%。吴某 2023 年未取得其他收入，符合条件的专项扣除为 4 万元，符合条件的专项附加扣除为 3 万元。

（1）假设 2023 年 12 月吴某分得合伙企业 B 的经营所得为 500 万元，吴某的经营所得应纳税所得额为多少？

（2）假设 2023 年 12 月吴某分得合伙企业 B 的经营所得为 200 万元，吴某的经营所得应纳税所得额为多少？

【解析】自 2020 年 5 月至 2023 年 12 月，初创科技型企业已满 2 年，符合税收优惠条件，吴某投资额的 70%，即 2000×25%×70%＝350（万元），可以抵扣 2023 年 12 月从 B 合伙企业分得的经营所得。

（1）若分得的经营所得为 500 万元，可以抵扣的金额是 350 万元。

应纳税所得额 = 500 - 350 - 6 - 4 - 3 = 137（万元）

（2）若分得的经营所得为 200 万元，小于 350 万元，当年实际抵扣 200 万元，应纳税所得额为0，吴某当年无须缴纳个人所得税。不足抵扣的150万元，可以在以后纳税年度结转抵扣。

2. 创业投资企业个人合伙人

自2019年1月1日至2027年12月31日，合伙创投企业可以选择按单一投资基金核算或者按合伙创投企业年度所得整体核算两种方式之一，对其个人合伙人来源于创投企业的所得计算个人所得税应纳税额。合伙创投企业选择按单一投资基金核算的，其个人合伙人从该基金应分得的股权转让所得和股息、红利所得，按照20%税率计算缴纳个人所得税。合伙创投企业选择按年度所得整体核算的，其个人合伙人应从合伙创投企业取得的所得，按照"经营所得"项目5%~35%的超额累进税率计算缴纳个人所得税。

单一投资基金核算，是指单一投资基金（包括不以基金名义设立的创投企业）在一个纳税年度内从不同创业投资项目取得的股权转让所得和股息、红利所得按下述方法分别核算纳税：

（1）股权转让所得。单个投资项目的股权转让所得，按年度股权转让收入扣除对应股权原值和转让环节合理费用后的余额计算，股权原值和转让环节合理费用的确定方法，参照股权转让所得个人所得税有关政策规定执行；单一投资基金的股权转让所得，按一个纳税年度内不同投资项目的所得和损失相互抵减后的余额计算，余额大于或等于零的，即确认为该基金的年度股权转让所得；余额小于零的，该基金年度股权转让所得按零计算且不能跨年结转。

个人合伙人按照其应从基金年度股权转让所得中分得的份额计算其应纳税额，并由合伙创投企业在次年3月31日前代扣代缴个人所得税。如符合合伙创投企业个人合伙人抵扣所得额相关政策规定条件的，合伙创投企业个人合伙人可以按照被转让项目对应投资额的70%抵扣其应从基金年度股权转让所得中分得的份额后再计算其应纳税额，当期不足抵扣的，不得向以后年度结转。

（2）股息、红利所得。单一投资基金的股息、红利所得，以其来源于所投资项目分配的股息、红利收入以及其他固定收益类证券等收入的全额计算。

个人合伙人按照其应从基金股息、红利所得中分得的份额计算其应纳税额，并由合伙创投企业按次代扣代缴个人所得税。

（3）除前述可以扣除的成本、费用之外，单一投资基金发生的包括投资基金管理人的管理费和业绩报酬在内的其他支出，不得在核算时扣除。

单一投资基金核算方法仅适用于计算合伙创投企业个人合伙人的应纳

税额。

【例14-3】 李某与其他合伙人共同出资设立A合伙创投企业，合伙协议约定李某的收益分配比例为20%。该合伙创投企业于2020年1月以1500万元现金投资入股到甲公司（初创科技型企业），2020年3月以1000万元现金投资入股到乙公司（非初创科技型企业）。

2023年，A合伙创投企业发生以下业务：

（1）3月5日，取得甲公司分回的股息、红利收入400万元；

（2）6月1日，取得转让甲公司的股权收入3000万元，转让时发生审计、评估费及印花税等费用共计100万元；

（3）9月1日，取得转让乙公司的股权收入1800万元，转让发生审计、评估费及印花税等费用共计50万元；

（4）2023年发生管理费和业绩报酬等其他支出80万元。

2023年李某未取得其他收入，符合条件的专项扣除为5万元，符合条件的专项附加扣除为4万元。请计算李某选择单一投资基金核算与整体核算下分别应纳多少个人所得税。

【解析】 1. 李某取得甲公司分红的个人所得税计算

李某不论选择哪种核算方式，合伙企业对外投资分回的股息、红利所得，不并入企业的收入，都应单独作为投资者个人取得的股息、红利所得计算。

李某分得的股息、红利所得 = 400 × 20% = 80（万元）

应缴个人所得税 = 80 × 20% = 16（万元）

2. 李某取得转让甲、乙公司股权转让收入的个人所得税计算

甲公司符合初创科技型企业条件，投资满2年，李某可以按照甲公司对应投资额的70%抵扣其从A合伙创投企业分得的所得。

允许抵扣的投资额 = 1500 × 20% × 70% = 210（万元）

（1）选择单一投资基金核算

A合伙创投企业股权转让所得：

转让甲公司股权的所得 = 3000 - 1500 - 100 = 1400（万元）

转让乙公司股权的所得 = 1800 - 1000 - 50 = 750（万元）

可分配的股权转让所得合计 = 1400 + 750 = 2150（万元）

李某可分得的股权转让所得 = 2150 × 20% = 430（万元）

应纳税所得额 = 430 - 210 = 220（万元）

李某股权转让所得应缴个人所得税 = 220 × 20% = 44（万元）

（2）选择年度所得整体核算

A合伙创投企业经营所得：

可分配的经营所得 = 3000 + 1800 - 1500 - 100 - 1000 - 50 - 80 = 2070（万元）

李某可分得的经营所得 = 2070 × 20% = 414（万元）

应纳税所得额 = 414 - 210 - 6 - 5 - 4 = 189（万元）

李某经营所得应缴个人所得税 = 189 × 35% - 6.55 = 59.6（万元）

3. 天使投资个人

天使投资个人采取股权投资方式直接投资于初创科技型企业满2年的，可以按照投资额的70%抵扣转让该初创科技型企业股权取得的应纳税所得额；当期不足抵扣的，可以在以后取得转让该初创科技型企业股权的应纳税所得额时结转抵扣。初创科技型企业和"满2年"的标准，与"有限合伙制创投企业个人合伙人"相同。

天使投资个人投资多个初创科技型企业的，对其中办理注销清算的初创科技型企业，天使投资个人对其投资额的70%尚未抵扣完的，可自注销清算之日起36个月内抵扣天使投资个人转让其他初创科技型企业股权取得的应纳税所得额。

【例14-4】张某2020年5月投资1000万元现金到A公司（符合初创科技型企业条件），占股权比例为25%，2023年7月以3000万元的价格将其持有的全部A公司股权转让给B公司，无其他税费发生。假设张某符合天使投资个人的其他条件。请问：张某转让A公司股权应缴纳多少个人所得税？

【解析】自2020年5月至2023年7月，张某对A公司的投资已满24个月，符合税收优惠条件，张某对A公司投资额的70%，即1000 × 70% = 700（万元），可以抵扣转让A公司股权取得的应纳税所得额。

张某转让A公司股权应纳税所得额 = 3000 - 1000 - 700 = 1300（万元）

应按"财产转让所得"项目，缴纳个人所得税 = 1300 × 20% = 260（万元）。

三、扶持农业发展

为促进农村经济发展，切实减轻农民负担，推进农村税费改革工作，我国出台了扶持农业发展的相关税收优惠政策。

（一）"四业"所得暂不征收个人所得税

对个人或个体户从事种植业、养殖业、饲养业、捕捞业，且经营项目属于原农业税（包括农业特产税）、牧业税征税范围的，其取得的"四业"所得暂不征收个人所得税。

对个人独资企业和合伙企业从事种植业、养殖业、饲养业和捕捞业，其投资者取得的"四业"所得暂不征收个人所得税。

（二）青苗补偿费暂不征收个人所得税

乡镇企业的职工和农民取得的青苗补偿费，属种植业的收益范围，同时，也属经济损失的补偿性收入，因此，对他们取得的青苗补偿费收入暂不征收个人所得税。

（三）销售自产农产品暂不征收个人所得税

对进入各类市场销售自产农产品的农民取得所得暂不征收个人所得税。

四、支持人才发展

为支持重点地区经济和社会发展，吸引高端人才和紧缺人才，我国制定了人才引进的个人所得税优惠政策，切实降低人才实际税负水平。

（一）股权激励

1. 上市公司股权激励

《上市公司股权激励管理办法》和《上市公司实施员工持股计划试点指导意见》的出台，推动了股权激励制度快速发展。随着效果的逐步体现，股权激励作为以公司业绩为评价基础的长期激励制度，越发具有普遍性，成为上市公司激励、挽留人才的重要手段。为配合上市企业推动股权激励，国家同步出台了相关个人所得税优惠政策。

2024年1月1日至2027年12月31日，境内上市公司授予个人的股票期权、限制性股票和股权奖励，经向主管税务机关备案，个人可自股票期权行权、限制性股票解禁或取得股权奖励之日起，在不超过36个月的期限内缴纳个人所得税。

【例14-5】某上市公司2024年12月决定实施股权激励，员工取得的股票期股自2026年2月起可行权。若申报享受股权激励延期纳税优惠政策，应如何办理？

【解析】上市公司应自决定实施股权激励的次月15日内（即2025年1月15日内），向主管税务机关报送《股权激励情况报告表》、股权激励计划、董事会或股东大会决议等相关资料,并应于股票期权行权之次月15日内(即2026年3月15日内)向主管税务机关报送《上市公司股权激励个人所得税延期纳税备案表》。

2. 非上市公司股权激励

为深入推动国家创业创新战略的实施,有效降低股权激励税收负担,缓解科技成果转化过程中无现金流缴税的实际困难,我国对符合一定条件的公司股权激励实行递延纳税优惠。

非上市公司授予本公司员工的股权激励,符合规定条件的,经向主管税务机关备案,可实行递延纳税政策,即员工在取得股权激励时可暂不纳税,递延至转让该股权时纳税;股权转让时,按照股权转让收入减除股权取得成本以及合理税费后的差额,适用"财产转让所得"项目,按照20%的税率计算缴纳个人所得税。股权转让时,股票(权)期权取得成本按行权价确定,限制性股票取得成本按实际出资额确定,股权奖励取得成本为零。

【例14-6】2018年1月10日,A公司(非上市公司)与总经理张某签订了股权激励计划,约定自2021年1月10日起,张某可以每股0元的价格购买公司股权30万股。2021年1月10日,该公司股权市场价格是每股20元,张某在该日行权。

假设股权激励计划列明股权自获得之日起应持有满3年,且符合其他递延纳税条件。2023年2月1日,张某将其中的15万股以每股30元的价格转让给B公司,应如何计缴个人所得税?

【解析】张某取得非上市公司股权激励且符合递延纳税条件,因此2021年1月10日行权时可暂不纳税,递延至2023年2月1日转让股权时纳税:

应纳税所得额 = $15 \times (30 - 0) = 450$(万元)

按财产转让所得应纳个人所得税 = $450 \times 20\% = 90$(万元)

(二)粤港澳大湾区

自2019年1月1日至2027年12月31日,广东省、深圳市按内地与中国香港个人所得税税负差额,对在大湾区工作的境外(含港澳台)高端人才和紧缺人才给予补贴,该补贴免征个人所得税。

适用范围包括广东省广州市、深圳市、珠海市、佛山市、惠州市、东莞市、中山市、江门市和肇庆市等大湾区珠三角九市。

（三）海南自由贸易港

自 2020 年 1 月 1 日至 2024 年 12 月 31 日，对在海南自由贸易港工作的高端人才和紧缺人才，来源于海南自由贸易港的综合所得、经营所得以及经海南省认定的人才补贴性所得，其个人所得税实际税负超过 15% 的部分，予以免征。

（四）横琴粤澳深度合作区

自 2021 年 1 月 1 日至 2025 年 12 月 31 日，对在合作区工作的境内外高端人才和紧缺人才，其个人所得税负超过 15% 的部分予以免征。

对在合作区工作的澳门居民，其个人所得税负超过澳门税负的部分予以免征。

（五）平潭综合实验区

自 2013 年 1 月 1 日至 2025 年 12 月 31 日，按不超过大陆与台湾地区个人所得税负差额，给予在平潭综合实验区工作的台湾居民的补贴，免征个人所得税。

（六）延长离休退休年龄的高级专家

对达到离休、退休年龄，但确因工作需要，适当延长离休退休年龄的高级专家（指享受国家发放的政府特殊津贴的专家、学者），其在延长离休退休期间的工资、薪金所得，视同退休工资、离休工资免征个人所得税。

五、支持其他事业发展

（一）远洋船员

自 2019 年 1 月 1 日至 2027 年 12 月 31 日，一个纳税年度内在船航行时间累计满 183 天的远洋船员，其取得的工资、薪金收入减按 50% 计入应纳税所得额，依法缴纳个人所得税。

（二）外籍个人津补贴

外籍个人取得的以下津补贴，暂免征收个人所得税：

1. 以非现金形式或实报实销形式取得的住房补贴、伙食补贴、洗衣费。
2. 因到中国任职或离职，以实报实销形式取得的搬迁费，不包括雇主以搬迁费名义每月或定期向其外籍雇员支付的费用。
3. 按合理标准取得的境内、外出差补贴。
4. 取得的探亲费，且在合理数额内的部分，合理数额只指个人在我国的受雇地与其家庭所在地（包括配偶或父母居住地）之间搭乘交通工具且每年不超过2次的费用。

5. 在中国境内接受语言培训以及子女在中国境内接受教育取得的语言培训费和子女教育费补贴，且在合理数额内的部分。

外籍个人符合居民个人条件的，可以选择享受个人所得税专项附加扣除，也可以选择按照相关规定享受住房补贴、语言训练费、子女教育费等津补贴免税优惠政策，但不得同时享受。外籍个人一经选择，在一个纳税年度内不得变更。

（三）股息、红利差别化

1. 上市公司

个人从公开发行和转让市场取得的上市公司股票，持股期限超过1年的，股息、红利所得暂免征收个人所得税。

个人从公开发行和转让市场取得的上市公司股票，持股期限在1个月以内（含1个月）的，其股息、红利所得全额计入应纳税所得额；持股期限在1个月以上至1年（含1年）的，暂减按50%计入应纳税所得额；上述所得统一适用20%的税率计征个人所得税。

证券投资基金从上市公司取得的股息、红利所得，按照上述规定计征个人所得税。

对个人持有的上市公司限售股，解禁后取得的股息、红利，按照上述规定计算纳税，持股时间自解禁日起计算；解禁前取得的股息、红利继续暂减按50%计入应纳税所得额，适用20%的税率计征个人所得税。

2. 全国中小企业股份转让系统挂牌公司

个人持有挂牌公司的股票，持股期限超过1年的，对股息、红利所得暂免征收个人所得税。

个人持有挂牌公司的股票，持股期限在1个月以内（含1个月）的，其股息、红利所得全额计入应纳税所得额；持股期限在1个月以上至1年（含1年）的，其股息、红利所得暂减按50%计入应纳税所得额；上述所得统一适用20%的税率计征个人所得税。

对证券投资基金从挂牌公司取得的股息、红利所得，可以享受股息、红利差别化政策。

3. 北京证券交易所上市公司

投资北京证券交易所上市公司取得的股息、红利所得，可以享受股息、红利差别化政策。

（四）二级市场股票转让

对个人转让上市公司股票（不含限售股）取得的所得暂免征收个人所得税。对个人转让新三板挂牌公司及北京证券交易所上市公司非原始股取得的所得，暂免征收个人所得税。

本章思考题

1. 合伙创投企业可以选择按单一投资基金核算或者按创投企业年度所得整体核算，请分析采用不同核算方式对于企业税负的影响。
2. 请分析非上市公司股权激励递延纳税政策对纳税人税负的影响。

第十五章　无住所个人和境外所得

【学习目标】本章主要介绍无住所个人的身份判定、纳税义务、收入额及税额计算、税收协定的适用、征收管理等相关内容，以及居民个人取得境外所得的政策适用。通过本章学习，熟悉不同居民身份的纳税人个人所得税纳税义务，了解税收协定适用，掌握无住所个人的个人所得税计算方法，境内外所得划分及纳税申报等内容。

第一节　无住所个人

随着国际交往日益频繁，很多境外人士到中国境内工作、生活，由于境外人士流动性强，经常在境内境外任职或取得所得，其个人所得税的计算缴纳与国内人员有一定的区别。参照国际通行做法，境外人士的纳税义务受其居民身份、所得来源地、工作天数影响，本节将详细介绍无住所个人的个人所得税应如何计算。境外人士如在中国境内有住所，无论居住时间长短都属于居民个人，其取得的个人所得税计算详见本书第十一章至第十三章。

一、居民身份的判定

在中国境内有住所，或者无住所而一个纳税年度内在中国境内居住累计满183天的个人，为居民个人。

在中国境内无住所又不居住，或者无住所而一个纳税年度内在中国境内居住累计不满183天的个人，为非居民个人。

可以看出，纳税人是居民个人还是非居民个人，有两个判定标准，分别是住所、居住时间。如果纳税人在我国境内有住所，无须再看一个纳税年度内在境内累计居住时间，可以直接认定为税收居民。如果纳税人在我国境内无住所，需要结合一个纳税年度内在中国境内累计居住时间来判断是否构成税收居民。居民身份的判定详见图 15-1。

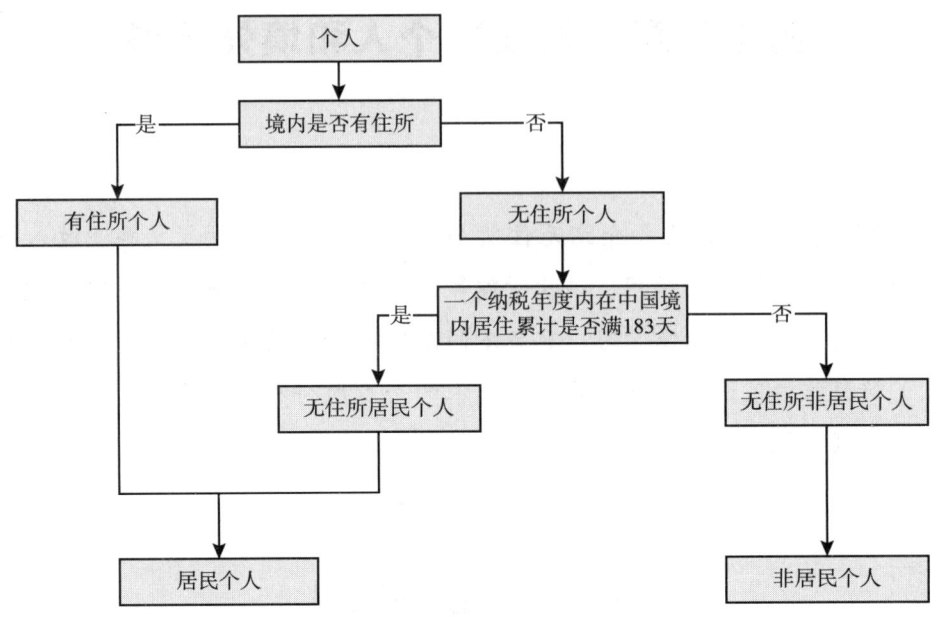

图 15-1 居民身份的判定

下面详细介绍判定居民身份的两个标准。

（一）住所

住所是判定居民身份的第一标准。它是一个特定概念，不等同于实物意义上的住房。在境内有住所的个人，是指因户籍、家庭、经济利益关系而在境内习惯性居住的个人。习惯性居住是判定纳税人是居民个人还是非居民个人的一个法律意义上的标准，并不是指实际的居住地或者在某一个特定时期内的居住地。对于因学习、工作、探亲、旅游等原因而在境外居住，在这些原因消除后仍然回到中国境内居住的个人，则中国为该纳税人的习惯性居住地，即该个人属于在中国境内有住所。对于境外个人仅因学习、工作、探亲、旅游等原因而在中国境内居住，待上述原因消除后该境外个人仍然回到境外居住的，其习惯性居住地不在境内，即使该境外个人在境内购买住房，也不会被认定为境内有住所的个人。

【例 15-1】2022 年 1 月 1 日至 2027 年 12 月 31 日，国内甲单位派遣员工张某到 A 国参与建筑工程建设。甲单位在 A 国为张某解决住房。请分析张某是否为我国居民个人。

【解析】虽然张某在 A 国长时间居住，并且在 A 国也有住房，但张某是因工作原因在 A 国居住生活工作，待工作原因消除，也就是派遣结束后，张某还要回到我国境内居住，所以张某的习惯居住地为中国，即使其派遣在外期间，仍认定其在我国境内有住所，是我国的居民个人。

（二）居住时间

居住时间是判定居民身份的第二标准。如果无住所个人一个纳税年度内在中国境内居住累计不满 183 天即为非居民个人。

纳税年度是指，公历 1 月 1 日起至 12 月 31 日止，即我们日常所说的自然公历年度。

中国境内累计居住天数是指，个人在中国境内累计停留的天数。在中国境内停留的当天满 24 小时的，计入中国境内居住天数，在中国境内停留的当天不足 24 小时的，不计入中国境内居住天数。

【例 15 - 2】李某为香港居民，在深圳工作，每周一早上来深圳上班，周五晚上回香港。请问李某一周的居住天数如何确定？一个纳税年度的居住天数如何确定？

【解析】李某每周一早上来深圳上班，周五晚上回香港，周一和周五当天停留都不足 24 小时，不计入境内居住天数。另外，周六、周日 2 天也不计入。所以，每周可计入的天数仅为 3 天，按全年 52 周计算，李先生全年在境内居住天数为 156 天，未超过 183 天，不构成居民个人。

二、所得来源地

所得来源地确定是划分纳税人境内、境外所得及其纳税义务的基础和核心，在划分境内所得还是境外所得时，不能简单地从物理空间或支付地点概念来理解，针对不同所得项目，要采取不同的判定规则来确定所得来源地。所得来源地判定规则详见表 15 - 1。

表 15 - 1　　　　　　　　　所得来源地判定规则

所得项目	划分规则	判定标准	
		境内所得	境外所得
工资、薪金所得 劳务报酬所得	劳务发生地原则	因任职、受雇、履约等在中国境内提供劳务	因任职、受雇、履约等在中国境外提供劳务

续表

所得项目		划分规则	判定标准	
			境内所得	境外所得
稿酬所得		支付地原则	由境内企业、事业单位、其他组织支付或者负担	由中国境外企业以及其他组织支付且负担
经营所得		发生地原则	在中国境内从事生产、经营活动	在中国境外从事生产、经营活动
财产租赁所得特许权使用费所得		使用地原则	在中国境内使用	在中国境外使用
财产转让所得	不动产转让所得	财产所在地原则	不动产在中国境内	不动产在中国境外
	权益性资产	被投资企业所在地原则	转让对中国境内企业以及其他组织投资形成的股票、股权以及其他权益性资产	转让对中国境外企业以及其他组织投资形成的股票、股权以及其他权益性资产
	其他财产所得	转让地原则	在中国境内转让	在中国境外转让
利息、股息、红利所得		支付地原则	从中国境内企业、事业单位、其他组织以及居民个人取得	从中国境外企业、其他组织以及非居民个人取得
偶然所得		支付地原则	由中国境内企业、其他组织以及居民个人支付或负担	由中国境外企业、其他组织以及非居民个人支付且负担

注：对担任董事、监事、高层管理职务的无住所个人（以下统称高管人员），其境内所得判定的规则与普通人员不同。无住所个人（不含高管人员）取得归属于中国境内工作期间的工资、薪金所得为来源于境内的工资、薪金所得，而高管人员无论其是否在境内履行职务，取得由境内居民企业支付或负担的报酬，属于来源于境内的所得。

转让对中国境外企业以及其他组织投资形成的权益性资产，该权益性资产被转让前三年（连续36个公历月份）内的任一时间，被投资企业或其他组织的资产公允价值50%以上直接或间接来自位于中国境内的不动产的，取得的所得为来源于中国境内的所得。

三、无住所个人的纳税义务

无住所个人包括非居民个人和无住所居民个人。非居民个人仅需就其从中国境内取得的所得按规定缴纳个人所得税，而居民个人需要将其从中国境内和境外取得的全部所得按规定缴纳个人所得税。无住所居民个人和非居民个人的纳税义务根据其在境内居住时间的长短、支付或负担情况确定，详见表15-2。

表 15-2　　　　　　　　　　无住所居民个人和非居民个人的纳税义务

无住所个人	境内居住时间	境内所得		境外所得	
		境内支付或负担	境外支付且不由境内负担	境内支付	境外支付
非居民个人	累计不超过90天	征税	免税	不征税	不征税
	累计超过90天但不满183天	征税	征税	不征税	不征税
无住所居民个人	累计满183天的年度连续不满6年	征税	征税	征税	免税
	累计满183天的年度连续满6年	征税	征税	征税	征税

1. 非居民个人的纳税义务

非居民个人从中国境内取得的所得，应依法缴纳个人所得税。

在中国境内无住所的个人，在一个纳税年度内在中国境内居住累计不超过90天的，其来源于中国境内的所得，由境外雇主支付并且不由该雇主在中国境内的机构、场所负担的部分，免予缴纳个人所得税。

（1）在境内累计居住时间不足90天

对于在中国境内无住所的个人，在一个纳税年度内在中国境内居住累计不超过90天的，其来源于中国境内的所得，由境外雇主支付并且不由该雇主在中国境内的机构、场所负担的部分，免予缴纳个人所得税。

【例15-3】A国母公司在我国设立子公司，母公司派其技术人员威廉来子公司提供短期的技术服务，2022年度内，威廉在我国境内停留天数不足90天，在中国境内工作期间，威廉取得的工资、薪金收入包括两部分，一部分是境内子公司支付的，一部分是境外母公司支付的。请分析威廉2022年度在我国的纳税义务。

【解析】境内子公司支付的工资、薪金所得，应在我国缴纳个人所得税。境外母公司支付的工资、薪金所得，需要根据是否由境内子公司负担进一步判断纳税义务，如果境外母公司支付的工资是由境内子公司负担，则需要在我国缴纳个人所得税，如果不是由境内子公司负担，则不需要在我国缴纳个人所得税。

（2）在境内累计居住时间超过90天不满183天

非居民个人一个纳税年度内在境内居住时间累计超过90天不满183天的，

就其取得全部境内所得（包括境内雇主支付或负担和境外雇主支付）在境内缴纳个人所得税。

2. 无住所居民个人的纳税义务

（1）境内居住累计满183天年度连续不满6年

居民个人应就境内所得和境外所得按规定缴纳个人所得税。在中国境内无住所的个人，在中国境内居住累计满183天的年度连续不满6年的，经向主管税务机关备案，其来源于中国境外且由境外单位或者个人支付的所得，免予缴纳个人所得税。在中国境内居住累计满183天的任一年度中有一次离境超过30天的，其在中国境内居住累计满183天的年度的连续年限重新起算。

【例15-4】A国母公司在我国设立子公司，母公司派其技术人员威廉来子公司提供短期的技术服务，2022年度内，威廉在我国境内停留天数满183天，但满183天的年度不足6年，在中国境内工作期间，威廉取得的工资、薪金收入包括两部分，一部分是境内子公司支付，一部分是境外母公司支付；威廉在中国境外工作期间，取得的工资、薪金收入也包括两部分，一部分是境内子公司支付，一部分是境外母公司支付。请分析威廉2022年度在我国的纳税义务。

【解析】威廉在中国境外工作期间，取得的由境外母公司支付的工资、薪金属于境外所得境外支付部分，在我国不缴纳个人所得税，其余部分均应在我国缴纳个人所得税。

（2）境内居住累计满183天的年度连续满6年

无住所个人一个纳税年度在中国境内累计居住满183天的，如果此前6年在中国境内每年累计居住天数都满183天而且没有任何一年单次离境超过30天，该纳税年度来源于中国境内、境外所得应当缴纳个人所得税；如果此前6年的任一年在中国境内累计居住天数不满183天或者单次离境超过30天，该纳税年度来源于中国境外且由境外单位或者个人支付的所得，免予缴纳个人所得税。所称此前6年，是指该纳税年度的前1年至前6年的连续6个年度，此前6年的起始年度自2019年（含）以后年度开始计算。

【例15-5】黄某为香港居民，2013年1月1日来深圳工作，2026年8月30日回到香港工作，在此期间，除2025年2月1日至3月15日临时回香港处理公务外，其余时间一直停留在深圳。请分析黄某的纳税义务。

【解析】黄某在境内居住累计满183天的年度，如果从2013年开始计算，实际上已经满6年，但是由于2018年之前的年限一律"清零"，自2019年开始计算。因此，2019—2024年，黄某在境内居住累计满183天的年度连续不满6年，其取得的境外支付的境外所得，免予缴纳个人所得税。

2025年，黄某在境内居住满183天，且从2019年开始计算，他在境内居住累计满183天的年度已经连续满6年（2019—2024年），且没有单次离境超过30天的情形，2025年，黄某在境内居住累计满183天的年度连续满6年，应就其在境内和境外取得的所得缴纳个人所得税。

2026年，由于黄某2025年有单次离境超过30天的情形（2025年2月1日至3月15日），其在内地居住累计满183天的连续年限清零，重新起算，2026年属于"在中国境内居住累计满183天的年度连续不满6年"的纳税年度，2026年当年黄某取得的境外支付的境外所得，免予缴纳个人所得税。

四、无住所个人的个人所得税计算

2018年个人所得税改革前，无住所个人取得工资、薪金所得，采取"先税后分"方法计算应纳税额，即先按纳税人从境内和境外取得的全部工资、薪金所得计算应纳税额，再根据境内外工作时间及境内外收入支付比例，对税额进行划分，计算确定应纳税额。2018年个人所得税改革后，工资、薪金所得并入综合所得，不再单独计算税额，计税方法调整为"先分后税"，即先根据境内外工作时间及境内外收入支付比例，对工资、薪金收入额进行划分，计算在境内应计税的工资、薪金收入额，再据此计算应纳税额。计税方法调整后，无住所个人仅就其在境内应计税的收入额确定适用税率，降低了适用税率和税负，计税方法更加合理。

由于工资、薪金所得的收入额需要先按一定的计算方法进行拆分，与劳务报酬等其他所得的收入额计算方法相对比较复杂，因此工资、薪金所得的收入额如何计算，将在本节"五、无住所个人工资、薪金收入额的计算"中单独介绍。

（一）非居民个人税款的计算

1. 工资、薪金所得

非居民个人取得工资、薪金所得，先计算当月收入额，减去税法规定的减除费用后的余额，为应纳税所得额，适用按月换算后的综合所得税率表（即月度税率表,见表10-2)计算应纳税额。

2. 数月奖金及股权激励

数月奖金是指一次取得归属于数月的奖金、年终加薪、分红等工资薪金所得,不包括每月固定发放的奖金及一次性发放的数月工资。每月固定发放的奖金属于每月工资的一部分,不视为数月奖金;一次性发放的数月工资主要由于公司没有按期为员工发工资,而延后一次性补发,可以理解为补发数月工资,因此,也不视为数月奖金。股权激励包括股票期权、股权期权、限制性股票、股票增值权、股权奖励以及其他因认购股票等有价证券而从雇主取得的折扣或者补贴。

数月奖金与股权激励同属于工资、薪金所得,因此对于无住所个人,取得的数月奖金或者股权激励也需按照劳务发生地规则确定所得来源地,即归属于境内工作期间取得的数月奖金或股权激励为境内所得。特别之处在于,这部分所得的取得时间与归属期间可能会不一致,而且归属期间一般会超过一个月。

无住所个人在境内履职或者执行职务时收到的数月奖金或者股权激励,归属于境外工作期间的部分,为来源于境外的工资、薪金所得;无住所个人停止在境内履约或者执行职务离境后收到的数月奖金或者股权激励,对属于境内工作期间的部分,为来源于境内的工资、薪金所得。具体计算公式为:

$$\text{来源于境内的工资、薪金所得} = \text{数月奖金或者股权激励总额} \times \text{数月奖金或者股权激励所属工作期间境内工作天数} \div \text{所属工作期间公历天数}$$

无住所个人一个月内取得的境内、外数月奖金或者股权激励包含归属于不同期间的多笔所得的,应当先分别计算不同归属期间来源于境内的所得,然后再加总计算当月取得来源于境内的数月奖金或者股权激励收入额。

(1)数月奖金税款的计算

非居民个人一个月内取得数月奖金,单独计算收入额,不与当月其他工资、薪金收入合并,按6个月分摊计税,不减除费用,适用月度税率表(见表10-2)计算应纳税额。上述分摊计税方法,每个非居民个人每一纳税年度内只能使用一次,如超过一次的,需并入当月工资、薪金所得一并计算。具体计算公式如下:

$$\text{当月数月奖金应纳税额} = [(\text{数月奖金收入额} \div 6) \times \text{适用税率} - \text{速算扣除数}] \times 6$$

【例15-6】汤姆为无住所个人(2022年在境内居住天数不超过90天),

2022年1月,同时取得2021年第四季度(公历天数92天)奖金和全年奖金。假设取得季度奖金20万元,对应境内工作天数为46天;取得全年奖金50万元,对应境内工作天数为73天。两笔奖金分别由境内公司、境外公司各支付一半。请问,汤姆当月取得数月奖金在境内应计税的收入额是多少?(不考虑税收协定因素)

【解析】2022年度,汤姆在中国境内居住天数不超过90天,为非居民个人,汤姆仅就境内支付的境内所得,计算在境内应计税的收入。汤姆当月取得数月奖金在境内应计税的收入额为:

$$20 \times \frac{1}{2} \times \frac{46}{92} + 50 \times \frac{1}{2} \times \frac{73}{365} = 10 \text{(万元)}$$

(2)股权激励税款的计算

非居民个人一个月内取得股权激励所得,单独计算收入额,不与当月其他工资、薪金收入合并,按6个月分摊计税,不减除费用,适用月度税率表(见表10-2)计算应纳税额。非居民个人在一个纳税年度内取得多笔股权激励所得的,应当合并计算纳税,具体计算公式如下:

$$\text{当月股权激励所得应纳税额} = \left[\left(\text{本公历年度内股权激励所得合计额} \div 6\right) \times \text{适用税率} - \text{速算扣除数}\right] \times 6 - \text{本公历年度内股权激励所得已纳税额}$$

【例15-7】约翰为无住所个人,在公司为一般职员,2022年在境内居住天数不满90天,2022年1月,约翰取得境内支付的股权激励所得40万元,其中归属于境内工作期间的所得为12万元。2022年5月,取得境内支付的股权激励所得70万元,其中归属于境内工作期间的所得为18万元。请问约翰在境内取得股权激励所得应缴纳多少个人所得税?(不考虑税收协定因素)

【解析】(1)2021年1月应纳税额=[(120000÷6)×20%-1410]×6=15540(元)

(2)2021年5月应纳税额={[(120000+180000)÷6]×30%-4410}×6-15540=48000(元)

3. 劳务报酬、稿酬与特许权使用费所得

非居民个人取得来源于境内的劳务报酬所得、稿酬所得、特许权使用费所得,以税法规定的每次收入额为应纳税所得额,适用月度税率表(见表10-2)计算应纳税额。

劳务报酬所得、稿酬所得、特许权使用费所得以收入减除20%的费用后的余额为收入额,其中稿酬所得的收入额减按70%计算。

【例15-8】非居民个人布朗2022年度在中国境内居住天数达到90天不满183天,2022年4月取得我国境内出版社支付的稿酬8000元。布朗4月均在中国境内工作。请问布朗在我国应该如何缴纳个人所得税?

【解析】布朗取得境内出版社支付的稿酬所得8000元应在我国缴纳个人所得税。

应纳税所得额 = 8000 × (1 - 20%) × (1 - 30%) = 4480(元)

应纳税额 = 4480 × 10% - 210 = 238(元)

(二)无住所居民个人税款的计算

居民个人取得各项所得的税款计算,本书第十一章至第十三章已详细介绍,无住所居民个人唯一不同的是工资、薪金所得收入额的计算,详见本节"五、无住所个人工资、薪金收入额的计算",涉及税收协定的内容,详见本节"六、无住所个人税收协定的适用"。

五、无住所个人工资、薪金收入额的计算

在不考虑税收协定的前提下,境外人士应按以下思路确定其个人所得税申报义务、纳税义务和工资、薪金收入额:

第一步,按照住所所在地和境内居住天数确定居民(或非居民)身份。

第二步,依照其居民(或非居民)身份确定计税期间、扣除项目和申报方式,其中居民个人使用预扣预缴与年度汇算相结合的申报方式,非居民个人主要使用代扣代缴的申报方式。

第三步,根据境内居住天数和年数选择可以适用的税收优惠,明确纳税义务,并据此确定可以适用的工资、薪金收入额公式。

第四步,使用适用的工资、薪金收入额公式计算收入额。

(一)工作天数的计算

个人取得归属于中国境内工作期间的工资、薪金所得为来源于境内的工资、薪金所得。境内工作期间按照个人在境内工作天数计算,包括其在境内的实际工作日以及境内工作期间在境内、境外享受的公休假、个人休假、接受培训的天数。

在境内、境外单位同时担任职务或者仅在境外单位任职,且当期同时在境内、境外工作的无住所个人,可以计算境外工作天数,从而划分来源于境内、境外工资、薪金所得的收入额。这类个人按照上述方法确定境内工作天数后,按照当期公历天数减去当期境内工作天数计算境外工作天数,在境内停留的当天不足24小时的,按照半天计算境内工作天数。然后,再按照工资、薪金所属境内、境外工作天数占当期公历天数的比例计算确定来源于境内、境外工资、薪金所得的收入额。

【例15-9】 汤姆2022年4月来华工作,同时在境外某国A公司任职,当月取得境内工资、薪金所得10万元。其4月在境内停留情况:4月4日至4月10日赴境外参加A公司会议,其余时间在境内停留,请计算汤姆2022年4月境内、境外工作天数。(不考虑税收协定因素)

【解析】 汤姆除4月5日至4月9日这5天外,当月其余时间均在境内停留,其中4月4日、4月10日出入境当天在境内停留均不足24小时,应按照半天计算境内工作天数。因此,汤姆2022年4月在境内的工作天数为24天,在境外工作天数为6天。

(二)无住所个人工资、薪金收入额的计算

根据所得来源地规则,无住所个人取得的工资、薪金所得,可分为境内和境外工资、薪金所得;在此基础上,根据支付地不同,境内工资、薪金所得可进一步分为境内雇主支付或负担(以下称境内支付)和境外雇主支付(以下称境外支付)所得;境外工资、薪金所得也可分为境内支付和境外支付的所得。综上,无住所个人工资、薪金所得可以划分为境内支付的境内所得、境外支付的境内所得、境内支付的境外所得、境外支付的境外所得等四个部分。无住所个人境内计税的工资、薪金收入额的计算方法,具体如下:

1. 非居民个人境内居住时间累计不超过90天的情形(高管人员除外)

当月工资、薪金收入额的计算公式如下(公式一):

$$当月工资、薪金收入额 = 当月境内外工资、薪金总额 \times \frac{当月境内支付工资、薪金数额}{当月境内外工资、薪金总额} \times \frac{当月工资、薪金所属工作期间境内工作天数}{当月工资、薪金所属工作期间公历天数}$$

工资、薪金所属工作期间的公历天数,是指无住所个人取得工资、薪金所属工作期间按公历计算的天数。当月境内外工资、薪金包含归属于不同期间的多笔工资、薪金的,应当先分别按照规定计算不同归属期间工资、薪金收入额，然后再加总计算当月工资、薪金收入额。

2. 非居民个人境内居住时间累计超过90天不满183天的情形（高管人员除外）

当月工资、薪金收入额的计算公式如下（公式二）：

$$当月工资、薪金收入额 = 当月境内外工资、薪金总额 \times \frac{当月工资、薪金所属工作期间境内工作天数}{当月工资、薪金所属工作期间公历天数}$$

3. 无住所居民个人在境内居住累计满183天的年度连续不满6年的情形

当月工资、薪金收入额的计算公式如下（公式三）：

$$当月工资、薪金收入额 = 当月境内外工资、薪金总额 \times \left[1 - \frac{当月境外支付工资、薪金数额}{当月境内外工资、薪金总额} \times \frac{当月工资、薪金所属工作期间境外工作天数}{当月工资、薪金所属工作期间公历天数} \right]$$

4. 无住所居民个人在境内居住累计满183天的年度连续满6年的情形

在境内居住累计满183天的年度连续满6年后，不符合《个人所得税法实施条例》第四条优惠条件的无住所居民个人，其从境内、境外取得的全部工资、薪金所得均应计算缴纳个人所得税。

5. 无住所个人为高管人员的工资、薪金收入额的计算

因任职、受雇、履约等在境内提供劳务取得的所得属于来源于境内的所得，但对担任董事、监事、高层管理职务的无住所个人（以下统称高管人员），其境内所得判定的规则与普通人员不同。高管人员的报酬不仅限于工资、薪金所得，还包括由境内企业支付或者负担的董事费、监事费或其他类似报酬。

所谓高层管理职务，包括企业正、副（总）经理、各职能总师、总监及其他类似公司管理层的职务。

高管人员如果是无住所居民个人，其工资、薪金收入额与非高管人员的计算方法一致。如是非居民个人的，则按照以下规定计算：

（1）高管人员在境内居住时间累计不超过90天的情形

在一个纳税年度内，在境内累计居住不超过90天的高管人员，其取得由境内雇主支付或者负担的工资、薪金所得应当计算缴纳个人所得税；不是由境内雇主支付或者负担的工资、薪金所得，不缴纳个人所得税。当月工资、薪金收入额为当月境内支付或者负担的工资、薪金收入额。

(2) 高管人员在境内居住时间累计超过90天不满183天的情形

在一个纳税年度内,在境内居住累计超过90天但不满183天的高管人员,其取得的工资、薪金所得,除归属于境外工作期间且不是由境内雇主支付或者负担的部分外,应当计算缴纳个人所得税。当月工资、薪金收入额计算适用公式三。

【例15-10】无住所个人布朗,是某境外公司派至中国子公司的一名普通技术人员,同时为母、子公司工作。假设2025年11月,布朗境内工作天数为20天,境外工作天数为10天。其取得的当月工资收入30万元。其中:中国境内子公司支付12万元,境外公司支付18万元。

假设2025年布朗在中国境内居住时间分别为80天、160天、200天的情形下,其2025年11月工资、薪金收入额分别是多少?(不考虑税收协定因素)

【解析】(1) 假设2025年布朗在中国境内居住时间为80天,累计居住不超过90天,为非居民个人,其在境内计税的工资、薪金收入额计算适用公式一,具体如下:

$$30 \times \frac{12}{30} \times \frac{20}{30} = 8 \text{(万元)}$$

(2) 假设2025年布朗在中国境内居住时间为160天,累计居住超过90天但不满183天,为非居民个人,其在境内计税的工资、薪金收入额计算适用公式二,具体如下:

$$30 \times \frac{20}{30} = 20 \text{(万元)}$$

(3) 假设2025年布朗在中国境内居住时间为200天,累计居住满183天,构成无住所居民个人。如果布朗此前居住累计满183天的年度没有达到连续满6年的条件,其在境内计税的工资、薪金收入额计算适用公式三,具体如下:

$$30 \times \left(1 - \frac{18}{30} \times \frac{10}{30}\right) = 24 \text{(万元)}$$

(4) 假设2025年布朗在中国境内居住时间为200天,累计居住满183天,构成无住所居民个人。如果布朗此前居住累计满183天的年度达到连续满6年的条件,其已不符合《个人所得税法实施条例》第四条优惠条件,其从中国境内、境外取得的全部工资、薪金收入额应在中国境内计税,即30万元。

六、无住所个人税收协定的适用

各国法律对税收居民的定义可能会存在差异,同一个纳税人可能会被两个国家都同时判定为税收居民，从而构成双重居民身份。为避免双重征税，目前我国已经与100多个国家或地区签订了税收协定，内地也与香港、澳门签订了避免双重征税安排（以下统称税收协定）。对于居民条款规定为缔约对方税收居民的个人（以下称对方税收居民个人），可以按照税收协定及有关规定享受税收协定待遇，也可以选择不享受税收协定待遇计算纳税。以下对无住所个人如何适用税收协定的内容进行介绍。

（一）双重税收居民身份

在构成双重税收居民的情况下，应根据税收协定居民条款加比规则判断其居民身份，即按照永久性住所、重要利益中心、习惯性居所、国籍等标准依次顺序判断。

对于同一人有可能同时成为两国税收居民时，确定其最终居民身份归属的判定标准，与税收协定的"加比规则"思路一致：永久性住所—重要利益中心—习惯性居所—国籍。当上述顺位判断的标准仍无法确定其单一的居民身份，可由缔约国双方的主管税务当局协商解决。

虽然各国对自然人税收居民身份的判定标准并不相同，但住所和居住时间是国际上较为通用的判定标准。因此，实践中通常出现同一个纳税人具有双重居民身份的情形，最常见的就是一个纳税人在一国拥有永久性住所，而在另一国的停留时间又长到足以判定其构成该国的税收居民，在这种情况下，需要通过税收协定的"加比规则"来确定其唯一的税收居民身份，仍无法确定的，可由缔约国双方的主管税务当局协商解决。

（二）相关条款的适用

1. 境外受雇所得协定条款适用

境外受雇所得协定待遇，是指按照税收协定受雇所得条款规定，对方税收居民个人在境外从事受雇活动取得的受雇所得，可不缴纳个人所得税。换言之，无住所个人为对方税收居民个人，其取得的境外工资、薪金所得可享受境外受雇所得协定待遇的，可不缴纳个人所得税，仅就归属于境内工作期间的工资、薪金所得计算缴纳个人所得税。工资、薪金收入额计算适用公式二。

无住所居民个人为对方税收居民个人的，可在预扣预缴和汇算清缴时享受协定待遇；非居民个人为对方税收居民个人的，可在取得所得时享受协定待遇。

2. 境内受雇所得协定条款适用

境内受雇所得协定待遇，是指按照税收协定受雇所得条款规定，在税收协定规定的期间内境内停留天数不超过183天的对方税收居民个人，在境内从事受雇活动取得受雇所得，不是由境内居民雇主支付或者代其支付的，也不是由雇主在境内常设机构负担的，可不缴纳个人所得税。换言之，无住所个人为对方税收居民个人，其取得的工资、薪金所得可享受境内受雇所得协定待遇的，仅就归属于境内工作期间并由境内雇主支付或者负担的工资、薪金所得计算缴纳个人所得税。工资、薪金收入额计算适用公式一。

无住所居民个人为对方税收居民个人的，可在预扣预缴和汇算清缴时享受协定待遇；非居民个人为对方税收居民个人的，可在取得所得时享受协定待遇。

3. 独立个人劳务或者营业利润条款适用

独立个人劳务或者营业利润协定待遇，是指按照税收协定独立个人劳务或者营业利润条款规定，对方税收居民个人取得的独立个人劳务所得或者营业利润符合税收协定规定条件的，可不缴纳个人所得税。

独立个人劳务符合税收协定规定条件可不缴纳个人所得税的情形，一般是指该居民在境内为从事上述活动的目的既没有设立经常使用的固定基地，在境内连续或累计停留的天数也未达到183天。若不符合上述情形的，即应缴纳个人所得税。

营业利润符合税收协定规定条件可不缴纳个人所得税的情形，一般是指对方企业设在境内的常设机构在中国进行营业，其利润可以在境内征税，但应仅以属于该常设机构的利润为限；若不符合常设机构条款，对方居民个人可不缴纳个人所得税。

无住所居民个人为对方税收居民个人，其取得的劳务报酬所得、稿酬所得可享受独立个人劳务或者营业利润协定待遇的，在预扣预缴和汇算清缴时，可不缴纳个人所得税。非居民个人为对方税收居民个人，其取得的劳务报酬所得、稿酬所得可享受独立个人劳务或者营业利润协定待遇的，在取得所得时可不缴纳个人所得税。

4. 董事费条款适用

对方税收居民个人为高管人员，该个人适用的税收协定未纳入董事费条款，或者虽然纳入董事费条款但该个人不适用董事费条款，且该个人取得的高管人员报酬可享受税收协定受雇所得、独立个人劳务或者营业利润条款规定待遇的，该个人取得的高管人员报酬可不适用对于高管人员的特别规定，而是分别按照普通人员享受相关待遇的规定执行。如果高管人员适用董事费条款，则应当依据国内法执行，即适用对于高管人员的特别规定。

5. 特许权使用费或者技术服务费条款适用

无住所居民个人为对方税收居民个人，其取得的特许权使用费所得、稿酬所得或者劳务报酬所得可享受特许权使用费或者技术服务费协定待遇的，可不纳入综合所得，在取得当月按照税收协定规定的计税所得额和征税比例计算应纳税额，并预扣预缴税款。年度汇算清缴时，该个人取得的已享受特许权使用费或者技术服务费协定待遇的所得不纳入年度综合所得，单独按照税收协定规定的计税所得额和征税比例计算年度应纳税额及补退税额。

非居民个人为对方税收居民个人，其取得的特许权使用费所得、稿酬所得或者劳务报酬所得可享受特许权使用费或者技术服务费协定待遇的，可按照税收协定规定的计税所得额和征税比例计算应纳税额。

七、无住所个人征收管理

(一) 申报纳税的基本规定

无住所居民个人取得综合所得的申报纳税规定详见本书第十一章第四节"综合所得征收管理"。

非居民个人取得工资、薪金所得，劳务报酬所得，稿酬所得和特许权使用费所得，有扣缴义务人的，由扣缴义务人按月或者按次代扣代缴税款，不办理汇算清缴；扣缴义务人未扣缴税款的，应当在取得所得的次年6月30日前，向扣缴义务人所在地主管税务机关办理纳税申报；有两个以上扣缴义务人均未扣缴税款的，选择向其中一处扣缴义务人所在地主管税务机关办理纳税申报；在中国境内没有扣缴义务人的，应当在取得所得的次月15日内，按照自行申报的相关规定，自行办理纳税申报。

非居民个人在中国境内从两处以上取得工资、薪金所得的，应当在取得所得的次月15日内，向其中一处任职、受雇单位所在地主管税务机关办理纳税申报。

非居民个人在次年6月30日前离境（临时离境除外）的，应当在离境前办理纳税申报。

(二) 申报纳税的特殊规定

1. 预计境内居住时间与实际不符时的特别规定

年度首次申报时，无住所个人在境内的实际居住天数不满183天，暂时无法确定其为居民个人还是非居民个人。此时应当根据合同约定等情况自行判定是居民个人或非居民个人，并按照有关规定进行申报。预计情况与实际情况不符的，分别按照以下方式处理：

（1）无住所个人预先判定为非居民个人，因延长居住天数达到居民个人条件的，一个纳税年度内税款扣缴方法保持不变，年度终了后按照居民个人有关规定办理汇算清缴，但该个人在当年离境且预计年度内不再入境的，可以选择在离境之前办理汇算清缴。

（2）无住所个人预先判定为居民个人，因缩短居住天数不能达到居民个人条件的，在不能达到居民个人条件之日起至年度终了15天内，应当向主管税务机关报告，按照非居民个人重新计算应纳税额，申报补缴税款，不加收税收滞纳金。需要退税的，按照退税流程办理。

（3）无住所个人预计一个纳税年度境内居住天数累计不超过90天，但实际累计居住天数超过90天的，或者对方税收居民个人预计在税收协定规定的期间内境内停留天数不超过183天，但实际停留天数超过183天的，待达到90天或者183天的月度终了后15天内，向主管税务机关报告，就以前月份工资、薪金所得重新计算应纳税款，并补缴税款，不加收税收滞纳金。

2. 境外关联方支付工资、薪金所得的特别规定

无住所个人在境内任职、受雇取得的工资、薪金所得，有的是由其境内雇主的境外关联方支付的。在这种情况下，尽管境内雇主不是工资、薪金的直接支付方，无住所个人可以选择在一个纳税年度内自行申报缴纳税款，或者委托境内雇主代为缴纳税款。对于无住所个人未委托境内雇主代为缴纳税款的，境内雇主负有报告义务，应当在相关所得支付当月终了后15日内向主管税务机关报告相关信息。

无住所个人选择委托境内雇主代为缴纳税款的，境内雇主按照预扣预缴、代扣代缴的流程办理。无住所个人选择自行申报缴纳税款的，于取得相关所得当月终了后15日内向其境内雇主的主管税务机关办理自行纳税申报。

第二节 境外所得

一、境外所得应纳税额的计算

居民个人从中国境外取得的所得，可以从其应纳税额中抵免已在境外缴纳的个人所得税税额，但抵免额不得超过该纳税人境外所得依照规定计算的应纳税额。

居民个人从中国境内和境外取得的综合所得，应当分别合并计算应纳税额；从中国境内和境外取得的其他所得，应当分别单独计算应纳税额。

居民个人当期境内和境外所得应纳税额，计算方法如下：

（1）居民个人来源于境外的综合所得，应当与境内综合所得合并计算应纳税额。

（2）居民个人来源于境外的经营所得，应当与境内经营所得合并计算应纳税额。居民个人来源于境外的所得，按规定计算的亏损，不得抵减其境内或他国（地区）的应纳税所得额，但可以用同一国家（地区）以后年度的所得按规定弥补。

（3）居民个人来源于境外的利息、股息、红利所得，财产租赁所得，财产转让所得和偶然所得（以下称分类所得），不与境内所得合并，应当分别单独计算应纳税额。

【例15-11】居民个人杨某2022年度取得来源于中国境内的工资、薪金收入30万元，取得来源于A国的工资、薪金收入折合成人民币20万元，无其他综合所得。假定专项扣除8万元，专项附加扣除4万元，其他扣除2万元。请计算杨某2022年度综合所得应缴纳多少个人所得税。

【解析】（1）杨先生2022年度综合所得应纳税所得额 = (30 + 20 - 6 - 8 - 4 - 2) = 30（万元）

（2）应纳税额 = 30 × 20% - 1.692 = 4.308（万元）

二、境外税额抵免

（一）境外所得抵免限额计算

居民个人来源于一国（地区）的综合所得、经营所得以及分类所得项目的应纳税额为其抵免限额，按照下列公式计算：

$$\text{来源于一国（地区）综合所得的抵免限额} = \text{中国境内和境外综合所得依照相关规定计算的综合所得应纳税额} \times \frac{\text{来源于该国（地区）的综合所得收入额}}{\text{中国境内和境外综合所得收入额合计}}$$

$$\text{来源于一国（地区）经营所得的抵免限额} = \text{中国境内和境外经营所得依照相关规定计算的经营所得应纳税额} \times \frac{\text{来源于该国（地区）的经营所得应纳税所得额}}{\text{中国境内和境外经营所得应纳税所得额合计}}$$

$$\text{来源于一国（地区）其他分类所得的抵免限额} = \text{该国（地区）的其他分类所得依照相关规定计算的应纳税额}$$

$$\text{来源于一国（地区）所得的抵免限额} = \text{来源于该国（地区）综合所得抵免限额} + \text{来源于该国（地区）经营所得抵免限额} + \text{来源于该国（地区）其他分类所得抵免限额}$$

【例15-12】居民个人张某2022年度从国内取得工资、薪金收入30万元，取得来源于B国的工资、薪金收入折合成人民币20万元，张某该年度内无其他应税所得。假定专项扣除3万元，专项附加扣除4万元。张某就其从B国取得的工资、薪金收入在B国缴纳的个人所得税为6万元。请计算张某可以抵免的B国税款的抵免限额。（不考虑其国内工资、薪金的预扣预缴情况和税收协定因素）

【解析】（1）张某2022年度全部境内、境外综合所得应纳税所得额 = (300000 + 200000 - 60000 - 30000 - 40000) = 370000（元）

（2）张某2022年度按照国内税法规定计算的境内、境外综合所得应纳税额 = 370000 × 25% - 31920 = 60580（元）

（3）张某可以抵免的B国税款的抵免限额 = $60580 \times \frac{200000}{300000 + 200000}$ = 24232（元）

（二）实际抵免境外税额计算

居民个人在中国境外一个国家（地区）实际已经缴纳的个人所得税税额，低于依照规定计算出的来源于该国家（地区）所得的抵免限额的，应当在中国缴纳差额部分的税款；超过来源于该国家（地区）所得的抵免限额的，其超过部分不得在本纳税年度的应纳税额中抵免，但是可以在以后纳税年度来源于该国家（地区）所得的抵免限额的余额中补扣。补扣期限最长不得超过五年。

居民个人一个纳税年度内来源于一国（地区）的所得实际已经缴纳的所得税税额，低于相关规定计算出的来源于该国（地区）该纳税年度所得的抵免限额的，应以实际缴纳税额作为抵免额进行抵免；超过来源于该国（地区）该纳税年度所得的抵免限额的，应在限额内进行抵免，超过部分可以在以后五个纳税年度内结转抵免。

居民个人境外所得实际抵免境外税额的计算采用抵免限额和可抵免的境外所得税税额孰低原则确认。居民个人当期可抵免的境外所得税税额低于按照《个人所得税法》及实施条例计算出的境外所得抵免限额的，应以可抵免的境外所得税额作为实际抵免税额进行抵免，同时在中国补缴差额部分的税款；高于境外所得抵免限额的，应当以抵免限额作为实际抵免额进行抵免，超过抵免限额的部分可在以后连续五个纳税年度延续结转抵免。

【例15-13】 居民个人王某取得2022年度在中国境内工作期间的工资、薪金收入30万元，假设专项扣除6万元，专项附加扣除3.6万元，其他扣除0.24万元。王某还取得在境外A国工作期间的工资、薪金收入折合人民币20万元，特许权使用费收入20万元，股息收入4万元；同时在境外B国取得利息收入5万元。王某根据A国和B国税法规定，在A国缴纳个人所得税8万元，在B国缴纳预提所得税0.8万元。除此外，王某无其他所得及扣除项目。王某2022年度办理个人所得税境外所得申报时需要补税吗？如需补税，需要补缴多少个人所得税？（不考虑税收协定和中国境内预缴因素）

【解析】（1）计算王某2022年度综合所得应纳税额

综合所得应纳税所得额＝来源于中国境内工资、薪金收入额＋来源于A国工资、薪金收入额＋特许权使用费收入额－减除费用－专项扣除－专项附加扣除－其他扣除

特许权使用费收入额＝特许权使用费收入×（1－20%）

应纳税所得额 = 30 + 20 + 20 × (1 - 20%) - 6 - 6 - 3.6 - 0.24 = 50.16（万元）

综合所得应纳税额 = 境内、境外综合所得应纳税所得额 × 税率 - 速算扣除数

王某2022年度综合所得应纳税额 = 50.16 × 30% - 5.292 = 9.756（万元）

（2）计算来源于境外股息所得应纳税额和利息所得应纳税额

利息、股息、红利所得应纳税额 = 利息、股息、红利所得应纳税所得额 × 20%

①来源于A国股息所得应纳税额 = 4 × 20% = 0.8（万元）

②来源于B国利息所得应纳税额 = 5 × 20% = 1（万元）

（3）计算王某境外所得抵免限额

①王某2022年度来源于A国的综合抵免限额 =

$9.756 \times \dfrac{20 + 20 \times (1 - 20\%)}{30 + 20 + 20 \times (1 - 20\%)} = 5.321$（万元）

②王某2022年度来源于A国股息所得抵免限额 = 4 × 20% = 0.8（万元）

③王某2022年度来源于A国的抵免限额 = 5.321 + 0.8 = 6.121（万元）

④由于王某已在A国缴纳个人所得税8万元，大于其当年其可以抵免的境外所得抵免限额6.121万元，按照孰低原则，王某在2022年度来源于A国的境外所得仅可抵免6.121万元，尚未抵免完的金额 = 8 - 6.121 = 1.879（万元），可以在以后五个纳税年度申报从A国取得的境外所得抵免限额的余额中结转抵免。

⑤王某2022年度来源于B国的利息所得抵免限额 = 5 × 20% = 1（万元），由于王某来源于B国所得可抵免限额1万元大于其实际缴纳个人所得税0.8万元，故可抵免0.8万元，需就其差额的部分补缴税额。

（4）王某2022年度应补退个人所得税计算

王某2022年度应补退税额 = 应纳税额 - 境内外所得已在境内缴纳税额 - 境外所得已纳所得税抵免额 = (9.756 + 0.8 + 1) - 0 - (6.121 + 0.8) = 4.635（万元）

（三）不予抵免的境外所得税额

可抵免的境外所得税税额，是指居民个人取得境外所得，依照该所得来源国（地区）税收法律以及相关规定应当缴纳且实际已经缴纳的所得税性质的税额。可抵免的境外所得税额不包括以下情形：①按照境外所得税法律属于错缴或错征的境外所得税税额；②按照我国政府签订的避免双重征税协定以及内地与香港、澳门签订的避免双重征税安排（以下称税收协定）规定不应征收的境

外所得税税额；③因少缴或迟缴境外所得税而追加的利息、滞纳金或罚款；④境外所得税纳税人或者其利害关系人从境外征税主体得到实际返还或补偿的境外所得税税款；⑤按照我国个人所得税法及其实施条例规定，已经免税的境外所得负担的境外所得税税款。

（四）税收饶让抵免

居民个人从与我国签订税收协定的国家（地区）取得的所得，按照该国（地区）税收法律享受免税或减税待遇，且该免税或减税的数额按照税收协定饶让条款规定应视同已缴纳税额在中国的应纳税额中抵免的，该免税或减税数额可作为居民个人实际缴纳的境外所得税税额按规定申报税收抵免。

【例15-14】居民个人韩某持有某项专有技术，允许该专有技术在B国使用，取得特许权使用费所得400万元。假设B国税法规定，特许权使用费所得个人所得税税率为10%，且没有任何扣除。但B国政府为促进高新技术发展，对其给予全部减免，且该国与我国签订的税收协定中存在相关饶让条款，协定规定特许权使用费限制税率为10%。韩某在办理个人所得税境外所得申报时应如何处理？

【解析】由于我国政府与B国所签订的税收协定有税收饶让条款，韩某在计算个人所得税时，其在B国享受的免税额=400×10%=40（万元），可在其申报境外所得时视为已缴税额，用以计算抵免，从而确保居民个人切实享受境外国家提供的税收优惠。

（五）境外所得追溯抵免

居民个人已申报境外所得、未进行税收抵免，在以后纳税年度取得纳税凭证并申报境外所得税收抵免的，可以追溯至该境外所得所属纳税年度进行抵免，但追溯年度不得超过五年。自取得该项境外所得的五个年度内，境外征税主体出具的税款所属纳税年度纳税凭证载明的实际缴纳税额发生变化的，按实际缴纳税额重新计算并办理补退税，不加收税收滞纳金，不退还利息。

> **延伸阅读**
>
> **境外所得追溯抵免计算方法的国际比较**
>
> 由于世界各国征管制度差异较大，长期以来部分居民个人无法及时取得纳税凭证而导致无法进行境外所得税收抵免。在借鉴国际经验的基础上，我国首

次引入境外所得追溯抵免方法，对所属当年无法取得的境外纳税凭证或准确确认个人已在境外所缴纳的税额，在以后年度取得时，通过申请修改以前年度纳税申报表的方式进行境外所得抵免。境外所得追溯抵免计算方法各国大体原则基本一致，即不改变税款所属年度。在允许纳税人追溯修改申报表年限上，各个国家或地区允许时间各不同，最短有两年的，特殊情况下也有十年的。如美国通常是三年，加拿大一般是最多五年，德国是四年，荷兰一般是五年，中国台湾是五年，中国香港是六年。本着权利与义务相一致的原则，在借鉴国际经验的基础上，现行税法将追溯抵免期限确定为五年。

资料来源：IBFD Global Individual Tax Handbook 2023。

三、境外所得征收管理

（一）境外所得纳税年度的确定

居民个人取得境外所得的境外纳税年度与公历年度不一致的，取得境外所得的境外纳税年度最后一日所在的公历年度，为境外所得对应的我国纳税年度。

【例15-15】 居民个人孙某在 E 国取得所得，按 E 国税收法律规定，其纳税年度为每年 4 月 6 日至次年 4 月 5 日。孙某在 E 国某一年度的税额如何对应我国纳税年度进行税收抵免？在办理个人所得税境外所得申报时应如何处理？

【解析】 孙某在 2021 年 4 月 6 日至 2022 年 4 月 5 日期间从 E 国取得所得，孙某取得 E 国所得的最后一日所在年度为 2022 年，其对应的我国纳税年度为 2022 年度，故应与 2022 年度取得的境内所得合并计算纳税，并于 2023 年 3 月 1 日至 6 月 30 日申报境外所得。

（二）境外所得税收抵免凭证

居民个人申报抵免已在境外缴纳的个人所得税税额，应当提供境外税务机关出具的税款所属年度的有关纳税凭证。

居民个人申报境外所得税收抵免时，除另有规定外，应当提供境外征税主体出具的税款所属年度的完税证明、税收缴款书或者纳税记录等纳税凭证，未提供符合要求的纳税凭证，不予抵免。

纳税人确实无法提供纳税凭证的，可同时凭境外所得纳税申报表（或者境外征税主体确认的缴税通知书）以及对应的银行缴款凭证办理境外所得抵免事宜。

(三) 境外所得外币折算

所得为人民币以外货币的,按照办理纳税申报或者扣缴申报的上一月最后一日人民币汇率中间价,折合成人民币计算应纳税所得额。年度终了后办理汇算清缴的,对已经按月、按季或者按次预缴税款的人民币以外货币所得,不再重新折算;对应当补缴税款的所得部分,按照上一纳税年度最后一日人民币汇率中间价,折合成人民币计算应纳税所得额。

居民个人取得来源于境外的所得或者实际已经在境外缴纳的所得税税额为人民币以外货币的,应当按照《个人所得税法实施条例》第三十二条折合计算。

(四) 派出单位涉税义务

居民个人被境内企业、单位、其他组织(以下称派出单位)派往境外工作,取得的工资、薪金所得或者劳务报酬所得,由派出单位或者其他境内单位支付或负担的,派出单位或者其他境内单位应按照规定预扣预缴税款。

居民个人被派出单位派往境外工作,取得的工资、薪金所得或者劳务报酬所得,由境外单位支付或负担的,如果境外单位为境外任职、受雇的中方机构(以下称中方机构)的,可以由境外任职、受雇的中方机构预扣税款,并委托派出单位向主管税务机关申报纳税。中方机构未预扣税款的或者境外单位不是中方机构的,派出单位应当于次年2月28日前向其主管税务机关报送外派人员情况,包括:外派人员的姓名、身份证件类型及身份证件号码、职务、派往国家和地区、境外工作单位名称和地址、派遣期限、境内外收入及缴税情况等。

中方机构包括中国境内企业、事业单位、其他经济组织以及国家机关所属的境外分支机构、子公司、使(领)馆、代表处等。

(五) 境外所得申报时间与地点

居民个人从中国境外取得所得的,应当在取得所得的次年3月1日至6月30日内申报纳税。纳税地点详见表10-5。

 本章思考题

1. 无住所高管人员取得报酬,如何划分境内所得和境外所得?

2. 无住所个人取得数月奖金、股权激励所得,如何划分境内所得和境外所得?
3. 居住天数与工作天数有什么区别?
4. 居民个人取得境外所得,应如何计算境外所得抵免限额?

第十六章 个人所得税服务管理实践

【学习目标】本章主要介绍个人所得税优化服务和风险管理的举措。通过本章学习，了解税务部门近年来推出的个人所得税优化服务和风险管理的具体做法，熟悉自然人电子税务局（含个人所得税 App）概况等内容。

第一节 优化服务

为全力支撑 2018 年个人所得税改革，保障综合与分类相结合的个人所得税制成功落地运作，同时应对自然人纳税人体量大、流动性强、办税熟悉度低等难题，税务部门面向自然人纳税人推出"自然人电子税务局"，实现多端联动、操作便捷、实时交互、流程畅通，为自然人纳税人提供更为丰富多元的办税渠道、更为通俗易懂的办税指引、更为精准高效的办税服务，推动自然人税费服务与管理不断转型升级。本节以自然人电子税务局为切入点，介绍税务部门优化服务方面的内容。

一、建设自然人电子税务局

由于自然人流动性强、办税事项种类多、政策咨询需求大、系统操作熟练度不高，为了提升办税服务的质量，税务部门一直致力于寻求解决问题的路径。

自然人电子税务局创新构建全国数亿自然人的涉税信息管理体系，以"实名认证"为起点，以纳税人识别号为唯一标识，归集自然人的全量涉税信息，建立全国"一人式税收档案"，对该档案下的全年涉税数据进行全国范围内的"一人式归集"；创新实现年度汇算申报预填报和退税全流程电子化，持续推行"非接触式"办税，拓宽办税渠道和方式，落实精准办税辅导，完善征纳互动机制，提升纳税人办税体验。

自然人电子税务局是税务部门秉承"以纳税人为中心"的理念，以集约化思想和云化思维为引领，以一人式数据归集及一体化运营为路径，在全国范围推行"数字个税战略",打造的税收管理系统。作为国内第一个大规模政务专有云计算平台,创新推动移动办税、申报预填、征纳互动等一系列"数字化精准服务",平稳支撑数千万扣缴义务人和数亿活跃自然人的申报缴税,保障税务部门高效集成地开展个人所得税服务管理工作。

目前,自然人电子税务局包括手机 App 端(即个人所得税 App)、Web 端、扣缴端和税务端。其中:手机 App 端与 Web 端主要面向自然人用户,实现"7×24 小时"非接触式移动办税;扣缴端主要面向单位用户,实现远程轻松办理扣缴申报及查询相关功能;税务端面向税务干部,是为加强服务与管理而打造的税务人员电子工作平台。

自然人电子税务局多端联动、实时交互,通过打造完整的自然人涉税业务链路,全面支撑"代扣代缴、自行申报,汇算清缴、多退少补,优化服务、事后抽查"的自然人税收管理新模式,深入落实"放管服"改革,构建现代化自然人税收管理体系,推进优质高效的智能税费服务。

(一)手机 App 端

个人所得税 App 将个人身份信息采集、专项附加扣除信息采集、税费申报缴纳、数据查询、征纳互动、纳税记录开具等多样化、便捷化、个性化的自然人涉税业务集于一体,为纳税人提供"7×24 小时"非接触式移动办税服务。

(二)Web 端

自然人电子税务局的在线网页版,即 Web 端,同样可以实现"7×24 小时"非接触式办税服务,同时还兼顾单位办税和代理办税业务功能。主要包括以下几大类功能:

1. "个人业务":涵盖专项附加扣除信息采集与修改、税费申报及查询、纳税记录开具、征纳互动等自然人办税业务功能。

2. "单位办税":已实名注册的办税人员在获得企业办税授权后可登录,用于扣缴义务人办理扣缴申报、年度汇算集中申报以及代理经营所得纳税申报等业务。

3. "代理办税":已实名注册的办税人员在建立有效委托关系后可登录,用于办理综合所得年度汇算委托代理申报。

(三)扣缴端

自然人电子税务局的扣缴端,主要用于扣缴义务人为在本单位取得所得的人员(含雇员和非雇员)办理人员信息采集、全员全额扣缴申报、代理经营所得纳税申报等业务。

（四）税务端

税务人员可通过自然人电子税务局税务端为纳税人办理登记、申报、优惠、征收、证明、查询统计等个人所得税相关业务，也可进行相关数据分析统计。

二、提供申报表项目预填服务

大部分自然人纳税人汇总自己全年的收入和可扣除项目金额有一定难度，对政策要求和计税规定也不完全了解。自然人电子税务局充分发挥互联网载体的智能化菜单展示效果，自然人端（手机 App 端、Web 端）创新性地推出了年度汇算申报表项目预填服务，由纳税人确认并补充完善后即可完成申报。

申报表项目预填服务，具体而言，就是在纳税年度终了后，系统基于自然人纳税人识别号，自动将其同一纳税年度在全国范围内取得的各类综合所得收入、扣除等涉税数据进行一人式数据归集，形成年度汇算的预填数据。预填报服务大大地降低了自然人纳税人的申报难度，减轻了纳税人的办税负担。

三、提供个性化办税服务

（一）推出"年度汇算专题页"

自然人电子税务局在手机 App 端，将年度汇算过程中涉及的各项功能在 App 首页的热点业务区域进行一站式聚合，对汇算业务的政策与常见问题进行宣传，帮助纳税人学汇算、办汇算。同时，年度汇算专题页对覆盖年度汇算"前—中—后"各个时间段的申报进度业务场景进行了细分，根据每一位用户当前的纳税申报状态进行个性化动态指引，提供一键直达"申报、缴税、退税及相关查询"的能力，优化了一站式年度汇算办理体验，大幅提升了年度汇算及退（补）税的办理效率。

（二）提供年度汇算准备服务

年度汇算开始前，纳税人可登录手机个人所得税 App，查看自己的综合所得和纳税情况，核对银行卡、专项附加扣除涉及人员身份信息等基础资料，为年度汇算做好准备。

（三）实现汇算退补税流程电子化

1. 首创掌上全流程电子化退税。纳税人只需提供其在中国境内开设的符合条件的银行账户，即可在自然人端（手机 App 端、Web 端）直接提交年度汇算退税申请，无须前往办税服务大厅办理，这也是纳税服务的一大创新举措。

2. 补税缴纳方式灵活多样。纳税人可通过多种方式缴纳年度汇算补缴税款，可以通过网上银行、办税服务厅 POS 机刷卡、银行柜台，甚至如微信、支付宝等第三方支付等方式进行缴纳。

（四）提供不同人群的个性化服务

对于独立完成年度汇算存在困难的年长、行动不便等特殊人群，由纳税人提出申请，税务机关可提供个性化年度汇算服务。

（五）建立征纳互动机制

1. 异议申诉。如果自然人发现本人存在被冒用为任职受雇人（"被任职"）、被申报不存在的个人所得税收入（"被收入"）或被登记为单位财务负责人（"被财务"）等异常情况，可以通过自然人端（手机 App 端或 Web 端）或前往办税服务厅提起异议申诉，税务部门将予以处理并反馈。

2. 纳税记录开具。为了便利纳税人开具纳税记录，自然人端（手机 App 端或 Web 端）提供了在线开具及验证服务。

3. 电子文书管理。为进一步便利纳税人办税，提高税收征管效率，减轻征纳双方负担，税务机关经受送达人同意并签订电子版《税务文书电子送达确认书》后，可以采用电子送达方式送达税务文书。

4. 留言咨询。自然人端（手机 App 端或 Web 端）提供"留言咨询"功能，纳税人选择问题类型、填写问题标题和问题描述，即可在线向税务机关提交留言咨询问题。

四、加大政策解读和操作辅导力度

分类编制办税指引，通俗解释政策口径、专业术语和操作流程，多渠道、多形式开展提示提醒服务，并通过手机个人所得税 App 端、Web 端、12366 纳税缴费服务平台等渠道提供涉税咨询，帮助纳税人解决办理年度汇算中的疑难问题，积极回应纳税人诉求。

延伸阅读

我国电子申报率、预填服务、退税时间在国际上的比较

我国个人所得税 App 在年度汇算中的应用是"互联网+"与税收管理相结

合的里程碑式进展。根据美国公布的各年度"已完成电子申报数量",可计算出美国各年度的电子申报率,美国2015年至2020年的电子申报率情况如图16-1所示,其个人所得税电子申报率呈逐渐递增态势,由2015年的68.09%逐渐提升至87.50%,并且2020年较2019年提高了近15个百分点(新冠疫情是一个重要影响因素),六年平均电子申报率为73.51%。

根据两次年度汇算数据,中国的电子申报率均在95%以上,高出美国20个以上百分点。从实践效果看,税务机关对"个人所得税App"的宣传工作取得了良好成效,大部分纳税人采用手机App申报完成退、补税,税务信息化在个人所得税征收管理中发挥了巨大作用。

我国申报表项目预填服务在国际上处于较高水平。美国在8大项所得项目中,预填了6项,预填率75%;加拿大将所得分成了5大类25项,其中有18项实现了预填,预填率72%;日本申报表上一共列示10大类19项收入,其中,综合所得8大类,有2大类无预填,预填率75%;澳大利亚将所得分为10项,其中有2项无预填,预填率80%。中国2019年度汇算对综合所得中的工资、薪金,特许权使用费以及连续性劳务报酬进行了预填,预填率达到了62.5%;2020年度四项综合所得全部实现预填,预填率100%。从预填使用率看,中国2019年度、2020年度汇算分别达到94.35%、97.95%,说明预填项目比较精准,纳税人普遍采用了税务机关提供的预填服务。(我国个人所得税年度汇算预填服务对比见表16-1)

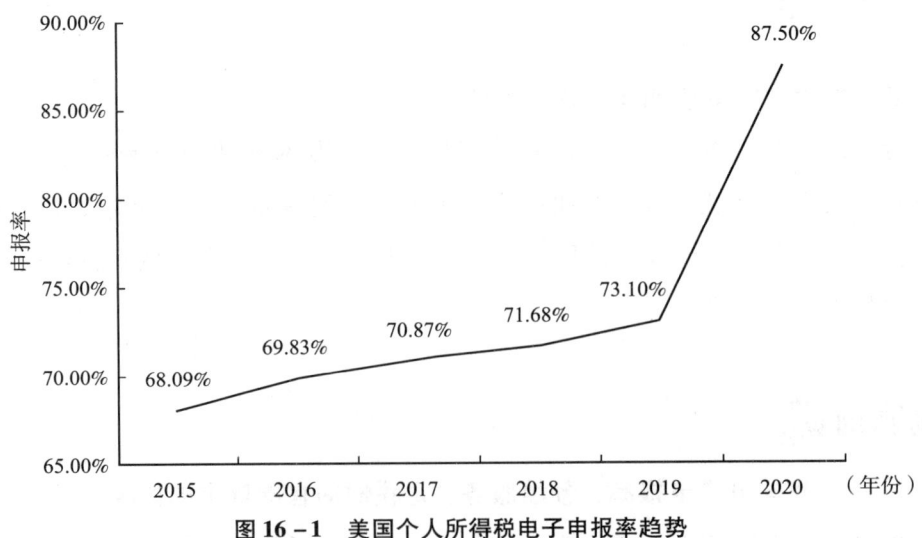

图16-1 美国个人所得税电子申报率趋势

表 16-1　　　　　我国个人所得税年度汇算预填服务对比

国家		是否预填	预填率	预填使用率
美国		是	75%	数据未获取
加拿大		是	72%	数据未获取
日本		是	75%	数据未获取
澳大利亚		是	80%	数据未获取
中国	2019 年度	是	62.5%	94.35%
	2020 年度	是	100%	97.95%

注：预填率＝预填项目数/所得项目总数
预填使用率＝申报时使用税务机关预填数据的比率

中国退税时间短于国际平均水平。美国电子申报退税时间是 24 小时至 21 天，有些情况下还超过 21 天，纸质申报为 6~8 周；加拿大电子申报退税时间平均为 2 周，提交纸质申报单退税时间为 8 周，居住在加拿大境外并提交非居民个人所得税申报表，则最多需要 16 周才能退税；澳大利亚退税时长为电子申报 2 周、纸质申报 10 周。中国电子申报率已经超过 95%，相应的退税时间一般在 3~14 天，平均为 11.84 天，短于上述国家平均水平。

资料来源：2021 年中国国际税收研究会课题组发布的《中国个人所得税年度汇算的国际比较研究》。

第二节　风险管理

个人所得税风险管理是税务部门运用风险管理理论和方法，在全面分析纳税人、扣缴义务人税法遵从情况的基础上，针对纳税人、扣缴义务人不同类型不同等级的税收风险，合理配置税收管理资源，通过风险提醒、纳税评估、税务审计、反避税调查、税务稽查等风险应对手段，防控税收风险，提高纳税人、扣缴义务人的税法遵从度，提升税务部门管理水平的税收管理活动。

税务部门根据纳税人的遵从情况对其实施差别化精准管理，对无风险的纳税人不打扰，对低风险纳税人在事中、事后等环节予以提醒辅导，对中高风险纳税人重点监管，以促进税法遵从。近年来，采取的主要措施及方法如下：一是建立不同纳税年度遵从情况关联机制。如纳税人经税务机关通知以前年度汇算申报存在疑点但未更正或说明情况的，在当年申请年度汇算退税时，需在更正申报或者说明有关情况后依法申请退税。通过关联纳税人不同纳税年度汇算补税和退税的情况，提醒督促纳税人依法诚信申报纳税、依法履行公民义务。二是暂停纳税人享受专项附加扣除。对纳税人填报专项附加扣除信息存在明显错误的，经税务机关通知，如拒不更正或者不说明情况，税务机关可暂停纳税人享受专项附加扣除。纳税人按规定更正相关信息或者说明情况后，经税务机关确认，纳税人可继续享受专项附加扣除，以前月份未享受扣除的，可按规定追补扣除。三是加收滞纳金并予以标注。年度汇算需补税的纳税人，年度汇算期结束后未足额补缴税款的，税务机关除依法加收滞纳金外，还在其《个人所得税纳税记录》中予以标注。四是事后抽查。对居民个人综合所得实行"代扣代缴、自行申报，汇算清缴、多退少补，优化服务、事后抽查"的征管模式。在个人所得税综合所得年度汇算申报期结束后，税务部门结合第三方信息，按照相关风险指标，筛选一定比例纳税人开展风险应对。五是实施"五步工作法"。对风险纳税人先提示提醒，再督促辅导，后予以警告，对警告后仍拒不配合整改的依法进行立案稽查，对立案案件选择部分情节严重、影响恶劣的在查处后公开曝光。

延伸阅读

部分国家个人所得税风险管理做法

美国在纳税遵从测量项目（TCMP）基础上形成了市场细分专业化计划（MSSP），即对自然人按行业列出有可能存在的风险点以及加强风险管理的措施，起到了精准识别风险和警示教育纳税人的作用。法国利用数据挖掘技术，整合结构化和单独非结构化的数据，利用数据识别税收欺诈者特征，并开发了重点针对高收入、高净值个人的监督式模型。荷兰对自然人纳税人进行分类管理，以带有一定身份标签的纳税人群体为对象。一般税务部门会率先对高收入高净值人员开展筛查，再视情况决定是否需要延伸到其他群体。英国通过积极获取银行、商家、服务提供商、互联网、社交媒体等第三方数据信息，为风险分析提供了较为全面的数据支持。澳大利亚通过建立预测式建模领域，通过模式"拟合"流程和系统性试错，找到历史数据的规律，识别出欠税风险高的情况，更好地理解纳税人行为。利用纳税遵从分析模型识别客户是否"很有可能不缴纳税款"，然后推送短信，提醒其及时缴纳。意大利通过自主核查和实质性核查进行后续管理。自主核查是税务部门将涉税信息登记库与纳税人申报内容通过税务信息系统进行比对；实质性核查是指将纳税人申报数据与税务部门掌握的外部共享信息库进行比对，若比对结果存在异常，则通知纳税人这一情况。纳税人如果认同税务局核查比对结果，则按要求补缴税款、罚金和利息；纳税人如果不认同，则需举证说明。日本在纳税人端可以看到填报说明、风险提示等，可以为纳税人自动计算税款，可以进行稽核比对、自动预警等，对于漏报错报的情况系统能够做到自动提示，让纳税人自行进行调整。纳税人即使提交了申报表格，在税务部门审核之前还可以自行进行修改。加拿大集中精力发展内外部伙伴关系以提高犯罪调查移送工作的质量，并全力联合其他执法机构（如警察机关和其他政府部门）开展协作。2017—2018 年，加拿大税务局与其他执法机构开展了 12 次联合行动。

资料来源：《税收征管 OECD 与其他发达及新兴经济体可比信息》系列丛书，经济合作与发展组织著，国家税务总局国际税务司译，中国税务出版社出版。

 本章思考题

1. 谈谈我国税务部门在为纳税人服务方面有什么亮点？
2. 假如你是一名纳税人，你希望税务部门还能为纳税人提供哪些服务？
3. 你认为我国个人所得税风险管理未来还有哪些挑战，需要作何应对？

第四篇 ｜ 展望篇

本篇为全书的最终篇，由第十七章构成。税收制度作为中国特色社会主义经济制度的重要组成部分，必然要与中国式现代化道路及其进程相协调相适配，在设计过程中要充分考虑税收对经济社会的影响，根据经济发展的方向和客观要求，优化完善税收制度、合理确定税收负担、科学设置税收优惠。随着中国特色社会主义制度的不断发展，在推进税收治理现代化目标要求之下，税收服务经济社会高质量发展的作用不断强化，无论是实现效率与公平的动态均衡、推动共同富裕、建设美丽中国，或是响应数字经济税收治理的需要、助力创新发展，还是应对国际税收新挑战，乃至推动全国统一大市场的形成，所得税的重要性都越来越突出。在我国所得税制度迈向现代税收制度的进程中，税收征管体系也不断发展完善，以智慧税务为典型代表的税收征管现代化水平不断提高，成为税收治理现代化的核心内容。因此，本篇第十七章分为两节，立足于新时代新发展阶段所得税提出的新要求，分别从所得税税制改革和税收征管现代化改革两方面展开前瞻性的思考。第一节以新时代所得税税制改革成就为背景，进一步明确中国式现代化对所得税税制改革提出的新要求，在此基础上前瞻性地梳理所得税税制改革在助力创新发展、推动共同富裕、建设美丽中国、应对国际挑战等方面的现状与改革基本思路；第二节梳理新时代税收治理现代化对所得税征管现代化提出的要求，明确新时代所得税征管改革的主要内容与基本举措，结合国家税收领域的顶层设计对智慧税务建设的总体规划进行探索与展望。

第十七章 我国所得税发展前瞻

【学习目标】本章主要介绍新时代深化所得税税制改革和征管改革的基本思路。通过本章学习,了解所得税改革发展的时代背景和智慧税务建设的具体要求,理解新时代所得税税制改革基本思路和征管改革的具体举措。

第一节 新时代所得税税制改革发展趋势

一、新时代所得税税制改革新要求

党的二十大报告指出,要以中国式现代化全面推进中华民族伟大复兴,同时阐明了中国式现代化的深刻内涵:中国式现代化,是中国共产党领导的社会主义现代化,既有各国现代化的共同特征,更有基于自己国情的中国特色。中国式现代化是人口规模巨大的现代化,是全体人民共同富裕的现代化,是物质文明和精神文明相协调的现代化,是人与自然和谐共生的现代化,是走和平发展道路的现代化。可见,中国式现代化集中体现了我国在新时代新征程中的发展方向以及着力点。新一轮的税制改革应当积极回应其中的关键性重点、难点问题,更好助力第二个百年奋斗目标的实现。

人口规模巨大是中国式现代化的典型特征,要求税制改革坚持连续性、稳定性、可持续性。要保持宏观税负总体稳定,为经济发展注入持续动能,满足人民需要;要实施就业优先战略,通过相应的税收减免措施加强对重点困难群体的就业帮扶。实现全体人民共同富裕,要充分发挥税收在再分配中的职能作用,提高直接税比重,完善个人所得税制度,规范收入分配秩序,健全慈善税收制度,鼓励有意愿有能力的企业、社会组织和个人积极参与公益慈善事业。物质文明和精神文明相协调,既要关注经济发展又要注重文化教育事业进步,要围绕建设教育强国、科技强国、人才强国与文化强国的目标,更好地发挥所得税职能作用。人与自然和谐共生，必须牢固树立绿水青山就是金山银山的理念，完善税收激励与约束的"双向用力"机制，建设资源税、环境保护税、企业所得税等"多环相扣""多税共治"的绿色税收体系。坚持走和平发展道路，主动融入国际税收治理和改革，积极参与国际税收规则制定，深入推进"一带一路"税收征管合作机制建设，推动国际税收治理朝着更加公正合理的方向发展，服务更加积极主动的开放战略。

二、新时代所得税税制改革基本思路

中国式现代化是中国共产党在新时代新征程的中心任务，也是中华民族的夙愿和期盼。实现中国式现代化，必须着力破解经济社会发展的深层次体制机制障碍，更好地将中国特色社会主义制度优势转化为国家治理效能。税收制度作为国家治理的基础性制度，是中国特色社会主义制度体系的重要组成部分，新一轮的税制改革要以中国式现代化的本质要求为基本遵循，顺势而为、乘势而上，使税制成为推动实现中国式现代化的重要支撑，为经济社会稳定发展提供强大助力。

（一）促进经济发展

所得税是调节经济的重要工具，要进一步发挥所得税的职能作用，服务经济高质量发展，推动构建以国内大循环为主体、国内国际双循环相互促进的新发展格局。一方面，要持续扶持实体经济发展，落实支持创业创新、转型升级的所得税优惠政策，鼓励企业做大做强。另一方面，要持续保障好基本民生，加大小微企业和个体工商户所得税优惠落实力度，降低企业成本，减轻企业负担，带动社会就业。通过落实专项附加扣除等政策，减轻个人所得税负担，提高个人收入，促进消费升级。

（二）推动共同富裕

所得税作为调节收入分配的重要工具，改革顺应时代发展需求，已取得了突破性、关键性的进展，彰显了新时代税收治理能力的提升，具有里程碑式的重大意义。针对国家经济社会政策的调整，特别是面对人口老龄化不断加深的现实背景，要围绕"老有所依，幼有所养"的目标要求，进一步完善养老、育儿等民生保障领域的所得税政策，促进养老托育产业健康发展。要提高个人所得税收入比重、强化收入分配调节职能，也要发挥个人所得税在第三次分配领域的作用，加大对慈善捐赠的税收激励，促进慈善公益事业发展，并根据我国

2035年远景发展目标和第二个百年奋斗目标，做好促进共同富裕的个人所得税政策研究，建立更加公平的分配机制。

（三）助力创新发展

所得税作为国家调控经济的重要杠杆，对激发市场活力、激励创新活动具有重要作用。一方面，进一步优化企业所得税优惠政策，持续完善高新技术企业、研发费用加计扣除、软件和集成电路产业等相关政策，从而推动企业加强基础研究、促进成果转化、提升创新能力。另一方面，科技创新优势离不开一流创新人才，持续优化股权激励、技术入股、职务成果转化等激励人才创新的税收政策，同时要覆盖人才引进、人才使用、人才培养等各个环节，充分发挥人才对科技创新的积极作用。

（四）应对国际挑战

加强国际税收合作、建设合作共赢的国际税收体系是我国坚持走和平发展道路、助力中国式现代化的重要内容。一是要加快与未签订税收协定的国家进行谈判，不断构建互利共赢的全球税收协定网络。二是要深度参与国际税收规则和标准的制定，我国要结合数字经济发展的实际情况和水平推进"双支柱"方案，既要积极争取国际税收规则变革的话语权，也要不断研究加强国内税法与国际税收规则的衔接，严厉打击国际逃避税，深入参与税基侵蚀和利润转移（BEPS）行动计划。三是顺应国际所得税制度改革趋势，逐步在企业所得税纳税主体的认定、税基的确定、税率结构的设置、成本费用的列支等方面进行完善；个人所得税制度也应在扣除制度、养老保险等方面进一步探索。

第二节　新时代所得税征管现代化发展趋势

一、新时代所得税征管改革要求

在我国所得税制度迈向现代税收制度的进程中，税收征管的配套改革与支撑作用是不可或缺的。党的十八大以来，我国税收实践为税收征管现代化建设积累了成功经验，当前的国情世情则对税收征管现代化提出了时代要求。在全面建设中国特色社会主义现代化国家的新征程中把握税收征管工作的新使命新要求，需要首先理解税收征管现代化的基本内涵，明确其在税收治理乃至国家治理中的角色定位。

(一) 新时代税收征管现代化的背景

党的十八届三中全会首次提出"推进国家治理体系和治理能力现代化"这个重大命题,并把"完善和发展中国特色社会主义制度、推进国家治理体系和治理能力现代化"确定为全面深化改革的总目标。税收治理是国家治理的重要组成部分,税收治理现代化则是国家治理现代化的宏观愿景在税收领域的具体实践。税收治理现代化可以概括为税收治理理念现代化、税制结构现代化和税收征管现代化三个方面,税收治理理念现代化反映的是民主、法治、公平、效率、和谐等现代治理理念贯彻和体现在税制设计、制订和执行的全过程[①],税制结构现代化强调税负在社会各阶层分配的公平,而税收征管现代化是税收征管的技术变革、业务变革和组织变革的内在统一。

(二) 新时代所得税征管现代化的目标要求

党的十八大以来,习近平总书记对税收工作发表了一系列重要论述,作出了一系列重要指示批示,涵盖从税收职能定位到税务工作实践方方面面,为新时代税收征管现代化建设提供了根本遵循、明确了目标要求。

1. 所得税征管现代化助力税制结构优化

2021 年 3 月 11 日,第十三届全国人民代表大会第四次会议表决通过的《中华人民共和国国民经济和社会发展第十四个五年规划和 2035 年远景目标纲要》提出,"优化税制结构,健全直接税系,适当提高直接税比重。完善个人所得税制度……深化税收征管制度改革,建设智慧税务,推动税收征管现代化"。提高直接税比重、优化税制结构是促进税收治理现代化的重要内容,对税务部门税收征管能力提出新要求。税收征管体制应当与税制结构相适应,税务部门应提高税收征管水平,为完善直接税体系、优化税制结构,实现税收治理现代化提供有力保障。

2. 所得税征管现代化践行"以纳税人为中心"的服务理念

国家治理现代化落实到税收征管领域,意味着通过优化纳税服务、降低纳税人的遵从成本、提高纳税人满意度来促进纳税人主动遵从是税收治理现代化的必然要求。《中华人民共和国国民经济和社会发展第十四个五年规划和2035年远景目标纲要》把"坚持以人民为中心"作为必须遵循的原则之一,中办、

---

① 张斌. 推进税收治理现代化的思考 [J]. 财政科学, 2018 (8): 23-27.

国办印发的《关于进一步深化税收征管改革的意见》提出的"大力推行优质高效智能税费服务"等要求,反映了以服务纳税人为中心的税收征管理念。

3. 所得税征管现代化助力数字经济发展

数字经济发展迅速,已经成为我国国民经济高质量发展的新动能,如何建设与数字经济发展相适应的税收征管体系,促进纳税人税法遵从,更好实现依法治税,是数字经济背景下所得税征管体系改革亟须解决的问题。习近平总书记围绕我国数字经济发展作出了一系列重要论述,强调要"坚持促进发展和监管规范两手抓、两手都要硬"。因此,所得税税收征管现代化需以"促进发展+规范监管"为导向,既要通过不断优化税收制度建设适应数字经济新特征,又要平衡好发展与监管的关系,还要通过规范税收执法、优化纳税服务等措施来减轻税收征纳成本、促进数字经济新业态健康规范发展。

4. 所得税征管现代化助力市场发挥资源配置决定性作用

所得税作为直接税,自然人和法人纳税主体均能够直观感受到税负的多少及其变动,从而直接影响到企业选址及日常经营活动与人才资源的区域间流动。越来越多的市场主体开展跨区域经营甚至跨国经营,同一产业链供应链上不同环节生产地间的分离趋势更加明显①。伴随大数据时代的到来,所得税税收征管活动与数字技术深度融合,以"数字联动"的方式加强区域间的税收协调与合作,推行分类分级管理,有利于提高税务机关服务市场主体的水平和能力;结合统一裁量基准、细化量化处罚标准等立法技术有效约束征管过程中的自由裁量权,增强税收执法过程的规范性与透明化,有助于建设更加公正平等的营商环境,促进各类市场主体在新时代市场经济体制的框架内公平竞争、良性互动,为建设高标准市场体系、构建高水平社会主义市场经济体制提供坚强支撑。

二、新时代所得税征管现代化的基本思路

2021 年 3 月,中办、国办印发的《关于进一步深化税收征管改革的意见》提出,要全面推进税收征管数字化升级和智能化改造,把智慧税务建设任务作为"十四五"时期推动税收征管现代化建设的核心内容。

---

① 杨杨,徐少华,杜剑. 数字经济下税收与税源背离对全国统一大市场建设的影响及矫正[J]. 税务研究,2022(8):18-22.

(一) 完善智慧税务总体架构

要实现智慧税务这一目标，完成智慧税务建设的总体架构，主要应着力于推进"两化、三端、四融合"。[①]

"两化"主要是指智慧税务建设两阶段，即数字化升级和智能化改造。数字化升级以数字化电子发票改革为突破口，将各类业务标准化、数据化，让全量税费数据能够根据应用需要，多维度适时化地实现可归集、可比较、可连接、可聚合。智能化改造则基于大数据、云计算、人工智能、区块链等新一代信息技术，对实现数字化升级后的税费征管信息进行自由灵活组合，并通过其反映现状、揭示问题、预测未来，更好地服务纳税人缴费人，更好地防范化解征管风险，更好地服务国家治理。

"三端"，是指智慧税务建成后的预期成果是形成以纳税人端、税务人端和决策人端为主体的智能应用平台体系。在纳税人端，通过打造"一户式"和"一人式"税务数字账户，实现每一户法人和每一个自然人税费信息的智能归集和智敏监控。在税务人端，通过打造"一局式"和"一员式"应用平台，实现总局、省局、市局、县局、分局（所）五级税务机构和税务工作人员信息联通，可分别按每一个单位和每一名员工进行智能归集和智效管理，智能推送工作任务，从而提升内部管理效能。在决策人端，通过打造"一览式"应用平台，征纳双方及内外部门数据可按权限在不同层级税务机关管理者的应用系统中进行智能归集和展现，为管理指挥提供一览可知的信息，提升智慧决策的能力和水平。

"四融合"，是指智慧税务建成后，将实现从"算量、算法、算力"到"技术功能、制度效能、组织机能"，从"税务、财务、业务"到"治税、治队、治理"的一体化深度融合。

(二) 深入推进"四精"建设

2020年12月30日，习近平总书记主持召开中央全面深化改革委员会第十七次会议并发表重要讲话时强调："要推动税务执法、服务、监管的理念方式手段变革，深入推进精确执法、精细服务、精准监管、精诚共治，大幅提高税法遵从度和社会满意度，明显降低征纳成本，发挥税在国家治理中的基础性、

---

① 深化亚太税收合作 共绘数字发展蓝图——王军局长在第50届SGATAR年会上的发言 [EB/OL]. (2021-11-18) [2022-04-20]. http://www.chinatax.gov.cn/chinatax/n810219/n810724/c5170676/content.html.

支柱性、保障性作用。""四精"高度概括了税收征管现代化的基本思路举措，而智慧税务以税收大数据为驱动力，进一步助力实现精确执法、精细服务、精准监管、精诚共治的建设。

1. 精确执法

利用多主体、多渠道的数据源和现代信息技术，智慧税务优化涉税信息在不同部门间的收集、交换与共享，有效实现各类数据的互通和关联分析；在跨时间（评估历史数据）和跨空间（整合跨部门、跨地区的数据源）的数据分析基础上形成的高精度预测，更加准确地评估纳税人的税法遵从度[①]。智慧税务能够落实业务规则数字化，从而精确识别风险问题和确定风险等级，使得税务机关能够有针对性地采取不同的执法或服务行动，并促使执法行为更加规范。

2. 精细服务

提供精细服务，降低纳税人的心理遵从成本、时间遵从成本和精力遵从成本，提高纳税人满意度。智慧税务深入运用大数据、云计算、区块链等数字技术，通过收集纳税人涉税相关信息，对纳税人精准画像，再聚类针对特定群体提供各类纳税服务，为落实精细服务、建成税费服务新体系提供了更加丰富多元的可能性。例如，运用自然语言处理技术和人脸识别技术，纳税服务和税收征管可以获得重要信息来源和决策支持；运用机器人自动化流程，办税流程和纳税咨询服务可以得到整体优化。

3. 精准监管

健全守信激励和失信惩戒制度，充分发挥纳税信用在社会信用体系中的基础性作用。建立健全纳税缴费信用评价制度，对纳税缴费信用高的市场主体和自然人纳税人给予更多便利。健全自然人税费一体化风险管理制度，明确风险管理流程和规范，完善风险指标体系，推动自然人和法人税费风险联动管理，积极探索建立自然人纳税信用记录和评价机制。以提醒为手段，以"纠错"为目的，建立事前、事中、事后提示提醒机制，完善系统功能，引导纳税人诚信自律、主动纠错、自觉遵从。总体来看，建设智慧税务实现精准监管需要以"一人式""一户式"智能归集为基础，以智能化流程为手段，并以强化数字信息技术作为有力保障。

---

① 游家兴，柳颖，杨莎莉. 智慧税务助力高质量发展的实践与探索［J］. 税务研究，2022（7）：64－69.

4. 精诚共治

共治，从字面意思来讲就是共同治理，共同治理的重点在于"共"，税收共治的根本前提是凝聚与形成税收共识，税收共治的基本途径是制定并实施优良税制，税收共治的基础支撑是加速税收信息的融合与共享，税收共治的动力源泉是税收的公平分配与社会的公平分享。构建"以税务机关为主，多部门协同配合、引用社会资源、加强司法监督、搭建国际合作平台"的税收征管共治体系，形成全方位提高税收征管水平的合力。智慧税务具体实践围绕协同共聚力量、协同共商机制、协同共建平台、协同共用数据、协同共抓监管、高起点谋划、高标准探索、高效率落实展开。

 本章思考题

1. 简述我国所得税体系如何助力创新发展。
2. 谈谈所得税征管如何融合到智慧税务建设。